国外经典政治学教材

主编　王浦劬

Theory and Methods in Political Science (Third Edition)

政治科学的理论与方法

（第三版）

[英]　大卫·马什（David Marsh）
格里·斯托克（Gerry Stoker）　编
景跃进　张小劲　欧阳景根　译

中国人民大学出版社
·北京·

译者序

由大卫·马什（David Marsh）和格里·斯托克（Gerry Stoker）主编的《政治科学的理论与方法》初版面世于1995年。2002年推出了经过“广泛的修订”的第二版。两版之间的变化，编者在第二版序言中作了相当详细的叙述（参见《政治科学的理论与方法》，中国人民大学出版社2006年中文版。读者如有兴趣，不妨将英文原著两个版次的目录作一对照，相信会有更深的体认）。八年之后，本书又出了第三版（2010年）。编者在新版序言中作了如下说明：“……我们增加了一些新的作者和新的议题，以便反映这门学科的新近发展。本书的所有章节都经历了广泛的修订，并且在我们看来，得到了很大的改进。我们新增了‘政治科学中的实验方法’等章节。此外，还增加了一个直接与研究设计有关的议题。最后，经由考察政治科学的现实意义，我们为本书提供了一个不同的结束方式。”

尽管三个版本在内容和章节编排上有所不同，而且前后调整的幅度可谓不小，但细考之下不难发现，在诸多变化之中，存在着某种常量或“深层结构”。大致而言，本书前后三版均涉及三大系列的内容：（1）存在于政治学领域中的不同研究取向；（2）与研究取向紧密相关的哲学层面的本体论、认识论和方法论，以及各门社会科学均面临的一些重大议题（核心范畴）；（3）研究设计、方法与技术。这三大内容构成了支撑性的基本骨架，就像如来佛之手掌，无论书的内容做出怎样的调整，也跳不出这个基本架构。由此，我们可以反观本书不同版本的前后差异，在变化之中把握编者的基本思路。

如此观之，这显然不是一本普通意义上的政治学教科书（只要一翻开本书，读者就很容易发现这一点）。在下面两个意义上，编者正在（持续）从事一项非常艰巨而富有挑战性的工作：第一，本书不是局限于介绍政治学中某种或某几种研究取向，而是试图论及政治学领域中所有重要的研究取向；第二，与这种广度相对应，本书对诸多问题的讨论，具有一般教科书所欠缺的高度。（因为）将不同的研究取向包容进来，必然会遇到一个智力层面的挑战：如何理解及说明不同研究取向之间存在的诸多差异？为此，编（作）者便不得不超越政治科学的常规范围，进入知识论领域和哲学层面的思考。就此而言，本书内容所涉及的广度与关注的高度之间具有内在的一致性和连带性。

就笔者所知，在政治学教科书的写作中，敢于提出并直面这一挑战的研究者屈指可数，而且用俗语来说，这也是一项出力不讨好的工作。我们大多数学者基本上局限于某一研究领域，秉持一种（或几种相关的）研究取向，运用特定的研究方法和技术，研究自己感兴趣的问题，而且彼此交往的学术圈子也是相当同质化的。在这种情况下，一旦接受了某种前提性假设，人们一般不会再去反思或质疑它们。政治学研究中的不同阵营就是这样造就的。打个比方说，政治学科就像是一座城市，研究者则分居在由不同前提性假设和研究方法所隔离的诸多社区（在政治学内部，人们则用“分灶吃饭”来描述这一现象）。不管人们对这一现象如何不满或无奈（至少它远离了“政治科学”一词带给人们的想象），近期内我们还看不到能够改变这种现状的一丝曙光。事实上，政治学研究者似乎倾向于接受现实，（因为）现在几乎没有人，有的话也是很少，试图以一种系统化的知识体系来整合政治科学的努力，一如 20 世纪美国著名政治学者伊斯顿所做的那样。那个时代也许注定已经过去了，而新的一页尚未翻开。由此，我们便不得不面对一种政治学研究多元化的局面（顺便说一句，不同研究取向之间的篱笆和相互轻视经常是这种多元格局的一个伴随品）。

这样一个世界必定充满了紧张。作为政治学研究者，身处一个多元化的研究格局之中，该如何涉世处事？这是个体层面的发问。将视角转向宏观层面，政治学必须回答的问题则是：多元研究取向之间是否应该对话？如何对话？显然，个体层面的质询取决于宏观层面的解答。

正是在这个地方，本书编（作）者展示了其见识和勇气，他们不但主张打破政治科学中长期存在的偏见，在不同的研究取向之间展开对话与沟通，而且更为重要的是，他们以自己的写作方式来践履这一主张。读者不难发现，本书容纳了不同流派的撰写者，他们不但具有各自的写作风格，而且在研究前设和学术观点方面也存在很大的差异。值得关注的是，他们在各自论述其研究取向的合法性和合理性（如果不用“优越性”一词的话）之同时，也愿意倾听其他研究取向的声音，并反思自身研究取向可能存在的缺陷（尽管有时显得不那么利落）。

刚接触本书时，我有些许的疑虑，这是一本教科书吗？（诸位见过这样的教科书写法吗？）在教科书写作中进行批评性对话，显然不甚符合通行的写作规范。然而，本书确实是一本政治学教科书（中文版也将其纳入国外经典政治学教材之列）。在这种情况下，也许我们应当修正一下传统的教科书观。换一个角度来审视，或许这是本书的一个特点，也是一个大的亮点。在第二版中译本的译后记中，笔者曾写道："本书体现了西方政治学同类教科书的最新水准"（中国人民大学出版社 2006 年中文版，第 374 页）。现在看来，这个评语不确切，因为这本书实在是西方政治学教科书中的一个"另类"，而不是同类。因此，对于习惯于将教科书作为知识经典而加以背诵的学生，或将教科书视为当下知识逻辑系统再现的读者来说，阅读本书将是一个很大的挑战；当然，作为一种补偿，我相信读者能够从中得到各自所爱，并有所启迪。

自 20 世纪 80 年代初中国政治学恢复以来，我们已经走过了 30 余年的历程，至今仍在路上探索。由于诸种原因，中国政治学者的眼光越来越聚焦于国内政治的方面；而需要解决的众多现实问题，又引导了相当部分的精力投注于相关的政策研究。这一现象是可以理解的；在某种程度上，这种趋势也是值得肯定的。但与此同时，我们也要提醒自己，在一个全球化的时代，国内政治学的发展注定是开放的，也必定是多元的。因此，如果要在世界政治科学的舞台上作出中国学者的贡献——无论是致力于缩小与发达国家政治学研究的距离，还是对学术话语权的反思，我们都不能忽视更为基础性的思考和对话，而且在笔者看来，这种思考和对话应当从学生刚接触专业的时候开始。这也是我们当初向出版社推荐翻译本书（第二版）的一个初衷。

景跃进

2012 年初夏

于北京清华大学明斋

第三版序言

1995年我俩在苏格兰的斯特拉斯克莱德大学任职，那时一起合作出版了本书的第一版。自那时起，我们移往南部并去了不同的大学。格里的地理位移较为适中，他去了英格兰的南汉普顿大学，而大卫的行程则相对遥远，他现在堪培拉的澳大利亚国立大学工作。这种空间的分离使彼此在本书的合作上更富挑战性，同时也更有回报。我们要感谢本书所有的作者，他们对我们提出的版权和修改要求作出了礼貌有致的回应。在本书的第三版中，我们增加了一些新的作者和新的议题，以便反映这门学科的新近发展。本书的所有章节都经历了广泛的修订，并且在我们看来，得到了很大的改进。我们新增了“政治科学中的实验方法”等章节。此外，还增加了一个直接与研究设计有关的议题。最后，经由考察政治科学的现实意义，我们为本书提供了一个不同的结束方式。

本书的编辑工作经由两位博士研究生——南汉普顿大学的阿默·塔基（Aamer Taj）和亚历克斯·柯卡普（Alex Kirkup）的努力而得以进展显著。我们收到的对于本书第一稿的匿名评审意见非常有帮助。一如往常，我们的出版商史蒂芬·肯尼迪的贡献无可估量。我们要感谢本书写作期间双方家庭成员所表现出来的宽仁。我们尤其要感谢使用这本教材的老师和学生所提供的帮助和支持。在你们的评论和建议中，我们学到了许多，并希望你们继续发现本书一如我们所愿：对当今世界政治科学家从事研究的方式作一个通俗易懂的介绍。

大卫·马什
格里·斯托克

作者简介

本书主编

大卫·马什

澳大利亚国立大学（堪培拉）社会科学研究院主管，曾任英国伯明翰大学政治学教授，迄今已出版 15 部著作（作者或编者），发表了 70 余篇学术论文。

格里·斯托克

英国南汉普顿大学公民、全球化和治理研究中心主任，治理学教授。其专著《为什么政治是重要的》（2006 年出版）荣获英国政治研究学会年度奖。

本书作者

史蒂夫·巴克勒（Steve Buckler）

英国伯明翰大学政治科学和国际研究系政治理论高级讲师。

鲍尔·弗朗（Paul Furlong）

英国卡地夫欧洲研究院院长，卡地夫大学欧洲研究教授。他目前正致力于写作有关朱利叶斯·伊沃拉（Julius Evola）政治思想的批判性导论。

鲍勃·汉克（Bob Hancké）

伦敦经济和政治科学学院欧洲政治经济学副教授（reader），他发表的作品有《智能研究设计》、《大公司和制度变迁》，以及合作主编《超越不同类型的资本主义》。

安德鲁·欣德摩尔（Andrew Hindmoor）

澳大利亚昆士兰大学政治科学和国际研究学院政治学高级讲师，是《治理和理性选择再思考》一书的作者。

乔纳森·霍普金（Jonathan Hopkin）

伦敦经济和政治科学学院比较政治学高级讲师，其发表的研究成果集中在比较政党政治、腐败和地方分权等领域。

彼得·约翰（Peter John）

英国曼彻斯特大学研究治理的 Hallsworth 荣誉教授，他是该校政治和经济治理研究所的双主任之一。其研究兴趣包括运用政策议题框架来描绘英国政府的决策，应用实验方法来理解公民行为的成因和影响。

维恩·朗德斯（Vivien Lowndes）

英国德蒙特福特（De Montfort）大学（兰彻斯特）主管研究的副校长助理。朗德斯教授除了研究制度理论，还研究地方治理和公民参与。

迪阿姆德·马奎尔（Diarmuid Maguire）

供职于澳大利亚悉尼大学政府和国际关系系，其主要研究领域是欧洲和国际政治、社会运动以及抗争运动。

海伦·玛格茨（Henlen Margetts）

英国牛津大学牛津互联网研究所社会与互联网教授，与他人合作指导一项名为“OxLab”的社会科学的实验活动。她是专门研究互联网和相关信息技术对政府和政治的意义的政治科学家。其新近出版物有《数码时代的治理：IT 公司、国家和电子政府》（与帕特里克·邓利维合作），以及《数码时代的治理工具》（与克里斯托夫·胡德合作）。

克雷格·帕森斯（Craig Parsons）

美国俄勒冈大学政治科学副教授，著有《一种欧洲的观念》、《如何把握政治科学中的争议》，发表了许多有关欧洲政治的论文。

盖伊·彼得斯（B. Guy Peters）

美国皮茨堡大学政治学 Maurice Falk 荣誉教授。

乔恩·彼埃尔（Jon Pierre）

瑞典哥德堡大学政治科学教授，他的主要研究领域是治理理论、都市政治和公共行政。

维基·兰德尔（Vicky Randall）

英国埃塞克斯大学政治学教授，她已发表的作品有《妇女和政治》、《当代女权主义政治》（与乔尼·洛文达斯基合作）以及《英国日托儿童的政治》。

大卫·桑德斯（David Sanders）

英国埃塞克斯大学政治学教授。他是英国选举研究的双主任之一，也是《绩效政治》一书的合著者。

鲍尔特·哈特（Paul't Hart）

澳大利亚国立大学政治科学教授，荷兰乌德勒支大学公共行政学教授。

阿里亚德恩·弗鲁曼（Ariadne Vromen）

澳大利亚悉尼大学政府和国际关系高级讲师。她的研究和教学兴趣是政治心理学，目前正致力于写作一本关于公民参与创新形式的著作。

目　录

第二部分　研究方法和研究设计

图、表格和图框

图

表格

图框

导　论

格里·斯托克、大卫·马什

本书旨在提供一个导读，以帮助人们理解政治科学家从事研究的方式。在大学里，不同专业领域的学者，建立相应的研究团体是一件颇为常见的事情。这些研究团体为学者们提供了一系列可供参加的知识生活，有时它们也组织一些社会活动。它们制作了特色鲜明的商品，通常是文化衫或汗衫，让社团成员穿。文化衫上印有稍微有伤风化的口号，反映该学科某一方面的特点，至少在南汉普顿大学是这样。你能够见到的口号包括“心理学家喜欢做实验”以及“经济学家用模型做研究”。政治学社团到目前为止尚不能在研究方法和研究主题方面制造一个典故，最近提出的一个颇为蹩脚的口号是，“政治科学家在后座议员席上做研究”。本书不是对这一相对的失败作出回应，而是试图争辩，南汉普顿大学政治学社团在风趣方面的败阵反映了政治科学领域中一个更为广泛的挑战。我们对于政治学主题的研究方式尚不够明晰或缺乏足够的自觉意识。本书当然是对这一关注的一个回应。本书的读者也许会被鼓励而提出建议，未来的口号是“政治学家做五花八门的研究”。

所有的学科在其发展过程中都呈现出一定程度的混乱（Abbott，2001），政治科学当然也不例外。然而，我们认为本书所展示的研究取向和争论的多样性反映了政治科学的丰富性和日渐成熟。当人们试图理解某种如政治那样复杂、应变以及混乱的现象时，学术界已经发展出众多的研究取向，这并不令人惊讶。对于这门学科的初入者而言，并不存在一致的研究取向或研究方法也许有点令人尴尬。或者，正如我们将要见到的，关于什么是政治也不存在一致的见解。然而我们认为，作为政治科学家，我们应当赞颂多样性而不是将其视作失败。诺贝尔奖获得者赫伯特·西蒙（Herbert Simon）以多元主义为例，有力地论证了它是科学家时常保持质疑和寻求理解之承诺的核心：

> 我坚信科学中的多元主义。你沿循的任一研究方向都先验地具有犯错的高度可能性。所以，如果有其他人从不同的方向进行探索是一件好事，也许他们中的某人就会走对路子（Simon，1992：21）。

研究政治意味着在诸多研究取向和研究方法中做出一个主动的选择，本书旨在为学生提供做出深思熟虑之选择的能力。不过，无论你做出什么样的选择，我们都鼓励你保持一个开放的心态，意识到其他的研究路径也许会产出较好的结果。

对政治的研究至少可追溯到柏拉图（Almond，1996），但我们关注的是作为一个学科领域的当代表达。政治学拥有丰富的历史遗产，以及一个可供成长和发展的扎实基础。美国政治学会成立于 1903 年，所以可以说政治科学的历程已过百年。随着研究主题的不断扩展，政治科学的研究取向也越来越趋于多样化。其他国家政治科学的专业组织随后也纷纷成立。说美国是当今政治科学最发达的国家，依然是正确的，不过我们同意古丁和克林格曼（R. Goodin and H-D. Klingemann，1996）的评价，在最近数十年，这门学科已经成为一项真正的国际事业。卓越的、富有挑战性的政治科学在许多国家出现，本书试图从两个层面来表达对政治科学国际化的赞赏。第一，本书的作者分别来自英国、欧洲其他地方、美国和澳大利亚。第二，本书作者所提供的许多例证和样本贡献了众多国家的经验，或提供了全球风味。他们从全球各地汲取经验，并将对本土政治科学的关注与国际关系的关注联系起来。在一个全球化的世界中，所有这些做法都是有意义的。

在我们的日常生活中，日益增强的全球力量使得“全球化”成为当今时代一个重要的“社会事实”。集体决策为政治系统提供了动力学，围绕这方面的斗争在国际、民族国家和地方等不同层次都可以发现，并经由治理的动力学而展开（Chhotray and Stoker，2009）。在治理的世界中，结果最终并非由压制的、统一的民族国家或正式的机构安排之意愿所决定，而是由处于民族国家内外、经由复杂而多变的网络的个人和集体行动者所驱使。国内政治和国际关系的鸿沟正在缩小。国内政治正日益受到跨国力量的影响。例如，移民、人权、全球变暖、疾病流行以及能源危机，无法在民族国家的范围内加以容纳或单独处置。一种新的全球政治（world politics）而不是国家间关系（international relations）正在浮现，其中非国家行动者与民族国家一起发挥了关键性的作用（Cerny，2009）。国际关系的研究不是一个分离的世界，专注于研究民族国家的外交、军事和策略行为。非国家和国际机构至少对民族国家之间的纷争提供了一种制约。而且，在国际层次上议题涉及广泛，其影响会扩展到国内，在金融、经济、就业、健康、人权、减少贫困等问题上体现出来。甚至在国际层面，政治的性质也变得越来越政治了——由讨价还价、领导影响力以及软权力，而不是军事力量和经济力量所驱动。在地方、国家和全球层次围绕着政治所提出的问题本质上是一样的。权力是如何被行使而决定结果的？如何实现协调和合作以实现目标共享？有关结果正义和公平的议题是如何被认同和理解的？本书对政治的学术研究所提供的样本和例证均反映了国内政治和国际关系之间正在增长的相互连接。

本书考察政治科学家所从事的思考和理论化的一般方式，以及他们用于探究21世纪之初政治议题的方法。本书在政治科学内容的覆盖方面，谈不上丰富多彩，在所涉及的全部议题上也缺乏足够的深度，这是必然的。我们所主张的毋宁是为政治科学中的主要研究取向提供一个导论，对一些争论和分歧做出一个公允的评介。这些争论和分歧是与这门具有数千年历史、当下拥有成千上万实践者的学科相称的一个特征。

本书分为两大部分。第一部分有八章，旨在描画研究政治科学的主要方法，我们认为这些方法一直并将继续对政治科学的发展具有重要的影响（参见表格0—1）。“取向”（approaches）是一个使用正确的术语，因为在每一章我们所讨论的内容都要比任一特定的理论或方法论宽泛。我们将聚焦点放在不同的切入政治科学主题的一般方式。先讨论的理论具有经验倾向，它体现于行为主义、理性选择、制度主义、建构主义、政治心理学、女权主义以及马克思主义的研究取向之中。每一个研究取向都是一种态度、理解和实践的组合，它界定了从事政治科学研究的某种方式。我们要求本书的每一个作者避免只是宣扬自己的研究取向，同时要考虑对这一取向的广泛的批评性评述。在这方面，我们希望每位作者对自己从事政治科学研究的方法提供一个健全的、自觉的、批判性的理解。第一部分的最后一章探讨规范理论的议题。这是一个焦点，它将我们带回到政治科学中最为传统的研究取向，但我们认为今天它依然具有相当的现实意义。政治科学不但应该对理解“是什么”感兴趣，也应该关注“应当是什么”的规范议题。而且，我们同意鲍博克（R. Baubock，2008：40）的观点，“经验研究可以被规范理论引导，规范理论可能被经验研究完善”。规范理论的这一特点不应当否认，但是一如政治科学家族的其他部分一样，在规范理论和本书辨析的其他研究取向之间所存在的对话范围比通常所认识到的要更为广泛。经验理论家可受益于规范理论所作的争论澄清和精致化，规范理论家可以通过参考经验研究而不是假设性命题来支撑其论述而做得更好。此外，经验导向的理论新发现——例如与治理学派有关的理论新发现——也许为规范理论开拓了新的议题并提出了挑战。

表0—1 **政治科学的诸研究取向**

	政治研究的范围	科学主张的理解	对规范政治理论的态度	与政治实践的关系
行为主义	专注于和主流政治与政府联系在一起的政治过程。	形成一般法则，至少发展出能够证伪的理论陈述。热衷于将陈述置于直接观察而进行经验检验。	在早期阶段，尤为强调新科学和旧式摇椅理论之间的区别。现在适度承认政治理论的价值。	声称价值无涉、中立和剥离。

续前表

	政治研究的范围	科学主张的理解	对规范政治理论的态度	与政治实践的关系
理性选择理论	关心主流政治世界中集体行动的条件。	形成一般法则，尤其是具有预测力的法则。	承认政治理论的价值，但主要关注点不在什么是可能的，而在什么是可行的。	声称就如何组织政治的问题，能够提供价值无涉的专业咨询。
制度主义	聚焦于支配政治交换的规则、规范和价值，倾向于在主流政治世界中考察制度安排。	科学是组织化的知识生产，最好的政治科学是基于经验的，富有理论信息以及具有反思性。	热衷于在经验分析和规范理论之间建立联系。	热衷于建立联系，自视为与政治实践者并肩工作。
建构主义	政治为行动者赋予其行动和环境的意义所驱动。政治在范围上可能相对广泛，反映了人们关于政治所关涉之事的世界观。	对人类活动的理解内在地不同于物理世界的理解。	趋向于认为所有类型的理论之间存在一种融合。政治分析本质上是竞争性的，必然具有规范的内容。	对这一问题有着一系列混杂的回应，但趋向于对政治世界的叙述之战作出讥讽性的评论。
政治心理学	通过个体之人格和认知的棱镜来观察政治；这些个人主要致力于主流世界的实践。	个体是如何辨析以及架构他们所面临的挑战，这个问题可以经由如下的方式来研究：允许理论概括接受经验调查的检验，并使用主流研究工具。	倾向于认为在许多政治理论中关于人性的假定是不适当的，一般而言，不倾向于规范理论。	在政治如何运作以及如何使政治运作得更好的问题上，致力于提供洞见。
女权主义	一种宽泛的过程定义，承认个人的可能是政治的。	对这一问题有着一系列混杂的回应，具有强烈的反基础主义倾向和批判现实主义的视角。	规范理论需要严肃地对待性别议题，一如政治研究的所有方面。	政治介入是女权主义冲击的一个强有力的组成部分。
马克思主义	政治是社会集团尤其是社会阶级之间的斗争。	批判现实主义：表面力量背后的发现，引导但不决定历史事件。	当规范理论为行动提供向导时最具价值，关键是改变世界。	致力于被压迫的社会集团或阶级的斗争。

本书的第二部分转向方法论和研究设计的议题。我们介绍了与本体论、认识论和元理论议题（meta-theoretical issues）有关的主要争论。我们考察了可资利用的定性技术和定量技术的范围，这些技术如何结合起来运用，以满足来自研究设计的挑战性要求。接着我们讨论比较方法在理解政治现象中具有的潜力和局限。一组特定的议题被再次提出，旨在跨国背景的基础上理解政治。我们也考察实验方法的运用在政治研究中的潜能。第二部分的最后一章不是用研究方法而是用是否具有现实意义的尺度来评判政治科学。

在本导论的余下部分，我们将分析“政治的”这一术语，反思描述其学术研究的“科学的”一词之正当性。最后以转向政治科学中多样性的话题而结束本文，我们认为多样性应当是一个值得赞颂而不是顾虑的理由。

一、什么是政治？政治科学家们研究的是什么？

当人们说他们在“研究政治”之时，其正在做出一个本体论的陈述，因为在这一陈述中有一种隐含的理解，即政体（polity）是由什么组成的，其一般性质是什么。他们也正在做出一个需要某些澄清的陈述。在介绍某一主题时，重要的是抓住这一分析意图的核心。简言之，我们应该能够回答这一问题：政治科学家声称所研究的政治的性质是什么？你也许会认为，一门学科对自己的研究领域有着清晰的意识。然而，就政治科学而言，情形并非如此。正如在研究取向方面存在着差别一样，在研究领域方面也存在着分歧。

一如海伊（Hay，2002）所说，本体论关注“是什么”和“存在什么”的问题。本体论设问，有什么东西可以知道。尽管可以提出众多的本体论问题，但对于政治科学家来说，主要关心的是政治的性质。也存在一些其他的元理论问题，诸如结构和行动者之间的关系，观念在解释政治结果中的作用，也应当得到说明。对这些议题的讨论是本书后面第十章的内容。现在我们的注意力放在政治科学的“原初”本体论问题，即政治世界的性质是什么？

有两种界定政治的宽泛方法（Leftwich，1984；Hay，2002）。第一种以领域或特定的制度来界定政治的研究范围。在本书前三种研究取向——行为主义、理性选择理论和制度分析中，众多的政治科学家将兴趣放在研究政府中政治的正式运作以及那些试图对其发挥影响的人。政治这一观念具有丰富的意义，并与某些日常生活的理解联系在一起。当人们说他们厌倦或厌烦政治的时候，通常的意思是，他们对那些直接涉足此领域的政治家的行为或表现兴趣索然。

第二种界定政治的方法将其视为一个社会过程，它可以在各种场合中观察得到。政治比政府选择要做或不做的东西还多，它关涉社会中权力的不平等分配，对权力的争夺是如何进行的，以及它对资源生产和分配、生活机会和福利的影响。这一广泛的政治界定与研究政治的后三种取向——稍早已辨认的女权主义、建构主义和马克思主义——有着特别的联系。尤其是女权主义，它非常强调这一观点，即个人的就是政治的（the personal is political）。这一被某些人界定为私域的议题，在涉及权力的运作和支配的实践意义上，确实具有深刻的政治性。一如兰德尔在第六章中所述，女权主义一直在努力争取对政治作广泛的界定，强调男人和女人之间的权力关系；无论何时、无论何地，以何种方式出现，例如在厨房，男女之间的这种权力关系都与在威斯敏斯特或白宫发生的一样，如果不是更多的话（参见本书第六章）。一般地说，马克思主义偏向于用社会集团之间的斗争来界定政治。建构主义者也倾向于将政治视为在广泛领域中发生的一个过程。

在此，警钟也许会响起，因为政治科学家对于其学科的研究主题应该是什么似乎还不能达成一致。然而，我们的观点是，领域界定与过程界定都有各自的价值。而且，我们所辨认的所有不同的政治科学研究取向在什么是政治的问题上，能够彼此调适而分享立场。

在抽象意义上，所有我们所关注的政治研究取向都可以与为权力而斗争这一政治界定相匹配，这样说是公允的。确实，古丁和克林格曼（Goodin and Klingemann，1996：7）建议，应根据“社会权力的限制性运用”这一政治界定来建立一个宽泛的共识。政治过程事关集体选择，而非只是诉诸强制或暴力。它关乎什么因素制约及限制了这些选择。它关乎这种权力的运用及其结果。它既包括无意行为，也包括有意图的行为。它既涉及消极实践，也涉及积极实践。政治能够帮助个人和团体做一些他们不能做的事情；它也限制个人和团体做他们本想做的事情。虽然政治科学的不同研究取向也许在该定义上具有自己的立场——在它们对权力是如何被行使的这个问题有着不同的看法和争论的意义上——然而它们还是愿意支持这样的一个界定。尽管如此，一如下面所述，依然有可能辨识出意见的差异。

所以，过程界定能引导我们理解政治，而领域界定也能捕捉到重要的洞见。政治比政府所做的东西要更为广泛，但政治过程被视为或可以被视为公共领域（the public domain）的组成部分，这一点尤其重要。一如兰德尔所指出的，“个人的就是政治的”这一口号有时被误解为“只有个人的才是政治的”，然而女权主义的分析深切关注（也应当如此）妇女在正式政治中的相对低度的参与，以及在社会运动、草根组织和社区组织中正在出现的非正式的参与方式。在实际意义上，下面的话也许是正确的，即就分析和研究而言，大多数政治科学家倾向于将精力放在权力斗争的更为集体和公共的因素之上。关键是确保一个集体或公共领域的感觉，从而超越政治精英狭隘的尔虞我诈。

二、什么是研究政治的科学方法？

古丁和克林格曼（Goodin and Klingemann，1996：9）评论道：“人们在政治研究是否以及在什么意义上是或不是一门科学的问题上，已经倾泻了许多的墨水。答案在很大程度上取决于人们赋予‘科学’这一术语多少意义。”如果人们采取所谓最低限度的方法，对这一问题的回答是相当简单的，即在基于系统研究而提供有序知识的意义上，政治科学是一门科学。没有任何理由怀疑，所有形式的政治科学都具有或能够取得这种层次的知识。政治科学所关注的是生产关于政治的系统知识，这一点没人持有异议。一旦超越这一点，政治科学内部的差异就值得考察。确实，本书所考察的不同研究取向在这个问题上呈现出某种程度的分岔。

在此，所争论的是不同研究取向所采取的各种认识论立场。一如弗朗和马什在第九章所说，认识论关注的是关于这个世界我们能够知道些什么，以及如何能够知道它。他们认为，认识论立场以不同的形式呈现。在主张一个真实的世界独立于我们关于它的知识而存在，但可以被发现的基础主义者，和那些认为世界是社会建构的，至多只能以不同的方式被阐释的学者之间存在着根本性的区别。前者声称他们与现代主义的科学方法相一致。反基础主义者则诉诸政治和人文研究的悠久传统，并从政治科学中来势颇猛的建构主义和阐释主义学派以及新近的后现代思想中汲取灵感。在“科学的”或基础主义者群体中，还可以做出实证主义和现实主义的进一步区分。实证主义者倾向于追随自然科学家的研究风格，建立因果关系，发展解释甚或预测模型。与此不同，现实主义者并不青睐直接观察，认为对现实的解释通常应当在无法直接观察的深层结构中去寻找。这些区分是有用的但终究相当粗糙；政治科学的实践显示，一种更为精细的取向存在于这门学科的许多研究领域之中。

在政治科学中，依据认识论立场作出不同研究取向的区分，绝非简单之事。行为主义和理性选择是实证主义立场最为明显的研究取向。行为主义将生产关于事物运作方式的一般规则的知识作为自己的任务，而理性选择更重视模型的预测能力。然而，一如桑德斯在本书第一章所指出的那样，在当代行为主义者中，存在着一种趋向认识论相对主义的强大势头。主张在观察的世界中存在一个客观的“外部”社会现实，等待人们用科学的方法去发现，这一观点在当代行为主义分析中已不如以往那样流行。现代行为主义者承认这样一种可能性，即不同的理论视角将产生不同的观察。而且他们主张因果关系或许既具有“现实”性，同时也是对我们思考这个世界的方式的一种反思。因此，将现代行为主义者区分出来的并非其认识论立场，而是通过致力于建立在经验层面可以被证伪的预测（命题），并能通过观察的检验，来推动自身和其他人研究的决心。即便如此，一如桑德斯注意到的，现代行为主义者并不持有主张发现科学真理的僵硬立场。桑德斯认为，明确确立一种特定的因果关系之存在，是绝对不可能的，但是，确定一组特殊的经验观察在多大程度上与一种关于因果关系的特定主张相吻合，则是有可能的。

与认识论立场相关的类似的细微差异，也存在于帕森斯对建构主义取向的论述之中。在本书第四章，帕森斯很有说服力地指出，在建构主义的宽泛学派中，存在一系列不同的立场。一种立场反对实证主义者和现实主义者的科学要求，认为这个世界是深度社会建构的，几乎没有“真实的世界”可供政治科学家来研究。因此，社会科学是理解意义的阐释性探索，而不是探求因果关系的科学研究。然而，为许多建构主义者所持有的另一种立场则没有与科学和因果性相决裂，而是允许更多的对话和交流。在这一视野看来，尽管行动依赖于意义，但这并不必然意味着不存在为什么某些人做某些事的“真实”分析。如果人们是在有意义的社会建构中行动的，这是一个真实、客观的真理（命题），那么接下来的逻辑推论便是，一个严肃的观察者能够以令人信服的方式来证明这一命题，以与非建构主义的理论相竞争，一如帕森斯所说的那样。

在本书第一部分所涉及的研究取向中，制度主义、政治心理学和女权主义均拥有不同认识论立场的政治实践者，这一点是明显的。按照朗德斯在第三章中的说法，制度主义者群体也许最具折中性。心理学家倾向于基础主义的科学方法，不过许多人安适于桑德斯所勾勒的现代行为主义者立场。女权主义内部确实存在一个强烈鼓吹反基础主义立场的阵线，但也有不少研究寻求因果解释，其方式与实证主义相切合。马克思主义阵营为现实主义立场所支配，尽管它有时也支持建构主义的观点。

最后一点作为本节的结束是恰当的。一如弗朗和马什在他们的章节中所周密分析的，本书所考察的不同研究取向的认识论立场一直处在变化和发展之中。这门学科的不同部分一直在彼此倾听和相互学习。我们支持深入对话的观念。在本书中，来自基于行为主义立场的桑德斯以及作为一个建构主义者的帕森斯的贡献，意味着也许存在着许多共同的基础，包括解释人类行为时对意义重要性的一种敏感，以因果陈述的方式来思考的一种意愿，以及按严格的经验方式来检验观点的一种决心。所以，识别不同的本体论和认识论立场的特征是重要的，然而，也有可能在投身于实践的政治科学家之间发现共同的基础，其程度比人们想象的要高。

三、政治科学之学科：赞颂多样性

阅读诸多回顾政治科学之作，人们同意政治科学在品格上已变得更为多样化，以及更加国际化（Almond，1990；Goodin and Klingemann，1996；Della Porta and Keating，2008）。一些率先倡导用科学方法来研究政治的学者曾经期望科学革命会导致人们对政治科学理解的统一（Weisberg，1986：4）。几乎不用怀疑，这些雄心并没有实现。关于什么构成了“最低限度的职业能力”有着一个能达成一些共同协议的基础，但是，正如古丁和克林格曼所注意到的（Goodin and Klingemann，1996：6），一旦超越某些关于连贯性和技艺的认可基线来判断作品的价值之时，“远大的抱负有许多，且变化各异”。事实上，关于政治科学努力的性质存在着一个多元主义的观点。

除支持现已广泛承认的多元主义，我们只强调两点。首先，有必要承认在21世纪初政治科学的多样性是如此之巨，存在着许多不同的研究政治的取向和方法。本书特别聚焦于八种研究取向，它们都试图解释当今世界中政治的运作。讨论的覆盖面在广度上超越了英国政治科学最近回顾所涉及的范围（Hayward et al.，1999），也超过了古丁和克林格曼所作的国际性回顾（Goodin and Klinge mann，1999）。我们相信，对于政治科学来说，在其发展的这一阶段，重要的是不要将自己描绘成一个由同仁组成的小俱乐部。更好的形象是一个宽敞的教堂，容纳了不同的出发点和关注，但是共享一个承诺：致力于更好地理解政治。

这一观察很自然地导向第二点，即关键性的挑战不是发动一场追求统一的运动，而是主张与对话联系在一起的多样性。阿尔蒙德（Almond，1990，1996）警告说，这门学科应避免成为一个由离散部分构成的脆弱的堆集。在方法和取向方面确实存在着一个不应加以否认的多元主义，然而它们不应“孤立”起来，而应当相互作用，应该兼收并蓄和彼此协同。这就是我们所主张的赞颂多样性的意思。我们认为，在这门学科中被采用的各种研究取向丰富了政治科学。每一种研究取向都贡献了一些具有相当价值的东西。每一种都受益于和其他研究取向的相互作用。本书为研究政治科学的各种方式提供空间，目的是为正在进行的学术交流提供基本的成分，这样这门学科中的不同研究取向就能够获得彼此理解的一个基线。

在本导论中，我们简要讨论了两个问题：政治研究的范围是什么，以及它能否声称是一门科学。我们得到的结论是，在这些议题上政治科学家是分裂的，然而存在某些可辨识的相同基础。就当下而言，我们认为在这个领域中应当欢迎多样性。两面下注是切入理解像政治这样的核心人类行为这一挑战性任务的一个很好的方式。

第一部分

理论和研究取向

第一部分导读

格里·斯托克

本书第一部分介绍理解政治的主导性取向。一如本书导言所述，政治科学作为一门独立学科已逾百年历史。以下的讨论将焦点置于国内政治，但在国际关系理论的拓展中，我们也可以得出一个并行的论点。20 世纪初期，起先发生在国际自由主义学派和现实主义学派之间的争论，随后发展为理论和研究取向的广泛性和多样性（Brown and Ainley，2005）。不过，基于国内焦点以及回顾 21 世纪早期的出发点，我们认为，政治科学中的争论焦点已从三种主要范式转向更为广泛的研究取向。20 世纪的大部分时间，人们围绕三种主要的研究范式——制度主义、多元主义和精英主义而展开争论。这些范式在一定程度上反映了政治研究中不同的本体论和认识论立场，不过分歧（它们不能达成一致的东西）的焦点更多地体现在分析的分工方面。对于制度主义者来说，学术努力指向宪法和制度；对于多元主义者而言，分析的焦点是团体和讨价还价；而精英理论家则关注精英和权力。

在朗德斯撰写的那章中，制度主义学派被称为“旧制度主义”学派，以区别于她致力于分析的、正在登场的新制度主义研究取向。“旧制度主义”学派的特征在于，将分析焦点置于正式的规则和组织，而不是非正式的惯例；重视政府的官方结构，而不是治理的更为广泛的制度网络。在其主张结构决定政治行为的意义上，这一研究取向是结构主义的；对于历史学家而言，历史的影响对于它所提供的解释具有关键的作用；在法学家那里，法律被认为在统治中起着重要的作用；这一研究取向是整体性的，关注的是描述和比较整个政府体系。同时，它也具有强烈的功能主义趋向，亦即假定特定功能的存在是因为它们有助于政治体系的良好运转。

这一传统中的某些研究为我们提供了一个简单的、常识性的理解，并假定某种形式的政府制度和结构（通常是英国的或美国的）在实现好政府的目标方面具有优越性。在此研究取向中存在一种倾向，即对于没有在如此仁慈条件下实行统治的其他政府制度表示失望。尽管这一研究取向存在诸多问题，但并不妨碍其中的一些作品常常具有分析的洞察力和研究价值。然而，它确实以一种自以为是的方式宣扬其意识形态的偏好。芬纳（Sammy Finer，1970）关于比较政府的着力研究为这种分析方法提供了一个案例。它具有很多的优点，但确实将世界上的政府形式区分为自由民主国家、极权国家和第三世界国家——当时的政治学者对政体类型所做的区分。时值 20 世纪 70 年代后期，当时我们都是大学的研究生，有些政府形式我们喜欢，有些则不喜欢，有些我们并不了解多少。了解不同政府形式的宪法和制度基础对于政治科学而言不是一个坏的出发点，然而它发现自身正面临着日益严峻的挑战。

多元主义挑战的出现首先与本特利（R. F. Bentley）于 1908 年出版的《政府的过程》相关。这本著作从两个方面对制度主义分析范式提出了挑战（Cerny，2009）。它认为政府的形式结构不是理解政治的关键所在，反之，非正式的实践以及团体之间互动的动力机制是理解政治的锁钥。欲了解政治，人们不需要观察正式结构，理解政治的实际运转就行。这是一个要求加强经验分析的号召，在随后的时间里为许多政治科学家所听从。多元主义也将讨价还价和利益聚合置于分析的核心地位。政治乃通过多元利益之间的相互竞争以及有影响力的结盟而得以展开。政治是不同利益团体围绕着影响力而展开的斗争。在 20 世纪 50 年代，多元主义成为政治科学中的主导研究范式；与此同时，一些不同形式的多元主义开始登场。表 0—2 列出了三种多元主义变体——古典多元主义、政策网络多元主义和新多元主义的特征（Smith，1995，2006）。

表 0—2 **多元主义的不同版本**

	古典多元主义	政策网络多元主义	新多元主义
国家观	团体冲突的场所。	一个提供不同接近途径的分化机构。	偏向特殊利益，尤其是实业界。
团体的性质	容易形成，公开竞争。	一些内部团体易于接近政府，另一些团体则受到一定的限制。	在团体竞争中，实业界具有结构性的优势，因为其对于经济和社会福利非常重要。
对权力的理解	一个可观察的现象，通常是广泛散布的。	一般而言是可观察的，但一些团体通过紧密网络的构建有力地影响国家行动者。	不太容易观察，在实业界的结构优势以及与有利于实业界的意识形态假设中反映出来。
相关研究举例	Bentley，1908；Truman，1951；Dahl，1961	Richardson and Hedo，1978；Jordan，1979	Lindblom，1977

古典多元主义接受了本特利著作的主题：国家是团体冲突的一个场所。团体具有相对的自由，彼此竞争以影响政府的政策，就此而论权力是分散的，导致了一个对其公民有组织的愿望作出回应的政府，并能够预测分散（没有组织起来）的利益要求，以便在实际生活中促成民主的运作。政策网络多元主义在此基础上增加了复杂性，国家是一个多元玩家的场所，与某些构成政府机器网络部分的外部团体有着特殊的关系。围绕着一组政策议题而形成的政策共同体通常是非常紧密的，能有效地排除其他的利益，因此民主的利益受到“铁三角”的威胁，权力并非如古典多元主义模型所设想的那样分散。多元主义的第三个分支叫做新多元主义，它采取了一种更具敌意的国家观。许多重大的政策议题被大公司操纵，这不必然是因为政策网络所制造的紧密联系，而是因为企业成功对社会福利所具有的经济影响力，这意味着所有的政府都不得不听从实业界的要求。新多元主义关于不同利益之间的不平等竞争的观点得到了从事国内政治和国际政治研究的众多学者的支持。

多元主义随后又发现自身受到来自精英主义的挑战。精英主义主张政治是由精英团体支配的（Evans，2006），在此又有可能辨识出精英主义的三个分支（参见表0—3）。古典精英主义不承认对国家和制度实行民主控制这种前景的可行性。大众的弱点和缺乏组织总是被寡头控制搞定，这种控制通过官僚制和技术支配，被居于决策结构顶端的那些人来行使。在这一古典形式中，精英倾向于团结和自我延续，精英支配被视为大规模社会的一个必然特征。从古典精英主义的角度来看，精英支配是明显的，较易观察，然而稍后发展出来的精英主义的第二个分支则认为，这些过程具有一个颇为微妙的形式。米尔斯（C. Wright Mills，1956）认为，多元主义的错误在于，假定很容易观察得到的组织化的游说和利益集团冲突的政治，是政治的全部。对米尔斯而言，政治还有其他的两个层次。一个层次居于权力的底端，那里一些弱势团体缺乏组织以及从事游说的能力，另一个层次处在权力的较高位置，其中所有关键性的决策都被控制，一些相对不重要的议题则留给游说和公开的政治。体制顶端的权力精英是支配团体，控制着绝大多数的重要议题，而且在大多数体制中，可以发现经济精英、政治精英和军事精英的联合体。这个团体的行动旨在维持共同利益，因为他们享有类似的世界观和社会出身背景，并通过社会和个人联系来保持团结。米尔斯所辨识的是国家层面的精英，其他研究则表明在村镇和城市的地方层面存在类似的精英支配，致力于拓展和重新开发一个区域的共同利益促使地方政治联盟的发展，尽管通常缺乏军事精英的直接在场（Hunter，1953；Moltoch，1976）。

表0—3　　精英主义的不同版本

	古典精英主义	权力精英视角	体制精英主义
精英对国家和社会的支配	全面的。	实质性的。	部分且是策略的。
精英的整合性	强而统一。	统一而有分殊。	分裂的，但可通过体制而得到强化。
对权力的理解	可观察的，正式的。	隐蔽但可观察。	权力使事情得以发生，而不是过分自信的直接控制。

续前表

	古典精英主义	权力精英视角	体制精英主义
精英主义背后的驱动力	人类社会的必然特征，反映了非精英的弱势地位。	实业界的权力和社会联结。	把事情做好的动力将那些拥有相关资源的人聚集在一起。
相关研究举例	Michels，1911 Mosca，1869	Mills，1956 Hanter，1963	Stone，1989 Stoker，1995

第三种精英主义版本认为，强有力的团体倾向于露头以影响决策，但是这一过程并非不可避免；驱动这一过程的并非重要行动者之间的联结，而是想把事情做好而面临的复杂性和挑战；这反过来要求重要行动者综合其能力和资源，以形成有效的体制。在都市场景下，这一理论得到了最有力的运用（Stone，1989；Stoker，1995）。体制分析将权力看作碎片式的，体制则是一种合作的安排，由此国家和私人行动者聚合能力来实现治理。斯通（Stone）将体制所追逐的政治权力描述成“能为的权力”（power to）或行动的能力，而不是“对他人的权力”（power over）或社会控制（Stone，1989：229）。获取行动的能力并非确定的；合作需要被创造出来并加以维持（Stone，1993）。体制克服合作行动的困难，并通过契约和工作这类选择性激励的分配来保证治理联盟中的合作。合作不但通过正式的机构来获取，而且也通过非正式的网络来实现。在体制版本的精英主义和新多元主义之间存在着相似之处。政治科学中一场持久争论的两个对手似乎正在彼此靠拢。

不同的观点围绕着本特利的两个“革命性”主张正在走到一起，这两个主张是本特利对形式宪政主义进行多元主义批评时提出的，它为政治科学提供了一个核心宣言。本书的所有作者都认为，我们需要超越权力的正式安排来理解政治（包括本书第三章所勾勒的新制度主义的作品）。本书的所有作者都接受这样的观点，在政治研究中权力是重要的，但是很少人享有古典多元主义的乐观主义——按照偏好的强度，权力是相对平等地分配的。

在 20 世纪 70 年代，当我第一次在学术场合研习政治学时，制度主义、多元主义和精英主义这三个范式的焦点似乎为政治学研究领域的分工提供了一个良好的出发点。然而即使在本书第一版 1995 年出版时，政治科学内部的分工越来越多样化，也越来越深刻，这一点已经非常清楚了。它们已超越了分析层面的差异，而涉及不同的本体论和认识论立场。研究什么、如何研究以及为什么研究，在这些议题上都存在分歧。政治科学的目标是揭示意义，在行动和事件之间把脉因果线索，或揭示驱动社会和政治的深层亚结构？为了探索这个世界，我们需要在以下两者之间穿梭：聚焦于三个主要的研究范式和考察政治科学家在研究中使用的更为宽泛的研究取向。这正是本书第一部分所提供的：对当今从事政治科学研究的最重要的以及最具动态性的方法作出一个学术回顾。

第一部分从第一章讨论政治科学中的行为主义取向开始，由大卫·桑德斯撰写。从这一研究取向开始叙述是适当的，因为行为主义革命也许可视为现代政治科学建制——所有其他的研究取向都必须置身其中——最为关键的一个发展。毕竟，行为主义运动肯定了早期多元主义者的倡导——将研究注意力从对政治制度和宪法的形式和法律的研究中摆脱出来。一如前文所述，对于所有的政治科学家而言，这一转变至今依然是这一研究领域中一个被接受的部分。所有经验研究导向的政治科学与行为主义者享有一个共同的关注：实际生活中政治运作的方式。桑德斯对于行为主义研究取向如何演进提供了一个精细的说明，并且对现代行为主义的位置作出了一个令人信服且强有力的说明。

第二种研究取向被认为是理性选择理论（第二章）。太多的人声称，它为这门学科带来了革命性的研究取向。这一研究取向在政治学科内具有的影响是没有什么疑问的。某些鼓吹者认为，对于发展一门政治科学，理性选择构成了最为关键的研究取向。这门科学在知识生产方面是累积性的，是一种更为广泛的社会科学实践中的强大一员，它们的研究取向是统一的，基于来自经济学的公理和方法。虽然某些人过分强调一种青睐形式理论和数学严谨的研究取向的价值，但另一些人现在将理性选择取向看作能够选择的诸多路径中的一种。第二种选择正是该章作者欣德摩尔所采取的立场，本书编者也分享这一立场。理性选择分析所提出的思考方式和挑战对这门学科的所有人提供了一些东西，不过关于它是一名高级牧师的宣称已被人们给予正当的怀疑。

本书所聚焦的第三种政治科学的研究风格是制度分析。一如朗德斯在第三章所指出的那样，那些对制度研究感兴趣的学者或许已经发现风头已过，因为先是行为主义者，随后是理性选择的鼓吹者，倡导一种不受对制度和宪法的旧式兴趣牵累的新政治科学。然而，一种新制度主义出现了，对行为主义和理性选择所提供的有关政治行为的低度社会化解释作出了一个反制。新制度主义分享了一个核心观念，即制度深刻地制约着政治关系。对制度主义的兴趣有着许多不同的表达方式。一如古丁和克林格曼（Goodin and Klingemann，1996：11-12）所说，对制度的新兴趣确实提供了一个政治学科内不同研究取向恢复和睦关系的基础，最近数十年来，行为主义者和理性选择学者都承认制度的重要性。

在第四章，帕森斯详尽地介绍了建构主义理论，在这样做时，他挑战了前面章节所勾勒的研究取向，尽管他注意到，一些制度主义者持有建构主义的观点。这一研究取向所特有的东西在于它主张，人们能够行动是因为存在着某些“社会建构之物”：观念、信仰、规范、认同。这些阐释过滤器通过以下的方式来工作：影响人们看待世界的方法，人们的行动依次为意义所制约，而这些意义是特定的人群赋予自身及其环境的。相反，非建构主义者——如第一章所讨论的行为主义者、第二章的理性选择主义者、第七章的马克思主义者，认为我们的阐释过滤器对于我们如何行为的影响不大。帕森斯观点的核心，是这些不同的研究取向可以相互学习到许多东西，本书编者充分赞同之。建构主义可以提供一种特别的、貌似有理的工具，帮助理解人们为什么行动以及他们行动的方式。建构主义者在研究中应当关注非建构主义者的选择；同样，非建构主义者也应当经常性地在其研究中考虑建构主义的竞争者。

在第五章，我们提醒读者政治心理学的重要性。如同哈特所说，尽管政治心理学有着漫长的历史渊源，但对于政治科学这门学科而言，它依然处于边缘。我们同意他的观点，部分是因为政治心理学的理论丰富性和创造性，这种边缘状态并无多大意义。政治心理学家提出了海量的关于人和社会行为的概念、命题和范式，所有主流的政治科学家都应当予以考虑。此外，政治心理学的成熟方法，严谨的研究设计为我们提供了启示。

政治科学依然需要来自各方面的挑战。一如兰德尔在第六章中所指出的，女权主义分析在两个方面对政治科学提出了挑战：首先，它要求对妇女在政治中的作用做一个充分而周全的解释；其次，对于政治概念化的方式，包括传统的公域和私域的区分提出了根本性的质疑，由此对作为一门学科的政治科学的范围和边界颇具影响。

下一个挑战来自马克思主义，马奎尔在第七章作出了有力的论证，说明这一研究取向的持续影响。他认为，围绕着民族国家、国际和城市层次的政治和经济联系，以及围绕着文化干预能动性方面的理论化工作，马克思主义创置了丰富的研究项目。如果缺少了来自这一研究取向的洞察力的话，我们对生活其中的全球化世界的理解将变得相当贫乏。

我们也不应当忘记规范政治理论在政治科学中继续扮演着一个关键的角色。巴克勒在第八章对这一理论作了一个概览式的描述。他阐明了政治理论在自由、平等以及社群等问题上存在的重大争论，说明它们如何与当今政治科学所面临的挑战相关。

第一章

行为研究

大卫·桑德斯

社会和政治研究中的行为主义取向集中关注的是一个单一的、貌似简单的问题：为什么人们以他们行事的方式而作为？行为主义者们区别于其他社会科学家之处在于他们对以下两点的坚持：第一，可观察到的行为，无论是个体层次的行为还是社会群体层次的行为，都应该是研究的重点；第二，对行为的任何解释都应该经得起经验的检测。行为主义学者所持的观点是，不管分析研究中使用何种理论范畴，社会研究最基本的任务都是试图去理解（某些）人们的所为、所思或所言。

在行为主义传统下进行研究的学者们已经在广泛的实际问题上进行了研究。行为主义者全面地分析了民主国家中投票成为大众政治参与主要方式的原因（Heath et al.，1994；Clarke et al.，2009）。他们也考察了在其他（较不寻常）形式的政治活动中——诸如示威、罢工甚至暴乱——政治参与的渊源（Barnes and Kaase，1979；Parry et al.，1992；Anderson and Mendes，2006）。在精英层次，行为主义者研究了领袖行为，并在领袖观察世界的方式（他们的态度与价值）与他们做出的特殊行为之间的关联上着重进行了研究（Allison，1971；King，1985；Sanders，1990；Dunleavy and Jones，1993；King，2002）。在社会群体方面，行为主义者考察了利益集团的行为（Grant and Marsh，1977；Mownes and Lipinski，2005）和政党的行为（Budge and Fairlie，1983；Budge and Laver，1992；Dalton，

2002；Ezrow，2008）。在国际层次，行为主义研究还重点考察了民族国家的行为（Rosenau 1969），以及诸如跨国公司、国际恐怖组织和像欧盟那样的超国家机构的非国家行为主体的行为（Keohane，1984；Baldwin，1993；Plümper and Neumayer，2006）。在所有这些不同的背景中，行为主义者试图解答的核心问题非常简单：相关行为者事实上做了些什么？我们如何才能最好地解释他们这样做的原因？很显然，这些问题并非关于个体行为者与社会行为者可以问及的仅有问题。行为主义者只是认为它们是最为重要的问题。

本章分为四个部分。第一部分简要介绍行为主义的兴起及其核心特征。第二部分对那些有着不同理由的针对行为主义的主要批评进行评述。第三部分用于介绍普拉姆培（T. Plümper）和纽梅耶（E. Neumayer）就暴力冲突对妇女预期寿命值的影响所做的重要研究——这项研究解释了行为主义的一些更为真实明显的特点。最后一部分要分析的是行为主义对当今政治学者持续产生的影响。

一、行为主义运动的兴起及其核心特征

行为主义运动设定了20世纪五六十年代的社会科学中的一个重要研究立场。19世纪孔德（Auguste Comte）的著作（Comte，1974）及20世纪20年代“维也纳学派”（Vienna Circle）的逻辑实证主义是它的哲学来源。实证主义分别经由阿尔弗雷德·阿耶尔（Alfred Ayer）和卡尔·汉普尔（Carl Hempel）在英国、德国得以普及，它认为关于物质领域或社会领域的分析性陈述可归纳为下列三种类型：第一，这些陈述能够成为有用的重言式①（tautology）：它们可以是把一个特定的含义归于一个特殊现象或概念的纯粹的定义性陈述。例如，我们可以把收入低于平均周薪1/3的家庭界定为“生活在贫困线以下的家庭”。第二，这些陈述是经验性的，也就是说，为了证实或证伪它们，它们应该可以通过观察得到检验。第三，不属于前面两种类型中任一类型的陈述是缺乏分析意义的。总之，对实证主义者而言，有意义的分析只是在有用的重言式和经验陈述的基础上才能进行：形而上学、神学、美学甚至伦理学仅仅是把毫无意义的迷茫引入到了研究的过程。

当然，认为行为主义接受了实证主义的所有哲学信条可能是不正确的。甚至在20世纪50年代行为主义正在社会科学家中日益获得认可时，实证主义本身也常常遭到猛烈的哲学批评——这种批评的部分理由是，实证主义关于仅仅存在三种陈述类型这一主张本身到底是重言式的、经验性的还是毫无意义的，这一点并不清楚。这表明，行为主义对经验理论和解释的性质的见解深受实证主义传统的影响。尽管对这两个关键术语有多种界定，但大多数行为主义者可能程度不等地接受以下这种理解：

---

① 这是逻辑学里面的一个术语。它是指由更简单的陈述句以一定方式组成的无意义的或空洞的陈述，以使其在逻辑上正确，而无论这更简单的陈述是正确的还是错误的。例如陈述句“明天要么下雨要么不下雨”就是这样一个重言式。——译者注

● 一种经验理论是一套相互关联的抽象陈述，它由假定、定义和可以经由经验检测的理论假设组成，这一假设意在对一个或一组给定的现象的发生进行描述与解释。

● 解释是对某些或某一组现象的发生而进行的因果说明。对一件（一组）特殊事件的解释，是要明确一组它（它们）发生所要求的先定的必要和充分条件，而且对这些条件的陈述，最少是非重言式的。

关于理论与解释的这些定义的重要性，在于它们对理论评价的意义。对实证主义者而言，关于任何据称的解释性理论，应该常被问起的关键问题是："我们如何才能知道这一理论是不正确的?"行为主义者们对这一问题特殊重要性的赞成，恰恰说明了行为主义在知识上对实证主义欠下的人情。对实证主义者和行为主义者而言，评价解释性理论的途径有三条：

（1）一个"好"的理论必须内在地具有一致性：它不能做出这样的陈述，即一组既定的先定条件的存在与缺乏，被认为会"引起"这些据称正被解释的现象的发生。

（2）一个关于一种特殊现象的"好"的理论，应该尽可能与寻求解释相关现象的其他理论保持一致。

（3）关键是，真正的解释性理论必须能够做出可以通过观察得到检验的经验性的预言。经验检验是在相互对立的理论（在其他方面，它们可能表现得同样貌似有理）之间做出决定的唯一有意义的途径。这种检验要么可以在个体的社会行为者的层次上进行，要么可以在社会群体的层次上进行——鉴于这一正被检验的理论的特性，在任一层次上进行检验都是合适的。

正是对经验观察与经验检测的强调，才造就了社会研究中行为主义取向的两大特征。

第一个（而且争议最少的）特征是，行为主义承诺系统运用所有相关经验证据，而非有限的一套支持论点的例证。这一承诺仅仅意味着，当一个特定的理论陈述正在经受审查时，研究者不必自我限定在仅仅对那些观察到的、为正在得出的理论主张提供"逸事式"支持的情况的考虑当中。相反，研究者必须考虑正在接受评估的理论陈述所包含的所有情况——或者至少是考虑它们中有代表性的样本。

正是在这一背景下，作为一种分析大量的"相关经验证据"的工具，统计技术的运用与发展在行为主义者那里有了充足的理由。然而，应该尽可能地予以强调的是，行为主义既不等同于定量研究，也不意味着贬低定性研究。理所当然，行为主义研究者常常把定量技术当作一种处理证据的启发性工具来使用。然而，并不存在一种需要量化研究的行为主义认识论立场。相反，对行为主义研究者而言，经验分析的定量方式与定性方式都是可以接受的。对他们而言，重要的不在于证据是定量的还是定性的，而是：（1）证据是被用来评估理论观点的；（2）它是被系统性地而非解说性地使用。

行为主义研究的第二大特征在其意义上要稍稍微妙一些，但同样重要。简单地说，这就是科学理论与/或解释，原则上必须能够被证伪。请注意，这里所指的是"科学的"而非简单的"经验的"或"解释性"理论。这一语词体现了行为主义者对卡尔·波普尔（Karl Popper）对传统实证主义的修正的支持：（1）波普尔用可证伪原则取代了证实原则；(2) 他同时把可证伪的标准看成是“科学”研究与“伪科学”研究之间的分界线（Popper，1959）。

为了充分理解这一观点，有必要暂时偏离一下主题。我们需要准确地理解所谓“可证伪”的理论或解释意味着什么。考虑一下波普尔自己用作例子的这一熟悉的陈述：“所有的天鹅都是白色的。”假定我们看到了一只黑色的天鹅。那么这一假定会告诉我们关于这一陈述的一些什么呢？一种阐释是，观察到了黑天鹅表明这一陈述在经验意义上是虚假的：这一陈述原则上能够被证伪而且已经被证伪。但是，根据正被观察到的黑天鹅，还存在着阐释这一陈述的另一种方式。这一陈述声称所有的天鹅都是白色的。这就意味着我们观察到的这只黑天鹅不可能是一只天鹅，因为它不是白色的：因而，这一陈述不是虚假的。

这两种阐释都可能是正确的吗？答案是，它们可以。每一种阐释都对天鹅的定义做出了不同的假定。第一种阐释假定，天鹅是一种在水中划行时看起来非常漂亮的、有着长长脖子的大鸟；它没有提及鸟的颜色。在这些情况下，“天鹅”的定义与“颜色”是相互独立的：在它们之间没有任何的重叠之处。换言之，除了它的颜色，可能观察到具备一只天鹅所有特征的某些东西。我们已经观察到一只黑天鹅，因此最初的陈述必定是假的。第二种阐释假定，天鹅是一种在水中划行时看起来非常漂亮的、有着长长脖子的大鸟，而且它还是白色的。换言之，第二种阐释假定，白色是天鹅定义的组成部分。在这些情况下，当一只黑“天鹅”被观察到时，它不可能是一只天鹅，因为白色是天鹅定义的组成部分。

根据上面的讨论，可以确信的是，陈述的地位取决于组成它的术语是否被独立地定义。就第一种阐释而言，“天鹅”与“白色”这两个术语就被独立地定义。因此，这一陈述是经验性的、可证伪的陈述。然而，对于第二种阐释，“天鹅”与“白色”这两个术语并非被独立地定义。因此，这一陈述（部分地）是重言式的：它只是一种不可检验的论断，在这一论断中，天鹅的界定性特征之一是它是白色的。

有关阐释的问题在社会科学中是普遍性的。我们来思考一下下面的这一陈述：“如果人民对政府不满意，在大选中人民就把不称职的政府选下台。”如果没有进一步的信息，我们无法判断这是一个可检验的经验陈述，还是仅仅是一个定义性的重言式。实际上，这一陈述可以用两种完全不同的方式来进行阐释。首先，我们可以使用纯粹的重言式的术语来阐释它。对于一次特殊的选举，我们可以说：(1) 每一位投票支持政府的选民必定对政府的表现感到满意（否则他们就不会投它的票）；(2) 每一位不投票支持政府的选民可能对政府的表现不满（否则他们就会投它的票）。就这一阐释而言，我们总是“信任”这一陈述，但我们并没有表明它在经验上是正确的；我们纯粹地把它当成一个重言式来对待它。第二种阐释是把这一陈述当成一个经验性的陈述——这只有当我们提供一个对政府不满的独立于投票行为的定义时，才有可能。如果我们要设计某种度量不满的独立方法，那么显然，我们可以通过任何可用的经验证据来检测我们最初的陈述。我们可能会发现，所有投票支持政府的选民对政府的表现满意，所有投票反对政府的选民都对政府的表现不满——如果是在这种情况下，我们就已经证实了这一陈述。然而，关键的是，通过提供“投票”与“不满”的独立性的定义，我们创造了这一陈述可能在经验上是不正确的可能性：我们使得这一陈述可以被证伪，即使我们可能希望它不可被证伪。

在对可证伪与不可证伪的陈述做出了区分之后，波普尔（Popper，1959）继续指出，只有理论能够产生可被证伪的经验性预言时，理论才能被视为“科学的”理论。没有产生这种预言的理论，仅仅是没有说明任何事情的矫揉造作的重言式——不管它们看起来可能有多么的复杂、优雅。许多行为主义者并不关心他们的研究是否应该被描述为“科学的”研究。然而，关键的是，他们又毫不含糊地忠诚于可证伪的原则。行为主义者并没有否认存在着评价某一特殊理论充分性的其他方式。不过，他们坚持认为，一个真正的解释性理论必须产生“如果 A，那么 B；如果非 A，那么非 B”这种形式的可被证伪的观点；而且它必须明确说明得到界定的因果前件（causal antecedents），而这种界定又是独立于这些假定的正被解释的现象。

然而，所有的这些并不表明，行为主义者们相信他们理论的所有方面都必须能被证伪。正如拉卡托斯（Lakatos，1971）所指出的，自然科学与社会科学中的大多数理论包含着一套不可证伪的“核心”观点。这些核心观点通常以不可经受经验检验的极为抽象的假定形式展示出来。然而，这些“核心”观点的不可证伪性未必意味着这一理论本身是不可证伪的。如果一系列根据经验观察可以考察而且可以检验的预言在逻辑上可以从“核心”中推论出来，那么总体言之，这一理论就可被看作可证伪的。除了表明这是一个复杂的重言式，它还意味着更多；它确实给研究者提供了一个机会，借此，研究者能明确，在何种条件下这一理论都是“不正确的”理论。

于是，行为主义者强调了两种理念，那就是：（1）理论应该寻求解释某些东西；（2）原则上，能够通过大量的观察而被检验。对行为主义者而言，不可证伪的理论根本就不是真正的理论。它们仅仅是学者们可以依自己的意愿选择相信也可以选择不信的、具有不同程度复杂性的、奇妙复杂的幻想。对他们而言，理论评估必须超越于这种方式而进行，即仅仅是为了评估它内在的一致性和它看来要破解的这一“谜团”的性质，而去审查一个理论：理论评价还必须包括使理论主张经受经验检测。

二、对行为主义取向的批评

如同社会科学中其他任何普通的理论取向一样，行为主义取向也成了许多重要批评的目标。这些批评可以根据三个宽泛的标题而分为三组，下面我将逐一地对它们进行考察。

1. 反对实证主义的下一主张：既非定义（有用的重言式）也不具经验性的陈述是毫无意义的

前文已经指出，行为主义有实证主义的哲学渊源，因而这似乎意味着实证主义天生的弱点也必然是行为主义的天生弱点。但是，正如我们将要论证的，这种推理路线可能并不适用。在针对实证主义的许多批评中，也许最为重要的是这样一种简单的主张，即被实证主义标上“毫无意义”标签的大量陈述，实际上包含着许多可以大大扩展我们对社会行为与人类状况之理解的见解。根据实证主义者的严格标准，对应然进行研究的规范理论不能发挥任何作用——因为规范性的研讨并没有限定在释义性的或经验性的陈述中。与此类似，美学或道德观点也因同样的原因而发挥不了任何作用。而且通过对人类的知觉、动机及思想过程的性质进行深刻反思以试图理解社会行为的解释学研究，也没有任何作用。如果实证主义者试图排斥这些形式的反思，那么随着论证的继续，它必定会深陷错误之中。

在这里，我们没必要纠缠于实证主义者曾经真正地摒弃非经验研究的程度。然而，重要的是指出，当今大多数继续以行为主义传统方式进行研究的研究者，几乎会理所当然地拒绝这种观念，即认为规范理论、美学或解释学在政治与社会研究中一无是处。相反，他们会认为，这些取向带来了不同形式的知识与理解——它们并非毫无意义。实质上，当今的行为主义者自愿地接受对实证主义的这种特殊的批评。他们承认其他形式的可能有用的知识可以被以其他知识传统方式而进行研究的学者获得，以此使自己远离这种批评。现代行为主义者宁可将他们自己的理论主张接受经验的检验。他们也怀疑，在非经验传统中从事研究的学者永远不能对下面这个关键问题提供一个令人满意的答案：对于你是否错了，又将如何得知？

2. 趋于缺乏思想的经验主义

早期实证主义者的主张之一是，只有通过这样一个探索的过程，才能实现理论上的理解：这一过程以对“迄今为止的所有事实”的不受理论约束（theory-free）的观察为起点，然后从观察到的经验式的规律性中归纳出类似规律的一般性原理。晚近的实证主义者，最为典型的是汉普尔与波普尔，他们强烈地拒绝这种关于科学探索特性的“狭隘的归纳主义”的见解，认为只有研究者观察“相关事实”的努力要么得到明确的理论预期的指引，要么最低限度地得到某种解释性的“预感”的指引，才能进行下去。在这种情况下，汉普尔（Hempel，1966：11-12）的著述就值得大段引用：

> （狭隘的归纳主义式的研究）……永远也不能有所进展。甚至它的第一个（收集事实）阶段也永远无法完成，这也就是说，因为要收集到所有的事实，将要等到世界末日的到来；而且既然存在着各种各样的无穷无尽的事实，即使要把迄今为止的所有事实都收集齐全也绝无可能。比如说，难道我们要把所有沙漠和所有海滩上的所有沙粒都检查个遍？难道我们要一一地记录下它们的形状、它们的重量、它们的化学成分、它们相互之间的距离、它们持续变化的温度以及它们到月球中心的不断变化的距离？难道我们要记录下穿越我们大脑的飘忽不定的令人生厌的整个思想过程？难道我们要记录下我们头顶的云彩的形状、天空变化不定的颜色？难道我们要记录下我们进行写作的设备的制造过程与品名？难道我们要记录下我们自己以及我们所有研究者的生活历史？所有这些，以及其他没有提到的事情，毕竟都属于“迄今为止的所有事实”。

尽管实证主义远离了归纳主义，但毋庸置疑，在 20 世纪 50 年代早期至 20 世纪 70 年代中期，以行为主义传统方式进行研究的许多学者还是坚持归纳主义的研究取向。把这一倾向的特殊例子孤立起来未必是有害的。不过，这样说是公平的：在这一时期许多行为主义者以这种方式从事研究，类似规律的一般性科学结论，可以单纯地根据大量经验数据资料中显现的统计规律而得出。对数据资料的强调和随之而来的对未经观察的理论推断的贬低，反过来又在行为主义研究中产生了两种并不可取的倾向。

第一种倾向是强调易于度量的事物而非可能具有重要理论意义的事物。在对某人无关紧要的事物可能对另一人来说是至关重要的这一意义上，总是可以轻易地做出这种批评的。不过，这种贬低那些天然就难以度量的现象的潜在意义之倾向，对行为主义研究的批评者与倡导者而言，始终是值得关注的事情。这对选举行为的分析研究尤其确凿无疑。从 20 世纪 50 年代行为主义研究蓬勃发展以来，对投票的研究就主要集中在选民的社会属性、党派认同、思想立场、政策偏好及经济观念上面。复杂的模型（这些模型显示出了在决定投票时各种现象之不同方面的相关意义和因果关系）已经设计出来，而且在经验上得到了检验（Sarlvik and Crewe，1983；Heath et al.，1985；Heath，1991）。

然而，尽管行为主义研究对我们理解选民投票时的计算与决定作出了重大贡献，但人们还是常常认为，不知为何，在行为研究中，它可能已经既忽略了投票深层意义中的一个重要部分，又忽略了选民投票时计算本身的意义。或许对选民政治观念中的矛盾与不一致之处，以及对许多选民不仅时常改变自己的政治偏好，他们的偏好也非常真实地随着体现偏好的社会环境而改变这些可能性，他们并没有给予充分的关注。对那些与个体或深或浅地进行自我反思的方式有关的领域，行为主义的选举研究也一直未敢涉足。我认为我是哪一类人？我对未来生活有何抱负和期待？我认为我能够而且应该过哪种生活？我如何处理个人的道德理念与主要政党的道德立场之间的关系？对诸如此类问题的回答，可能不会对政治偏好的形成与转变的方式产生影响。然而，鉴于难以系统性地估量对这些问题的回应，这样在行为主义参考框架中，我们就很难设想，对这些问题的回应能够被整合进正式的分析研究中。因此，它们中的大部分都被逐出了他们的分析框架。

集中关注现有的能够观察到的现象——比如投票——而不是集中关注更加奥妙的、也许还是更加深层的、推动社会政治制度的稳定与变迁的结构性力量，这是行为主义研究第二个相关的不可取的特点。在这一背景下，行为主义研究忽略了“利益”这一个明显的概念。利益这一理念在侧重于国内研究领域的马克思、韦伯和帕累托（Vilfredo Pareto），及国际关系领域的汉斯·摩根索（Hans Morgenthau）、卡尔（E. H. Carr）等多种社会与政治理论中，曾经发挥了重要作用。在所有这些理论中，社会行为者——不管他们是个体、群体乃至民族国家——都被视为寻求旨在实现“利益”最大化策略的行为者。然而，正如在行为主义研究传统下开展研究的学者们一再发现的那样，要直接观察特定个体、组织或国家的“利益”极其困难。结果就是，行为主义研究试图回避对利益进行理论与经验分析，而是选择把这一领域留给在其他非经验传统下进行研究的学者。

3. 理论与观察之间的假想独立

早期的行为主义者把他们进行社会研究的理论取向标榜为“科学的”和“价值无涉”的。他们声称，他们不寻求为任何特定的道德或政治立场进行辩护。相反，他们只是简单地通过不偏不倚的观察而试图发现“事实”，并以最为省事的方法为解释这些事实提供政治中立的理论。正如在汉普尔的引文中所表明的，“解释性理论”仅仅在所有相关事实都已被不偏不倚地考察之后才能形成，在这一意义上，达到归纳的这一程度总是不可能的。在研究者能够决定什么事物应该得到观察之前，某种最初的理论理解是必要的。

现代行为主义者，和在其他知识传统下展开研究的学者们一起，坦率地拒绝理论与观察相互独立这一理念。相反，现在大多数行为主义者接受下面这一相对主义的观点：在特定程度上，被观察到的事物是研究者首先采取的理论立场的结果。

然而，现代的行为主义者还是有别于大多数相对主义者。承认观察会受理论的影响是一回事；而得出结论认为这意味着一组理论与观察和另一组理论与观察同样好，又完全是另外一回事。对于现代行为主义者而言，对一种好的理论的最终检验依然是，它是否与观察——与现有的经验证据——保持一致。现代行为主义者已经做好充分准备去接受一点，即不同的理论立场可能会引起对“现实”的不同的描述，可能会产生不同的“观察”。然而，他们又坚持认为，无论特殊的理论视角对“观察”意味着什么，为了对所主张的理论进行系统性的经验检验，就必须使用这些观察。

最后，值得注意的是，行为主义者有时会因为未能理解社会与政治转型的“宏图”而受到批评。这即是说，通过强调对可观察的个体与团体的行为的描述和解释，行为主义者低估了“更有意义的”、可能正在发生的社会与政治变迁的重要性。例如，对处于发达资本主义条件下“国家”演进的方式进行思考的理论家们（Adorno，1976；Habermas，1976；Jessop，1990），往往嘲笑行为主义研究者仅仅关注表面性事物，却未能提出任何关于重大社会或政治变迁的理论（或解释）。行为主义者做出回应并指出，意欲分析重大社会变迁的范围广阔的社会理论，必须建立在某种经验观察的基础上。比如说，如果一位学者想要证明“资本主义国家”陷入了“危机”之中，那么，他们就必须能够明确这一危机的可观察的关系前项①（referent）实际上是什么。如果存在着“危机”，（某些）人们就必定在采取某些类型的行动，或者必定在思考那些使分析家们得以“知道”“危机”存在的某些事物。与此类似的是，如果某种社会关系的新的形式正在形成（或许这种社会关系的新的形式是新的经济生产模式的产物），那么这种关系的新的形式必定有着某种经验性的关系前项，不然的话，分

① 关系前项是指某一命题中表达两个事物关系的第一个事物。比如，“如果物体的运行速度达到 7.9km/s，那么这一物体就能克服地球引力”。在这一个命题中，运行速度与地球引力都是这一命题的关系项，前者是这一命题的关系前项，后者是关系后项。在这一命题中，陈述了速度与地球引力之间的关系。——译者注

析家又是何以“得知”这一新的形式事实上正在发生的呢？行为主义者已经完全准备好去接受范围广阔的社会与政治理论既是可能的也是可取的这种认识。他们只是坚持认为，如果这些理论是可信的，它们就不能在一个如此高的抽象层次上被含糊其辞地表达出来，以至于使得它们不能在经验上接受检验。对行为主义者来说，社会与政治理论本来就应该描述并解释那些可观察的事物，而不管这种事物是静态的还是变化的。社会变迁的理论只是在它们为了做出重大变迁确实正在发生这一判断，而明确了被使用的经验性关系前项时，以及提供表明这些关系前项实际上正在向确定的方向发生变化的经验证据时，才开始令行为主义者感兴趣。但对于任何理论中的“关系前项”应该是什么，行为主义完全保持中立——这是社会理论家的领域。然而，对行为主义者而言，没有确切的经验性的关系前项的社会“理论”只是简单的断言。

三、行为主义研究取向的解释力：一个案例

尽管根据前面的讨论，很明显行为主义取向易于遭到严厉的批评，但如果因此就推断说行为主义研究的所有例子都是有缺陷的，那就大错特错了。相反，乐观地看，行为主义研究为对社会行为的理解与解释作出了巨大的理论与经验贡献。

行为主义研究取向的力量，最主要地来源于它的倡导者们寻找能够复制的分析方式的决心。在行为主义传统下展开研究的学者们关注的总是一点，即像他们一样做出类似假定并考察同一证据的其他学者，将得出完全类似的结论。确保研究发现能被复制这种需要，必然意味着行为主义者在他们的详细阐述中，必须十分清楚：（1）他们正试图解释什么；（2）正在进行的解释是准确的理论解释；（3）为了对这一理论解释进行评价，他们正在以什么方法使用经验证据。反过来，阐述的清晰性这一需要又意味着，行为主义者几乎不涉足这一最为乏味的学术争论的领域：“当他们讨论 Y 时，作者 X 所表达的是什么意思?”对行为主义者而言，X 的研究显然不能被重复检验，因此在任何情况下，观点 Y 也就可能被质疑，除非 X 首先明确他或她要表达的是什么意思。

一项好的行为主义研究的力量，可以通过普拉姆培和纽梅耶（Plümper and Neumayer，2006）就暴力冲突对男性和妇女预期寿命值的影响所做的研究来加以说明。他们的研究是严密的理论化、谨慎确立模型与系统性的经验检验的结合。这项研究既在暴力冲突后果的评估上取得了方法上的突破，同时还就 1975—2005 年战争对世界各地预期寿命值的影响，做出了重要解释。

普拉姆培和纽梅耶关注的是一个多年来国际政策分析家、人权活动家和女权主义者一直在关心的问题：在何种程度上，战争，不管是国家间的战争还是国内战争，对妇女而非对男性产生了不相称的破坏性影响？在世界上的许多冲突中，尽管战斗人员多是男性，但情况却似乎常常是，这些冲突的牺牲品多为妇女。令人吃惊的是，在普拉姆培和纽梅耶的研究报告公开发表之前，就暴力冲突对妇女预期寿命值的影响之研究竟然是一片空白。

在他们的研究中，普拉姆培和纽梅耶开门见山地指出，在大多数国家和大多数时候，妇女的寿命要长于男性。暴力冲突的影响在于，它会同时降低男性和女性的预期寿命值。不过，暴力冲突还会降低预期寿命值的“性别差异”：战争使得妇女的预期寿命值比男性下降得更快，因此男性和女性的预期寿命值也就更为接近。普拉姆培和纽梅耶发现了战争能够不成比例地降低妇女预期寿命值的三个主要机制。第一种机制是经济破坏影响。战争破坏了交通、卫生设施以及食品供应链条，严重妨碍了弱势群体的资源获取——而在战争期间，又不成比例地主要影响到妇女。第二种机制涉及流离失所。暴力冲突通常会造成大量难民，因为，为了在其他地方找到安身之所，人们会努力逃离战争地区。在这种情况下，更大的生命危险又不成比例地影响到妇女，因为，在生存所需的医疗保健和其他资源不是极度短缺就是根本不存在的情况下，她们常常要凭一己之力艰难地养活她们自己及孩子。最后，还存在性暴力效应，这说明了在冲突环境中，妇女更易于沦为非法贩卖、被迫卖淫、强奸和谋杀的牺牲品。

普拉姆培和纽梅耶的核心目标是，尽可能准确地估计在暴力冲突对预期寿命值的影响上的性别差异。为达此目的，他们建立了一个统计模型，借助这一模型，他们能够对其他也能影响到预期寿命值的广泛因素（比如收入水平、教育和性别平等）加以“控制”。实行控制的思想对他们的个案研究至关重要。为了证明他们观察到的暴力冲突和预期寿命值变化模式之间的相互关系不是一种简单的“巧合”，而是体现了一种真正的因果效应，他们就必须考虑其他潜在的相关因素。

普拉姆培和纽梅耶的首要任务是建立一个证据数据库，即一个数据集，以使他们能够对存在于不同国家和不同时间的这些不同关系进行研究。对于他们的因变量即他们正在试图解释的现象，他们以男女预期寿命比率的年度变化来表示，即每个国家每一年的变化情况，并尽可能多地收集国家—年份的数据资料。为此目的，他们使用由美国人口统计署（US Census Department）提供的最为可靠的跨国数据库，这个数据库收集了自20世纪70年代以来预期寿命值方面的比较数据资料，使他们掌握了100多个国家1975—2005年期间、总计达2 956个国家—年份的数据资料。

为了评估国际战争和国内战争的直接与间接影响（这也是他们的核心解释变量或自变量），他们转而利用现有的、由其他许多研究团队历经多年建成的冲突数据库。关于内战发生及其严重程度的信息，他们借助广为使用的费伦和莱顿内战数据库（Fearon and Laitin Civil War dataset）。如果一个国家的内部冲突造成了1 000人以上的战斗死亡人数，而且在冲突开始后每年至少造成100人死亡，我们就把它界定为内战。在国际战争的操作性标准上，他们使用乌普萨拉武装冲突数据库（Upsalla PRIO Armed Conflict database）。这个数据库把国际战争界定为两个或两个以上的国家之间的冲突，它至少造成1 000人以上的战斗死亡人数，而且冲突开始后每年至少造成25人以上的战斗死亡。他们还把冲突发生在交战国领土之外的情况排除在外（例如，北约国家在20世纪90年代卷入前南斯拉夫的冲突），因为在那些情况下，“干预”国家的男性或妇女的预期寿命值都不可能受到影响。

在确立了可资判明是否存在内战和国际战争的标准后，他们接着区分了两种内战：主要战线是沿着不同族群集团成员身份而划定的内战，与主要战线不是沿着不同族群集团成员身份而划定的内战。在此，他们的假定是，在族群分裂的社会中爆发的内战，即民族间的内战，对妇女的预期寿命值可能会造成更为严重的破坏后果，这种后果尤其是通过流离失所和性暴力效应体现出来。在一场特定的内战是否具有民族冲突的色彩方面，（普拉姆培和纽梅耶在文章中引用的）费伦和莱顿内战数据库提供了明确的信息，这样普拉姆培和纽梅耶就能轻易地把这种差异整合到他们自己的数据集中。他们指出的另一个影响是，在国家的中央权威完全崩溃的情况下，内战对妇女预期寿命值的影响甚至会更加明显。因此，他们就得相应地收集政治秩序崩溃这个附加解释变量的数据，在这方面，他们使用马里兰大学政体项目中心（the University of Maryland's Polity Project）的数据。他们预计，在国家完全崩溃的情况下，妇女的预期寿命值将进一步下降。

除了这些核心理论主张，普拉姆培和纽梅耶还认识到，为了评估战争对不同性别预期寿命值的影响，还必须适当考虑广泛的“控制”变量。这些控制变量包括：一个国家现有的预期寿命值水平；经济富裕程度（人均国内生产总值）；教育（识字率）；性别平等（女性劳动力的比例）；与民主相对立的专制独裁的程度；国家主要政治制度的持续性（后面这两方面的数据来源于马里兰大学政体项目中心）；自然灾害的发生；重大流行病的发生［后面这两方面的数据来源于突发灾害数据库（Emergency Disaster Database)］。

他们利用所有这些解释变量和控制变量，建立了一个测量不同性别预期寿命值的简单统计模型。实际上，这一模型表明，男性：女性预期寿命比例的年度变化受到以下因素的影响：战争（内战或国际战争）；冲突类型（是否属于民族冲突）；国家政治制度的维系（或崩溃）；财富、教育和性别平等；专制独裁的程度；自然灾害。他们采用这种统计方法的巨大好处是，每一个“解释性变量”的影响力之相对程度，都能得到非常准确的估计。不过，尽管这一模型本身直截了当、相对直观，但是事实证明，为了衡量这些影响的程度，还是必须相当谨慎。这是因为，普拉姆培和纽梅耶的数据属于所谓的截面时间序列[①]（cross-sectional-time-series）分组数据。这意味着，对他们研究中所涉及的106个国家的每一个国家而言，都含有多个年度性的观察数据，而在一个既定国家内，其中有些数据（比如识字率和专制独裁的程度）又不会随时间发生显著变化。分组数据的这些特征使得对统计效应的评估极为微妙。我们没有必要麻烦地去详细解释普拉姆培和纽梅耶是如何处理这些分组数据的特殊问题的。注意到一点就已经足矣：通过把“滞后因变量”（lagged dependent variable）（这意味着这一模型实际上评估了男性：女性预期寿命比例的变化）与用来处理分组数据的三阶段评估流程结合起来，针对所有这些自变量对预期寿命产生的影响，他们都进行了评估，而这些自变量最大限度地降低了统计偏差，同时又使统计效率最大化。

表1—1概述了他们的主要经验发现。理解这类结果的关键是，观察显著性水平

① 这是一种截面研究和时间序列分析相结合的复杂统计研究方法。截面研究是以某一特定时间点的观察为基础的研究，即选择一个时点，仔细研究某种现象。解释性和描述性研究通常都属于截面研究。因为研究结论的依据是某个时点的观察，所以解释性的截面研究通常会存在一些问题。时间序列分析，是表示一个或多个变量随时间而产生的改变。——译者注

是否带有正负符号，以及这一模型中各个系数的相对重要性。显著性水平表示，我们能以多大程度的确定性确信，某种特定的统计上的影响正在（或没有）发挥作用。例如，后面带有三颗星号（＊＊＊）的系数，在统计上就有很高的显著性：我们有99.9％的把握确信，它相对应的自变量对我们正在试图解释的因变量产生了影响。两颗星号（＊＊）表示我们对此有99％的把握确信等。系数前的正负号表示，有关自变量是增加（以正号表示）还是降低了因变量（以负号表示）。鉴于此处因变量的性质，正号就表示男性：女性预期寿命比例上升了；而负号则表示这一比例下降了，这也就意味着相对于男性的预期寿命而言，妇女的预期寿命正在逐渐下降。最后，不同系数的相对重要性表示哪个变量对预期寿命值影响最大或影响最小。

表 1—1　　　　普拉姆培和纽梅耶的主要经验发现

因变量是在给定的国家一年份中，男性：女性预期寿命比例		
自变量	系数	标准差
滞后因变量（at t-1）	0.89＊＊＊	0.01
人口预期寿命的变化	0.06＊＊＊	0.02
是否国际战争	－0.38＊	0.20
是否内战	－0.35＊＊＊	0.06
人均收入	0.00	0.00
专制制度	0.03＊＊＊	0.01
政权持久性	－0.01＊＊	0.00
女性劳动力参与	0.04＊＊＊	0.00
是否有全国性灾害	－1.58＊＊＊	0.33
艾滋病患者＞15～45 岁人口的 10％	－0.74＊＊＊	0.08
截距	12.18＊＊＊	0.95
观察（国家一年份）	1 836	
国家	106	
校正 R2	0.96	

＊＊＊系数显著性位于 0.001；＊＊系数显著性位于 0.01；＊系数显著性位于 0.05。

资料来源：Plümper and Neumayer（2006），table 1，p. 744.

从这个角度看，我们可以从表 1—1 中看出，无论是国际战争还是内战，它们都大体同等程度地对预期寿命的性别差异产生了显著的负面影响。这也就说明，如果对其他理论上的大量相关因素进行控制，那么暴力冲突就确实降低了男性和女性预期寿命值的性别差异。换句话说，（无论是国际的还是国内的）任何一种类型的暴力冲突确实都对妇女的预期寿命值造成了不成比例的损害。这份表格还说明，自然灾害在其中发挥了非常重要的作用（其显著的负系数 b＝－1.58），而艾滋病也不成比例地严重损害到了妇女的生存机会（b＝－0.74）。在报告中，普拉姆培和纽梅耶接下来分析了民族分裂和国家崩溃在加剧妇女所面临的问题中所扮演的角色。他们发现，如果存在民族冲突的基础，那么它对妇女预期寿命值所造成的破坏性后果甚至更加明显。如果既存在民族冲突又出现国家崩溃，那么就将对妇女的长期生存造成最为严重的后果。

普拉姆培和纽梅耶的发现是重要的，因为它说明了，暴力冲突会在任何实际的战斗结束很久以后，对妇女的生存机会产生长期的影响。两位作者观察到的暴力冲突的影响，充分和恰当考虑了影响预期寿命值的其他广泛的因素。对于打算部署维和部队的政府和只是寻求降低这方面痛苦的人道援助机构，在制定何种政策和采取何种途径方面，他们的发现具有启发意义。如果妇女没有因暴力冲突而受到不成比例的伤害，那么，就需要做出更大的政策努力，以确保在对维和或降低危机的措施进行规划时，她们的利益能得到更为优先的照顾。

如果说这看起来像是一个吞吞吐吐的结论，那么就让它去吧。普拉姆培和纽梅耶以一个简单的经验性问题开始了他们的研究：暴力冲突是否不成比例地对妇女的利益造成了损害，而不是对男性的利益造成损害？通过建立一个预期寿命值之性别差异的综合模型，并对其进行评估，他们不仅能够令人信服地证明，那种损害确实会发生，而且还能够评估在不同条件下损害的准确程度。

普拉姆培和纽梅耶并没有声称已经建立了一个跨越时空的最可靠的预期寿命模型。他们的经验研究只是表明，还需要进一步开展理论化方面的理论工作，而这又反过来要求一轮轮的进一步的经验评估。所有这一切都表明，他们正在进行一个重启（retroduction）的过程（Hanson，1958）。这也就是说，他们的研究涉及理论与经验检验之间持续性的相互作用、相互影响，在其中，理论是经验观察的指南，而操作化、检验和经验发现随之又被用来改造、修正和精练理论。

然而，关键的是，因为普拉姆培和纽梅耶的研究遵循的是行为主义的信条，所以，态度客观的观察家总是有可能准确地知道，他们正在论证的观点是什么，以及他们正在使用什么论据，来证明他们的理论主张。在常常模糊不清、杂乱无章的社会科学领域的理论化和研究过程中，一些学者似乎会有意地把模糊化作为一种防止批评的手段；这些品质受到了人们的重视。普拉姆培和纽梅耶的这份研究明显可以遭到批评，因为，比如说，在经验分析时，它并没有在三种机制（经济破坏、流离失所和性暴力）之间做出区分，而这三种机制却把暴力冲突与妇女较低的预期寿命值都联系了起来。但是，就如同所有优秀的行为主义学者一样，普拉姆培和纽梅耶至少为未来的批评者提供了一个清晰表达出来的靶子。对行为主义者而言，与其表述得如此令人费解从而迫使其他学者不得不去争辩文中之“意”，还不如明白晓畅一点，哪怕（可能）是错误的也要更好。

四、结论：行为主义留给21世纪的“遗产”

为当今的行为主义者广泛接受的一点是，理论分析必须几乎总是严肃的经验研究的起点。这并不是说理论不能在经验观察的基础上被修正、增加或拒绝。相反，理论发挥了这样一种作用：使研究者超脱于可被直接观察到的事物的大量细节，因而可以在不同现象之间的关联上进行抽象的演绎。此外，理论不仅产生了可供检验的假设，还为那些应被首先收集的经验证据提供了准则与路标。简而言之，在当今的行为主义的经验研究中，理论发挥着不可或缺的作用。许多现代行为主义者甚至朝着认识论的相对主义的方向走得更远。人们常常习惯地认为，“在那里”，在对社会生活的观察中，还存在着一个等着被“科学的”分析去发现的客观的社会现实。在当今的行为主义研究圈子中，他们绝对并未如此普遍地持有这种观念。现代行为主义者不但承认，在社会分析中理论必须发挥核心的作用，而且他们也认识到不同的理论视角会产生不同观察的可能性。明显的是，这种可能性使得将相互竞争的理论置于经验检验这一任务变得非常复杂。然而，依照当代行为主义者的看法，这丝毫没有降低这一任务的重要性。无论理论所产生的观察是什么，如果它被认为是一个真正的解释理论，（那么）它必须提出可以证伪的、不能与既有的经验证据相矛盾的假设。根据定义，一项社会研究考察的是人们的所为、所思和所言。根本而言，研究对象就是人们的所为、所思和所言之物，除此之外并无他物，无论为了把握“现实”的特征而使用多么具有想象力的分析概念。行为主义允许所有理论依其喜欢的方式来描述“现实”的特征。然而，如果它们被认为是解释性理论，那么它们必须做出在给定条件下，人们将何为、何思或何言的陈述。没有任何理由可以说明，为什么每一种理论不应该按照其自身的观察（标准）来得到评价。但是，除非一个理论能在经验观察的基础上得到评价——也就是被经验检验，否则行为主义者首先就不准备承认其解释性理论的地位。

对当今的行为主义者来说，社会科学研究的主要目的是解释在个体与群体层次上的行为。行为主义者追问的核心问题是：“为什么个体行为者、组织化的行为者以及民族国家会以他们行事的方式行事？他们这些行为又将会造成什么结果？”深深嵌入到行为主义者解释理念中的东西，是因果关系的观念。尽管行为主义者意识到，因果关系可能就像它是对“现实”的反映一样，它同样是我们思考世界的方式的反映，然而，他们还是坚持认为，除非一种理论做出了某种因果关系的陈述，否则它就不会被认为解释了什么事情。他们还坚持认为，如果一种解释要被人相信，它就必须做出可以通过观察来检验并在经验上可被证伪的预言。尽管永远也不可能绝对可靠地去确定存在着一种特定的因果关系，但还是可能去决定，一组特殊的经验观察与一个把不同现象联系在一起的特定观点相一致的程度。简而言之，对行为主义者而言，可信的解释性理论必须能够接受，而且必须接受经验支持。现代行为主义者有相当充分的理由认为，几乎所有以某种方式运用经验材料来开展研究工作的社会研究者（而且几乎是所有社会研究者），都会普遍同意这种观点。在这一意义上，行为主义留给经验研究者的“遗产”价值是巨大的。在许多方面来看，现在我们都是——或者应该都是——行为主义者。

进一步阅读的文献

下面的内容提供了一份既运用社会解释的行为主义研究取向又对它提出批评的文献

概要。

● 总体上看，对科学哲学以及行为主义在其中的位置做出的最好介绍是 Chalmers (1986)。

● 要了解对行为主义的各种批评及有关观点，请参阅 Winch (1958)，Rudner (1966)，以及 Thomas (1979)。

● 关于社会解释的实证主义及“科学”取向的更为一般的论述，请参阅 Kuhn (1970)，Hempel (1965，1966)，Hanson (1958)，Halfpenny (1982) 和 Chalmers (1990)。

● 要了解行为主义的哲学渊源，请参阅 Carnap (1936，1950)，Schlick (1974) 和 Ayer (1971)。

● 要了解对在行为主义研究中使用的一些术语的有用解释，请参阅 Lacey (1976)。

● 要了解为什么在社会科学中要使用经验证据分析的定量研究方法，请参阅 Blalock (1964，1969，1970，1972) 和 King (1989)。

● 要了解在“行为主义—科学的”研究取向中对定性资料加以运用的方法做出的最新概述，请参阅 King et al. (1994)。

第二章

理性选择

安德鲁·欣德摩尔

政治研究的理性选择取向是指运用经济学的方法来研究政治。在下面的内容中，我将对这一方法进行详细介绍。但是，理性和自利这两个对理性选择取向而言绝对至关重要的关键假定，应该立即得到强调。无论是分析欧洲国家内阁联盟的建立、拉丁美洲的民主转型，还是研究前南斯拉夫的民族冲突的根源，或研究美国以竞选捐助来换取政策支持的行为，理性选择理论家都相信，人们会以最能确保他们目标实现的方式来采取行动，而这些目标又体现了他们的自身利益。

这些假定的真实合理性可以受到挑战。不过，对它们的适用性却并没有人会加以质疑，因为，如果人们是理性的和自利的，那么，以某些方式去解释甚至预言他们的行为就成为可能，而这些方式又将使得理性选择理论家声称自己的研究具有科学可靠性。如果你知道某人想要 X 然后还知道他相信 Y，如果又相信人们能有效地向前推进他们的目标，那么预言他们将以 Z 的方式行事就成为可能。理性选择理论家通常会建立令人头晕目眩的政治行为的复杂模型，在这些模型中充斥着方程和数学符号。但是，根据这一自利和理性假定而正进行的解释性研究却是易于理解和掌握的。为什么政府会在选举前夕削减税收？忘掉有关消费者选择、可控赤字或排挤私人投资的那些论调吧。理性选择理论家将与挑剔的选民立场一致地认为，政府会为了增加自己重新当选的机会而削减税收，而且政府确实这样做了，是因为它相信，选民将回馈那些能够带来繁荣景象的政府。

理性选择理论家并非第一个使用理性和自利假定的人。国际关系中起源于古希腊和修昔底德的《伯罗奔尼撒战争史》(*History of the Peloponnesian War*)的“现实主义”传统就(完全)认为，国家行为是可以根据自利性的权力驱动来进行解释的，国家领导人对正义、和平共处与国际行为准则的恪守纯属“欺人之谈”(Dunne and Schmidt，2007)。但在最近的几十年，正是理性选择理论家最为热衷于把理性和自利的假定运用于更广泛的政治行为研究。理性选择理论是由少数供职于数所美国高校的经济学家和政治科学家在20世纪60年代发展起来的。理性选择的研究成果最初仅局限在经济学期刊上发表，但在20世纪80年代初，开始进入政治科学主流。到20世纪80年代末，在发表于政治学重要刊物《美国政治学评论》(*American Political Science Review*)的论文中，大约有40%的论文运用了理性选择理论(Green and Shapiro，1994：3)。实际上，在这一时期，缪勒(Mueller，1993：147)这位理性选择的重要提倡者甚至于走得更远，并且预言，“到另一代人时，将无法对理性选择和政治科学进行区分：理性选择将是经济学内的一个领域，并且将把全部政治科学囊括其中”。

缪勒的预言并没有发生。理性选择只不过是政治研究诸多取向中的可行选择之一。实际上，如果从支持者的人数来判断，理性选择仍然只是极少数人的一种爱好。在全世界的大多数政治科学系所中，理性选择理论家的数量远远低于制度主义者、行为主义者、阐释主义者和规范理论家的数量。不过，在这一学科内部，理性选择理论仍然具有很高的地位。这部分地是因为运用理性选择理论的新成果继续在大量重要刊物上发表。不过也是因为其他政治科学家已经在理论层面和经验层面上针对理性选择的自我标榜发起了猛烈批评。理性选择理论可能并没有得到普遍尊重，但它也是一种很少有人会依然无动于衷的理论取向。本章要分析这种把理性选择运用于政治研究中的经济学的方法，对理性选择理论的其中一支——政党竞争的空间模型——进行概述，并且就针对理性选择取向的各种批评进行探讨。

一、经济学方法(和理性选择)

2005年，芝加哥大学一位名叫史蒂芬·莱维特(Steven Levitt)的经济学家出版了一本名为《畸形经济学》(*Freakonomics*)(Levitt and Dubner，2005)的著作，该书出人意料地成了一本畅销书。此书被译成了30种语言，占据《纽约时报》畅销书排行榜长达两年之久，并使得出版商抢着出版类似书名的作品：诸如《隐秘的经济学家》(Harford，2006)、《经济理性主义者：为何经济学几乎能解释万物》(Frank，2008)。莱维特在其著作中就一些吸引眼球的问题做出了颇具争议的回答。地产代理商和三K党(Ku Klux Klan)有何共同之处？毒品小贩为何通常和母亲一起生活？为什么美国的犯罪率在20世纪90年代开始显著下降？

在回答这些问题时，莱维特认为“动机是现代生活的基石”，因此，为了解释人们的行为，我们需要挖掘他们的激励结构（Levitt，2005：11）。那么三K党与地产代理商究竟有何共同之处？他们每一方都有着隐藏信息的动机。地产代理商不愿意告知卖主有关潜在买主的联系信息，因为他们不想被挡在任何交易之外。三K党成员保守住会议的秘密，因为他们想要阻止外人去分享成员才能享有的好处（我们还可以认为，他们有着充足的理由向他们的亲朋邻里隐藏他们的入党事实）。为何毒品小贩会住在家中？这样做是因为他们的收入不是特别高，从而无力承受搬出去住的费用。街贩交易是低端市场的一项技术含量相对较低的职业，它吸引了大量的求职者。因为供求规律在他们身上发挥作用，所以快餐店的低级雇员的工资一般较低，同样原因，毒品小贩得到的工资也较低。为什么20世纪90年代初犯罪率会下降？这并不是因为经济更为强大或社会治安更好。犯罪率之所以下降，那是因为在1973年最高法院裁定堕胎合法之后①，许多来自贫困家庭的妇女终止了她们的妊娠，而如果没有最高法院的这一裁决，到20世纪90年代时她们的孩子很可能将会继续走上犯罪道路。

在《畸形经济学》一书的封面上，莱维特被扣人心弦地描绘成了一个“流氓经济学家”。不过，如果从他分析问题和解释现状时的方式来进行判断，莱维特还是合乎正统的。经济学家或者至少是现在已经统治这一学科的新古典经济学家假定，人们是理性的、自利的，这也就是为什么可以断言，他们会对那些激励因素做出反应。地产代理商要隐藏信息，那是因为他们是利益最大化者，他们有着强烈的动机去保护他们的市场地位。控制了交易运作的毒枭之所以不愿付给低级的毒品马仔很高的薪水，那是因为他们也想获得最大化的利润。在假定人们是理性的、自利的，并且他们对于激励因素的变化异常敏感时，莱维特像大多数经济学家将会假定的那样做出了这一假定。

在第二种也许更不明显的意义上，莱维特依然在很大程度上是经济学正统中的一部分。他并没有简单地断言是合法化的堕胎导致了犯罪率的下降。通过收集有关犯罪水平、人口统计、经济增长、治安开支和堕胎数量方面的数据，他试图证明，这是唯一与事实相符的解释。像多数经济学家一样，莱维特相信，理论必须能够产生预言，并且相信，通过借助现有的证据来检验这些预言，我们也就有可能更多地了解到世界的“本来面目”。

使得莱维特成为一名非正统经济学家的是他的主题：他运用经济学的方法去解释在《畸形经济学》一书封面中所说的“日常生活中隐藏的一面”的方式，而且这也是理性选择理论家的涉足领域。他们已经采取了经济学的解释逻辑——强调动机和经验检验，做出理性和自利的假定——并且在非市场的背景中，把这一解释逻辑运用于对政治决策的分析之中。在竞选前夕政客们是否会削减税收、增加支出并刺激增长（Grier，2008）？是多边外交还是单边行动更有可能确保核不扩散体制的成功（Verdier，2008）？首相们会在何时接受一名内阁部长的辞呈（Dewan and Dowding，2005）或是改组他们的内阁（Indridason and Kam，2008）？在何种情况下，“大国”

① 是指美国联邦最高法院在1973年的“罗伊诉韦德案”中，裁定得克萨斯州使堕胎犯罪化的法令违宪的重大判决（Roe v. Wade 410 U. S. 113，1973）。——译者注

之间的冲突会突然爆发（Braumoeller，2008）？这些问题可能并不如莱维特所提的问题一样能抓住抓人的眼球。但是，对于政治科学家和国际关系学者而言，显然，它们也是很有意义的问题。

二、行动中的理性选择：政党竞争的逻辑

理性选择方法是一种可以被广泛应用于政治科学中的方法。但是为了了解它的优势和局限，现在我将只审视其中一个领域的研究：政党竞争的空间理论。奥地利经济学家熊彼特（Schumpeter，1942：269）把民主界定为这样一种做出政治决定的安排，在这种安排中，个体通过竞争选票而获得做出决定的权力。选民需要某些东西，比如对银行更严格的监管、更低的税收、在他们选区中设立更多的学校、也许还包括禁止同性婚姻，而且在选举中还必须选择一个政党来加以支持。为了增加他们赢得选举的机会，政党会采取何种政策？

1. 唐斯的研究视角

在理性选择的一本奠基性的著作中，唐斯（Downs，1957）认为，如果只有两个政党，如果选民投票支持在政治“空间”上与他们距离最接近的政党，而且如果选民的偏好可以用单一的维度（左—右）来表达，那么，这一竞争将迫使政党采取基本相同的政策。

唐斯（Downs，1957：27）假定，政党领袖不受何种政策符合公共利益这一认识的驱动，而是“为了在执政后能获得收入、声望和权力”。因为他们是纯粹的选票数量最大化者，所以政党领袖将“为了赢得选举去制定政策，而不是为了制定政策去赢得选举”。但是，他们又将采取何种政策呢？在图2—1中，横轴表示从极左到极右的政治空间上的一系列不同的点。每一个点都与一套特殊的政策相关联：在极左位置上表示更为严格的规制、更高的税收、在教育方面更多的公共支出，如此等等。纵轴表示选民对这些政策立场中每一个立场的支持程度，因此导致的偏好分布就可能会是任何一种形式。

在此处，它表示的是选民标准的偏好分布，多数选民位于中间或中间附近。现在假定只有A、B两个政党，A党采取的立场是X。那么B党应该怎么办？如果B党领袖是一位为了赢得选举胜利而制定政策的选票数量最大化者，他们就有动因立于Y点而采取刚好比A的立场更加右倾的政策，以便吸引更加接近于Y点而不是更加接近于X点的大多数选民。但是，恰恰因为它是如此的敏感多变，我们才能预言A党领袖将不会采取X点的政策立场。然而，他们又将怎么办呢？

乍一看，这像是一个没有答案的问题。A的立场将取决于B的立场，而B的立场又将取决于A的立场等。此处的回推陈陈相因，无限循环，从中不可能推断出任何明确的预言。但是却存在着走出这一僵局的简单出路。均衡点是两大党都处在中间选民

位置的那个点：在中间选民偏好的两侧，偏好左边选民的数量恰好等于偏好右边选民的数量。在图 2—1 中，中间选民位于 Z 点。如果 A 党采取的政策立场位于 Z 点，那么 B 党也就有动机去采取同样的立场，而且关键的是，A、B 两党将没有任何一党会有动力去改变它们的策略。这样，竞争就将导致政党集中在选民的中间区域，或者更准确地说，汇集于中间选民的位置之上。

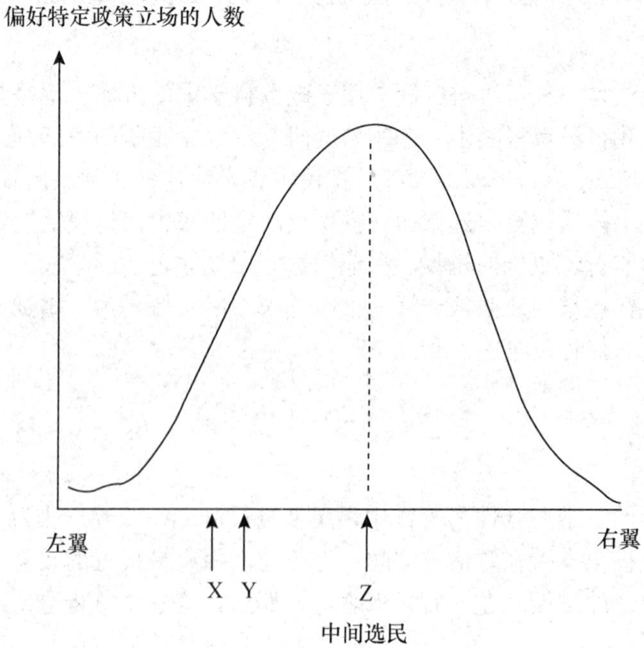

图 2—1　两党竞争与趋中模型

唐斯的论点可以被重新改造成关于政党行为的一系列预言，并且可以通过运用有关政党在竞选期间的空间位置的经验数据来加以检验（Clough，2008：462）。不过，唐斯的观点在心理上的吸引力一点也不亚于其在经验研究上的吸引力。通过运用一套明确表述且易于理解的假定，唐斯构建了一套与许多人的选举经验相吻合的论点（“何必麻烦自己去投票呢，他们都是一路货色”），并且可以用来解释各种情境中的政党行为。政党是复杂的组织，选举也是错综复杂的事情。政治科学家可以把他们的毕生精力都奉献给对某一特定国家的政党竞争情况进行全面的认识与理解上，而这些情况又是有必要了解的。唐斯的论点为克服这种复杂性提供了一种既简单又可能具有吸引力的途径。当然，这并不是说有关政党是否确实集中在中间选民位置的经验证据无足轻重。不过，唐斯论点的吸引力并不简单地在于它的经验支持功能。

2. 对唐斯理论的发展

当然，你并不需要理性选择理论来告诉你，为了当选，政党应该向中间区域移动。相信在选举前夕，报纸专栏作家也会表达相同的观点。但是，通过确定政党立场趋中的准确条件，并且告诉我们当这些条件没能得到满足时将会发生什么事情，理性选择理论赋予了这些观点以价值。

让我们在此处来考察一下，当存在一个以上的维度时会出现什么情况。维度是选民、政治家或者其他行为者产生一致偏好的问题束。在许多国家，赞成更大的公共所有权和更高税收的选民，通常也会对全球化的好处更加怀疑。在这一意义上，对公共所有权、征税和全球化的态度，就成了左—右这一维度的一个组成部分。不过，选民的偏好不能总是根据这个单一维度来得到理解。对环境的态度（经济增长与环境保护间的平衡）、对个人自由的态度（吸毒与同性婚姻的合法化）以及对国际干预的可取性的认识（推翻一位正在对他的国民实行恐怖统治的暴君），往往也会把选民分裂为左派和右派。

图 2—2 中展示了这样一种情境，其中 X、Y、Z 三位选民的偏好标注在横轴上左—右的空间，以及标注在纵轴上的支持干预—抵制干预的空间。比方说，选民 X 持左的立场并且支持干预。假定有 A、B 两大政党，在最初时它们的态度分别位于 A1 和 B1。如果我们继续假定选民将投票支持在政治空间上与他们距离最接近的政党，而这几位选民又认为这两个政治冲突的维度同等重要，那么选民 X 与选民 Y 将投票支持 A 党，而选民 Z 将投票给 B 党。这种局面中存在稳定均衡吗？简单的回答是“不存在”。不管一个政党自身立场如何，其他政党将总能采取至少能吸引到其中两位选民支持的其他立场。如果 B 党的立场从 B1 向 B2 移动，那么，它就将吸引到选民 X 和选民 Z 的支持。而如果 A 党的立场随后转向 A2，它也将吸引到选民 Y 和选民 Z 的支持，如此等等。看来从一个维度转换到两个维度，就会带来巨大的不稳定性。实际上，赖克（Riker，1986）就曾经认为，搅乱占有支配地位的执政党，这恰恰就是反对党领袖提出新问题和建立新维度的动机。

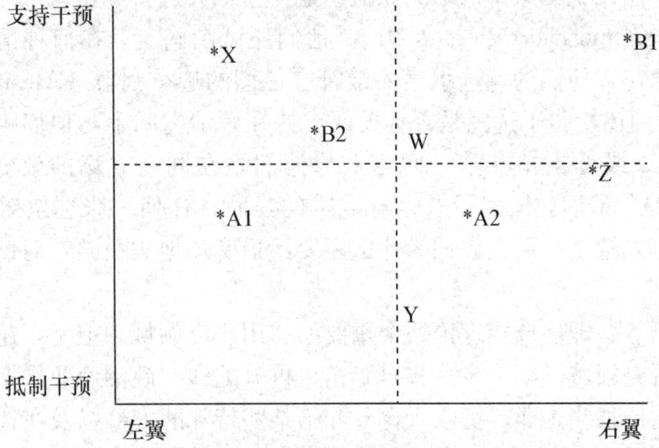

图 2—2 二维坐标中的政党竞争与交维点

但是，这并不意味着中间区域就一定会失去它所有的吸引力。在图 2—2 中，我们也许不能寻找到稳定的均衡点，不过我们却可以说，在大多数情况下，能够改变现状的位置总是位于二维交汇中间点（dimension-by-dimension median）上及其周围。顾名思义，二维交汇中间点是指两个中间区域的交汇点。在左—右的维度中，选民 Y

是中间选民（选民X比Y更左倾，而选民Z又比Y更右倾）。在支持干预—抵制干预的维度中，选民Z是中间选民（选民X比Z更为支持干预，而选民Y又比Z更加抵制干预）。如果从Y点向上移动同时从Z点向左移动，那么二维交汇的中间点就是W，这是图2—2中两条虚线的相交点。政治空间中的这一点并非如图2—1中的Z点（中间选民的位置）一样不可战胜。如果B党位于W点，然后A党又位于A2点的话，那么它将输掉选举。但是，如果在数小时内除了参与博弈你没有其他事情可做，而且如果你密切关注在任何情况下都能够改变现状的所有位置，那么你就会发现，二维交汇中间点的附近位置将占据优势。

这是否意味着，在拥有一个以上维度的政治体系中，我们就能够根据这种选票数量最大化的逻辑来解释特定政党使自己居于中间区域的决定呢？从直觉上讲，如果与“现实世界”中的政党都是选票数量最大化者的这一关连性的假定结合起来，那么，从理论上证明政党有向中间区域移动的动机，似乎就与这一解释很有关系。但是，我们必须小心，以防在此处构建一个“好像”（as if）的虚构故事。相关性并不意味着因果关系，因为我们都知道，情况可能会是，正在试图解释该党行为的政党领袖，是在向星象学家进行咨询后才决定转向中间区域立场的。在本章最后一部分中，我们将回到如何恰当运用理性选择理论这一逻辑问题上来。

三、理性选择的其他研究

理性选择理论家已经对大量与政党竞争有关的其他解释性问题进行了研究。他们已经提出了多党制民主国家中的政党联盟组建模型，并进行了检验（Laver and Shepsle，1996；Baron and Diermeier，2001）。他们还试图确定，在何种情况下，选票数量最大化的政党违背他们的竞选承诺才最符合他们的选举利益（Alesina，1988；Razin，2003）。他们还检验了选民是否会投票支持在政治空间上与他们距离最接近的政党（唐斯假定），或者支持在某一问题上与他们站在同一立场的政党（Merrill and Grofman，1999）。最后，既然投票是有成本的，而且任何一张选票对选举结果产生影响的机会也越来越小，那么人们为什么还要不怕麻烦地去投票？对此问题，他们也努力加以解释。

政党竞争仍然是理性选择理论一个重要的适用研究领域。但是，还存在着其他几个充满生机的研究领域。第一，一些对寻租、再分配和“政治商业周期”的研究，已经试图对政府支持某些企业、把收入再分配给某些特殊的人群以及在选举前夕基于有利选举原则的减税决定而做出解释（Tullock，2005）。第二，对于议会与政府之间、政府、官僚机构与半独立的监管机构之间的那种委托—代理人关系的管理，一些理论家也进行过探究。此处，理论家已经考察了委托人有时候被迫授予代理人以决策权的动因，并且还评估了这些权力的授予是否和何时会给代理人提供追求他们自己政策偏好的机会（Moe，1997）。第三，在广阔的比较政治学领域内，对于一个政治体系内“行使否决权的博弈者”（veto players）的数量与身份认同，它们是以何种方式决定了政治体系的特征与稳定、决定了政策的延续性以及“议事日程设定者”（agenda setters）的影响力，理论家们也已经有所研究（Tsebelis，2002）。

第四，对于宪法性规则即“关于规则的规则”（Brennan and Buchanan，1985）被自利性的政治行为者以何种方式制定出来，以及对于经济增长与政治自由之间的经验关系，理性选择理论家也进行了研究，尽管这些研究是在宪政经济学（constitutional political economy）的旗号下进行的。第五，在每一个人都可能从中受益的公共产品的提供上，集体中的每一个人都有“搭便车”的动机。对于这一集体行动问题所造成的问题，理性选择理论家也一直在进行研究。他们认为，解决气候变化或恐怖主义所导致问题的国际努力，正被事实证明成本高昂或者被有时候甚至不可能克服的这个集体行动问题深深困扰（Sandler，2004）。最后，国际关系理论中的大量研究，试图辨析在一个没有最高权威的“无政府体系”中，民族国家之间的合作潜力，以及辨析国家间联盟、国际组织和（国家之间卷入武装冲突的）国际环境的创设和持久性（Snidal，2002）。

四、理性选择错在哪里？

赖克（Riker，1990）认为，政治科学正是因为未能全心全意地接受理性选择理论，才导致自己在理论上和经验上都缺乏进步。但是，也有一些批评者认为，理性选择是一项有缺陷的事业。我们将对它的四种主要反对理由进行分析。

1. 研究前设是错误的，人并非经济人

在人们会选择尽可能最有效的方式来实现他们的目标这一意义上，人们是理性的。不过，对于他们的行为将产生什么结果，人们并不总是清楚的。因此，行为者也可能会犯错。确实，西尔（Searle，2001）就认为，人们对于他们的目标，以及在一个行为与结果之间的关系生来就不确定的世界中，如何最好地确保那些目标，会深思熟虑或者进行推断，在这一意义上，人们是理性的。理性选择理论实际上已经证明，它非常擅长于分析不确定条件下的行为者的行为。近期对困扰政府与官僚机构之间关系的委托—代理人问题（Bendor and Meirowitz，2004）的研究，以及对民族国家在战争爆发前的“暗示”（signalling）行为的研究（Gibler，2008），都表明理性选择理论并没有执著地坚持它的完全信息的假定。

然而，尽管理性选择理论家承认，个体不可能总能掌握做出最佳的可行决定所需要的全部信息，但是他们还是继续假定，人们总是能尽可能最有效地利用他们所掌握的信息。不过，我们知道，人们并不总是十分善于做出决策，并且通过过度地漠视未来、规避哪怕是最低的风险、无视不适合于他们现有信仰的信息并且屈服于“团体思维”（group think）（请参阅第五章），而常常以“次优选择”的方式来行事。事实上，现在有许多经济学家和一些政治科学家（Baumgartner and Jones，2005）假定人们是

“有限理性的”（boundedly rational），经验肯定（程度不同）会限制他们接收、储存、传递信息和根据信息采取行动的能力，并试图在这一假定基础上去解释行为。人们是有限理性的这一理念，与“满足”（satisficing）行为紧密相关并体现于这种行为之中。因为人们不是完全的理性，所以他们没有也无法试图去“最大化”功用。相反，他们采取那些看来可能实现某种基本程度功用的决定，在这一意义上，他们“满足”（satisfice）了。新一代的“行为主义”经济学家并没有抛弃人们不完美的这一假定，而是利用有关这些有限理性的人们实际上是如何行动的实验观察结果，来预言他们会如何对主要激励结构做出反应（Dawnay and Shah，2005）。

让我们先把这些考虑搁置一边，重新回到一位理性的行为者应该收集多少信息这一问题上。一位理性行为者会尽可能最有效地运用可得到的信息。不过，首先，人们在收集和储存信息的过程中又有多么理性呢？在这里，选民能够选择在政治空间上与他距离最接近的政党的这一假定，与许多选民对政治近乎一无所知的调查证据明显格格不入（Page and Shapiro，1992：7-16）。这又是否说明选民是非理性的？理性选择理论家认为，这并不能说明选民的非理性，我们不应该把知识与理性混为一谈。个体认识到他们的选票几乎确定不会对选举结果产生任何影响，因此他们也就没有收集政治信息的任何动因。

> 与选民的下一个假期将令人叹为观止还是差强人意相比，国民经济的健康实际上能对选民产生更大的影响，不过，花一些时间去决定到何处旅行会导致一个更好的假期……而花一些时间去对政策进行评估却往往并不能导致更好的政策，它只会导致一次以更为完备的信息为基础的投票（Popkin，1995：17）。

在《理性投票者的神话》（Caplan，2007）一书中，卡普兰认为，选民是非理性的，而不是简单的理性无知。人们并不是简单地对他们所影响的世界有什么看法。人们有时会相信他们想要相信的事情，而不是相信他们应该相信的事情（考虑到某些情况）。在这一意义上，他们对成见也会有自己的偏好。基于大量的调查事实，卡普兰认为，人们对市场决策和外国人抱有根深蒂固的偏见，他们会错误地把繁荣与就业水平混为一谈，还对当今的世界形势和世界的未来状态过于悲观。政党竞争给了选民他们想要的东西，对此卡普兰深信不疑。只不过他认为，对于人们有利的那些物质，他们并非总是渴望。

对于自利假定，批评意见认为，把经济和政治区分开来的，恰恰是人们基于对一般的公平和正义原则的忠诚，以及基于对别人的义务来行事。政治，尤其是政党政治，是一件肮脏不堪的事情，为了谋取策略上的优势和好处，常常不惜食言而肥、背信弃义。但是，政治有时候也能给人们带来最好的结果。在对明显的利他行为进行解释时，理性选择理论家总是能发现自利的动机。为了自己的信仰而准备坐穿牢底的政治家们，仅仅是为了博得值得信赖的虚名。为了事业冒着生命危险进行战斗的活动家，也仅仅是为了寻求同志情谊和在暴力对抗中肾上腺素作怪的一次冲锋。不过，此处再一次出现了建立“好像”式的解释之危险。不过，重要的是，如果有意地把人们置于明显要在自利与公平之间进行选择的实验情境中，胜出的并不总是自利一方。

在一场博弈理论家称之为终极博弈（Ultimatum game）的思想实验中，两位博弈者必须决定如何划分给予他们的一笔钱。第一位博弈者提出了划分这笔钱的建议，第二位博弈者要么接受要么拒绝这一建议份额。如果第二位博弈者拒绝了这一建议，那么两位博弈者都将一无所获。如果第二位博弈者接受了分配提议，那么这笔钱就将据此进行划分。这一博弈只会进行一次，而且通常是匿名进行的。如果你是第一位博弈者，你应该做出何种分配提议？如果你完全是自私的，你就会提议把这笔钱的99%给予自己，而将第二位博弈者陷于要么获得1%要么一无所获的选择境地。不过，当这一博弈是在试验情况下真实进行时，实际上，给予第二位博弈者的平均份额介于30%～40%之间，尽管也有很多人提议五五开。另外，许多被置于要么所得微乎其微要么根本一无所获的选择境地的博弈者，为了阻止第一位博弈者得到几乎全部的份额而选择了一无所获（Camerer and Thaler，1995）。

乔治·奥威尔[①]（George Orwell）曾经指出，结束一场战争的最迅速的办法是输掉这场战争。在本章的介绍中，我根据理性和自利假定来界定理性选择。不过，对付“人们并非真正自私”这一反对意见的一种办法，是反过来假定“人们的偏好体现了他们更广泛的利益与责任”。因此，我们可以假定，政治家是为了实现他们的特殊政策才想要当选，而不是假定政治家是为了享受到职位所具有的特权，才不顾一切地谋求当选。自利假定仍然是理性选择理论中的标准假定，因为许多理性选择理论的研究者还在继续认为人们真的是自利的，还因为当运用这一假定时，能够更易于做出人们将采取何种行动的明确预言。不过，理性选择理论家也可能认为，即使没有这一自利假定，也完全有可能实践理性选择理论。

2. 解释的逻辑是错误的，理性选择重视结构甚于能动，而且忽视了观念的作用

在政治科学内，关于结构（基础条件）与能动性（个体实现他们目标并影响他们的环境之能力）的相对重要性的争论，已经被有关这两大因素之间相互影响（请参阅第十章）的差别更为细微的争论取代。如果现在有人认为，在解释政治过程与政治结果的过程中，能动性是全部内容或者结构是全部内容，那么他就绝对算得上是一位勇士。不过，理性选择理论家已经开始接近于成为这样的勇士。

此处的问题并不是理性选择理论家忽视了结构或能动性。理性选择理论家认识到，结构通过决定激励因素而影响到能动性。与此同时，宪政经济学家和理性选择的“新制度主义者”（请参阅第三章）认识到，为了改变那些激励因素，代理人能够有意识地创建和改造结构。因此，问题也就因人们认识能动性的方式而产生。理性选择理论家假定，行为者集体——政治家、管理者、官僚、利益集团领袖——有着相同的、外部给定的、固定的、自利性的目标，对这些目标，他们同样会以理性的方式来加以追求。如果处于相同的情境中，就像相信不同的袖珍计算器会对同一问题做出相同的

① 乔治·奥威尔（1903—1950），英国著名作家，主要作品有《动物庄园》、《1984》。——译者注

回答一样，相信这些集体也会以与此相同的方式来作出相同的选择（Hindmoor，2004：31）。当存在两个政党和一维竞争时，政党领袖——任一政党的领袖——都将位于中间选民的位置点上。在这里，结构完全决定了行为，而且还产生了消除个体选择的可能性与发挥积极能动作用的可能性之影响（Hay，2002：103-4）。行为差异完全是根据代理人所面临的激励结构的差异来解释的，而不是根据代理人之间的差异来解释的。

因为忽略了个体能动作用的可能性，理性选择也陷入了忽视思想的因果意义之危险中。代理人之所以彼此有别，显然是因为他们有意识地或潜意识地具备的思想。对于他们应该如何行事，世界又应该如何，人们都有着不同的规范性的思想，而这些思想又会促使他们以不同的方式行事，其中一些人会投票支持左翼政党，一些人又会在终极博弈中提议平均分配资源。当然，我们有时候可以根据他们的利益来解释人们所具有的规范思想。对于那些如果相信就能符合他们利益的事物，人们通常都会加以相信。但是，如果认为思想总是、并且处处都可以根据利益来加以说明，那就显得过于牵强。此外，关于这个现实世界如何运行，人们会产生不同的经验性的看法，而这些差异也会导致人们在哪个行为过程符合他们的利益上，做出相反的考虑与权衡（Hay，2002：208-9）。这里的底限是，当处于相同的情境中，代理人并非总是以同样的方式行事。如果要解释为什么人们会以某种方式行事，看来我们就必须解释思想和个体能动性的意义。这并非一个轻而易举就能完成的挑战。社会科学一直在努力调和结构、能动性、思想与利益这些竞争性的需要，从而使得这些因素能够解释人们的偏好。

3. 理性选择在经验研究方面的学术记录是相当糟糕的

当面对人们并非总是理性或自利的事实证据时，或当事实证明人们的思想能够而且确实对他们的行为方式产生影响时，理性选择理论家能够通过采用“工具主义”的辩护手段，来为他们的研究取向进行辩护。这也就是说，他们可以认为，在对一种理论或任何理论进行判断时，应该考虑的不是这一理论所做假定的现实性，而是它的预言的严谨性和准确性（Friedman，1951）。工具主义是一种容易引起争议的视角，因为我们未必应该认定，一项做出了准确预言的理论，事实上就能给我们带来一项好的解释。正如我已经强调过的，相关性并非总是意味着因果关系。不过，在它把注意力从假定转移到结果这一意义上，对理性选择理论家而言，工具主义的辩护手段就是一种有吸引力的手段。

在《理性选择理论的病理学研究》一书中，格林和萨皮罗（Green and Shapiro，1994）认为，理性选择的经验记录事实上是极为糟糕的：

> 迄今为止，理性选择理论家的大部分理论猜想都没有得到经验上的验证。而已经进行的那些检验，要么根据它们自己的条件已经失败，要么在为那些根据思考只能被视作陈词滥调的观点获得理论支持：除了在用理性选择的术语重申现有知识，他们几乎毫无建树（Green and Shapiro，1994：6）。

格林和萨皮罗并不反对使用理性选择理论本身。实际上，他们对理性选择科学地进行政治研究的尝试表示欢迎，并且还对"理性选择解释预计应该（至少表面上）表现不错"的环境加以明确（Green and Shapiro，1994：94－5）。相反，他们对准的是，在他们的方法方面，理性选择理论家所说的与实际上运用这一方法的方式之间并不一致。《理性选择理论的病理学研究》引起了人们强烈的批评，这些批评者认为，格林和萨皮罗故意忽略了理性选择的许多经验成就，低估了它产生创见的能力，而且也忽视了其他政治科学研究取向的许多缺点（Friedman，1996；Cox，1999）。

4. 理性选择在政治上具有破坏性

在第二次世界大战后的岁月里，许多经济学家认为，垄断、公共物品和其他形式的市场失灵使得政治干预成为必要。理性选择理论是由经济学家提出的，这些经济学家想要证明，政治过程——在这个过程中，参与者受到实现他们自身利益的驱动而非受到对公共利益关心的驱动——甚至能够产生更多的无效率的结果。由此产生的政府失灵理论引起了新自由主义政府的注意，在这些政府看来，理性选择的理论宝库中富含各种真知灼见和政策思想（Hindmoor，2005）。

理性选择理论在政治上的这种党派特征是否削弱了它的科学客观性？理性选择理论家认为这并没有削弱其科学客观性；政府干预是无效率的，并且在效果上会适得其反；因为捎来的是令人讨厌的坏消息就枪杀捎信人，这是错误的行为。在竞选期间，管理者要求新闻节目必须客观，以在主要政党之间同等分配新闻报道量。但是在学术争论的范围内，理性选择理论家想要认为的是，客观性的意思是"讲清事实"（telling it like it is）。这是一个令人信服的观点吗？批评者可能会指责理性选择在践行一种极为幼稚的实证主义：指责它简单地假定事实真相就在"那里"等着被发现。这里的第一个问题是，理性选择理论家的政治倾向，是如何使他们简单忽视了许多政府干预的成功范例，并且又是如何损害了反对党和媒体在揭露和防止政治违法行为中的作用（Wittman，1995）。第二个问题是，理性选择是在何种意义上具有变成本身自然会实现的那种预言的风险，并且还教育学生，每一个人都是自利的，政府干预受到对选举利益的考量的驱动而不是受公共利益的驱动；第二个问题还涉及，理性选择鼓励人们以自利方式行事，从而增加了政府失灵的机会。理性选择理论远远不是"发现"事实，而是可能正在增加事实。马韦尔和阿姆斯（Marwell and Ames，1981）通过20世纪80年代初进行的一系列实验证明，用一些经济学的基本原理教育学生会使他们更有可能以自利的方式行事。马格林（Marglin，2008）在更近一些时候指出，对市场的日益依赖已经导致了对共同体的破坏和个体认同的丧失：

> 由于采取了特别极端形式的个人主义，从背景环境中提取知识，把共同体限定在民族层次，并且还把无限的消费设想为生活目标，经济学（以及理性选择理论）并没有给我们提供思考人际关系——这种人际关系是共同体的核心与灵魂，而非个体追求幸福的工具——的方法。经济学过度听从了19世纪物理学家凯尔文勋爵的格言：我们只知道我们能够测量的事物。确实，经济学把这一格言从认

识论向本体论推进了一步；我们不能测量的事物——比如共同体那样的实体——是并不存在的（Marglin，2008：9）。

五、类型、标志和手段：一种对理性选择的得体辩护

在最近几十年中，批评者反对理性选择方法的强烈程度也只有它的支持者的热忱才匹配得上。不过，要找到一条中间道路，却并不困难。此处的诀窍在于，阐明哪些事物是理性选择预期能够解释或不能解释的。在其巨著《科学发现的逻辑》一书中，波普尔（Popper，1959：59）使用了一个简洁的比喻以支持他对科学理论的实证主义解释。他认为，“理论是为了捕获我们称为‘世界’的那些事物而抛出去的网：它把这个世界理性化，并且要解释和掌握这个世界。一直以来，我们都在努力使这张网变得越来越精细”。我想要说明的是，这个比喻可以在几个方向上加以雕琢。如果渔夫想要抓住小鱼，而且还不介意需要把这些鱼从他们网住的其他碎石中分离出来，他们可能就确实想要使用一张有着更细网孔的渔网。但是，如果渔夫想要抓住更大的鱼，那么，他们就会有充足的理由来使用更大网孔的渔网，而这又恰恰是因为他们并不想在他们的渔网中网住一切。

反对理性选择理论的最明显的理由是它过于简单：对于政治生活固有的复杂性，它错过了太多。而在上文的批评意见清单中，这一点并没有明确阐述。要就理性选择的局限性写作一篇论文的任何学生，都会想去论证说：理性不仅仅是计算；人们既出于自利而行事，人们还出于习惯、出于对友谊的忠诚、出于同情和责任而行事；而且思想与利益都有关系。尽管所有这些毫无疑问都是真实的，但理性选择理论还是错过了这一点。恰恰是因为政治世界如此复杂，有着大网孔的简单理论才有吸引力，因为它使得我们可以解释那些我们并没有了如指掌的事物。理性选择理论家做出的关于个体能力和动机的假定，是一种简单化，不过正如我在介绍唐斯对政党竞争的解释时所指出的，它们是一些拥有巨大解释优势的简单化。

在这里，对类型（type）与标志（token）进行区分可能有用。标志是指一类笼统事件中的一个特殊例子。类型是指由许多特殊标志组成的一类笼统事物。总统选举是一种类型的事件。2008 年美国总统选举是这一类型事件的一个特殊标志。道丁（Dowding，1994）认为，理性选择并没有准备好解释标志性事件，因为标志性事件的特殊细节可能取决于人们的思想风格与决策过程。在一场特殊的竞选活动中，情况很可能是，政治科学必须依赖于心理学解释来说明人们所做的决定（请参阅第五章）。不过，通过了解某种情境的关键特征，以及在这种情境内引起事情发生的“机制”，理性选择理论也可能能够对特定类型的事件提供一般化的解释。这些解释因两点原因而颇具价值。第一，在有些情况下我们需要解释某一类型的事件而非标志性事件。第二，在他们把某些因素确定为具有潜在的因果关系的意义上，对类型事件的解释可以为更详细地解释标志性事件提供一个出发点。想象一下想要解释奥巴马（Barrack Obama）为什么能赢得 2008 年美国总统大选的人所面临的挑战。这里有极为广泛的

问题需要考虑，包括两位候选人的性格、以前选举的投票模式、政策观点、总统辩论等。尽管把它确定在类型解释的层次，但唐斯还是告诉我们，我们应该考虑的一个关键因素，是候选人的政策以及选民对这些政策的看法。谁控制着2008年选举的中间区域？他们是如何占领这一中间区域的？为了控制这一区域，他们又必须怎么做？

为了能进行更为详细的标志性事件解释，我们能够把理性选择之网的网孔造得更精细一些吗？这样就需要理性选择理论家建立模型，而在这个模型中，尽管行为者依然会对主要的激励结构做出反应，但他们却被假定为拥有更为细微的动机和决定过程。贝茨等人（Bates et al.，1998）已经建立了大量的这种“分析性叙事”（analytical narratives），但我们可以通过行为者自己对他们行事的原因所做的说明，来验证这种“分析性叙事”的正确性，因此，我们也就可以把建立一种“好像”式的解释的危险降到最低。但贝尔（Bell，2002）却认为，这些叙事性解释天生就不足，因为它们不能说明行为者偏好的起源。不过，即使情况就是如此，我们也依然想借助理性选择理论来帮我们解释一种情境的其他方面，比如行为者所面对的激励结构之变化所造成的差异。这并不意味着，仅仅因为我们不能用它来解释每一件事，我们就不能用它来解释某一件事。

六、结　论

理性选择理论不可能像新古典取向征服经济学一样去征服政治科学的其他领域。但是，这二者都不是一种昙花一现的纯粹知识时尚，正因为如此，理性选择理论家和其他取向支持者之间的争论可能会持续下去。不过，这未必就是一件坏事。政治科学家常常表露出对他们学科中缺乏理论共识的担忧。经济学和理性选择理论的一个有益教训是：垄断是无效率的，而竞争却是大有裨益的，尽管其中常常充满痛苦。激烈的学术争论能够发现弱点，并且能够发挥理论与经验创新的鞭策作用。如果格林和萨皮罗的观点能够影响理性选择理论家并促使他们更为坚持不懈地去检验他们的学术主张，那么这也算是一件好事。如果理性选择理论家不是仅仅把思想当成利益的侍女，而是被迫把它看成一种同样积极的因素，那么这也算是一件好事。不过，同样地，其他政治科学家至少应该考虑一下，他们可以如何把理性选择解释运用到他们自己的研究之中。理性选择理论不必总是由理性选择理论家来加以接受。例如，在最近一部关于全球化和国际制度的结构与霸权的著作中，德雷兹勒（Drezner，2007）就已经表明，在有关美国和欧盟等“重大国际力量”的持续性影响之更为广泛观点的逻辑中，一条条简单的理性选择分析如何可以被整合进来并被用来阐明这一逻辑。

尽管理性选择理论的逻辑几乎可被运用于任何政治情境中，但我们还是应该认识到理性选择取向的局限性。我在上文中曾经指出，理性选择更适于对某一情况类型进行一般性的笼统分析，而这种笼统的类型分析又能被用于进行更为特别的标志性事件的解释。在这一意义上，理性选择可以被视为为其他政治科学取向提供了一种有益补充，而不是对其他取向的替代。

进一步阅读的文献

● 对理性选择展开广泛讨论的著作，请参阅 Hindmoor（2006）。要了解对理性选择展开的进一步讨论，请参阅 Hay et al.（2006）。

● Green and Shapiro（1994）对理性选择提出了经验挑战。

● Mueller（2003）为理性选择利益与主张提供了基准。

●《公共选择》（*Public Choice*）杂志提供了运用理性选择理论的大量例子。

第三章

制度分析

维恩·朗德斯

本章首先要梳理政治科学中传统制度取向所隐含的理论与方法，而在本书第一部分的序言中，这一传统的制度取向已经有所涉及。然后继续探讨“新制度主义”新在何处，这一部分将辨析新制度主义的核心特征以及不同的新制度主义立场的关键差异。本章要思考新制度主义面临的挑战，特别是要对“它的许多变体是以根本不相适应的前提假设为基础的”这一指责进行思考。在本章的结尾部分，将考察新制度主义的多重理论特性是否事实上可以证明是它的最大优点。

直到 20 世纪 50 年代，政治科学中制度取向的统治地位是如此巩固，以至于它的假定与应用几乎没有得到过明确说明，就更不用说遭到持续的批评了。由于一张学术“常识”之幕的遮蔽，人们也就让制度主义的方法论与理论上的假定处于一种未经审查的状态。除了政治理论，政治科学内的核心研究活动是对宪法、法律制度与政府结构进行描述，并对它们进行历时性的与跨国性的比较。制度主义就是政治科学。但是，这种传统形式的制度主义发现自己遭到了来自四面八方的攻击。行为主义者试图解释个体是如何以及为何会以他们在“现实生活”中的那种方式行事(参见本书第一章)，而不是要在表面意义上去理解政治制度的作用。正如古丁与克林格曼（Goodin and Klingemann，1996：11）所认为的，这些行为主义革命者，“是要致力于取消政治中的这些形式主义的东西——制度、组织章程、宪法神话及法律虚构”。

一代人以后，理性选择理论家又试图根据个体自利性的相互作用来解释政治（请参阅第二章）。在另外一个方向上，新马克思主义的解释集中在“系统性权力”（起源于劳资双方的关系）在组织政治行为与架构政府组织中所发挥的作用（请参阅第七章）。形形色色的“当代”政治科学家看起来都下定决心要戳穿先辈关于制度主义确定性的神话。明显的批判性观点是，在政治中存在着要比对代表的正式安排、决策以及政策实施多得多的内涵。

当这些有深远影响的潮流把这一学科指向新的方向时，被潮流抛在后面的制度主义者又出现了什么情况呢？很多人继续遵循着他们的诀窍，坚信“只要静静地坐着，所有的东西都会‘再度降临’”（Rhodes 1995：57）。其他人却受到了刺激，竭力去明确说明并为他们的“常识”性的假定与方法进行辩护——最为明显的辩护是在公共行政与宪法研究这样的次级领域中进行的。实际上，到 20 世纪 80 年代末期，当新范式固有的局限性日趋明显时，制度主义又“再度降临”了。新制度主义又被以前传统形式的制度主义的重要取向当作一种提高其理解力的途径而加以接受。

一种“新制度主义”作为对这一学科中那些主导性取向的“低度社会化”特性的反应而出现；行为主义与理性选择理论都把制度仅仅当成是个体偏好的简单聚集体进行处理。新制度主义者声称，“政治生活的组织化有着重要的作用”（March and Olson，1984：747）。即使在理性选择理论内，学者们也把他们的注意力转向制度因素在架构个体选择中的作用（Weingast，1996）。新马克思主义者也已经建立了“管制”（regulation）与“政体”（regime）理论，以分析 20 世纪 70 年代被结构主义者贬低的制度变化（Painter，1995；Stoker，1995）。

制度又时髦了，尽管未必以其旧有的面目出现。古丁与克林格曼（Goodin and Klingemann，1996：25）把所谓的“新制度主义”描述为政治科学中的“第二次革命”。“新制度主义”通过对它的主题做出一个更为宽泛的（然而也是更加复杂的）界定以及提供一个更加清晰的（纵然也是更为不同的）理论框架，而发挥着影响。政治制度不再等同于政治组织；“制度”得到了更为宽泛的理解，它指的是一个“稳定的、重复发生的行为模式”（Goodin，1996：22）。新制度主义者除了关心正式的制度章程与组织结构，还关心政治生活中的非正式惯例。它对制度体现价值与权力关系的方式，以及制度设计面临的机会与障碍，给予了新的关注。重要的是，新制度主义者不只是关心制度对个体的影响，还关心制度与个体之间的相互影响。正如马奇和奥尔森（March and Olsen，2006：4）解释的，制度主义是“关于制度特征与政治机构、表现和变化之间关系的一套理论观点和假设”。

一、“传统的”制度研究取向

罗德斯（Rhodes，1988，1995，1997）已经坚定地为政府与政治研究中的制度取向进行了辩护。他把它描述为这一学科的“具有历史意义的中心”和“每一位政治科学家的研究工具之一”（Rhodes，1997：5，64）。彼得斯（Peters，1999：2）把他们的方法描绘为，“聪明的观察者试图用非抽象的术语，对他或她周围的政治世界进行描述与理解的方法”。对理论与方法的沉默实际上告诉我们有关这一取向的一些东西——总体上，它对理论与方法上的问题是不加思考的，它把“事实”（与价值）视为当然，而且作为政治科学内的一种“常识”，这一取向有着广泛的支持者（Lowndes，1996：181）。

对传统制度主义的批评直指它在视野与方法上的局限性。它（当然）对政府制度感兴趣，而且还通过对它的主题进行严格的理解发挥着影响。它关注的焦点是正式的规则与组织而不是非正式的惯例，是正式的政府结构而不是更宽泛的对政府管理（这种政府管理既发生在政府内部也发生在政府外部）的制度性约束。这些批评试图把隐藏在描述性方法以及对理论的蔑视后面的假定“揪出来”。彼得斯（1999：6-11）把旧制度主义的原理论（proto-theory）描绘为“规范的”（它与“好的政府”有关）、结构主义的（结构决定着政治行为）、历史决定论的（历史的核心影响）、法律主义的（法律在政府管理中发挥着主要作用）和整体主义的（与对整个政府体系的描述和比较有关）。约翰（John，1998：40-1）指出，它存在着一种强烈的功能主义倾向——这就是指，特定的制度是“政治生活功能的体现”或者“特定的制度对一个民主制度而言是必要的”这一假定。对于当代的释疑者而言，旧制度主义者对客观性与“科学性”的要求，通常与他们的论证风格和发展“威斯敏斯特模式”的渴望显得并不融洽（参见图框 3—1）。

然而，罗德斯（Rhodes，1995：49）建议反对设立一个“稻草人”。很多“旧”制度主义者采用了一种比他们的批评者所暗示的要复杂得多的分析方法。赫尔曼·芬纳（Herman Finer）在 20 世纪 30 年代就以他的方法成功地证明，宪法研究远远地扩展到了成文宪法之外（Finer，1932）。内维尔·约翰逊（Nevil Johnson）在 20 世纪 70 年代的著作也揭示出制度主义既关心程序性规范也关心正式的结构（Johnson，1975）。自伍德罗·威尔逊（Woodrow Wilson）以降的历史比较方法的鼓吹者都认为，一个系统的基础性价值在与其他价值进行对比时会变得更加清晰。

图框 3—1

传统制度主义的分析运用：一些对比性事例

- 在考察美国、英国、法国和德国的政治制度时，芬纳（Finer，1932）避开了一国一国进行分析的方法（在他所处的时代，这是更为典型的方法），相反，他是在制度与制度之间进行跨国比较（例如，对各国的政党、选民、文职人员和司法部门进行跨国比较）。作为一种摆脱了带有偏见的传统取向的代表性研究，他把他的分析建立在把国家理解为“强制性权力的垄断者”的基础上。
- 伍德罗·威尔逊（Woodrow Wilson，1956），他自己早先就是美国总统，研究了那些正在开始影响到总统制度的“分权政府”的问题，并分析了作为一种替代办法的议会政府所表现出来的可能性。
- 在对英国国有化工业的出现与运行进行研究时，罗伯森（Robson，1960）对公营公司组织与管理过程中的所有方面进行了全面解释。尽管在那时存在着批判性的时代氛围，他还是下定决心，为公营公司“是对公共行政的一个杰出贡献”进行辩护，并为它们未来的改革开出了药方。

- 波尔斯比（Polsby，1975）研究立法机构的著名论文，是制度分析的简化主义分支的典型代表；它集中关注“作为制度的一种独特类型的立法机构，是如何把自己嵌入到各种不同的环境背景中去的”。

资料来源：Examples drawn from Rothstein 1996；Rhodes 1997；Peters 1999.

二、“新制度主义”的崛起

不过，随着传统制度主义的衰落，它也失去了一些东西。发明了“新制度主义”这一术语的马奇和奥尔森（March and Olsen，1984：734）认为，政治制度已经“降低了它们在政治科学家更早期的理论中所占有的那种地位的重要性”。他们把主流政治科学批评为“化约主义的”。对行为主义者而言，制度是从个体的角色、地位和习得的反应的聚集体中形成的。对理性选择理论家而言（至少是第一代理性选择理论家），制度仅仅是一种建立在效用最大化这一偏好基础上的个体选择之累加（Shepsle，1989：134）。马奇和奥尔森（March and Olsen，1984：747）声称，政治制度在塑造政治结果中发挥了一种更为独立自主的作用，并认为“政治生活的组织是重要的”。因此：

> 官僚机构、立法委员会、上诉法院是竞争性的社会力量的舞台，但是，它们也是标准的操作程序与界定及保护利益的结构的集合体。它们凭其本身的资格就是政治行为者（March and Olsen，1984：738）。

马奇和奥尔森的命题引发了令人着迷的问题——这些问题是：一个“政治制度”由什么构成，制度以什么方式“发挥着它们的作用”（它们何以能够“界定及保护利益”），以及个体行为者影响相对“自主”的政治制度的存在方式与运行的能力如何。在制度主义蓬勃发展的时期，这些问题尤其令人感兴趣。在英国，像国有财产的私有化与转让这样的制度创新，是如何影响着政治行为，它们又是如何处理与“公共部门”或议会主权这些“旧”制度的关系的？在中东欧那些前社会主义国家，新的政治制度设计能否使政治行为发生改变并向着自由民主制度的预期发展？如果政治制度“凭其本身的资格就是政治行为者”，那么，南非国家领导人对在历史上已经“确定并保护”白人优越性的军队、警察及立法机构进行的改革，其难易程度又将如何？如果说“路径依赖”限定了制度发展，那么，为了对全球性的信贷危机做出反应，建立一种新型监管体制的前景又将如何？

没有任何单一的一种“新制度主义”对这些问题做出了回应。在“旧”制度主义者蔑视理论的地方，新制度主义者却是满腔热情，他们建立了不同的（纵然也是重叠的）理论工程。在传统制度主义者使用描述—归纳方法（从经验调查中得出结论）的地方，新制度主义者却尝试使用以关于制度运行方式的理论命题为起点的演绎推理的方法。政治科学中的“制度主义转向”（Jessop，2000）事实上就包含了广泛的发展，这些发展至少最初是发生于相互之间的相对独立性中的（Hall and Taylor，1996：937；Rothstein，1996：160）。在政治科学中，已经出现了制度主义取向的倍增（参见图框 3—2）。在 1996 年，霍尔与泰勒（Hall and Taylor，1996）确定了“三种新制度主义”，而在 1999 年，彼得斯却发现了七种新制度主义。

图框 3—2

新制度主义的不同流派

- 规范制度主义者的研究体现在政治制度中的规范与价值如何影响个体的行为（March and Olsen，1984，1989）。
- 理性选择制度主义者认为，政治制度是规则与动机的体系，在这些体系中，个体试图实现他们效用的最大化（Weingast，1986）。
- 历史制度主义者考察的是，做出的有关政府体系的制度设计的选择如何影响个体未来的决策（Hall and Taylor，1996）。
- 经验制度主义者——他们的观点与“传统”取向的观点最为类似——对不同的制度类型进行分类，并就它们对政府绩效产生的实际影响进行分析（Peters，1996）。
- 国际制度主义者要表明，国家的行为受到国际政治生活中的（正式的和非正式的）结构性约束的操纵（Rittberger，1993）。
- 社会学制度主义者研究制度对个体产生意义的方式，并为政治科学中的规范制度主义提供重要的理论性的建筑材料（Meyer and Rowan，1991）。
- 网络制度主义者要表明，个体与团体之间规律化的然而通常又是非正式的互动模式如何影响着政治行为（Marsh and Rhodes，1992）。
- 建构主义制度主义把制度看成是通过意义结构影响行为，意义结构是指用来解释、审视政治行为或给政治行为提供合法性的思想与叙事（Schmidt，2006；Hay，2006 a and b）。
- 女权主义制度主义研究性别规范如何在制度之内运行，以及制度过程如何建构与维持了性别化的权力动力（Kenny，2007；Chappell，2006）。

就我们的目的而言，集中关注新制度主义思想内部的基本裂隙非常重要——亦即“规范”取向与受到新的、更加复杂的理性选择理论启发的制度主义取向之间的裂隙。“规范制度主义”（normative institutionalism）认为，政治制度通过塑造其“价值、规范、利益、认同和看法”来影响行为者的行为（March and Olsen，1989：17）。因此，“规范”指的是对作为解释性变量的规范与价值的关注——这应归因于社会学制度主义（sociological institutionalism）的传统，而不是指提倡特殊规范意义上的“规范理论”。“规范制度主义者”认为，表面上中立的规则与结构，实际上体现着价值（和权力关系），并且决定着特定场景中“合适的”行为。制度通过确保“在决定其他事情时，某些东西是被视为当然的”这一点，把政治生活“简单化”（March and Olsen，1989：17）。

理性选择制度主义（rational choice institutionalism）否认制度因素“引起行为”或者塑造个体偏好，它把这些东西看成是被内在地决定的和相对稳定的（有利于效用的最大化）。政治制度通过影响“情势结构”——在这种情势结构中，为了追求他们的偏好，个体对策略进行选择——来影响着行为（Ostrom，1999）。制度提供了与其他人未来可能的行为有关的信息，也提供了与依附于不同的行为方法上的激励因素（和抑制因素）有关的信息。当规范制度主义者强调政治制度植根于世俗的文化背景中时，理性选择理论家却认为，制度是用来解决集体行动问题的有目的的人类构筑。随着本章论述的不断深入，这些不同之处将得到进一步的探究。

在图框 3—2 中描述的其他类型的新制度主义，代表的是特定的学术活动群体，以及对不同背景中的制度主义洞见的详尽阐述，它并不代表不同的本体论的立场本身。在本章后面的部分，我们将转向对不同制度取向的和谐一致性（或者非和谐一致性）进行分析。尽管我们承认在规范制度主义与理性选择制度主义这两种变体之间存在着根本差异，但我们下面还是要对“新制度主义”的核心特征进行确认。

三、新制度主义新在何处？这一取向的核心特征

如果把新制度主义当成是一种“宽泛的纵然也是多变的取向”（Peters，1999：149），那么在何种意义上，我们可以说它已经把政治科学中的制度研究向前推进了一步？“新制度主义者”给传统的政治科学视角带来了什么益处？因为“旧”的与“新”的制度主义表现出了立场上的多样性，所以在这二者之间进行过于严格的对比并无帮助。在很多情况下，新制度主义实际上是在更为清晰也更为复杂的理论框架的背景之内，建立在最为杰出的传统制度主义者的洞见的基础上的。因此，新制度主义所表现出来的这种背离，在六种分析性谱系的变化中得以最好的体现：

1. 从以组织为焦点到以规则为焦点。
2. 从正式制度到非正式制度的理解。
3. 从对制度的静态理解到对制度的动态理解。
4. 从价值隐含到价值评判的立场。
5. 从对制度的整体式理解到对制度的分化式理解。
6. 从独立到嵌入。

尽管已经认识到了在新制度主义者的立场中存在着重大差异，但在下面的讨论中，我还是要试图抓住古丁（Goodin，1996：20）所称的“新制度主义的重要精神”。

1. 从以组织为焦点到以规则为焦点

新制度主义体现了对制度分析中的福克斯与米勒（Fox and Miller，1995：92）所称的那种“黄铜牌匾”（brass name-plate）传统的背离。政治制度不再等同于政治

组织；相反，它们被看成是指导和约束个体行为者行为的多组“规则”。比如说，与其说新制度主义者可能集中关注作为一种制度机构的英国国防部，还不如说更有可能去研究决策、预算或它内部的分配程序。制度性规则之所以重要，是因为它们提供了有关其他人未来可能的行为以及有关的对不遵守这些规则的制裁方面的信息（Knight，1992：17）。对那些属于规范制度主义学派的人而言，制度是通过决定“合适”的行为来发挥作用的（March and Olsen，1984，1989）；对那些受到理性选择理论假定之影响的人来说，制度决定着在效用最大化的行为者之间的交易的基础（Weingast，1996）。然后，制度提供了“博弈规则”，尽管组织也像个体一样是这一博弈中的博弈者。通过研究国防部内部的特殊制度组合——这种制度组合本身又受到已经成为更宽广的政府、法律与财政体系（而这些体系，正如我们在下面将看到的，未必就会巧妙地彼此“适合”）之特征的“规则”的影响——国防部的制度动力可以得到最好的理解。正如福克斯与米勒（Fox and Miller，1995：92）解释的，制度“既是存在于组织上下左右各个位置”、也是存在于组织“内部”与组织“之间”的各组规则。尽管组织与制度“并非同一事物”，但它们依然是新制度主义分析中的一个重要焦点——分析它们作为受到更宽的制度约束的集体行为者的作用，以及它们作为制度性规则得以建立与表达的舞台的作用。

2. 从正式制度到非正式制度的理解

与传统的制度取向形成对比的是，新制度主义既集中关注正式规则，也集中关注非正式的规则。比如说，在英国地方政府中，有些规则就是被有意识地设计出来并被明确说明的（像合同、工作说明、委员会的参考标准、预算体系等），尽管其他规则采用的是不成文的规则形式（比如说，关于议会党团在决策中的作用，或在一个政党力量势均力敌的政府中各政党之间的关系）。正如安东尼·吉登斯（Anthony Giddens，1999：124）已经表明的，正式规则“一般说来不应该被当成榜样性的规则，而应该被看成得到系统说明的特殊的规则类型”。政治生活中的非正式规则——很难对它们进行研究——像得到了正式同意的程序一样，完全可以在影响行为者的行为上发挥重要作用。非正式规则可能会强化正式规则。比如，英国地方政府中有关行政功能与议会功能分离的新规则，就正在那些已经拥有一种强大的市民领导传统的城市中，更大程度地影响着政治行为。支配性的非正式规则还可能推翻正式规则（正如许多“机会平等”的立法提案的命运一样），或者在正式的安排中用以体现（与“消除”）变化。20 世纪 80 年代在英国中央政府中设立了“下一步行动”署（Next Steps），它原本就是为进行独立的管理与政策控制而准备的，然而有些内阁大臣却继续利用非正式规则以试图对这一机构的“行政长官”施加影响。政策网络的研究表明了一点，即作为一种并列的制度框架，政策制定的非正式机制如何才可能与正式的安排并存（Lowndes，1996：192-3）。对正式与非正式规则的同时集中关注，既加强了对政治制度深度的理解，也加强了对其广度的理解。

3. 从对制度的静态理解到对制度的动态理解

稳定性是制度的一个特征：40 多年前，亨廷顿（Huntington，1968）把政治制度界定为“稳定的、有价值的、重复发生的行为模式”。马奇与奥尔森（March and Olsen，1989：6）把制度看成是“在潜在地不成熟的政治世界中，创造和维系那些不完善的、暂时性组织的一些孤立体”。新制度主义者关注探索制度稳定是如何经由人们的行动而得以实现的。正如在某些传统取向中所体现出来的，制度不是“事物”，而是过程。制度规则必须长期维持——然而，是什么东西在推动（干扰）着持续不断的制度化过程，是一个颇有争议的问题（Lowndes，1996：193-194）。那些受到理性选择理论影响的新制度主义者认为，只有当它们为追求效用的理性行为者的利益服务时（关键的是解决集体行动问题的方式），制度安排才能持续下去（Shepsle，1989：134）。其他人认为，当个体试图“把他们偶然碰到的新奇事物转换成新的惯例时”，作为对环境信号的回应，制度往往会发生渐进式的、递增式的变化（March and Olsen，1989：34）。皮尔森（Pierson，2004：15）说明了制度安排是如何“随时间而深深嵌入”，并把我们的注意力指向“制度发展而非制度选择的”。那些采用网络视角的人强调，制度的稳定性取决于在一个不断变化的环境中行为者达成共识与联盟建立的持续过程（Marsh and Rhodes，1992：196）。尽管没有排除有意的制度变革的可能性，但规范制度主义者强调，这种制度变革是混乱的和难以控制的——因为要考虑到既得利益的相互影响以及政治制度与更宽广的制度环境之间的相互作用（这些观点将在下面的 5 和 6 中得到进一步的探讨）。

4. 从价值隐含到价值评判的立场

正如我们在早些时候看到的，“旧”制度主义对“好的政府”有着一种明显的关心，并对一套特定的价值和政府模式有着一种不明显的信奉。与此形成对比的是，新制度主义者试图确定制度体现并塑造社会价值的各种不同方式，而这些社会价值自身也可能是处于竞争与变化之中。在规范的制度主义里，表面上中立的程序与安排，被认为体现了特殊的价值、利益与认同（March and Olsen 1989：17）。对那些受到理性选择理论影响的人来说，并不认为制度影响着偏好，不过，正如彼得斯（Peters，1999：19）所认为的，如果激励将对所有的参与者同样很好地发挥作用，那么，它们就必须体现某些相对普遍的价值。彼埃尔（Pierre，1999：390）很好地总结了新制度主义的这一价值评判的立场，他认为，“政府管理的结构——对不同的行为者的吸纳或者排斥，以及对工具的选取——并非价值中立的，而是被嵌入到政治价值之中，并维系着这些政治价值”。奥菲（Offe，1996：685）也注意到，当“制度的价值前提发生改变，或者因为被认为与其他价值不相容时，制度也通常会发生变迁”。古丁（Goodin，1996）与罗斯泰因（Rothstein，1996，1998）反向地探究了这一问题：为了在整个社会内部培育出需要的价值，政治制度可以如何被设计出来。

5. 从对制度的整体式理解到对制度的分化式理解

与倾向于对整个政府体系进行描述和比较的"旧"制度主义者截然相反的是，新制度主义者把关注的焦点集中在构成政治生活的制度的组成部分上：选举制度、税收与救济制度、内阁决策、对预算编制的安排或政策制定、政府间的关系或者签订契约的规则（Peters，1999：8-9）。这些"制度"不仅通过正式的结构与正式的程序表现出来，还通过跨越组织边界的默示理解与惯例——这二者都既体现在公共部门内部也体现在公共部门外部——表现出来。在它们未必相互"适合"以形成一个整体的意义上，或者在它们在功能上体现了可取的解决办法的意义上，制度被理解为"分化的"。在它们"体现、保留并给予有关不同个体与团体以不同权力资源"的意义上，它们也是"分化的"（Goodin，1996：20）。通过特许某种行为方法而不是其他方法，并通过吸纳某些行为者却排斥其他的行为者，制度体现了权力关系。在制度永远也不是完全"封闭的"或绝对的这一程度上，制度内部分化的第三个来源形成了（March and Olsen，1989：16）。制度规则既可能出现一致性与标准化，也可能会发生改变与偏离。当行为者试图去理解新的或模糊的形势，忽略或者甚至违反现存规则，或者试图对它们进行调整以有利于他们自己的利益时，制度就以不可预料的方式发生着演变。当试图进行有目的的制度变革时，"旧"的与"新"的规则就可能并驾齐驱地对政治体系内的不同部分或不同层次上的互动关系进行规制（Lowndes，2005）。对艾利诺·奥斯特罗姆（Elinor Ostrom，2005：4）而言，多样性是"理解制度过程中的核心问题"。

6. 从独立到嵌入

以最杰出的传统制度主义者的洞见为基础，新制度主义者强调，政治制度并不是存在于空间与时间之外的独立的实体。新制度主义者探究了——尽管这种探究是从不同的角度进行的——政治制度被"嵌入"特定背景环境中的方式（Granovetter，1985）。"历史制度主义"研究的是，在一个政策领域发展初期做出的制度选择以什么方式限定此后的政策选择（Hall，1986；King，1995；Pierson，1996）。通过对不同国家的政治体系或特殊的政策领域进行比较，历史制度主义者说明了制度是如何被深深地嵌入，并导致路径依赖的政策制定（Krasner，1984）。理性选择学者已经研究了不同"层次"上的制度规则之间的互动关系。比如，凯塞与奥斯特罗姆（Kiser and Ostrom，1982）就区别了操作性规则（或者日常性规则）、集体性规则（即法律规则）和基本性规则（即管理那些规则的规则）。根据古丁和克林格曼的观点（Goodin and Kliongemann，1996：18），制度规则"被放置在一个更基本、甚至更权威的规则、体制、惯例和程序的持续上升的等级体系中"。在别的地方，制度主义者已经把焦点集中在地方性的特殊的制度约束的"自下而上"的影响。社会资本的争论关注的是在市民社会制度和政治制度的绩效之间的关系（Putnam，1993）。克雷格（Clegg，1990：163）从一种组织理论的视角，说明了地方性的特殊制度环境是如何发挥着加强或者削弱社会范围的制度框架的作用的。政治制度的差异性，至少在特定的程度是来源于它们与地方层次的非政治制度的互动关系的，这种互动关系不仅创造着“做不同的事情的机会”，还创造着“以不同的方式做相同的事情的机会”（Clegg，1990：151）。

四、新制度主义的困境

我们已经确定了作为一种宽泛的取向的新制度主义“新在何处”。它再次重申了一点，即“旧”制度主义者中的最杰出学者也知道的：政治结构影响着政治行为，并且在规范的意义上和历史的意义上，它们自己也是被嵌入的。新制度主义者极为小心谨慎，以不至于把政治制度等同于政治组织：在更宽泛的意义上，“制度”被认为指的是一种“稳定的、重复发生的行为模式”（Goodin，1996：22）。新制度主义者既关注正式的章程与组织结构，也关注政治生活中的非正式惯例。对制度体现价值与权力关系的方式、制度设计面临的障碍与机会，他们也给予了新的关注。关键的是，新制度主义者不只是关注制度对个体的影响，还关注制度与个体之间的相互作用。与传统取向形成对比的是，新制度主义者对检验制度如何影响行为的理论模型也产生了兴趣，而不是依赖于一种描述—归纳的方法来得出结论。图框 3—3 提供了一系列在发挥作用的新制度主义取向的个案。

图框 3—3

新制度主义的分析运用：一些不同的个案

- 通过对英国、瑞典与美国的比较，斯坦摩（Steinmo，1993）表明，宪法要比不同社会阶层的组织力量更能影响到对税收份额的分配。
- 在对法国、瑞典与瑞士的卫生政策进行比较时，伊默古特（Immergut，1992）说明了制度化了的“否决点”（veto points）是如何解释压力集团的影响要比这些集团自己的最初力量更大的。皮尔森（Pierson，2004）研究了“制度复原力”是如何与试图长期保留否决点的自利行为者关联在一起的。
- 在对英国的凯恩斯主义向货币主义的转变进行解释时，霍尔（Hall，1992）认为，通过对新的观点如何显露出来并体现在政府决策中这两方面发挥影响，政治制度决定着政策。施密特（Schmidt，2002）以这一研究为基础，比较了思想与制度在塑造法国、英国和德国的市场经济过程中的相互影响。
- 在对加利福尼亚州南部进行研究时，奥斯特罗姆（Ostrom，1990）表明了为对稀缺资源（比如，水）进行管理而建立的自愿性协会，如何改变了个体农民对自身利益系于何处的观点。
- 在对英国政策制定中的变化进行解释时，马什和罗德斯（Marsh and Rhodes，1992）认为，政治行为者之间的关系在不同的部门被不同地制度化，而且这种关系具有或多或少的稳定性和排他性。

● 在对总统制与议会制进行比较时，韦弗和洛克曼（Weaver and Rockman，1993）表明了总统制固有的权力分立，使得立法变得更为困难。

● 克劳齐（Crouch，2005）从经济政策角度，朗德斯（Lowndes，2009）则从地方政府的角度，研究了创造性的行为者（制度的倡导者）在试图通过把各种治理模式结合起来以实现制度变革中所发挥的作用。

● 在国际关系中，雷特伯格（Rittberger，1993）认为，为了降低其他国家——不管它们是友邦还是敌人——行为的不确定性，国家承认条约与惯例。杜菲尔德（Duffield，2006）考察了，当一些国家在试图获得其他国家最大程度的合作并限制潜在的反对时，国际制度机构在赋予这些国家以合法性的过程中发挥了什么作用。他使用的案例是美国对伊拉克采取的行动。

然而，在自我标榜的“新制度主义者”之间，以及在制度主义者与这一学派的其他部分的怀疑论者之间，很多领域还存在着分歧。下面，我要对其中三个争论最为激烈的问题进行评述，而在结束部分要探讨的却是最为根本的问题——新制度主义的这顶“巨大的帐篷”，能够真正涵盖它的规范学派与理性选择学派这两种变体的极为不同的本体论吗？

1. 制度究竟是什么？

新制度主义者一致认为，政治制度是“游戏的规则”——然而，什么东西应该包括在规则这个范畴里面呢？通过既把正式的程序也把非正式的规则囊括进来，新制度主义者能够制作出一张更好的、更为现实的图画：是什么真正地约束了政治行为与决策。然而，一种对“制度”的扩展性定义承担着“概念延伸”的风险（Peters，1996：216）——当它开始把指导个体行为的每一件事情都包括进来时，它的意义和影响也就被削弱了。诺斯（North，1990：83）走得更远，他把传统、习俗、文化与习惯都纳入到非正式的“制度”中，而对马奇与奥尔森（March and Olsen，1989：17）来说，在制度与规范之间总体上看来并不存在明显的不同。正如罗斯泰因（Rothstein，1996：145）指出的，如果制度这一概念“意味着任何事情，那么它就什么也不意味着”——那么政治制度如何才能与其他的社会事实区分开来呢？约翰（John，1998：64）认为，新制度主义者“把政治生活中太多的方面包括在一个……掩盖了发生的种种互动关系与因果机制的范畴之内”。在一个实用的层次上，当政治科学家考察一种制度时，他们如何才能认识（并且度量）这种制度？在一个理论的层次上，他们又如何才能避免简化主义与重言式的陷阱？正如彼得斯（Peters，1996：215）指出的：

> 如果为了适用于一些场景——在这些场景中，那些观察到的行为并不会与任何制度的正式规则保持一致——而把影响行为的规则扩大到包括不清晰的规则与模糊的协定上，那么这一理论就可能不是可被证伪的。如果我们奉行那些并不遵守正式规则的限制的行为，那么就必然存在着其他不可确定的规则。

彼得·霍尔（Peter Hall，1986）的“标准操作程序”概念进一步提出了一种有益的方法：研究者的目标应该是去确定得到行为者一致同意——而不管这种同意是明确的还是默示的——且（总体上）为他们所遵守的特定行为规则（Rothstein，1996：146）。在这一确切表述中，非正式的制度规则有别于个人的习惯或“经验法则”（rules of thumb）——它们是在特殊的政治或政府背景中所特有的，为行为者所认识（即使并非总是为他们所遵守），并且对研究者而言，是可被描述与可被解释的。比如说，在英国议会的某一特别委员会中，这种风格与形式的质询可能并不以书面形式被确定下来；然而，作为一种组织政治行为的“标准操作程序”，它是可以被确认的，尽管它体现了特定的价值与权力关系。为了详细审查，这种“标准操作程序”可以被描述、评估，并可与替代性安排进行比较。相反，一位特别委员会委员整理他或她的文件的方法（不管它是多么的有规律性和系统性），却是个人习惯或工作惯例的事情，它并没资格成为一种非正式制度或标准操作程序。

标准操作程序可能受到某些行为者（个体或团体）的规避或操纵，但是总体上行为者还是能够确定、并思考这些“规则”的性质。与此同时，新的规则也可能得到正式的认可，但是要取得标准操作程序的地位，还需假以时日。在政治活动中，和在其他地方一样，规则只要存在，它就既被人遵守着，也被人违反着！彼得斯（Peters，1999：144）对重言式的指责，仅仅真正适用于那些根据规律性的确立——根据对行为规则的认可——来界定制度的理性选择视角。标准操作程序这一理念给制度主义者提供了一种方法：通过这一方法，他们把对正式和非正式“规则”的关注，与把政治制度从更宽泛的习俗和习惯中区别出来，并使之结合在一起。艾利诺·奥斯特罗姆（Elinor Ostrom，1999：38）有意地区分了“形式上的规则”与“运用中的规则”，她把后面这一类规则界定为“一个人在实际情况中学到的独特的全部行为准则”。

要对运用中的规则加以确定和度量难度极大。不过，彼得斯（1999：145）提醒新制度主义者，“在概念化中，并因而在对被认为是构成制度的那些现象的度量中，都需要更加严格一些”，他这样提醒是正确的。正如在图框3—4中表明的，新制度主义者正在通过发展一整套广泛的技术来做出反应，这些技术涵盖了从民族学到实验室研究再到博弈理论的广阔范围（Ostrom，2005）。尽管历史的、比较的与案例的研究方法（这些方法并不是与那些更为优秀的“传统主义者”的方法有着如此大的区别）继续支配着新制度主义者的研究，但是现在，调查研究往往是在得出理论观点之后进行。

图框3—4

新制度主义的方法论

● 数学模型——克劳齐（Crouch，2005）使用模型来证明，当现有“路径”受阻时通过展示新的机会，并且通过考虑对现有路径要素进行新的组合，制度的异质性会促进经济政策的创新。

● 博弈理论——在解释自利性的官僚如何去试图影响他们赖以工作的制度时，邓利维（Dunleavy，1991）运用博弈理论发展出了他的“司局改造”（bureau shaping）

理论，以代替传统的"预算最大化"假定。

● 实验室研究——奥斯特罗姆等人（Ostrom et al.，1994）运用实验方法来考察制度和物质变量，这些变量影响到合作是否能够实现，以及在使用诸如森林或放牧地时，"公共资源"是否可以避免过度利用。

● 民族志——道格拉斯（Douglas，1987）运用人类学与民族志方法来提出她的"制度如何思考"的理论，并且与众不同地在不同文化间构筑起法律的、宗教的或者科学领域中的思想范畴。

● 个案研究——斯特里克和西伦（Streeck and Thelen，2005：9）的"理论上自觉的……经验个案"国际汇编，对增量式的变革如何能导致当代资本主义的制度转型，进行了比较分析。

2. 制度从何而来，它们又是如何变迁的？

正如我们在早些时候已经注意到的，稳定性是制度的一个定义性特征；人们常常认为，当新制度主义试图解释制度的起源与转变时，它也最经不起攻击（Peters，1999：147-8；John，1998：65；Rothstein，1996：153）。对变革进行概念化的方法取决于如何理解个体与制度之间的关系。尽管理性选择理论家认为个体偏好优先于制度，然而其他形式的新制度主义却认为制度塑造着偏好。理性选择理论告诉我们，政治制度是设计用来解决集体行动问题——从合作中得到最大收益——的人类构筑。当制度不再服务于行为者的利益时，制度就可以被"取消"——它们只为个体行为提供短期的约束（Peters，1999：148）。当然，它并没有逃脱更为成熟的理性选择理论家对这一点的注意：制度往往是自我强化的，并且显而易见是具有持续性的。这些理论家认为，只有在改变制度的可能收益超过改变制度的预期成本——这包括学习如何在新的结构内进行运作的学习成本、对付新的不确定性来源的成本以及参与变革的成本（这本身就代表了一个集体行动的问题！）——的地方，行为者才会改变制度（Rothstein，1996：152）。

认为个体偏好的形成受制度影响的规范制度主义者，并没有回答为什么一般性的制度（或者特定的政治制度）会形成这个问题。他们在描述制度如何延续下去并如何对行为者施加持续性的影响上要表现得更好（Lowndes，1996：194）。正如马奇与奥尔森（March and Olsen，1989：17）解释的，制度"通过降低面面俱到的全面性，来增加自身能力"；它们通过确保"在决定其他事物时，某些事物被当成是给定的"来"简化"政治生活。用吉登斯（Giddens，1999：127）的话说就是，结构对个体并非"外在的"，而是在他们的实践中发挥了"例示"的作用。但是，正如马奇与奥尔森坚持认为的，如果"制度性的行为者受到制度责任的驱动"，那么，它们又怎么会"突然出现"，以对现有的安排进行批评或者设计新的政治制度？

与最初看似的情境相比，规范的制度主义实际上给反思性和人的能动性留下了更多的空间。规范制度主义者预期制度会持续地演变。规则被看成是既引起了一致性与标准化，也导致了改变与偏差；这是因为在对规则的阐释与应用中，总会存在着模糊的领域（特别是因为个体会在他们自己的价值与经验方面发生变化），也是因为那些试图理解正在发生变化的环境的行为者，适应了规则（Lowndes，1996：193）。正如彼得斯（Peters，1999：149）指出的，规范的制度主义“使得个体与制度的相互影响成为可能”。“历史制度主义者”也依赖演化模式来解释制度是如何发生变迁的，他们既预言了为适应不断变化的需求而做出的增量式的调整（Pierson，1996，2004），也预言了“断续性均衡”的戏剧性时刻（Krasner，1984），在这一均衡中，新的思想以制度的形式表现出来。

古丁（Goodin，1996：24-5）在制度的形成与一段时间之后的变迁的三种基本方式之间进行了区分，这三种方式是：有目的的设计、突发性的变革或演化。如果说理性选择取向优先考虑的是有目的的设计这一方式的话，那么规范制度主义者却并没有排除这一方式。不过，他们认为，制度改革的努力是难以控制的。一旦“适宜性逻辑”的稳定性遭到破坏，那么，就开辟出了对竞争性的规范与价值进行仔细考虑的空间；制度变革“几乎不会满足这一变革发起者的优先目的”（March and Olsen，1989：65；Brunsson and Olsen，1993：3）。主流理论模型已经聚焦在变革的走走停停（stop/go）模式之上——这是一种不时出现危急关头的路径依赖——而且还集中关注变革的外在诱因（Streeck and Thelen，2005）。不过，新的研究认为，政治制度的变革最好被理解为一个自然发生的过程，在这一过程中，内部因素与外部因素共同塑造了这一“重新结合体治理”（recombinant governance）的复杂的新形式（Crouch，2005）。类似地，保罗·皮尔森（Paul Pierson，2004：160）提到了“制度变革的菜单”（menus of institutional change），而西伦（Kathleen Thelen，2003）则提到了“制度分层”（institutional layering）与“聚集”（conversion）的过程。

在制度的稳定性与多变性这两个极端之间存在着创造性的空间，在这一空间中，为了满足不确定和不断变化的环境的需要，以及为了保护（或者推动）他们自身的利益，“制度的倡导者”试图使自己适应这些“游戏规则”（Lowndes，2005）。制度变革涉及积极的实验过程——或者兰查拉（Lanzara，1998）所谓的“利用现成工具进行的制度修理”（institutional bricolage）——通过这一过程，各种不同的制度要素（旧的与新的、正式的与非正式的、外部的与内部的）被拼凑在一起，以精心制定出新的规则（在第四章中将对这种使用现成工具进行的制度修理进一步展开讨论）。

尽管理性选择理论给我们提供了一个政治制度之形成原因的有价值的假设（制度是为了解决集体行动问题），但是，规范的与历史的取向却有助于我们解释为什么政治制度会有所不同。形形色色的新制度主义者仍然全神贯注于制度的这一核心悖论或“双重人格”，即制度既是“人类的产物”，而“其本身也就是社会力量”（Grafstein，1988：577-8）。

3. 制度主义的规范取向与理性选择取向相容吗？

在我们对新制度主义的整个探讨中，我们指的是制度主义的“规范”与“理性选择”这两种变体。我们已经表明，它们有着政治科学内的一种特别的“新制度主义运动”的共同特征，但是它们都以关于制度对政治行为的影响、关于个体行为者与制度的互动关系的不同理论假定为基础。这是一种理论把戏吗？

一些批评者已经反对在这些不同的理论立场之间寻找共同目的甚至寻找互补性的任何努力。海伊和温科特认为，“计算”取向（理性选择制度主义）与“文化”取向（规范的制度主义）之间的区别“表明，在制度分析的这两种竞争性的与不相容的取向之间，存在着一条难以消除的界线”。他们提出建议，反对“把源于有不同知识根据的制度主义的关于制度的深刻见解搅和在一起”，并且还特别地鼓励历史制度主义者，去提出新的独特的社会本体论，以克服而不是重复生产传统的二元思维（Hay and Wincott，1998：953）。2006 年，科林·海伊对他自己的挑战做出反应，精心提出了“建构主义的制度主义”（constructivist institutionalism），并作为新的成员加入到了制度主义的大家庭中（Colin Hay，2006a：62）。海伊表达了他的忧虑，即像皮尔森和霍尔那样的历史制度主义者，在面对他们的本体论困境时，已经放任自流地逐步滑向理性选择的解决立场。不过，尽管声称这一取向在本体论上是与众不同的，海伊的建构主义的制度主义还是借助于他以前批评过的附加式的二元表达方法：“行为者既是讲策略的，也是被社会化的”；“思想与惯例”都重要；既应该关注“制度创立，也应该关注制度形成之后的变革”（Hay，2006a：58-59）。

这些论述只不过是要提醒研究者好的制度主义分析的前提以及提醒他们寻找政治科学的炼丹石的危险（Hall and Taylor，1998：960）。建构主义或者纷繁复杂的制度主义，它的真正贡献是把制度界定为“编辑成典的思想体系”（Hay，2006a：59）。制度通过它们所体现的意义框架——用来解释、思考政治行为或赋予政治行为以合法性的思想和叙事——来塑造行为（Schmidt，2006：99）。解释政治制度的起源与随后的发展，要求了解思想在一段时间之后如何变得规章化，以及在何种条件下，这些基本思想会遭到竞争、挑战与代替（Hay，2006a：65）。

不过，我们需要在规范的、理性选择的与建构主义的解释中做出选择吗？也许制度的特殊性就在于制度是“由多种因素决定的”这一事实。在一种健全的制度安排中，管理性的、规范性的与认识性的机制一起影响着行为（Scott，2001：51）。确实，正是这些特征组合在一起，才构建了一项“制度”，即一套有价值的、有意义的而且重复发生的行为模式，并且使它与一个“组织”或者一本“规则手册”或者一系列个人习惯区别开来。尽管理论家必然会强调每一种变体的独有特征，但施密特（Vivien Schmidt，2006：116）却在提醒我们，“重视问题的学者往往会一直把各种取向混合起来，而使用那些似乎最适合于解释他们研究目标的取向”。作为学科观察家的古丁与克林格曼认为，新制度主义的特殊意义恰恰在于它这方面的能力，即平息结构主义者与行为主义者之间的消极性的冷漠，而这种冷漠已经困扰了政治科学。他们认为，新制度主义的崛起，是对已经成为现今政治科学特征的“友好时期”所作出的“独一无二的最有意义的贡献”。他们以一种实用的而非豪言壮语式的语调，评论道：

> 政治科学家不再用要么/要么的方法来思考作为驱动力量的能动性或者结构、利益或者制度：事实上，现在这一学科的所有严肃的学者都会说，这是一件二者

明智结合的事情……这是一件在由制度事实与机会结构设立的界限之内分析行为的事情（Goodin and Klingeman，1996：10-11）。

五、结　论

我们可以得出结论认为，把新制度主义描绘成“一种理论”是具有误导性的。新制度主义最好是被理解为甘布尔所称的“一种组织化的视角”（Gamble，1990：405）。它不是一种行为主义意义上的因果关系理论；相反，它“提供了一张这一学科的地图，与指向它的中心问题的路标”（Rhodes，1995：49）。就其本身而论，它的价值在于它引起了“不然就不可能发生的问题”，在于它产生了其他框架或视角不可能产生的新的、独特的深刻见解（Judge et al.，1995：3）。新制度主义可以被认为是一种“宽阔的，纵然也是多样化的研究政治的取向”，它们通过“制度是解释大多数政治生活的变量，而且制度本身也是需要解释的因素”这一断言，而聚集在一起（Peters，1999：150）。

在传统制度主义者对有关理论事宜保持沉默的地方（在一张“常识”之幕下面，偷偷地引入他们的假定），新制度主义者却是大张旗鼓地表达出自己的看法。新制度主义并不需要任何一种特定的理论，但它需要一种对理论的批判性的立场。正是在它的“多重理论性”的特性——这一特性考虑到了对源于不同的政治理论的竞争性观点的评价——中，才可以发现新制度主义的力量。正如罗德斯（Rhodes，1995：56）已经指出的：

> 没有任何理论永远是真实的，它只是或多或少地具有启发意义。你可以从对某种理论的批判性评价中学到一些东西；从对与某一独特主题有关的几种理论的比较性的批判评价中，你可以学到很多的东西。政治制度研究将从这一多重理论性的研究中受益良多。

或许，政治科学中的新制度主义取向的贡献，最好是根据“认识上的收获”来理解。这种收获是由“从一个问题性立场，向在可行的替代选择内的一个更为充分的观点的转变”所构成，而且可以与“认识论中的由伪到真的神秘转变”形成对比（Calhoun，2000：538）。在对新制度主义者 20 年以来的学术贡献进行回顾和检讨之后，马奇和奥尔森（March and Olsen，2006：16）认为，制度主义工程是一项在不断的进步中开展下去的工程：“它的精神实质，是对替代性的取向进行补充而非拒绝……不过，在有关政治制度、行为与变革等不同概念的含义理解能够达成一致之前，还有很多工作需要去做。”

进一步阅读的文献

下面列出的是关于制度取向的介绍性文献：

- 含有论述“制度”章节的作品有 Goodin（1996）和 Goodin and Kingemann（1996）。
- 关于制度的论文集，参见 Hall and Taylor（1996）和 Lowndes（1996）。
- 关于制度主义的一部开创性的著作是 March and Olsen（1989）。
- 关于制度主义取向多样性的论述，参见 Peters（1999，2005）。

第四章

建构主义与阐释理论

克雷格·帕森斯

建构主义的观点声称，人们做某件事而不是另外一件事，是因为存在某些“社会构筑物”（social constructs）：思想观念、信仰、规范、身份认同，或人们借以认识世界的其他一些阐释性的过滤器。我们栖息于一个“我们构造的世界”（Onuf，1989），行为是由意义构建的，而意义又是由特殊的人群发展起来，以阐释和组织他们的身份认同、关系和环境。相比之下，非建构主义的学术，比如第一章研究的行为主义、第二章研究的理性选择，以及第七章研究的马克思主义，都认为阐释性的过滤器并没有对我们如何行动造成很大影响。相反，我们居住在一张“真实的”全景图中，它包含了地貌、资源和相对权力，而对这些相对权力，我们又极为直接地做出反应。一些制度主义者（第三章）也主张非建构主义的观点，尽管其他制度主义者与建构主义的观点部分相同。制度主义者——朗德斯把这些人界定为提供理性选择解释的人——往往把组织与规则当成是极为明确的、“真实”客观的障碍，我们对这一过程直接做出反应。不过，正如朗德斯强调的，新制度主义的另一些变体则通过更加具有建构主义色彩的视角来理解制度，在这一视角下，“制度”本身就是富有意义的社会构筑物。本章的要点是，只有在一种取向认为某种主观阐释影响到了人们的行为时，这种取向才是建构主义取向的。

在更加元理论的层次上，建构主义与其他取向存在一种复杂的竞争性关系。许多建构主义者信奉一种阐释性的认识论，对这一点，第九章会进行讨论。他们推断说，如果我们的世界是被社会深深建构的，那么，就很少存在可供政治科学家研究的“真实世界”。这样，社会科学就等于是一项对意义（meaning）进行理解的阐释性（或者解释学的）的探索，而不是一项对因果关系的科学探索。这种观点表明，在建构主义和非建构主义学术之间很少有直接争论的可能性，因为后一种学术被描绘为非正当的学术。这种立场可以被称为后现代的立场。另一方面，许多建构主义者并没有与科学和因果关系决裂。认为行为取决于意义，这并不必然意味着不能对为什么某些人会做某些事这一问题进行现实的分析研究。也许关于人类行为的实际的客观事实是，人们在饱含意义的社会构筑物之内行为——而且，也许在与非建构主义理论的竞争中，一位细心的观察家能够充满说服力地对这一点加以证明。采取这一立场的建构主义者，往往把他们的研究取向视为一种能与其他政治科学取向建立联系的新的替代取向。这种立场可以被称为现代的立场。

在他们如何认识自己对现实、科学和因果关系的主张上，建构主义者不仅在认识论上有所不同，而且还在方法论上存在着巨大差异。就像存在着许多不同的理性选择理论，或存在许多不同的行为主义主张一样，也存在着许多种建构主义主张。他们要处理不同层次的行为，从“世界文明”（Meyer et al.，1997）到具体得多的政策舞台（Hall，1989），并且还涉及社会建构的不同机制。在实际中，他们利用各种方法，从阐释性的民族志和追溯过程的叙事，到常规性的比较研究乃至定量研究。

在本章的开始部分，我要对建构主义进行简短的历史考察，并且分析它是如何重新成为人们关注的焦点。接下来，我要对这一研究取向的独特之处进行说明。之后，对各式各样的建构主义进行探讨，这也是本章的主要任务。

一、建构主义的缘起

建构主义这一基本概念和社会学这一学科一起，明显起源于19世纪末期涂尔干的著作［Durkheim，1984（1893)］。涂尔干认为，人类社会因文化这一“社会事实”凝聚在一起，它并不仅仅是对“自然事实”或“物质事实”的客观的理性反应，他还认为，特定社会创造性地发明了社会建构而成的不同身份认同和信仰。涂尔干及其弟子的著作［Mauss，1954（1923)］把文化概念置于社会学的中心，并且也把它置于与社会学关系密切的人类学这一新兴学科的中心。

可能第二位最为著名的建构主义思想之父是马克斯·韦伯这位德国社会学家，他试图把涂尔干对思想观念与文化的强调，和更具马克思特色的对物质状况的关注综合起来——但他还是更为重视前者。他认为，思想观念就像常常决定经过哪条轨道的“扳道工”，利益动力恰恰沿着思想观念所设定的轨道来推动人们的行为［Weber，1958（1922)：280］。在他最出名的著作《新教伦理与资本主义精神》一书中，韦伯认为，正是新教的宗教思想间接导致了资本主义的崛起［Weber，1992（1930)］。这个主张把马克思的观点颠倒了过来：思想观念和意识形态只不过是人们在物质领域追求财富与权力时所构造出来的合理化解释。而对韦伯而言，思想观念和文化却根深蒂固地限定了人们把什么视为他们的“利益”。

涂尔干和韦伯对社会建构而成的思想、规范和文化之影响的集中关注，首先主要通过塔尔科特·帕森斯（Talcott Parsons）这位最先把韦伯的著作译成英语的学者，而进入了政治科学这门新兴学科。帕森斯这位哈佛大学的社会学教授，在20世纪50年代和20世纪60年代对社会科学产生了巨大影响，而且他的学生首先开创了政治科学的政治文化研究。最为著名的代表作是《公民文化》(Almond and Verba，1963)，在此书中，他们运用调查研究来判断不同国家的态度和价值可以如何有效地维系民主。不过，在经历过一段短暂的辉煌之后，帕森斯式的思想路线开始不再受到欢迎了，即便它还给后来的一些著作提供了灵感（Wilson，1992；Diamond，1993）。批评家指出，“政治文化”取向常常是同义反复的（Barry，1970）。无论人们说他们在政治上重视什么，或者无论他们的政治行为似乎显露了什么，这些都被描述成他们的“政治文化”。然后，这些学者就主张说，他们的政治文化解释了他们的价值与行为。在特定程度上，正是因为政治科学中对思想观念和文化的研究与帕森斯式思维中的循环论证问题联系在一起，它才会在20世纪70年代绝大部分地退出了政治科学的主流。

直到20世纪80年代末，对思想观念、规范和文化的学术研究才重新开始大量进入政治科学之中。在接下来的十年中，这类研究的数量出现了大规模的增长。作为对非建构主义在国际关系领域中理论化的可以想象的失败——最显著的失败是未能预言或解释冷战的终结——的部分反应，一场以“建构主义”为新名目的运动出现了。通过运用社会学的文化理论家的思想，亚历山大·温特（Alexander Wendt）认为，国际政治明显的“无政府”的冲突结构并非源于一个自然的物质系统，而是相反，“无政府状态”是由国家造成的，国际关系中的规则与身份认同是社会建构而成的(Wendt，1992，1998；Onuf，1989)。大概与此同时，在政治科学的其他领域出现了相关的运动。比较政治学者认为，如果不注意新思想的引进，他们就不可能理解正在发生变化的国内政策与制度（Hall，1989；Sikkink，1991；Berman，1998；Blyth，2002)。正如在第三章中提到的，政治科学家也在社会学中发现了大量有关“社会学制度主义”的文献，不管它的名称如何，它也是建构主义其中的一种形式（Powell and DiMaggio，1991；Katzenstein，1996；Finnemore，1996；Swedberg and Granovetter，2001)。不过，另一个相关的思想流派已经主要在英国出现，这一流派的学者运用安东尼奥·葛兰西（Antonio Gramsci）侧重于意识形态的马克思主义，来分析社会建构以及新自由主义和全球化的“霸权”(Cox，1987；Jessop，1990；Gill，1993)。另外还有一个流派主要在欧洲大陆出现，它利用德里达（Derrida，1976)、米歇尔·福柯（Michel Foucault，1975）和拉康（Lacan，1977）等理论家的思想，提出了以“后结构主义”或“后现代”建构主义而闻名于世的理论（Jachtenfuchs，1995；Diez，1999；Rosamond，1999；Jørgensen，2000)。

到千年之交时，建构主义在政治科学中的地位比以往任何时候都要牢固。来自所有这些不同学派的社会建构学者都成为令人尊敬的大学教授，并且出版了与这一主题密切相关的诸多论著。一方面，建构主义各种流派的勃兴成了力量的标志：就像许多不同的理性选择理论一样，建构主义的诸多不同类型的主张，表明了从它的基本观点中可以提出广泛的工具和逻辑。另一方面，建构主义内部存在的一些差异引发了在以下问题上的激烈争论：什么是建构主义，建构主义与其他思想的根本区别是什么，在多大程度上，它可以也应该与这一学科的其他部分建立密切关系。

二、哪些是建构主义的特点，哪些不是

在最基本的层次上，没有人会就本章第一段对以下这一点的强调提出质疑：建构主义的独特之处在于，它对阐释在人类行为中的作用进行的关注。但是又如本章所暗示的，这些有关阐释性的社会构筑物的观点是否以及如何与社会科学的其他研究建立密切关系，对此人们又存在很多争议。许多理论家认为，正是建构主义深层的独特之处，才确定了它在自己研究领域中的位置，而对社会建构的集中关注，又是与建构主义这种深层的独特性相连的。

循着这些路线，最著名的观点可以上溯到马克斯·韦伯的其他几个评论之一。韦伯阐释了关于人类行为的两种立论模式之间的区别：第一，解释（explanation）关心的是论证在“因果关系层次上的充分性”：如何去有效地说明，某人的行为是某些条件导致的结果，而且是可以预见的。第二，理解（understanding）则与论证在“意义层次上的充分性”有关：如何去更好地领会，行为者是如何阐释他正在进行的行为。韦伯把这两种要素看成是多少有些独立的——他认为，即使我们没有真正理解某人是如何思考的，我们也可能能够预言和“解释”此人的行为——不过，他又认为，对行为任何有效的“因果阐释”，总是二者兼具的［Weber，1978（1922）：11］。

后来，其他学者把这条解释——理解路线发展成为关于建构主义在社会科学中所处位置的两种独特观点。更加激进的观点出自这一认识，即这一路线并非介于关于人的行为的两种立论模式之间（韦伯就是这么认为的），而是介于关于人的行为的讨论与自然科学中的讨论之间。我们能够对自然结果提供因果—解释性的看法，但是，人的行为永远不可能以一种自动推拉式的或者刺激—回应式的因果关系模式来对环境条件做出反应（Winch，1958）。反之，人们总是通过意义来采取行动，而且拥有某些自由选择的意愿。我之所以称之为“激进”观点，是因为它表明，只有关于意义的建构主义论证才是说明人的行为的有效取向；以一种非建构主义的方式来忽视意义的有关行为的任何论证，都是不合法的论证。这套观点从根本上把我们引向了上文提到的那种阐释性的认识论，或者和阐释性的认识论一起得到了系统阐述。它表明，在自然——社会科学意义上，有关人的行为的有效研究根本就不是科学研究，反之，只不过等同于在进行一种“双重诠释”（double hermeneutic）：学者对行为者阐释的阐释（Taylor，1985）。当牵涉人的行为时，建构主义就是存在的一切。

另一种略显温和的观点接近于韦伯的立场，主张在社会科学内部维持这条解释—理解路线。正如霍里斯和史密斯（Hollis and Smith，1990）极为清楚地详尽论述的，这种观点把韦伯的那两个组成部分表现为孤立的与不可通约的范畴。因为这一点，我

们可以从两种有效的立论模式对任何人的行为进行研究，这两种立论模式中“每一种都有说服力，但又都不是容易结合的”（Hollis and Smith，1990：v-vi）。“局外者”说寻求对行为模式进行自然科学风格的因果解释。“局内人”说则阐释意义、认识与行为过程。循着这一逻辑，建构主义者和非建构主义者都作出了独立的贡献。关于行为，我们“总是并且必然”有“两个故事需要叙述”（Hollis and Smith，1990：210）。这种看法与韦伯对两种立论模式有必要进行结合的强调——与韦伯所做的相比，这种看法把这两种立论模式表现得更为独立——是相背离的，但是又保留了它们相同的有效性和重要性。

今天许多学者都同意这些观点中的其中一种，并且进行建构主义的讨论，而且这种讨论又几乎不会或者根本没有打算与非建构主义的理论建立联系。许多非建构主义者也高兴地接受了第二种观点，从而使他们免除了与建构主义者建立联系的约束。不过，就我所能观察到的，这两种观点没有一种经得起审查。

韦伯所做区分的问题在于，它使用一个古老的、日益遭到放弃的“解释”之定义，来创建“理解”这一范畴。“解释”这个古老而又长期占据统治地位的定义出自休谟之手［David Hume，1975（1748）］。他认为，事实上我们永远也不能观察到某一事物引起其他事物的过程；我们只是看到了似乎是由其他事物导致的情况的一些简单印象。然后，对休谟来说，“解释”的意思是提供一系列涉及多种情况的模式，其中A（原因）总是先于B（影响）而存在。换言之，我们是通过提供许多情况中的相关性来进行解释，而不是实际上通过提供一事物产生另一事物的理论性机制或过程来解释的（他说，在任何情况下，我们都不可能看到或者证明这种情况）。韦伯就依据这一定义来做出他的区分。解释把一个行为归入一种相互关系的条件模式，但是根本不提到产生这一行为的过程。“理解”追溯的是人们如何做出了这一行为，它要观察的是人们的意思与看法，这是一件极为不同的事情。

不过，一如许多哲学家在这些年来一直指出的，休谟对“解释”的定义存在问题。第一，我们通常不能简单地从相关性中推断因果关系。在风暴前夕，气压表中的水银柱会有规律地和可以预测地下降，但是没有人会说我们的气压表引起了或“解释”了这场风暴。第二，在常识层次上，多数人想要从某一事物——他们将会把它称为“解释”——中获得的事物，恰恰是休谟所忽略的东西：一系列情况引起另一情况的机制或者过程。接着，在一段时间之后，大多数研究因果关系的哲学家和大多数社会科学家开始使用不同的“解释”定义。尽管许多人依然会说一项好的解释包括相互关系——它表明，如果A，那么B往往确实会发生——但是它也展示了A造成B的言之有理的机制。这正是我们今天的政治科学中大多数理论论证所努力做的：抓住世界上的某些关系，并且说明这些关系造就了某些模式。我们期望好的论证能提供一些证明这些模式正确的证据，并且（明确与休谟决裂的是）至少让我们看到一些能够证明这些机制的粗略证据。

因为当代更多对解释的定义消除了霍里斯和史密斯在建构主义和非建构主义学术研究之间划定的界线，所以这对于我们如何概括建构主义的特征就显得非常重要。我们来考察一下这个理性选择的论证：因为某些人在一些经济好处中具有真实、客观的理性利益，所以他们实施某一政策。如果我们采用旧的休谟式的“解释”观点，那么这一论证可能就只是试图证明行为模式与某种利益模式有关系——即支持者定然会从中受益，反对者则不然——然后到此为止。但是，如果根据今天大多数政治科学家对“解释”的定义，我们至少还会要求提供某些证据，以证明行为者实际上认识到了这些好处，并且会根据这一理论所假定的那些原因采取行动。换句话说，我们至少需要一些这一正确机制的事实证据。任何涉及“理性选择”的机制都会极为明确地得出某些有关意义和认识的论断；声称某种选择在某种约束下是理性的选择，这是对行为者认识到了什么以及他们是如何做出决定的一种非常强烈的断言。在我看来，这位作者是要向我们证明，至少是粗略地证明，人们认识到了这些好处并且使用一种理性逻辑来考虑这些好处，然后便做出了他们的选择。而根据韦伯的观点，它包括“理解”这个重要的构成要素。有关人们选择的任何观点背后机制都是如此，必须对人们的认识予以说明。没有人会认为，如果缺乏对这些现象程度不等的认识与思考，人们还会对任何有趣的现象做出反应。因此，考虑到今天这些关于解释的通行定义，对“理解”的关注就并不能算是建构主义的独特之处。所有有效的解释都在努力表达一些有关某些行为模式和某些行为机制的内容——所有这些内容又都包含关于认识与意义的某些论断——而建构主义只不过是这场争论中的其中一个竞争者。

即使是对发现我的观点很有说服力的读者来说，这也不是关于建构主义地位争论的结束。还存在着另一个将建构主义置于独立研究领域的普通观点。这一观点是由建构主义的旗手温特非常有说服力地提出来的，他在因果论证与“构建性”（constitutive）论证之间划出了一条界线（Wendt，1998，1999）。温特认为，传统的因果—解释性的研究追问的是，有关一系列条件如何动态地造成另一些条件的“为什么”的问题，而建构主义风格的“构建性”研究追问的是，构建了事物的那些静态特性之“如何”或“什么”的问题。文化、规范、思想观念和身份通常不会以一种动态的、一事与另一事不期而遇（one-thing-knocks-into-another）的方式导致某些事情；相反，它们确定了我们所感知的这个世界的特点。比如说，温特就提到，声称主权规则先于并导致了现代国家体系的形成，这就说不通。就在人们接受主权规则之时，他们也在四处环顾并观察国家。国家和主权规则存在静态的身份认同关系，但不是因果关系。温特并没有坚持认为所有建构主义研究都是构建性的而非因果性的研究；一些建构主义者可能会认为，人们创造了新的思想，而我们接下来也能看到，这些新的思想以一种相当传统的动态的、因果—解释性的方式导致新的行为。不过，他写道，更宽泛地说，建构主义之所以是独特的，是因为他主要对构建性的关系感兴趣，因而不会对由非建构主义者提出的“为什么”的问题做出回应。温特写道，“因此，尽管我是以一种不同于霍里斯和史密斯的方式表达了这一问题，但是，对于他们的‘在社会研究中总是存在两个需要讲述的故事’这一观点，我还是深表同意”（Wendt，1999：85）。他也认为，大多数建构主义者进行的是一种不同于非建构主义者的研究。

在我看来，因为强调“构建性”（constitutiveness）确实是建构主义的核心特征这一点，温特就该受到赞扬。建构主义最深刻的一点是，对人类而言，自然界是没有含义的和不确定的，直到我们开始对它社会地建构出一些共同的含义。在这个我们可以大有作为的自然界中，我们建构出某些含义，并因而“构建”了某种政治舞台和行为。就是因为这些原因，建构主义者才会认为，正是社会建构（这并不是一种原生态景观，甚至也不是一种明显的组织化的景观）造成了我们在行事方式上的天壤之别。不过，我认为温特的叙述忽视了一点，那就是，建构主义的内容远远超出了构建性的范围。当我们做出有关“社会建构”的断言时，我们并非只是在做出有关思想观念与价值规范静态的“义务式”的力量（Searle，1995）之断言。就如“社会建构”这一术语所直接表明的，我们还在做出关于一个过程的断言，而根据这一过程，人们把他们自己建构到了那些思想观念与价值规范之中。而且那些关于社会建构过程的主张，可以与非建构主义的解释直接进行争论（而且如果要使这些主张具有说服力的话，就必须与之进行争论）。

我想说的是，我们是否可以对建构主义的那些标准替代理论有更多的思考。像马克思主义、国际关系中的现实主义或者形形色色的理性选择理论这些非阐释性的理论，实际上并没有断言人们在他们的头脑中没有思想。如果做出这一断言，那将是一种荒谬的主张（特别是对花费毕生精力并与思想打交道的学者来说）。相反，非建构主义理论只是认为，我们似乎坚信的思想和规范——也就是所有精于辞令的政治行为者通常滔滔不绝地谈论的原则、规则和身份认同——只不过是对一些粗浅理性反应而做出的固定的合理化解释，而这些反应既“真实”，且非由社会建构的激励和约束产生。换言之，非建构主义者认为，我们是通过一个简单的理性和客观过程而形成我们鲜明的思想、规范与身份认同。因此，思想、规范和身份认同并没有构建任何事物；它们只是政治行为或者马克思所说的“上层建筑”的副产品。然而，针对这种替代观点，建构主义者并不能只是提供证据，以证明人们似乎正是通过某些静态的思想和规范来阐释世界的。反驳的观点是：“当然，人们确实是通过这些思想和规范来阐释世界的，不过，是因为一些非建构主义的原因，人们才拥有那些明确的思想或规范。”建构主义者只有通过证明一个社会建构的过程（通过这一过程，人们形成了他们的思想、规范或身份认同）才能得出自己的这一看法，即某种思想、规范或身份认同确实具有构建性的力量——它们确实使得一些世事大有不同。他们对这一过程的论证必定是动态的、回答“为什么”的论证，这种观点与非建构主义关于这些相同行为的理论直接竞争。

这样，在我看来，所有有效的解释都要求具有某种理解，而关于构建性的所有建构主义主张，都依赖于进行某种因果性的“为什么”式的论证，从而就可以直接与更为标准的因果—解释性理论直接展开争论。不过，我并没有得出结论认为，建构主义就是要像拥有不同原因的其他政治科学论点一样——在这一点上，我们可以提到马克思主义（它拥有的是位于经济图景中的原因）和国际关系中的现实主义（它拥有的是位于安全图景中的原因）之间的鲜明对比。建构主义的特别之处源于它对那种“社会的”和“义务性的”原因与众不同的聚焦。为了说明这个社会建构过程——它支持有关思想或规范具有构建力量之主张——我们必须进行这样一种论证，这种论证在性质上不同于另一种论证，即对潜藏在标准的、非阐释性的因果主张背后的那些过程的论证。

在我看来，建构主义核心的独特之处在于它与偶然性的关系。准确地说，这并非什么秘密：建构主义在国际关系中的旗手，比如昂纳夫（Onuf）和温特，从一开始就告诉我们，他们看到了一个“我们构造的世界”，而且“政治也是我们所理解的政治”。但是，建构主义中的偶然性，以及偶然性对建构主义与非建构主义研究的关系意味着什么，已经被上文讨论的混淆不清的界线模糊了。标准的非建构主义解释是偶然性和人的能动性之敌人。他们探索一系列条件——地理条件、经济条件、安全竞争等——之所以有赖于某种反应的原因，而这种反应又是我们所理解的正在发挥作用的反应。在真实世界的情况并不确定之意义上，给能动性或者偶然事件之作用发挥留下一些真实的空间，他们也无话可说。这并不是说他们不能平静地承认偶然性。他们可以一贯地承认某些可能性是不确定的，或者承认他们的原因与结果之间存在着一种可能性的关系而非决定性的关系。但是，偶然性并非他们立论中的一个基本组成部分。相比之下，建构主义者却把他们的立论建立在偶然性之上。建构主义立论的逻辑格式是，某些人面对着一系列不确定的“真实”条件——至少涵盖了多种选择——并且当他们采用某种社会构筑物时，就只能采取某种行为方式。所谓创造力或意外事件，是指在一种偶然性的情况下，人们在诸多可能的意义之中选择其一，由此以他们自己为中心建立起某种阐释，并且“构建”一个世界，而这个世界又区别于许多具有其他可能的世界。

一旦某些社会构筑物得以合适地出现，某些建构主义的立论可能就会像其他立论一样具有决定论的色彩。诚然，许多集中关注社会建构后面阶段——即过去的初始建构现实，这时，社会构筑物可能已经深深嵌入——的建构主义者，常常会因以下这一点而受到批评：他们夸大其词地认为，我们所继承的思想观念、规范和身份认同，会紧紧地把我们拴系在某些世事之上（就如批评者所说的，现实主义者夸大了国际权力分配的重要性，或者马克思主义者夸大了阶级冲突的重要性，又或者制度主义者夸大了制度的桥梁作用）。但是，实际上，即使是这种立论与偶然性的总体关系也会不同于标准的非建构主义理论。（比如）即使一位建构主义者认为，我们都已经盲目地接受了全球化和新自由主义的思想，并把我们自己固定在一个虚构的充满“市场压力”的世界，把这些思想贴上“社会建构而成”的标签，它重要的言外之意是，事情并非必定如此。在某个时候，人们本来可能已经做出了很多选择，不过，他们却创造性地或者出乎意外地采取了某种思想或价值规范，他们之所以会这样做，这与使那些思想观念和价值规范扎根于世界的一系列社会机制有关。它的另一个言外之意是，这样一个时候可能会再度来临。如果这就是一个“我们构造的世界”，尽管要改变它可能很困难，那么可以想象的是，我们可以重新构造这个世界。

三、建构主义内部的不同变体

我并不指望所有建构主义者都会接受上面提到的观点。我在一本教科书中提出这些观点，并不是因为学生必须承认它们是非常正确的（尽管我理所当然地这么理解），而是因为它们可能有助于学生去理解围绕建构主义的以及建构主义内部的争论。不过，即使所有人都接受上面的观点，在建构主义内部还是会出现重要的变体（见图4—1）。

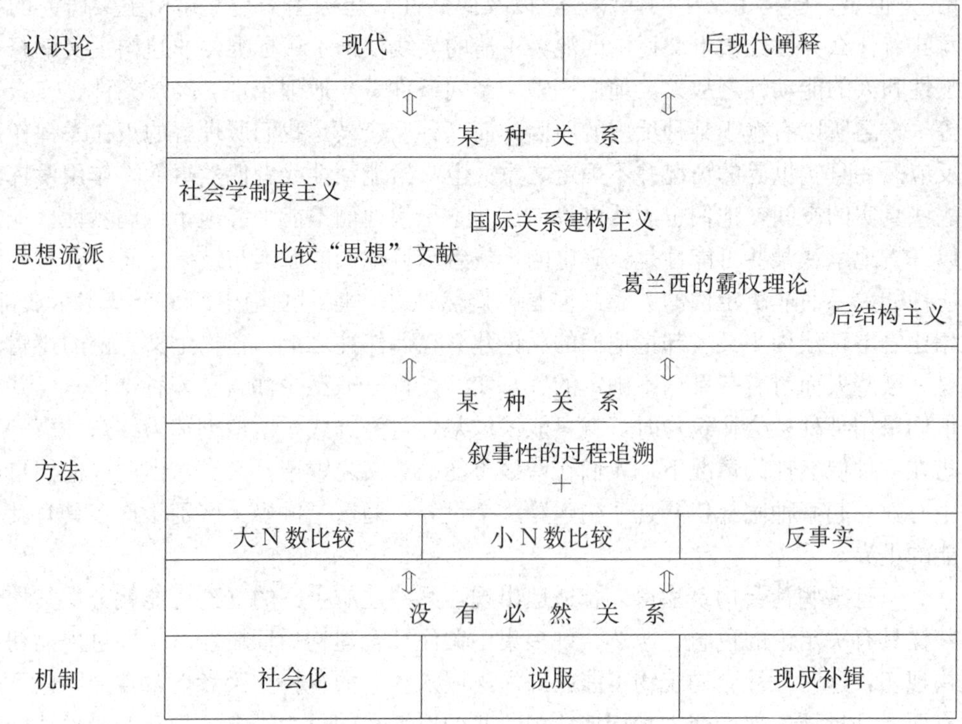

图 4—1　不同建构主义的分层差异

1. 现代与后现代的变体

前面的大多数讨论都是有关认识论的：关于如何界定“解释”以及因果性和构建性之间关系的争论，事实上就是我们如何获得关于世界的知识之争论。但是，其部分要旨是要表明，在认识论的意义上看，建构主义未必是独特的。在我看来，我们可以接受建构主义的这一核心的实质观点——阐释与意义对政治行为而言是重要的——而不用离开标准的政治科学解释的认识论领域。不过，许多建构主义者确实与非建构主义者在认识论上分道扬镳。在同非建构主义分道扬镳的学者和没有与之分道扬镳的学者之间的差异，是在进行建构主义研究时所强调的现代建构主义者和后现代建构主义者之间最为普遍的差异（Hopf，1998；Adler，2002；Checkel，2005；Jacobsen，2003）。

这种区分与对“社会构筑物的主观性不仅对政治行为者还对学术观察者造成了多大的影响”这一点的看法有关。如果政治行为者束缚于某些阐释，为什么我们还要指望学者会更少一点主观色彩？后现代建构主义者往往认为，社会建构这一概念意味着，科学本身（而且特别是有关人类行为的科学）与其说是可以与关于一个“现实”

世界的久远的"真实"论断联系起来的任何事物，还不如说是在阐释性的议事日程上的一场政治的、以权力为焦点的冲突。换言之，他们把对社会建构的实质看法与一种阐释主义的认识论连接在一起。另一方面，现代建构主义者趋于认为，我们能够设想行动者中间的社会建构，但仍试图做出一些可接受的（若谨慎表达则是试探性的）关于社会建构的世界是如何"真实地"运作的陈述。这一立场的核心通常颇为简单（在非建构主义阵营中这也是一个标准的立场）：了解我们的阐释偏见倾向将有助于我们解决这个问题。如果我们提出审慎的研究设计，将我们的主张置于具有不同观点的人们当中进行公开的讨论，那么在关于这个世界是如何真实运作的这个问题上，我们就可能得到一个实际的可接受的观点。简言之，对于现代建构主义者而言，一如其他"现代"学者，这个世界是如何社会建构的是一个我们能够证明的东西。

正如人们可以预料的，建构主义者之间的这一差异，在建构主义理论与非建构主义的替代者之间的关系上，得到了最为明显的体现。例如，罗伊·阿布德拉尔（Rawi Abdelal，2007）这位现代建构主义者，在他最近推出的著作《资本规则》（*Capital Rules*）一书中就试图证明，传统的权力或经济利益理论未能对国际金融规则的出现与样式提供令人信服的解释。相反，他提供了一些对各种国际协议表示支持的具体内容、时间以及形式的证据，从而使得今天的金融世界可以追溯到一些来自欧洲左派（the European Left）的（反直觉的）重要领导人的思想和企业家的领导力。在一本对类似主题但是又从后现代建构主义视角进行研究的著作中，戈德（de Goede，2005）追溯了关于国际金融的话语和意义之谱系。对于过去被认为是腐化或者赌博的行为，在今天如何变成了投资与风险管理的值得重视的策略，她尤其感兴趣。尽管在一定程度上她对金融进行了非建构主义式的思考，但是她并没有着意去直接表明，在解释某些国际发展上，她提出了更好的观点。非建构主义的研究完全忽视了金融交易的意义和规范基础，她不仅对此予以重视，而且还在人们如何理解"金钱的道德之维"上，提出了完全不同的叙事。

2. 不同的方法

建构主义者用以说明和支持他们观点的方法，就和他们的主张一样，千差万别、五花八门。建构主义者在方法上的选择，与他们所受教育的建构主义的类型有着非常密切的关联性，因为在对他们进行不同的建构主义类型的教育时，也包含着某种方法论的培训。以国际关系为重点培训内容的建构主义者，通常会试图进行严密的、长期的过程追踪，以说明某种思想或价值规范如何影响一些行为。比较政治经济学家往往会进行小 N 数的跨国比较，以说明特定的思想或价值规范如何在不同个案之间产生某种类似的或不同的行为模式。后结构主义学者首要的是集中关注话语分析以及解构主义的批判。社会学制度主义者（尤其是那些在社会学内部以及在发育健全的经济社会学这一次级领域的社会学制度主义者）往往受到了多种方法的培训，不过，他们又常常通过对规范、模式和行为在一段时间后的变化模式展开的量化分析，来进行他们的研究。

这种方法上的多样性，使得很多学者尤其是政治科学中的非建构主义者，把建构主义研究的普遍观点，误解为进行纯粹的过程追溯或叙事性的故事叙述。过程追溯确实是每一种建构主义方法论的核心内容。但是，它并不像许多学者想象的那样似乎是建构主义的独特之处，大多数建构主义者常常会把过程追溯和其他的方法措施结合起来。

过程追溯最近吸引了方法论学者的激烈讨论，不过，它的核心真谛是，在任何给定的行为实例中，仅仅去寻找压力、激励、动机和决策计算的证据（George and Bennett，2005）。它引导我们寻找关于机制的“案例之中”（within-case）的证据，而这种证据与那种关于最初条件和结果的跨案例（cross-case）模式格格不入（Brady and Collier，2004）。如果对解除监管的改革进行解释会带来部门性的特许商业利益，那么相关的企业人士是否能认识到这些利益并从而与政府官员进行接触？如果另一种解释聚焦于政党——政治行为者对解除管制的思想看法，我们又有什么证据能证明这些行为者持有这些观点？改革的努力是否能阻止商人或官僚专家？如果另一个解释聚焦于国际组织的影响，那么我们又有什么证据能够证明，这些国际组织行为者持有某种观点，而且国际组织的交往与行为在监管变革的过程和时间上又发挥了突出作用？这些为不同观点（一些是建构主义观点，另一些则不是）服务的过程追溯的例子，有效地重复了我在早些时候得出的一个观点：无论政治科学家要提供何种解释，今天，他们往往会要求具有一些关于机制和过程的证据。人类行为中的所有合理机制——理性选择、建构主义，或者其反面——都在有关人们如何认识与思考方面做出了阐释性的论断。因此，建构主义方法就不会因为包含了阐释性的过程追溯，而成为一种根本上与众不同的方法。

建构主义学术研究是否因为它强烈依赖于叙事性的过程追溯而显得与众不同，这是一个程度性问题。一旦我们认为社会建构有道理——行为者的阐释的不同，在某种程度上独立于“真实”的环境而存在——我们当然就会更加密切地注意修辞、话语以及决策中的明显规则的证据。除了要寻找有关行为者的理解或话语以及决策过程的证据——而这些证据又要比典型的理性主义解释中的证据更为模糊不清——不过，在一个基本的逻辑层次上，大多数建构主义者所采取的措施与经典的正统方法论还是相吻合的。特别的是，他们把具有浓厚阐释色彩的对过程的说明，用于对不同行为模式和环境条件的形形色色的比较之中。就像非建构主义学者一样，他们或者使用反事实①比较、小N数比较，或者使用大N数比较，以强调特定社会构筑物的形成和/或它们的独特影响。

受过国际关系训练的建构主义者和后结构主义者往往最为强烈地依赖于反事实性的比较。他们最为普遍的取向，是在阐释性的过程追溯基础上认为，如果存在其他可以想象的社会构筑物，那么，某些人可能会（或者更为大胆地说是，将会）做出根本不同的行为。后结构主义者往往不太注意去证明客观条件的不确定性（而客观条件的不确定性在非建构主义论证中却发挥了重要作用），但是，他们常常根据这一相同的

① 反事实，这是一个逻辑学术语，是指在不同条件下有可能发生但又违反现存事实。——译者注

基本过程，得出关于某些行为如何依赖于特定的推论基础之富有洞见的评论。这并不是说反事实思维是没有问题的，不过，它确实日益得到了主流方法论学者的认可（Tetlock and Belkin，1996）。即使我们拥有的只是一个案例，我们也能对反事实性的“案例”进行对比，从而对行为的理由进行系统阐述甚至予以支持。

就像政治经济学中的许多非建构主义学者一样，很多建构主义者也开始转向小N数比较，并把它作为单一案例反事实研究和抽象的大N数研究之间的一个中间层次。他们往往寻求严格匹配的案例，以证明他们在过程追溯中展现的那些阐释，在其他方面类似的环境中，也会产生实质性的不同。在对从早期工业革命到19世纪工人运动的出现再到20世纪经济政策制定的广泛研究中，学者们已经证明，处于类似情况下的行为者会因为不同的思想而采取不同的策略（Dobbin，1994；Biernacki，1995；Berman，1998；Blyth，2002）。相反的策略是，证明类似的阐释会在显著不同的物质环境中奏效，就如芬内摩尔（Finnemore，1996；Meyer et al.，1997）对联合国教科文组织（UNESCO）科学行政机构的分布进行的研究一样。对这一逻辑的另一种形式的颠倒，是把标准的国家案例的比较转向国内，在分析时向下移动，以观察一个共同背景中的小团体或者个体，如何在集体问题与集体行为上做出类似的或不同的阐释（Parsons，2002）。

通过大N数比较来展示建构主义观点，这在社会学中司空见惯，并且已经开始出现在政治科学之中。经济社会学家往往运用过程追溯基础上的阐释，来揭示他们所猜想的东西就是社会建构而成的规范、模式或者惯例，然后借助复杂的定量工具来证明，与它对建构主义替代理论的适合相比，这些规范或者模式为什么会更好地适用于建构主义风格的理论。他们通常收集关于组织的模式、规范或行为的数据集，或者收集有关个体之间或组织之间的网络联系的数据集，以说明变化模式在一段时间之后如何反映某些社会构筑而非技术竞争力或物质资源的模式（Powell and DiMaggio，1991）。在政治科学的建构主义者中，这类方法仍然难得一见，不过，它们正在开始传播（Chweiroth，2007；Darden and Gryzmala-Busse，2006）。比如，克维罗斯（Chweiroth，2007）就要证明，遍及拉丁美洲的新自由主义经济改革，如果与它和物质或组织条件（非建构主义者正希望在自由化模式后面能看到这些条件）之间的相关性相比，它与精英（他们受过新自由主义经济学的训练）存在的新自由主义经济学情结有着更为密切的相关性。

3. 不同机制和不同的社会建构

除了在抽象的认识论上存在差异，在关于社会建构如何运行的具体看法上，建构主义者甚至存在着更大的差异。其中最为明显的一种差异，就在于不同学者在社会建构过程中描述的机制类型。一方面我不可能对他们使用的所有机制进行探讨，另一方面机制之间的差异也并没有穷尽建构主义立论中的具体变种，不过，一些例子说明了这一取向内部各种变体的意义。在学者强调的机制基础上，他们往往还在社会建构的结果方面产生了不同看法：人们如何去适应他们周围的社会构筑物。

（1）社会化。

社会化可能是今天建构主义文献中最为普遍的机制，总体上，它甚至有时候作为社会建构的一个同义词而出现（Checkel，2005）。不过，在我看来，自涂尔干以降的研究在使用这一术语时，往往暗含某种机制的意思。这表明，价值规范与思想的传播是以一种相对渐进的、演化的方式来进行的，而这种渐进演化的方式又是因集团内部的重复性的互动所致。一群人因相互影响而走到一起。他们可以通过很多种方式来相互影响，不过，要么通过意外事件，要么通过深思熟虑，或者通过具有创造性的第一任领导来产生相互影响；他们使自己适应周围的某种价值规范或信仰。一段时间后，这些价值规范或者信仰就日益牢固地扎根到了人们的行为之中，尽管在它们一再重演时，其边缘部分也在一再被重塑。

在我们把社会建构理解为通过社会化机制来运行的意义上（或者总体上如此，或者在政治领域的某些部分如此），我们也对由此导致的、社会建构而成的世界（或者我们正在研究的那一部分领域）会是什么样子产生了某种看法。社会化说明了一个扩散的、散布的、集体性的和共识性的过程，在这个过程中，一群人缓慢地形成了某种价值规范或思想观念。它意味着在某些群体内部只存在相对较低水平的争议与差异，这些格格不入的事物将会扰乱一再重复的灌输和社会习得过程，正是通过这一过程，价值规范与思想观念才得以进入个体思维。这反过来又使得社会化根本区别于权力和为了个人利益而进行的政治活动；它并不依赖于特殊的权威、企业家精神或者社会建构体现出的超凡能力等“载体”。然而，它并不必局限在小集团或者局限于不需要对权力因素加以考虑的地方。温特（Wendt，1992）把全世界对国际政治的理解描述为一个无政府状态和不同“国家利益”的竞技场，而对“国家利益”的认识又是长期社会化过程的结果。在一项特殊得多的经验性论证中，刘易斯（Lewis，2005）证明了，欧盟中的各国外交官是如何因社会化而接受了某些辞令和谈判风格，而这种辞令和谈判风格又会比理性选择理论所预言的带来更多具有合作性和共识性的交易。

（2）说服。

另一条建构主义立论的共同路线聚焦于那些创造了新的思想并把它们兜售给其他人的理论倡导者。这些“载体”把新的阐释带到一个舞台，并说服他人接受这些新的阐释。这些观点往往比社会化观点明显更具政治色彩。并不是把社会建构描绘成某种几乎不需要行为者觉悟就能自我演化的事物，说服依赖于明确的提倡者，而这些提倡者在这些思想被嵌入到更广泛的行为之前，就已经对他们新的思想或价值规范表示明确信任。然后，这些“载体”就有目的地勉力实现把这些新的思想向其他人的传播——这种成功传播，或者是因为这些载体的某些特质（比如超凡能力）、他们提出的新概念的绝对力量，或者是因为这些新的思想常常间接“适合”于现存的思想观念或价值规范。再以欧盟为例。20 世纪 90 年代，主张创立欧洲单一货币（欧元）的提倡者往往认为，欧元和一个高度独立的欧洲中央银行将给整个欧洲带来稳定可靠的货币政策。在那时，经济学家却通常指出，这两件事情没有必要搅在一起；国家层次的中央银行也能提供稳定可靠的政策。但是通过把欧元项目和广为赞同的良好货币政策之理念——思想的间接“适合”——联系起来，单一货币的提倡者帮助实现了他们思想的合法化并兜售他们的思想（Jabko，1999）。

说服机制意味着一个完全不同于社会化机制的社会建构而成的领域。社会建构越是通过说服来发挥作用，我们就越是能看到大量鼓吹各种竞争性思想的有意识的提倡者，千方百计地说服其他关键的行为者采纳他们的议事方法（Finnemore and Sikkink，1998）。与此同时，我们还将看到拥有相对一致的明确意识形态的团体或网络。说服与“适合”的理念往往意味着，人们会有意识地考虑他们的思想，把他们的思想紧密结合起来，并且在他们的这个思想与规范的总的混合体中，至少寻求某种一致性。

（3）现成补辑（bricolage）。

社会建构的第三种机制既包含某些自下而上的、渐进特质的社会化要素，也包含一些这个提倡者“载体”的说服理念，并且还强调复杂性以及或多或少以有别于二者的不连贯性。在法语中，“bricoler”这个动词的意思是“修修补补”（to tinker）。使用手头现有工具修修补补式的立论，以对大量的、凌乱混杂而且重叠的社会构筑物的看法为起点。据此，我们往往产生思想、规范和惯例，以适用于相当具体的问题和目标，并且以重叠的行为范围这一复杂图景而告终。在日常层次上，在学校中，作为消费者，作为生产者，在家庭中，与朋友交往时，或是在政治中，尽管我们很多行为都涉及上面两个以上的领域，但我们的规范准则与思想事实上都极为不同。更为特别的是，政治行为也同样如此：它常常涉及对很多层次的考虑，并且会遭遇“多种政治法则之间”的冲突（Liberman，2002）。尽管规范准则的这种复杂性会使许多行为确定为不正当的行为，但是，规范准则的重叠与矛盾之处也为行为者创造了一些空间，使他们得以对手头现有的社会构筑物进行修补并且以创新的方式对它们进行重新组合。创造性的重新组合改变了其他行为者可行的“行为策略”的“工具箱子”，并且还改变了对将来的下一步行为或进一步修补的限制与可能的重叠（Swidler，1986）。其造成的总体结果是一种极为扩散的、渐进的、社会建构而成的变革机制［Levi Strauss，1966（1962）；Cambell，2004］。处于各种不同规范准则和思想之交叉口的人们，以一种倡导者的方式产生了新的行为准则，不过，他们未必会说服他人接受这些新的行为准则或是把它们强加于别人。相反，它们只是会反馈回来，以改变这个共同工具箱子在未来的可能性。

对渐进式改变的强调听起来很像社会化，但是，如果我们根据使用手头现有工具进行修补这一方式来理解社会建构的话，对渐进式改变的强调就往往意味着，在对由此导致的社会建构而成的景观上产生了一种极为不同的看法。这是一个纷繁复杂、充斥着不一致的世界，而不是一个充满共识的集体身份认同的世界。在这个世界中，人们同思想和规范之间的关系是一种严重“外部化”的关系。与大多数关于社会化的论述不同——在那些论述中，人们的看法是，集体规范渗透到了我们内在的意识之中——行为者遭遇到的是作为一种外部理念的、由规范和惯例构成的一堆大杂烩。不管我们是否重视或有意识地承认它们，在某些领域，它们就是“事情得到处理、问题得到解决的方式”。

此外，这些替代性机制只是刚刚开始影响到不同类型的建构主义观点之间的差异。在本书的序言中，得出了可以拿来为我所用的更广泛的一点：建构主义，就像理性选择理论或者制度主义一样，是一种宽泛的取向，借助这一取向，我们可以得出许多理论观点。这些观点具有某些共同特征，但又未必彼此一致：一些建构主义者会认为，在国际谈判中，例如在欧盟内部的谈判中，社会化过程是重要的，而其他建构主义者却并不这样看。人们创造的并且在社会构筑物之内行为的基本理念，可以发展成为广泛的、更为具体的理论主张。

四、结　论

建构主义是一个理论观点的大家族，这些理论观点又建立在这一理念基础上，即人们是因为采取某种“社会构筑物”来阐释他们的世界，才会做出某种行为。对于这个政治世界如何（和为何）形成并变得符合逻辑，它提出了一种根本不同的看法（Ruggie，1998）。就其本身而论，我们可以把它想象为，它只不过是在那些倾向于讨论不同类型原因之相对影响的更为传统的政治科学取向中，添加了另一种取向而已。举几个司空见惯的例子，马克思主义者把世界解释为随经济景观的变化而变化，现实主义者则把它解释为随安全竞争态势的变化而变化，（大多数）制度主义者认为它随组织情况的变化而变化——而建构主义者则把世界解释为思想、规范、身份认同和惯例的一个因变量。

不过，社会构筑并非就是另一种原因。既然这种社会构筑的“景观”是由行为者自己创造出来的，而且既然这是一种相对不可触及的“景观”，长期以来，建构主义者就一直在对一点进行争论，即他们的观点是否会和非建构主义观点在一个完全相同的领域中起作用。我已经指出，关于建构主义为什么会存在于它自身的学术研究领域的两种最为普通的观点，即解释——理解的区分和因果性——构建性关系的这种区分，并不是完全能够自圆其说，我还认为，建构主义可以参加到与非建构主义者的因果性——解释性争论中（反之亦然）。不过，一种赋予社会构筑物以“构建性”力量的因果性——解释性的取向，确实与因果关系有着一种特殊关系。成熟的建构主义观点会以一种大多数非建构主义研究不会采取的方式，而把偶然性和人的能动性直接整合到它的解释中。

需要承认的是，我们是否把一个建立在偶然性基础上的立论当成一种“解释”，这个问题要比我在这里能够处理的问题更为复杂，尽管在其他地方我认为，我们应该把这种立论也当成一种“解释”（Parsons，2007）。不过，无论我们是否想要把“解释”这个有重要影响的词汇纳入建构主义，它都能给我们提供一种独特的、能自圆其说的、也许还可进行论证的逻辑，而借助这一逻辑，我们知道人们为什么会以他们行事的那种方式行事（至少对那些认为我们完全可以合理地证明任何类型的论点之“现代”学者来说）。就其本身而论，我相信，建构主义将成为社会科学研究设计中的一个标准组成部分。不仅建构主义者应该在他们的观点中对非建构主义替代理论进行思考并与之建立联系，而且，非建构主义者也应该在他们自己的研究中经常地思考建构主义这个竞争对手。如果我们这样做了，我们就都将得出更加丰富、更有说服力也更为有趣的结论。

进一步阅读的文献

- 关于历史背景中的涂尔干和韦伯的简要介绍，参见 Andrew Janos（1986），第1章。
- 建构主义思想的两本经典著作是 Weber（1992）[1930] 和 Polanyi（1944）。这两本著作都极具可读性。
- 要相对容易地理解一位哲学家的建构主义思想，参见 Searle（1995）。
- 要广泛深入地对建构主义思想进行探讨并对它有“全面了解”，参见 Parsons（2007），第4章。
- 要轻易地了解对建构主义基本理念进行的重要探讨，参见 Winch（1958）和 Geertz（1973），尽管这些探讨可能与这里介绍的一些观点有部分冲突。
- 当代建构主义理论最著名的里程碑式的著作仍然是 Wendt（1999）。

第五章

政治心理学

鲍尔特·哈特

本章对作为政治科学中视角之一的政治心理学进行了简略的概述。政治心理学追问的往往是与主流政治科学中占统治地位的问题有所不同的问题（参见图框 5—1）。政治行为者和政治过程的心理阐释大概起源于古希腊，不过作为一种更为系统的学术努力，政治心理学可以追溯到 19 世纪最后几十年的欧洲。那时，大众政治的兴起启发了诸如勒蓬（LeBon）和塔德（Tarde）等一批社会理论家，使他们系统地思考各种形式的、政治上凸显的“群氓行为”（crowd behavior）（Van Ginneken，1992）。在美国，直到 20 世纪 20 年代，才由诸如查尔斯·梅里亚姆（Charles Merriam）和哈罗德·拉斯韦尔（Harold Lasswell）等先驱奠定对人的因素进行现代经验研究的基础，这些人的因素塑造了政治行为并因而影响到政治结果（Asscher and Hirschfelder-Asscher，2004）。在美国的政治科学领域中，政治心理学已经变成了稳步发展的一部分，也是西欧、南欧和拉丁美洲各国政治科学的一个稳定组成部分，而且还在日本、英国、加拿大和澳大利亚产生了数量较少却富有创见的学术成果（Moser，1998；Van Ginneken and Kouijzer，1986）。

图框 5—1

政治心理学提出的问题

- 为什么聪明机敏和体面高雅的领导人及其政府，往往有时候会实行从现实意义上看显得愚蠢和/或在道德上遭人唾弃的政策?

- 为什么在权威人物的一番唆使后，会有那么多人准备去严重破坏他人利益、甚至对别人进行肉体伤害或者杀害别人?

- 是什么使得人们把这些不同特质和能力归因于女性政治家，而不是归于男性政治家?

- 为什么有些人会比其他人更有可能支持领袖并把自己划归某些政治群体，而这些群体又对与他们自己属于不同种族、宗教、族群或阶层的人们，持有一种根深蒂固的传统偏见?

- 是谁或者什么，决定了公民会关注哪些社会与政治问题，并认为这些问题真的有问题，并因没有解决这些问题而指责现任政府?

- 否定式竞选[①]（negative campaigning）会在何时、如何、为何并对谁产生影响?

下面，我要考察政治分析中政治心理视角的那些根本性的重要假定，并且在分析这些假定的过程中，绘出它的关键领域和所作努力之轮廓。在第三部分，我们将对政治心理学家的一些政治心理分析案例进行介绍，它们既包括产生了影响的一些经典案例，也包括一些当代案例。在本章最后，我们将对那些希望加入政治心理研究潮流的学者可能采取的充满希望的手段略加介绍。在本章，我们首先要考察一下政治心理学取向的发展历程。

一、政治心理学的发源和前景

政治心理学家已经为我们理解政治精英，即为我们剖析重要政治家、官僚和活动家的人格（信仰、特质、动机）、最为重要的政治立场和选择以及他们的生活史和事业，作出了非常重要的贡献。特别是拉斯韦尔，他在人格与政治（Greenstein，1987；Winter，2003）、态度形成及其与意识形态的关系（Lane，1962，1969）以及包括国际关系中的权力分布在内的权力研究（Etheredge，1978）等领域，都播撒下了种子。

同样，政治心理学家已经在普通公民政治行为的根源问题上，提出了新的洞见，这体现在对以下问题的无数研究之中：针对政治问题、行为者和政策的公共舆论之形成的研究；对投票、抗议和其他形式的政治参与的研究；对不同社会集团和社会阶层成员之间的冲突与合作模式的研究。对大众政治心理的关注几乎掩盖了最初对政治精英心理的关注。一方面，学者渴望去理解，哪些普遍倾向能够解释大众政治堕落为极权主义（Adorno et al.，1950）和大众残暴（Zimbardo，2007）这种现象；另一方面，学者又渴望去明确，哪些条件鼓励了有助于民主多元主义（Almond and Verba，1963）形成的那些倾向。在部分程度上，对大众政治的关注就是为这两种渴望所驱动的。

① 是指在竞选活动中，参选一方历数竞选对手所犯错误而自己却并不提出竞选政治纲领的选举策略。——译者注

最后，在一些研究中，政治心理学家已经开始抓住精英与大众政治行为之间的连接点，比如对领袖和追随者关系的研究；对政治语言、说服与交流的研究；对集体动员的研究；对政治合法性的研究；以及对精英“回应”公共舆论的研究，比如精英“迎合舆论”和“尊重民意”。

再后来，在人格与政治研究领域（Axelrod，1976）以及大众政治行为研究领域中（Mutz，1998；Althaus，2003；Stenner，2005），学者开始对社会认识理论——即人们如何理解他人和他们自己——予以重视。就如20世纪50年代以来主宰政治科学的“行为主义革命”一样，现在，“认识的革命”已经影响到了大多数政治学的次级领域，政治心理学也绝无例外。这几十年的研究成果已经刊载在专门刊物［最著名的是《政治心理学》（*Political Psychology*）］、一系列重要手册（Knutson，1973；Hermann，1986；Sears et al.，2003）、系列丛书和专著（Singer and Hudson，1992；Iyengar and McGuire，1993；Renshon and Duckitt，2000；Kuklinski，2002；Monroe，2002；McDermott，2004）、经典文选（Kressel，1993；Jost and Sidanius，2004）、前沿研究著作系列（例如剑桥大学出版社和杜克大学出版社的系列丛书）以及学生教科书之上（Stone and Schaffner，1988；Cottam et al.，2004；Houghton，2008）。

这份有关重要主题领域的简短列表所明确涵盖的范围，就像是一条宽阔的河流。它有两条主要支流。一些心理学家决定把他们关于人的行为的更一般的理论运用于政治领域，而政治科学家则借助更大的、理论上可能发达得多的心理学这一学科来对政治现象进行（更好的）解释，他们都为政治心理学提供了营养。

为何心理学家会费心地去研究政治？一些心理学家研究政治，仅仅是因为他们饶有兴趣地想去了解他们通常在实验室得出的研究结论是否能很好地运用到现实世界，以及因为他们碰巧对政治问题与政治现象怀有浓厚的兴趣。他们的主要关注点是推动心理学这门学科的发展（Krosnick，2002）。不过，也有一些心理学家是出于对世界现状或特殊政治发展的关注，才转而研究政治的。他们试图通过揭示一些棘手现象——军备竞赛、社会暴力冲突、战争犯罪、专制独裁和侵略成性的政治领导人、民粹主义运动和政党的出现——的心理原因来改善政治，并且主张治疗性的干预，以解决他们所认为的造成这些现象的根本性的心理原因。他们的这种立场是一种更加规范性的积极立场，它招致了人们的批评：他们所从事的不是政治心理学，而是“政治化了的”心理学（Sears，1994；Tetlock，1994a，1994b）。

也许对于像这样一本著作来说更为切中要害的相关问题是，为什么政治科学家会求助于心理学来理解政治生活。对于一门其知识状况需要不少于10卷书籍且每卷篇幅长达1 000页之巨来加以介绍的学科来说［《牛津政治科学手册》（*The Oxford Handbooks of Political Science*）］，想必这门学科已经拥有足够的分析工具可以提供？简洁的答案是：显然不是。大多数已经“变得心理学味十足”的政治科学家，之所以已经变得心理学味十足，是为了反对在他们看来根本就具有误导性的或者狭隘的主流取向。这方面的例子既包括对国际关系研究中现实主义以及其他“台球”取向（Jervis et al.，1985；Ripley，1995）的评论，也包括对政治与官僚决策研究中有限运用“经济人”和理性分析范式的评论（Steinbruner，1974；Simon，1985）。其他人则试图完善在这些领域和其他领域中在他们看来虽然有效却不完善的取向，比如对政治态度与投票的研究或者对政治精英与领导层的研究。到目前为止，强调诸如阶级、宗教、区域和族群性等宏观社会因素的政治社会学取向支配了前一种领域的研究（Snidermanet al.，1991；Marcus et al.，2000）；对政治精英与领导层的研究则既对古典的和新制度主义的视角进行补充，也对社会学视角进行完善（Blondel，1987）。

二、政治生活中的"心理人"[1]

把心理学概念和理论引入政治科学的这件事情依赖于两个关键论断。第一个关键论断是，政治过程与结果至少部分程度上受到个体和团体的偏好、选择以及行为之影响。政治心理学家并不否认通常由主流政治科学家来研究的政治结构之意义，这些政治结构包括运动、政党、政府、官僚机构、法院、工会、国际制度机构、法律、政策、政纲（和文化）、传统、规范、话语。但是，他们拒绝对政治生活的那种解释——这些解释或是明确或是隐含地断言，那些宏观的和中观的因素很大程度上决定了在政治中将会发生什么情况。是的，他们认为，尽管万物平等，但小国、穷国、孤立国家和军事弱国的政策选择要少于大国、富国、结盟国家和军事强国的政策选择。然而，要举出那些无视或有意挑战这些约束的国家的大量例子却也不是什么难事。同样，政治心理学家并不会对这一点持有什么异议，即民主政治家总是会考虑他们的所作所为将对潜在的支持率或选举结果造成的影响，但是，对于领袖和政府即使是在形势并非极为不利的情况下也要做出非常不受欢迎的政策选择之例子，他们却会挑拣出来。而且他们还要指出政治生活中的关键时刻——即出现了充满巨大不确定性、紧张和时间压力的局面，在这些局面中，现行的制度结构出现崩溃，而且（或者）文化和相关的"游戏规则"并不明确，或者暂时看来并不适用。

他们认为，在所有这些情况下，我们都需要往下深究到有关的个体行为者的层次。正如赫尔曼（Hermann，2002：46-47）认为的：

> 他们已经做出假定认为，人们在建构他们的政治观念中发挥了积极作用；对于其他潜在分析层次强加给他们的约束，他们的经验可能将促使他们既予以尊重，还可能提出挑战。他们既不是仅仅对其政治环境做出反应，也不是易于受到所处环境影响的消极接受者……确实，在很多政治情况下，人们置身于团体、制度、文化和政府之中，而且正是这些政治实体的决策才是我们要试图理解的对象。然而，正是个体，确定和表达出这些政治实体所面临的问题，正是个体，存在着立场上的分歧并且操纵着这些立场分歧，正是个体，在产生妥协和达成共识，而且正是个体，在发动着并且实行着变革。

一些"如果……将会怎么样"的例子说明了这一点。可以确定的是，在20世纪

---

① 作者此处所指的心理人（Homo psychologicus），是对应于"经济人"、"政治人"而创造出来的一个对应术语，意在强调从心理角度去分析人的政治行为。——译者注

80年代更为宏观的国际经济环境下，迅速削减或关停一些关键的非竞争性产业，比如造船业与采矿业，几乎是不可避免的事情。不过，如果一些愚顽不灵的强硬路线者，比如亚瑟·斯卡吉尔（Arthur Scargill）和玛格丽特·撒切尔（Margaret Thatcher）等人，没有成为工会和政府双方阵营中的关键人物，在英国，这一过程是否就不会如此激烈甚至充满暴力呢？（Wilsher，et al.，1985）同样，如果在阿根廷军队入侵马尔维纳斯群岛①时不是由玛格丽特·撒切尔而是由约翰·梅杰出任首相，情况又将会怎么样呢？根据我们现在对他们各自世界观、领导风格和外交政策倾向的了解，我们完全可以合理地认为，这样就不会有马岛战争（Heppell，2007；Steinberg，2008；Dyson，2009）。如果在2001年“9·11”事件之后是由戈登·布朗（Gordon Brown）而不是由托尼·布莱尔（Tony Blair）担任首相，情况又将如何？针对“9·11”事件之后英国外交政策的所有分析研究都表明，是托尼·布莱尔首相的个人信仰、自信和早期的冲突管理经验导致了英国在当时奉行的那种外交政策（Kampfner，2005；Dyson，2006，2007）。而且如果伊安·派斯利（Ian Paisley）在20世纪初期就已经去世或者退出政坛，又将会怎么样？是否会有一位相对没有经验的新的领导人，愿意并且能够承担“尼克松出访中国式的破冰之旅”以及说服民主统一党（DUP）的核心强硬支持者来支持北爱尔兰和平进程的风险？（Gormley-Heenan，2006）

格林斯坦（Greenstein，1987）超越个人案例和反事实，提炼出了几条经验法则，这些法则能够帮助分析家决定，在解释政治过程或者结果时，应在何时去深入研究关键行为者的人格和其他个人特性，才算明智之举。他认为：（1）个人影响的可能性增加到了环境容许重新进行调整的程度（例如在政治动荡或危机时期）；（2）个人影响的可能性随着政治行为者在环境中的位置而变化（例如，担任职位和不担任职位的个体就掌握着进行领导的不同水平和不同种类的资源）；（3）个人影响的可能性随着行为者个人力量的强弱而变化。这些法则在今天就和它们在1969年最初得到阐述时一样有效。

政治心理学的第二个基本论断是要解释个体与团体的政治偏好、选择和行为，我们需要在经验层次上研究个人的性格特征和关系。这是政治心理学和其他视角——比如理性选择理论（参见第二章）或者由格拉汉姆·艾里森（Allison，1971；Stern and Verbeek，1998）推广的政府政治学等——之间的关键差别。为了预测他们的行为或者因此而使之合理化，这些其他模式在理论假定（关于获得完全信息及信息处理能力的假定，或者行为受角色驱动的假定——即屁股决定脑袋的假定）的基础上把目标与策略归因于行为者。相反，特别是对于令人惊奇、使人震惊或使人愕然的行为与选择，政治心理学常常怀有浓厚的解释兴趣，因此它也就难以运用那些假定了自利性的效用最大化的行为之模式去解释这些行为和选择。正如我们下面将会看到的，对于我们将要进行研究以得到解释的政治行为者，他们到底具有哪些人格特征，政治心理学家有着广泛的看法。研究认识过程的学者集中关注于人们以何种方式看待世界和他们所处的局面，而这种局面正是他们基本信仰、早期经历、信息处理能力和风格的产

① 简称马岛。——译者注

物。动机论学者研究人们的欲望、价值和风格之性质、起源以及影响。社会心理学家集中关注的是集体中的人际关系、团体动力和团体内部的关系，而个体行为者正是在这些集体中活动并加以认同的。

表5—1概要式地介绍了这三种研究视角：它们关于人性的关键假定和理论要点，以及把这三种研究视角运用于大众和精英政治行为研究的重要著作。然而，在它们之间并非泾渭分明。实际上，认识心理学已经如此普遍地在整个这一学科中崛起，以至于它深远地影响到了其他分支的研究日程。因此，当今对社会心理学的许多研究可以被描绘为对社会认识的研究：对团体过程以及团体内部关系所造成的结果进行研究。对这种团体关系的考察，表现为考察个体是以何种方式来认识他们的社会生活并对其进行归类，以及相应地理解他们的认同与忠诚（Turner et al.，1987；Turner，2001；Turner and Reynolds，2001）。

表5—1　　政治心理学的知识概要图

	认识过程研究视角	动机研究视角	社会研究视角
关键假定	人是一个不完全信息的加工处理者。	人是由有意识和无意识的性格特征、欲望和风格构成的复杂混合体。	人是一个社会动物。
精英行为	政治决策是有限理性的行为者在信息过载、模棱两可以及存在时间压力和冲突的条件下，努力做出判断和发起号召的结果。	政治行为者的人格、核心信仰和价值准则以及领导风格——这些因素都受到他们的家庭背景、社会化和经历的影响——都是他们政策立场和行为的关键决定因素。	领导人与政府的政策立场和选择通常受到建议、商议和谈判的影响。而建议、商议和谈判基本上又都是集体过程。
	经典著作：Jervis，1976 最新研究：Tetlock，2005	经典著作：George and George，1962 最新研究：Post，2003	经典著作：Janis，1972 最新研究：'t Hart et al.，1997
大众行为	公民对公共问题、政党、政治候选人以及公共制度的看法，不仅通过大众传媒表达和传播有关这些事物信息的方式得到过滤，而且还通过他们自己的信仰和世界观而得到过滤。	集体政治行为至少在特定程度上是共同的希望、恐惧、需要以及激情——它们又在公共话语中得到传播，并且可以被政治领导人和社会运动所察觉、培育以及动员——这些"公共情感"的产物。	公民的政治信仰、态度、价值和行为，在很大程度上受到他们（主观）所属的社会团体、阶层的成员身份之影响，也受到他们所属的社会团体、阶层与其他社会团体和阶层之间关系的影响。
	经典著作：Converse et al.，1964 最新研究：Thaler and Sunstein，2008	经典著作：LeBon，2002；Canetti，1984 最新研究：Schnapp and Tiews，2007	经典著作：Tajfel，1981 最新研究：Reicher and Hopkins，2001

综合来看，这些不同流派的心理学为政治科学提供了一套不可或缺的知识。使得对这种所谓的“简化主义”心理学解释——对更大的社会和政治过程进行的心理学解释——持有怀疑态度的人稍感慰藉的事实是，政治心理学并非一种帝国主义式的学术努力。它的支持者总体上接受这一点：一方面，政治行为是由客观存在的和主观认识的社会条件以及制度因素所构成的复杂多变的组合体的产物；另一方面，政治行为又是无论作为个体还是作为（真实或想象的）集体和阶层成员的政治行为者之选择的产物。他们只不过是专门对这一谜团的后一部分进行研究。

最后，应该强调的是，政治心理学家是方法上的实用主义者。可以确定的是，在这一领域的研究成果中，充斥着大量实证主义的行为社会科学的理想和方法论陷阱。不过，在一些研究中，例如在对政策决策的研究和有时候被称为话语心理学（discursive psychology）（Billig，2003）的政治应用研究中，也有许多小 N 数的、比较的、定性的、有时候显然属于阐释性的著作在相继问世。

三、政治心理学的运用

表 5—1 显示了三种主要心理学思潮：认识心理学、动机心理学和社会心理学，这一部分将对政治心理学家所从事的每一种类型研究的特点予以介绍。

1. 认知维度：信仰和观念如何塑造政治行为

良好的治理应该以对过去、现在和将来之间关系的深思熟虑为基础。然而，对政策学习的研究，特别是对历史类比物在问题认识和决策过程中的作用所进行的研究，都表明这些关系是不易于被认识到的（Brandstrom et al.，2004：207）。历史类比物指的是这样一些情况和场合，一个人或者一个团体利用他们部分的个人记忆和/或者集体记忆，以及/或者利用部分“历史”，来对付当前的形势与问题。其中，最著名的是所谓的“大”类比物或者“重要结构”（master frames）（Snow and Benford，1992）：就像标准化一样地唤起世界性的、划时代的克里斯玛人物和关键一幕［例如，“慕尼黑”，就因为 1938 年希特勒和张伯伦（Chamberlain）在捷克斯洛伐克问题上举行的慕尼黑会议，而代表了对侵略成性的独裁者奉行无效的和不道德的绥靖主义］。

依赖历史类比物，是认识启发法的其中之一，借助这一认识启发法，政治家、专家和公民对他们只掌握有限信息的新的、复杂的、令人不安的或者激动人心的事情下定决心。一旦我们认为 A 这种新情况“恰如”B 那种旧情况，我们就为自己提供了牢固的记忆、教训和行为指南，从而使我们能够以一种一致的方式对 A 做出反应，而我们实际上也不必首先花费时间和资源来对 A 的特点进行详细调查。这就是军队指挥官、警官和消防指挥官一直以来进行指挥的方式：他们的经验给他们提供了丰富的类比物，而这些类比物又发挥了“思想滑槽”的作用，从而使他们能够迅速地对形势做出判断并采取恰当行动。因此，把一种未知的情况比作行为者曾经经历过或已有详细了解的另一种情况，就提供了一种强大、快捷和廉价的明辨手段。

问题的另一面是，并非我们所有人都是受过训练的、有经验的专家，而且我们在阐释新情况时所考察的一系列类比物，也可能是有限的或带有偏见的。当这种情况发生时，历史类比物的“构造”能力就可能妨碍而不是增加行为者的明辨能力。要找到错误运用历史类比物的决策者的事例并不困难（May，2973；Neustadt and May，1986）。慕尼黑这一类比物以及作为其知识产物的多米诺骨牌理论（domino theory），是美国人认识越南战争的一个关键因素，并且帮助美国代价高昂地走出了越南这个泥潭（Khong，1992）。在成功赢得选举的右翼民粹主义领袖佐格·海德（Jorg Haider）及其政党加入到奥地利的联合政府之后，欧盟对奥地利实行制裁的那个注定失败的决定，就是建立在对海德和希特勒之间进行类比的基础上。那时，海德开始控制了一个由大多数欧洲领导人出席的关于大屠杀的会议，也就是在那段时间，奠定了欧盟后来那个决定的基础（Brandstrom et al.，2004）。

从那以后，政治心理学家就已经对历史类比物如何发挥作用提出了他们的理解。研究聚焦在两个问题之上：历史类比物可能在何时得到援引，它们对公众看法或者精英决策又可能会产生什么（类型）影响？对于前面这个问题，当前的研究围绕下列一般性的论点而进行，而这些论点在部分程度上又源自于对认识图式进行的更广泛研究：（1）一个历史类比物所提到的事情时间越近，这一类比物就越是有可能被人回想起来；（2）对于在一个特定的历史类比物中提到的那些事件，重要的政治行为者的个人经历和体验越多，这一类比物就越有可能被人回想起来；（3）在一个特定的历史类比物中提到的那些事件，如果对个体和大众产生的心理影响越大，它就越有可能被回想起来；（4）对于一个特定的历史类比物而言，它越是与一位政治行为者或者一个集团所属的实体之标准操作程序和组织利益相符，就越有可能被个体或集团回想起来。

历史类比物可以发挥“过滤器”的作用，也即是说，它提出了政治行为者用以阐释现实的简单可行的“行动计划”（script）。它既具有增强能力的作用，也具有限制的作用。在增强能力方面，一个特定的历史类比物越是被人们广为共享，人们对眼前形势的认识就越是容易达成共识。不过，类比物也可以被看成“老师”：除了帮助判断，它们还在不要如何行动方面提出了明确的政策指南。类比物的关键组成部分实际上可能因深入的制度化，而变成为专业原则（例如，无论是好还是坏，在第一次世界大战后法国的军事原则以及它对构筑马其诺防线有欠考虑的强调）和组织的标准操作程序。正如上文表明的，历史类比物的过滤能力能够如此强大，以至于它们变成了思想“牢笼”：根据貌似完美的历史类比物来判断形势，从而导致的不确定性的降低，可能过于成功。确实，当特定的类比物开始垄断公众或者精英在当前事件或话题上的话语时，它又会使其他可能的类比物变为“盲区”或者遭到“忘却”：特殊的记忆完全占据了人们的头脑，以至于其他潜在的相关经验遭人遗忘，或者在帮助明断当前形势时，至少没有得到使用。最后，应该注意到的一点是，类比物并非只是自然而然的、纯粹的认识装置；它们也可能是蓄意的政治表述工具。实际上，历史类比物可能同时具有认识功能和政治功能。在前面所说的那个制裁案例中，一些领导人不仅在认识上而且在情感上都深陷希特勒这个类比物的迷障之中而无法自拔。与此同时，部分程度上也是因为这一点，他们就“利用”这一类比物来说服其他领导人，或者对他们施加压力，以使他们加入到对海德的制裁行动中来。

2. 动机维度：人格与政治风格

学者们采取多种形式来研究领袖人格或者领导风格的政治影响（Winter，2003）。一些学者已经开始集中关注领袖个体的某些方面，涉及的范围从探索领袖个体的“性格”、心理发展和心理紊乱——比如过度自恋或者偏执——的心理分析研究（George and George，1964；Glad，1980；Walter，1980；Renshon，1996），到集中关注特殊的性格特征（即所谓的“大5”类型性格特征）的研究：外向—奔放型；热情随和型；认真实在型；情绪稳定、神经过敏型；经验老成持重型（Rubenzer et al.，2000）。其他研究把领袖的个性特征和背景综合成为独特的执政风格（Sternberg，2007）。关于领袖的个性特征，以及这些特征是如何（在团体内部和外部）影响领袖的决策、人际交往、信息处理风格，并影响到所谓的领袖的成功竞选和执政时期的“历史功勋”（Winter，1987；Simonton，1988 and 2000），一些学者进行了大量的大N数比较研究。例如，在对领袖的性格特征进行的心理研究中，一些研究探讨了领袖个人的权力欲、成就欲和加入组织的欲望（Winter，2003），另一些研究探讨了领袖对完成使命或者人际关系的重视（Rowe and Mason，1987），还有一些研究则对领袖的自尊和自信进行了剖析（House，1990）。

让我们通过例证的方式，来集中关注这些研究路线中的权力欲这条研究思路。权力（或者支配）欲望是一种已经得到广泛研究的个性特征，而且还有学者把这种性格特征与人们在和他人交往时的特殊的行为类型和互动风格联系起来（Etheredge，1978）。特别是，人们将会预料到，那些对权力的心理需要日渐强烈的领袖，在执政过程中，领导风格也会日益变得独断专行，并且坚持对下属和政策决策施以更为强大的控制。例如，弗多和史密斯（Fodor and Smith，1982）就在研究中发现，与权力欲望更低的领袖相比，受权力动机驱动的领袖更有可能压制集团内部的公开决策和讨论。与此类似，大量的研究发现，相对于权力欲望低的领袖而言，权力欲望高的领袖要求对政策过程实行个人控制的程度要高得多（Preston，2001），而且比起权力欲望低的领袖，他们在对待下属方面往往也更加飞扬跋扈（Winter，1973，1987）。

在一项考察过去美国总统的性格特征和他们在外交政策决策中的领导风格的研究中，普雷斯顿（Preston，2001）发现，有着强烈权力欲望的领导人更偏向于正式的、等级式的咨询体系结构，以加强他们自己对政策过程的个人控制。这些领导人往往把决策权力集中在由深受信任的顾问组成的严密的内部小圈子手中，并且往往还坚持个人直接参与和控制政策制定与决策。他们的政策偏好往往既支配了顾问团体内部的政策磋商，也支配了最终的政策决定的性质。相反，权力欲望较低的领导人偏向于更少等级色彩的顾问体系结构，并且不是特别要求对政策过程实行个人控制。他们的政策偏好通常并没有支配顾问团体的商议过程和最终决定。因此，下属的意见在政策制定中发挥了更大作用。研究发现，与权力欲望较低的那些领导人不同，权力欲望高的领导人往往在处理人际关系上具有专断作风，他们会积极地挑战，或者试图去影响其顾问所持的立场；而且，对于下属的与自己观点相互冲突或对立的政策观点，这些领导人也更有可能去加以否决或是忽略。

3. 社会维度：团体和团体内部的关系

在读到他女儿关于猪湾入侵大失败的高中作文后，耶鲁大学心理学家艾尔文·雅尼斯（Irving Janis，1972）受到启发，于 1972 年出版了一本名叫《团体思维的牺牲品》（*Victims of Groupthink*）的著作。在对政治决策、管理和宗教信仰进行研究的著作中，此书是最有影响的心理学著作之一。雅尼斯向“团体凝聚力总会导致更好的表现”这个观点提出了挑战，这一观点是那时社会心理学和应用社会心理学的主流观点。他坚持认为，在某种情况下，当一个团体参与充满压力的决策任务时，强大的团体凝聚力实际上会造成决策缺陷，这反过来又会导致一场政策灾难。他把团体思维界定为人们参与进来的一种思维模式，这时人们深深卷入到了一个充满凝聚力的小集团（in-group）当中，而且小集团成员追求一致同意的努力，也压倒了他们对替代性的行动方针进行现实估计的积极性。他还声称，团体思维适用于由小集团压力所导致的健全心理、现实检验、道德判断的恶化。

雅尼斯确定了团体思维综合征的八种主要征候：在集团成员中间存在的希望集团无懈可击的错误幻想；运用文饰作用①来贬低和淡看某些警告或其他消极性的反馈；对团体内在的道德有着共同的信仰；对对立集团的成员持有固定不变的看法；集团成员方面的自我审查制度；幻想一致同意；在集团内部自行任命“思想护卫”，使集团的必要前提和决定免受信息的挑战；如果有同假想的共识产生分歧的迹象，不管他是集团的什么成员，都对他直接施加压力。根据雅尼斯的阐述，三类前件可能引起团体思维：第一，集团具有高度的凝聚力。第二，在集团所扎根的组织当中，存在着结构性的缺陷，从而使得对这一集团和集团内部的潜在制衡失效（比如，集团同组织的其他部分相脱离；缺乏这样一些规则，它们规定了开展集团商讨的明确程序；还缺乏传统的公正领导）。第三，集团正在一种能够引起集团成员高度紧张、具有煽动性的情势环境中行为。

受到团体思维影响的集团可能会出现一系列的决策缺陷，比如没有对替代方案进行全面考察，没能成功地对最初遭到否决的替代方案和中意的选择重新进行考察，对信息审查不足。综合起来，这些缺陷就使得集团做好了准备，来选择并严格遵守与现实不符的、且通常存在道德问题的决定。

为了对案例研究的极为混乱的结果作出反应，也为了对通过实验研究来检验团体思维理论的努力作出反应，自 1972 年以来，学术界付出过大量努力，来重新阐述团

---

① 文饰作用（rationalization），是一个心理学术语，指个体试图利用似乎合理的途径来使不可能接受的情境合理化或保护这种情境。——译者注

体思维理论。不同学者现在已经把团体思维和更为简单、根基更为牢固的社会心理现象联系在一起（Turner and Pratkanis，1998）。这些现象包括：

（1）团体分化：在团体成员的早期许多版本的意向中，团体讨论有导致个别成员采取更为极端的意向之趋势。

（2）表达：当一个问题被界定为一个威胁时，人们更有可能愿意承担处理这个问题的风险。

（3）集体效力：集团成员对集团成功履行某种使命之能力的共同看法。

（4）一致性：作为这种形式的团体思维——一个集团期望服从一位德高望重、令人敬畏或者在其他方面非常强大的领袖，而这位领袖的思想在团体商讨开始之际就被明确地确立为既定的行动方针。

雅尼斯对一些众所周知的案例给予了令人着迷的阐释，比如作出朝鲜战争和越南战争升级的遗憾决定，还有尼克松总统及其核心圈子在水门事件中掩盖事实真相的糟糕决定。从那以后，我们就从全世界大量的彻底失败中，发现了团体思维的征候，这些彻底失败包括：1956 年苏伊士（运河）危机时期英国政府的决定（Verbeek，2003），1980 年伊朗人质大营救悲剧，大公司和政府在信息技术上的失误，以及“9·11”前美国情报机构的失误和英国决定同美国一起入侵伊拉克的决定。然而，团体思维并非仅仅提出了团体决策彻底失败的经验理论。在雅尼斯的引领下，研究团体思维的学者也为防止团体思维和更为一般地改善政府中的集体决策质量，提出了详细的建议（‘t Hart，1998）。这说明了政治心理学如何才能不仅产生与政策有关的经验知识，而且能产生实践工具（参见图框 5—2）。

图框 5—2

避免团体思维：一些建议

● 每个成员都必须是团体行动方针的严谨审慎的评估者；提出批评和接受批评的开明风气，应该得到领袖的鼓励。

● 领袖应该不偏不倚并且避免在团体讨论开始之际就表明他们的个人偏好；他们最初就应该把自己限定在鼓励公开的探索之上。

● 设立由不同领袖领导的类似团体来对这个相同问题进行研究。

● 集团的每一个成员应该就当前的问题和选择与集团外面值得信赖的伙伴展开私下讨论，并汇报他们的反应。

● 应该不时地邀请外界不同的专家来对核心成员的观点提出挑战。

● 在每一次团体会议期间，都应该有唱反调的人。

● 在冲突的情况下，应该额外花一些时间说明来自竞争对手的警示信号，并针对他们的意图建立替代方案。

● 一旦做出了决定，就应该在公开这一决定之前，随时举行第二次会议，以对决定加以重新考虑。

资料来源：Janis（1982）p. 262.

四、政治心理学的未来

尽管政治心理学有着很深的历史渊源，但在许多国家的政治科学界中，如果它要变成并被广泛地视为政治科学的一个内在组成部分，政治心理学这一视角依然还有很长一段路要走。在使它变成政治科学的核心这一点上，它的交叉学科特性既是它的长处也是一个不利因素。它的长处在于丰富的理论资源和创造性：政治心理学家开发了一个概念、观点和范式的宝库，比起主流政治科学开创的宝库，这个关于人和社会行为的宝库要巨大得多，并且在生产累积性的知识上也成功得多。其不利方面在于，要成为一名可靠的政治心理学家，要求具备不只一个而是两个学科领域的广泛知识，这与支配了整个世界学术领域的单一学科的生产力标准和事业发展体制之特点相违背。此外，政治心理学在方法上的多样性和实用主义，也表明它在一定程度上还沉浸在研究设计和研究方法方面的事情上，对研究设计与研究方法方面的重视，是现在的美国研究生教育中的一个普遍现象，不过，在其他许多地方，在这方面依然非常落后（如果不是积极抵制的话）。

言及于此，政治心理学的总体趋势似乎还是较为有利。迄今为止，精英研究与选民研究这两个独立领域，因为它们共同意识到了权力和权威不断发展的“人格化”，并因而意识到了这样一种必要性而聚合到了一起：有必要重新思考领袖和领导的语言、决定以及行为在塑造舆论、政治行为和影响政策结果上的作用，反之亦然（McAllister，2007）。同样，“9·11”恐怖袭击及其对世界所造成的持续冲击，也已经再次确认了更好地理解，如果可能的话，还有更好地管理社会认同、人与人之间的认识以及团体内部关系过程的必要性。这些问题正是政治心理学长期以来一直致力于加以澄清的问题。

进一步阅读的文献

● Cottam et al.，2004（新的版本即将出版）是一本很扎实的通用教科书。

● Sears et al.（2003）对这一科学内部一些重要领域的研究主题提供了一个不错的概述。

● 在 Post（2003），Greenstein（2009），George and George（1964），Jervis（1976）和 Janis（1972）中，能够发现运用心理学透镜来研究政治领袖的许多重要取向。

● 剑桥大学出版社（Cambridge University Press）出版了一套由 James H. Kuklinski 主编的系列丛书，这套丛书包括了对大众政治态度和行为的心理研究所取得的最新进展，其中包括 Stenner（2005）和其他许多学者的著作。

● 那些对在公共生活中表现出来的人的行为之黑暗一面产生了兴趣的人，应该去阅读 Kelman and Hamilton（1989）和 Zimbardo（2007）。

第六章

女权主义

维基·兰德尔

女权主义天生就是政治的。“它把性别与权力之间的基本政治关系挑选出来并加以问题化”（Höjer and Ase，1999：73），在这一范围内，它对政治科学曾经发表过、并且还会发表很多意见，尽管主流政治科学倾听那些意见并非总是显而易见的事情。然而，女权主义并不是一种在社会科学范围之内成长起来的取向。它是作为一种批判性的意识形态和分裂性的社会运动在学术界之外形成的。因此，它被吸收进社会科学——就更别说是政治科学了——是部分的、有选择的，而且就在“外部”的女权主义与女权主义政治科学之间，依然存在着一条巨大的鸿沟。故在下面的讨论中，女权主义作为一种视角的特征化以及它对政治分析的启示，和女权主义政治科学的实际先入之见与成就，这两方面不可避免地存在着某种分离。

女权主义几乎从一开始就已经存在着一系列理论视角，而且这一特点一直随着时间在增加，直到某些人对作为一种单一的一致性工程的女权主义是否还存在提出质疑时为止。现在许多人宁可提起多元的、复合形式的女权主义视角。这些多样化的视角对政治分析有不同的甚至相互冲突的意义。与其继续认为女权主义提出了一种属于自己的一致性解释或者元理论，还不如这样看更为合适，即把它看成是一种围绕一个普通的但又正发生演化的议事日程而正在展开的对话。

这两个特征使得在政治科学内提出一种简单的、单一性的女权主义视角这一任务变得异常复杂。在下面的讨论中，我们讨论的焦点将放在这一学派具有更多经验性基础，同时又具有更少公开的规定性或规范性的方面。我们的讨论将从对女权主义在最近 40 年以来的发展与分化的简要回顾开始。第二个部分主要考察某种女权主义视角与政治科学的关系，和这种女权主义视角对受女权主义启发的政治科学的实际影响。这一部分以考察认识论问题开始，然后集中讨论女权主义的概念化和对它的“政治性”进行分析。第三个部分要对女权主义政治科学遭受到的批评，以及女权主义对政治科学的总体性的有限影响展开评论。在最后一个独立的部分，考察女权主义的未来。

一、女权主义内部的争论

像大多数真正有意义的社会现象一样，女权主义也是难以界定的，更不用说对它提出一个一致性的定义了。最佳界定途径可能是历史的途径。女权主义是作为一种旨在提高妇女地位与权力的运动和思想聚合体而出现的。它对被习惯地辩护为男人与女人之间的“自然的”权力关系提出了质疑。然而，从一开始，女权主义者就在他们提出的现有不平等的原因上（根据这些原因他们确定自己的目标），并在他们支持的实现这些目标的策略上存在着分歧。此处，只能对这些争论进行简要的说明（Bryson，1999；Squires，1999）。自 20 世纪 60 年代开始，有三种理论流派占据了主导性的地位。

自由主义的女权主义倾向于以既存自由主义思想的许多假定为基础——虽然并非不加鉴别；同时，它还强调个体理性、公/私区别与制度的可塑性。与此类似，马克思主义的女权主义也是以马克思主义的假定为基础，但是它又开始承认“生理性别—社会性别体系”（sex-gender system）可以有其自身的逻辑，并开始寻找更为满意的方式，以分析这种制度与阶级之间的相互关系（Barrett，1988）。激进的女权主义是最新的也是最无前例可援引的流派。它毫不妥协地把性别斗争看成是最基本的政治斗争，并由此而开辟出一个分析男性权力或“男性统治”机制的重要空间。它把“私人领域”突出强调为以压迫妇女才得以建立的地带。而且通过对强奸、家庭暴力和性虐待的揭发以及对色情作品的批评，它引起了人们对肉体/性关系维度的男性压迫的注意。

在经历一段时间之后，这些流派发生了演变，在部分程度上这是它们相互影响的结果，尽管它们之间还依然存在着明显差异。然而，它们又有着一种共同的倾向，即既把妇女看成是不言而喻的、显而易见的范畴，又假定认为，尽管妇女明显不同于男子——要不为什么会需要女权主义？——但是，妇女与男子之间的差别已经夸大了，并求助于这些男女差异无关大局的地方，这就是说，又导致了一种强调相似性的倾向。不过，进一步分化的基准线形成了，在某种程度上，这一基准线超越了女权主义的旧范畴，并围绕着“差异性”的全部问题而展开。

一开始，男女差异这一本体论基础看起来日益具有争议并且问题重重。男女之间的“性质”（nature）差异是由生理上决定的，或者在某种意义上是一种本质性的差异，还是说它们更多的是一种文化结果？马克思主义的女权主义开始由简单的生理性别范畴向“社会性别”（gender）转变，“社会性别”的意思是要强调它的历史偶然性和社会建构特征，这正如鲁宾（Rubin，1975）的生理性别—社会性别体系的概念一样。与此同时，在激进的女权主义内部形成了一股“文化”女权主义或“亲妇女”（pro-women）的女权主义潮流，这种女权主义对妇女的“差异”或妇女的特有属性表示接受并加以赞美，尤其是赞美她们生儿育女的母爱品德。在多大程度上这等同于本质论，这一点是可以争论的，而且即使在支持者之间也存在着认识上的差别。这样一种视角可以看成受“立场女权主义”（standpoint feminism）独特认识论立场的启发，它以不同的方式，把妇女的身份或体验视为一个潜在基础，借助这一基础，可以建立起一种在本体论意义上拥有特权的、替代主流女权主义知识与理解的理论。对此，我会在后面进行讨论。

但是这些把“妇女”发展为女权主义的主体并反对男性的努力，势必进一步引发出有关妇女之间差异的问题。这个首先在异性恋者对激进的女性同性恋者的批评背景中得到明确阐述的问题，在英国和美国，是由黑人妇女强烈提出的，以抗议她们被含蓄地排斥出了白人女权主义运动。这种迅猛发展的“身份”政治，对目标一致的女权主义工程，提出了巨大挑战。

作为对差异的这一普遍性问题的部分回应，同时也体现了当前迅猛的知识潮流，许多有影响的女权主义者最近已经转向了强调所有身份的偶然性和推论性特征的后结构主义取向。这一取向甚至还就社会建构主义对社会性别的理解提出了质疑。它认为，生理性别与社会性别的脱钩与其说避免了本质主义，还不如说它只是简单地将本质主义推开了一步之遥。生理性别在很大程度上依然是一个没有遭到质疑的范畴，相反，这时应该认识到的是，生理性别差异本身就是被社会建构而成的，并通过社会性别这一透镜被折射出来（Nicholson，1995）。超越这种观点，我们得出了另一观点，即解剖学上的身体本身就是一个推论性的构造，在这一构造中，恰恰是肉体存在这一概念才是有问题的。

但是根据这一推理过程，后结构主义还对“妇女”这一身份提出了异议。因此，它的女权主义批评家们指责说，尽管它可以为解构并因而为削弱男性的基础概念提供一种有效工具，但是同样的，通过对“妇女”这一概念的质疑，它也消解了作为一项政治工程的女权主义的知识基础。有人可以真正成为一位女权主义者，同时又是一位后结构主义者吗？巴特勒（Butler，1992：16）对这些关注做出了反应，并且认为，“以妇女身份并为妇女”说话——这也就是说，以一种修辞学的或策略的方式来使用这一语言——有些时候在政治上是必要的。但是，后结构主义通常会对女权主义提出另一种批评（即女权主义在知识上的不透明性与精英主义），在对这一批评进行适当说明的一个系统阐述中，她仍然坚持认为，只有当女权主义做出这一假定时——即“假定‘妇女’表明的是一个不可表明的差异性的领域，一个不能被一种描述性的身份范畴总体化或概括的领域，这样，这些术语就变成了具有永久开放性和顺从性的场所”——女权主义才能保留妇女这一范畴。

如果说后结构主义对身份政治的这种反应似乎过于激烈的话，另一种取向却已经不得不接受多种立场的存在事实，但是，也可以把这些立场看作为了求得真理而展开的对话过程的基础。对于那些与各种妇女团体打交道的女权主义活动家，比如，那些参与全球网络建设或参与法律倡议的女权主义活动家，这个“横向政治”（transversal politics）概念就特别具有吸引力（Yuval-Davis，2006）。

总结一下这一部分的观点，尽管女权主义可以在历史意义上理解为一种挑战根深蒂固的男性权力的运动，但它总是包含着巨大的差异性。最初的三种女权主义流派自身已经发生了演变，同时，超越了这些流派的新的争论和流派也已经出现。最近一段时期内，很多争论已经开始集中关注女权主义的“妇女”这一主体的特征，并关注如何对妇女之间的差别做出反应。我们必须清楚这些内部争议，同时还必须认识到在以下问题上的持续不断的争议：妇女是否应该以及应该如何参与到公共政治和政府中来——为了分析“女权主义的视角”对政治科学的意义，我在下面对这些问题做了进一步的详细阐述。

二、女权主义与政治科学

考虑到女权主义关注的核心是男子与妇女之间的权力关系，女权主义应该对我们如何思考政治和分析政治有重大意义。在下面的这一部分，我将把（不同流派的）女权主义对政治分析的一些潜在的重要启示，以女权主义在实践中得到采纳的更为特别的方式进行描述。

传统意义上的政治科学家几乎都是男性，而且他们研究的公共政治领域也同样是压倒性地由男子组成。政治科学家要么忽视妇女这一主题——而提到妇女，首先是根据她们与意义重大的男人之间的关系来提到的——要么，如果是被迫更为直接地去考察她们，也是津津乐道地重谈着对妇女特征的成见和性别歧视的理解。也许最值得引用的、最为明显的例子是美国政治科学家罗伯特·兰恩（Robert Lane，1959：355）对女权主义不利结果的反思：

> 女工、职业女性、持续地以志愿者身份为社会服务的妇女以及对某种事物有着业余兴趣的妇女，通常会占用她们本来应该用于轻松游戏的时间、注意力和能力，占用本应正确地属于孩子的她们对孩子的关爱，对这一点，在美国社会中非常难得被人想起。正如卡迪纳（Kardiner）所指出的，未成年人犯罪的上升（以及他同时提到的同性恋）在特定程度上要归咎于女权主义运动，以及这一运动对美国母亲们的影响。

这一学科内的为数众多的妇女，尽管数字相对要低，但都出生于20世纪70年代，而且受到作为一种社会运动与思想聚合体的女权主义发展的影响。她们中的许多人已经试图在她们自己的研究中运用源于女权主义的深刻见解。关于这一点，通常在这一过程的不同“阶段”之间做出区分，尽管她们认识到了这些阶段并非总是能在时间上加以区分（Carroll and Zerilli，1993；Lovenduski，1998）。第一阶段，她们发起了对男性政治科学的批评，因为它实际上把妇女排除在政治行为者之外（Bourque and Grossholtz，1974；Iglitzin，1974）。同时还出现了一种并行的行动，即女权主义政治理论家把传统政治思想中的厌恶女人主义（misogynist）这种倾向揭露了出来（Brenan and Pateman，1979；Clarke and Lange，1979）。

与这一事业紧密相关的是第二阶段，有时，这一阶段被人极为鄙视地称为“把妇女也算在内”的阶段，并且使得进行一项更为系统的调查研究——调查妇女代表名额不足的程度以及它的制度性与非制度性原因——成为一件必要的事情。当有更多的妇女开始参与到公共政治中来时（在特定程度上这是女权主义思想与积极行动的结果），有关她们政治参与的方式和影响的新问题也就随之而来。尽管这种分析的有限性已经在学术回顾中被指出来了，但作为一种预备性的做法，它还是必不可少的。甚至在现在，它仍然是女权主义研究的一个重要方面。

例如，在对整个20世纪80年代广泛发生的民主转型——在拉丁美洲尤为明显——过程的研究热潮中，政治科学家们在很大程度上忽略了有关妇女参与或相关制度和妇女政策变化之意义的问题（Waylen，1994）。第二代女权主义研究者不得不研究这些基本问题。举一个更近的事例说，朗德斯（Lowndes，2000：533）指出，在对“社会资本”这一概念的新的研究热潮中，出现了一种“对社会性别动力的奇怪沉默”，尽管这些事物或许可以清楚地阐明社会资本争论中的重大问题。最近，安内斯利等人（Annersley et al.，2007：12）对研究新工党（New Labour）统治时期英国公共政策的大量文献进行了考察，但他们发现：“在整个这一类型的研究中，最突出的一个方面是，除了几个例外……对社会性别或社会性别问题都缺乏关注。”而在特定程度上，他们的著作就是要试图对这种沉默做出纠正。

但是在任何情况下，正是这一把妇女吸收到政治中来的过程，已经而且也不可避免地将女权主义政治科学家引到了第三个“阶段”，在这一阶段，她们提出了关于她们学科更基本的问题：关于在政治科学中使用的这一独特方法的有限性，关于政治被概念化的方式，以及关于政治制度与过程的“社会性别化”的特征。我将把这些问题与女权主义研究中更为广泛的发展结合起来，并对这些问题依次进行解释。

三、认识论和方法论问题

考虑到已经表明的关于女权主义的多样化，可以说女权主义并没有一种独特的、共同的认识论立场。女权主义已经被人们描述为经历了三个认识论的阶段：理性主义（实证主义）阶段、反理性主义阶段和后理性主义（阐释性）阶段（Di Stefano，1990；Squires，1999）。尽管这称得上是一种有益的观点，但它过于勉强地把马克思主义的女权主义或者立场女权主义（在下面将对它进行讨论）也放置在这些范畴里面。无疑，自由主义的女权主义与早期的激进的女权主义是并不明显的理性主义，但是它们并没有真正地反思自己的认识论基础。马克思主义的女权主义继承了受历史制约的意识这个更为现实主义的概念。但是，正是可以被称为“第二代女权主义”的女权主义更清楚地意识到了这个问题。特别是后结构主义的转向已经依赖一种“后理性主义的”认识论，而这种认识论是高度自觉的，在这种认识论中，事实上在某种意义上，认识论变成了任何事物。

在理解后结构主义的过程中，女权主义者已经采取了一种现成的（人为的）认识论立场。可以这样认为，最有特色的女权主义认识论的发展已经与以差异为基础的女权主义联系在一起。亲妇女的女权主义已经多次典型地反映出了我们根据一系列的二元对立——比如分别与男子和妇女有关系的文化与天性、精神与肉体之间的对立——来体验的这个世界。在这一过程中，“男性”的思维特征——比如“理性”与“方法”——被拒斥了，这种拒斥并非简单地因为其作为男性统治的工具，而是其作为本质属性的男性；偏好被赋予思维和表达的替代模型，例如诗歌，它们能够颠覆父权制秩序，并允许有不同的看法出现。

对在社会科学中进行研究的女权主义者来说，这样一种坚定的反理性主义取向的价值必然是有限的，但是正如早些时候已经提到的，这里存在着一种企图，试图通过对“女权主义立场”的详尽阐述，来逃避这一根深蒂固的男权主义问题。尽管这种努力似乎体现了激进女权主义的一贯立场，但是它极具影响的代表人物南希·哈特索克（Nancy Hartsock），却拥有一种马克思主义的女权主义的背景。对哈特索克而言，“立场这个概念依赖于这样一种假设，即认识论是以一种复杂与矛盾的方式从物质生活中形成的”（p. 286）。马克思主义有一种理念认为，城市无产者在知识上具有一种“享有特权的”优势地位。而她以一种类似于这一理念的方式见解独到地认为，劳动的性别分工已经意味着所有妇女有着一种相同的独特生活经历，这一生活经历以她们在维持生计与抚育孩子中所发挥的实际的或者潜在的作用为基础。这一生活经历，因为受到女权主义政治觉悟与行动主义中介作用的影响，所以能够为一种女权主义的立场提供基础（Hartsock，1983）。

因为一系列的理由，立场理论（standpoint theory）遭到了其他女权主义者的批评。由于这一取向认为意识反映了特殊的物质条件，因此它又被指责为“本质主义”。尽管这一理论承认经历不是“清白的”，它需要得到阐释，但是阐释的过程从来也没有完全被理解。最后并且也许是最为重要的，它已经因未能注意到妇女生活之间的实际差异而受到指责。在对这一批评做出回应时，哈特索克已经在原则上接受了多种具体现实与相关视角的存在，与此同时关于它们的实质内容则不那么详尽（Hartsock，1998；Welton，1997）。并行的发展是，出现了详尽阐述黑人女权主义立场之特征的努力（Hill Collins，1991）。在立场取向已经变得更为破裂与偶然的程度内，可以这样认为，它已经更加接近于后现代的观点，尽管重大的哲学差异依然存在。在对这种破裂趋势做出反应的过程中，我们已经看到，一些女权主义者已经提出了“横向政治”的概念，在这一概念中，可以通过对话过程来对主观立场进行谈判，并充满想象力地对其加以超越，尽管这一取向给自己提出了概念挑战（Stoetzler and Yuval-Davis，2002）。

女权主义对认识论基础更为晚近的审问，不仅在女权主义的许多学术领域找到了共同点，而且还与学术界中日益增长的女权主义存在有意义地绑在了一起。女权主义的后结构主义与立场理论已经在文化研究、哲学、社会学甚至历史学的背景中得到了详尽阐述与争论。在政治研究这一宽泛领域内，它们也已经为政治哲学家们所接受，例如哈特索克自己。然而，女权主义政治科学家并没有对其学科的理性主义基础提出质疑，也没有不加区别地接受这些替代性的认识论。相反，为了对这些特定的方法论假定提出质疑，她们更有选择性地利用这些认识论，并且把它们看成是替代或补充性的研究方法。

尽管许多由女权主义激发的政治研究已经适应了政治科学中的支配性的方法论，有些女权主义政治科学家还是更具批判性。他们受到对实证主义以及诉求“客观性”（这是一种认为可能把事实从价值中分离出来的看法）的广泛批评之影响，同时还受到他们自己的这一发现的影响：“在有关妇女政治行为的前女权主义科学研究中，存在着强烈的偏见”（Carroll and Zerilli，1993：59）。对价值中立研究可能性的小心谨慎尤其集中在下面这一点上：在这一学科中，有争议地过分依赖于对政治行为方式（首先是对选举行为）的量化分析，而对其计算的“行为”的“含义”或背景，却没有给予充分的注意（Randall，1991；Lovenduski，1998）。

对支撑起理性选择理论的假定的持续批评，是对女权主义方法论提出批评的另外一个例子。这一批评同时也阐明了女权主义观点的多样性和在认识论上的发展。萨皮罗最初根据一种宽泛意义上的自由主义的女权主义的立场认为，由于理性选择理论把关注焦点放在自身利益的个人计算上，因此它预设了一种（男性的）道德祛除的原动力模式。不要去考虑个体偏好是如何形成的，“个体偏好的起源与发展过程被看成是‘给定的事物’”（Sapiro，1979：13）。相反，对被压迫者的决策而言，理性选择取向需要考虑到（阶级之间和社会性别之间的）压迫关系的影响。

戴蒙德和哈特索克［Diamond and Hartsock，（1981）1988］采取了一种更加接近于文化女权主义的立场，她们对萨皮罗的观点持有异议。她们认为，她真正的错误是，试图在政治分析习惯性的范畴内进行研究。反之，她们认为存在着“源于妇女生产并维系人类生活的行为的共性，这种共性不仅仅是社会化的结果，还是寓于女性身体中的生理事实的结果”。因而对妇女来说，与男性不同，她们与他人的关系超出了为达到共同的目的而仅仅进行工具性合作的范围，这也就对利益语言的恰当性提出了质疑。

更近，普林格与沃特森（Pringle and Watson，1992）对在某种意义上是静态的与客观可知的利益的概念化提出了质疑，这反映了对后结构分析日益增长的兴趣。我们不应该把利益看成是“外在”的存在，能够简单地依据阶级、性别、种族等范畴加以识别。相反，利益应该被理解为通过政治过程本身以推论的方式清楚地表达出来的“不稳定的历史产物”，它意味着存在多样化的主观立场。鉴于这些不断累积的批评（Krook and Squires，2006），在社会性别与政治的领域中，理性选择没有被作为一种分析取向而得到广泛使用，就毫不奇怪了。

除了这种对特定的传统政治科学方法论的批评，还出现了一种要求更多“女权主义色彩的方法论”的呼声，以更好地揭示和增加我们对政治的社会性别维度的理解

(Hawkesworth, 1994; Kenney, 1996)。然而，对这种方法论的特征的描述，往往是适中的和试探性的。并没有出现对理性主义基础或对一种科学取向（它的科学性，是在“它的推理方法是合乎逻辑的，系统性的”这一有限的意义上来说的）的全面否定（Randall, 1991: 524）。这表明，我们应该结合不同的研究方法，而不是只依赖于某一种方法。如果提前考虑到在下一部分中将要更为全面探讨的问题，无疑，我们就不应该把分析工具局限于在政治科学内形成的方法，而应该兼收并蓄地借鉴其他学科比如组织社会学和民族学的方法。首先，我们应该揭露主流政治科学方法与模型中的男子中心论的偏见，并确保那些我们已经采用的方法与模型“既不是有性别偏见的，也不是无视性别存在的”(Hawkesworth, 1994: 98)。克鲁克和斯奎尔最近对女权主义政治科学和方法论的关系进行了简要总结，他们认为，并不存在独特的女权主义方法论，但是却存在用以了解方法论和方法之独特的女权主义取向（Krook and Squires, 2006）。

总之，尽管自由主义的女权主义，而且至少本来还有激进的女权主义，已经在它们的取向上变成了宽泛意义上的“理性主义”，但是，女权主义思想，特别是学术界内的女权主义思想，正日益忙碌于思考认识论的问题。立场女权主义体现了一种建构特殊的女权主义认识论立场的努力，尽管其他女权主义已经采取了后结构主义的原则。女权主义政治科学家依然普遍坚守理性主义的假定，但有些人已经利用女权主义认识论上的争论，来对没有完全把自己的发现加以背景化或者依靠男性化行为模式的“实证主义”方法论进行批评。他们对“女权主义方法论”的要求，需要一种方法论上的折中主义，这包括从其他学科引入方法，其中首先需要有一种社会性别的觉悟。

四、对政治概念的重新构造

女权主义已经在这一学科中挑战了对政治以及“什么是政治的”（the political）进行概念化的传统模式。此外，我们必须在理论与实践中认识到女权主义在有关政治参与和国家问题上的观点多样化。女权主义者从一开始就在应该多大程度地参与主流政治制度这一问题上发生了分裂。激进的和马克思主义的女权主义者往往把自己描绘成革命者，而自由主义的女权主义者却把自己描绘成“改良主义者”。在实践中，所有这些分类团体都开展目标直指中央或地方政治权威的竞选活动，而且一段时间后，各种类型的女权主义者也似乎日益愿意参与到日常政治中来。改良主义的主张在很大程度上赢得了胜利；与此同时，包括女权主义者在内的妇女也已经在政治制度和职业上取得了稳步的进展。但是对拉拢收买和去激进化（de-radicalisation）危险的担忧并没有完全消除。比如在英国，1997 年“新工党”政府的出现以及 120 名妇女当选为议员又重新激起了这种担忧。

在某种程度上，这些政治行动主义的不同取向与对“什么是政治的”不同理解有关联。不过，新思想的真正灵感来源于激进女权主义。激进女权主义对政治的范围和性质的常规理解提出了质疑，拒绝承认私域与公域之间的区分，并把注意力集中在男性权力或男性统治的无所不在的作用和主流政治制度的男权化特征之上。

关于第一个问题即政治的范围，传统政治科学对此有很多不同的看法。其中一种具有深远影响的理论观点，首先把政治理解为一种特殊的公共行为。包括马克思主义者在内的一些人，选择了一种与权力更为密切地联系在一起的政治概念——总体上说，这是一种“对谁的权力”（power over）类型的概念——就如“谁得到什么，何时得到，何处得到，如何得到”这个公式所表达的。对政治的这种理解，原则上并没有预设一个特别的公共政治舞台。然而在实践中，所有派别的政治科学家，都已经压倒性地选择了对以政府为中心的过程和与政治制度有关的过程来进行研究。

就女权主义的分析来说，政治的这一定义过于严格。特别是激进女权主义，主张把政治更为宽泛地理解为权力关系，但是又强调男人与妇女之间的权力关系，而不管这种权力关系发生于何时何地——比如，在厨房发生的权力关系，即使不是更多，也与在议会大厦或白厅发生的权力关系是同样一回事。对许多人而言，这一取向可以用“个人的就是政治的”这一口号来概括，尽管最近这种提炼已经看来易于被误解为“只有个人的才是政治的”。

试图强调和解释在日常政治领域中妇女代表不足问题的女权主义政治科学家，已经被限制在对我们要通过政治来表明什么这一问题的解决上。许多人已经认识到了这种需要，即超越更为制度化的或更为正式的政治参与，他们认为，政治参与还包括参与到社会运动网络、社区行动主义等活动中来——这些事物现在可以指“市民社会”(Randall，1987)。近来有些人已经被由福柯（Foucault）提出的分析取向吸引，这一分析取向的分析焦点是，政治的“微观实践”或者在社会的微观层次上的权力实施以及与此同步的权力反抗（Fraser，1989；Cooper，1994）。

但是，政治范围的这个问题引出了作为一门学科的政治科学的边界这个进一步的问题。如果政治科学需要就它的主题内容采取一种更为宽泛的理解，那么这对政治科学与其他学科之间的关系来说又意味着什么？政治科学与社会学之间的边界就显得特别的反复多变：社会学要解决的多数问题——家庭关系、性行为以及福利功能——对一位女权主义者来说，看起来就完全是政治的事情。政治科学应该扩大到包含这些社会方面的问题，还是应该围绕男性化的理解建构传统学科的方式这个更为根本的问题？实际上，在被认为适合于政治分析的主题内容的范围这一意义上，女权主义政治科学家已经扩大了这一学科的范围，并且已经从社会性别的视角指出了学科边界常常反复多变的特性，尽管他们未必提倡一种与“妇女研究”相联系的完全跨学科的取向。

其次，在论述政治之无所不在的过程中，激进的女权主义还对公共领域与私人领域之间的区分提出了质疑。它把这种区分仅仅看成是一种意识形态工具，对妇女的持续排斥与压迫正是借助这一工具得以合法化的。他们已经产生了兴趣，去探索与说明公共领域与私人领域之间密切的相互依赖性，在这一意义上，可以说在政治科学这一学科内进行研究的女权主义者，已经吸收了这种观念。当女权主义活动家已经帮助把像家庭暴力、堕胎或照料儿童这样的“私人”问题引入公共政策的议事日程时，女权主义政治科学家也就已经开始对这些领域的政策制定进行研究。然而，他们更不情愿去完全放弃这种公/私之间的区分。他们认为在公/私之分会塑造社会行为的范围内，它还需要被考虑到。事实上，尽管没有宽恕这种区分，很多人还是发现它有着相当大的解释力。

尽管一种女权主义视角并不需要抛弃这一公/私的框架，但它还是表明了有必要更为小心地使用这一框架。莫勒·奥金（Moller Okin，1991），已经对自由主义思想里的公/私之分进行了特别有效的剖析，并注意到了两个含糊不清的主要领域。其中一个领域是使用公/私这种区分，来一方面指国家与社会/经济之间的区分（正如公有制和私有制之间的区分），另一方面又指国家与家庭或家庭领域之间的区分。社会—经济王国首先是私人领域，其次才是公共领域。第二个含糊不清的主要领域既是把家庭与它的男性家长传统等同起来造成的，也是由随之而来的未能认识到男性家长的隐私权恰恰可以否认其他家庭成员的隐私造成的。

再次，激进女权主义对政治含义的习惯理解提出批评的支撑点是意识形态意义上具有强大影响力但又缺乏理论化的“男性统治”或体制性的男性支配地位这个概念。男性统治尽管是通过不同的层次与机构——比如性行为、物质力量、对再生产的控制、教会、国家等——来发挥作用的，但是，在对公/私区分提出质疑上，它具有基本的一致性。激进女权主义的男性统治这个概念，已经得到了更为广泛的运用，并被人们以不同的方式进行阐述。与此同时，其他的女权主义流派把它的这种倾向批评为非历史的、无视文化差异的、低估妇女权力来源的——并且在所有的这些意义上，批评这种倾向把妇女的经历错误地加以“普遍化”。

有些女权主义学者试图赋予它以更大的严密性和特殊性。帕特曼（Pateman，1983）追溯了规范政治理论中对男性统治在表达上的变迁，这种变迁从一种以父权制的家长权利为基础的传统权威形式，一直到一种控制妇女的“性契约”，但这种契约保留了男人之间的、现代“互助会般的”契约这样一种未被公认的假定。她和沃尔比（Walby，1990）表明了在西方社会中存在着一种渐进式的转变过程，这一转变是从以男人在家庭内的权力为基础的私人领域的男性统治向公共领域的男性统治的转变——在这个公共领域的男性统治中，妇女已经把对她们男人的依赖，换成了对作为雇主、福利提供者等的国家的依赖。这些思想已经被进一步带到了女权主义对国家的分析，特别是下面将要讨论的对福利国家的分析中。

最后，除了提出男性统治这一概念，激进的女权主义还提倡这样一种政治观点（至少是一种公共政治的观点，尽管它内在地就是男性政治观点）：竞争性的、等级式的、侵略性的、并且排他性地关注促进男性利益的观点。总体上，女权主义政治科学家已经更不倾向于接受这样一种决定论的观点。然而，一些学者已经对探索这一想法产生了兴趣：要么有一种、要么可能有一种妇女从事并思考政治的替代性的办法——正如在一种独特的“妇女文化”这种思想中所体现的一样。在一项得到大量引用的研究中，女权主义心理学家卡罗尔·吉里甘（Carole Gilligan，1982）在她自己的研究发现的基础上表明，妇女往往以一种“不同的声音”对道德问题进行推理。在男人集中关注利益与更为抽象的权利和规则的地方（这与一种公正伦理标准有关联），妇女（因为她们更多地卷入到个人关系和照顾的责任中）更有可能采取一种“照顾的伦理标准”。正如女权主义政治理论家乔安·特伦托（Joan Tronto，1993）特别强调的，这有助于对妇女可能带到公共政治生活中去的“照顾伦理标准”的生存与潜在贡献产生兴趣。尽管特伦托急于强调两点：第一，这样一种伦理标准与其说是一种女性立场，还不如说是一种更为普遍化的被控制的经历；第二，这一伦理标准应该被看成是对已确立的公正理念的补充，而不是对公正理念的取代。

举一个近期的事例，麦卡伊（Mackay）对苏格兰女议员的观点与经历的分析，特意地考察了她们以一种“不同的声音”对既作为一种负担也作为一种价值的照顾来发表自己的看法，会达到什么程度。为了揭示照顾责任的真正贡献以及给予照顾是如何遭到贬低与模糊化的，她特别借助了特伦托对“照顾这个词”的理解，或者说借助了与照顾有关的问题可以被清楚表达出来的语言。在她对53位女议员的访谈中，她发现：

> 妇女政治家们认为照顾的责任既会构成不利条件，也是一种约束；从相反的方面看，照顾又被理解为力量与价值的一种源泉。看起来存在着一种把特伦托描述为“照顾伦理标准”的事物放在政治与社会生活中心位置的需要……然而，这里存在着一件难事：既要把这一需要看成是一个整体上具有正当性的政治问题，又存在着关于一种“照顾伦理标准”如何才可被引进当前的政治体系中的不确定性（Mackay，1998：265；Mackay，2001）。

至少直到最近，女权主义政治科学对考虑妇女政治参与的影响之兴趣，似乎要大于对直接考察政治中的“男性化”特征和影响的兴趣。诸如康内尔（Connell，1995）这样的社会学家和像心理学家塞格尔（Segal，1990）这样的女权主义作者，都已经发表了对男性化社会建构进行探索的重要文献。然而，在国际关系领域进行研究的女权主义者，似乎要比政治科学领域内的女权主义者更准备关注这一问题。

不过，这种情况可能正在发生变化。“民族主义”和“民族国家”这一主题就是例证。纳格尔（Nagel，1998）对康内尔的“霸权式的男性化”（而不是从属形式的男性化）与她所指的霸权式的民族主义之间的关系进行了一般性的反思。在她对南非黑人暴力进行的黑人个案研究中，韦特仁（Waetjen，2004）对自己所理解的“男权化话语能够有助于民族主义的发展”这一典型假定提出了异议；她认为，实际上，男权化话语导致了祖鲁（Zulu）民族主义的失败和反种族隔离运动的政治破裂。另一个例子是贝克维茨（Beckwith，2001：299）对男权化在建立社会运动全部行为过程中的作用进行的研究。她表明，在1989年美国著名的皮特斯顿（Pittston）煤矿工人大罢工这个案例中，当罢工领导人采取非暴力不服从的新策略时，“一种性别秩序——它运用了传统采矿业中的男性化——就被采用为新的全部行为之基础”。

再次总结一下，女权主义，尤其是激进的女权主义，使得对政治的范围与特点的习惯性理解进行批评成为了一件必要的事情：作为一种意识形态，它拒绝公/私的区分，它察觉到了一种隐含的男性统治体系，并谴责公共政治中的大男子主义。尽管她们更为谨慎小心地运用这些深刻见解，但女权主义政治科学家已经强烈地受到了这些观点的影响。她们已经对有关政治科学的学科边界与范围的假定提出了挑战；同时还对公域—私域的二分法提出了质疑，并把这种二分法当成一种有价值的分析工具来使用；而且，尽管并不是自主地赞成它们，她们还是把主流政治中男性统治的理念与男子主义，当作经验性调查研究与阐述中的假定来加以利用。

五、从性别视角看国家

尽管女权主义政治科学家已经就这一学科对主流政治制度的传统性的集中关注提出了批评，并且认为有必要扩大对“什么是政治的”的理解，但是，她们自己也已经，并且也许是日甚一日地，对这些相同的制度或“国家”的性别化分析进行关注。首先，马克思主义的女权主义和激进的女权主义，都坚决地利用传统的“左派”思想，并极为自然、不加批判地把“国家”这一概念吸收到她们的视角中来。尽管国家被充满怀疑地视为资本主义和/或男性统治的代理人，但人们也感觉到需要有一种不同的、系统化的女权主义国家理论。然而，这种女权主义国家理论实际上并未出现。

早期激进女权主义把国家简单地视为男性统治的一个据点和工具。最初，马克思主义的女权主义就对国家在维持资本主义中的作用提出了一个类似的实用解释。当它日益试图把阶级分析与社会性别分析进行“联姻”时，国家也就被确定为这两种体系可被调和的可能点（Eisenstein，1979）。在20世纪80年代，马克思主义或社会主义的女权主义对国家的解释，开始变得更加成熟起来，更少了一些决定论的色彩。在知识上，它利用马克思主义理论的发展，允许资本主义国家有摆脱资本主义的一定程度的“相对自主性”，并认识到国家并非铁板一块，而是由多种舞台组成，在每一个舞台上都可以展开政治斗争。这些思想是有吸引力的，因为它们支持一种更为工具主义的国家观，因而有助于使社会主义的女权主义者日益参与主流政治制度的行为之正当化。许多社会主义的女权主义者随后就被吸引到对权力循环的更为福柯式的理解中来，而在这种福柯式的理解中，国家的轮廓就其本身而论已变得极度朦胧不清。

这些日子，我们更不倾向于要求一种宣布某些东西与“国家理论”一样绝对的政治意识形态或视角。在任何情况下，此种理论的必需含义并不永远那么清楚。尽管在女权主义中可能并不存在一种“宏大”理论，但女权主义思想家日益努力克服由妇女参与到特定的政治制度、过程与政策中所提出的这些本质性的、并更为规范的问题。在这一程度上，正如康内尔（Connell，1990：529）所认为的，它们有助于确立一个模糊的女权主义国家观的方向（参见图框6—1）。康内尔，也许是迄今为止对这一问题做出最好解释的一位学者，利用这些研究来提出他自己的综合，然而这种综合与其说是一种理论，还不如说是一种为理论服务的有用框架。他使用“社会性别体制”（gender regime）这个术语来描述国家是如何体现了男人与妇女之间的一组权力关系的，而这种权力关系本身又是早期社会性别历史的一个结果。社会性别体制通过等级、劳动分工和欲力投入（cathexis）结构或情感依附来运行。尽管以这种方式体现社会性别，但国家是被迫接受被赋予的规制社会中的社会性别关系之能力的，因此，实际上国家有助于重新构建被规制的事物的范畴，并因而“被卷入到产生并改造这一社会性别秩序的基本构成的历史进程中”。

图框 6—1

性别化的国家：康内尔的理论框架

1. 康内尔提出了一种国家理论，它能为经验研究提供一个框架。

2. 作为一种在性别化的权力实施过程中使用的核心制度，国家有助于塑造社会性别关系。与此同时，社会性别关系的历史影响和当今社会性别政治的持续影响，都影响到了国家的形式与实践。

3. 不存在如“男性国家”这样的事物，但是每一个经验意义上的国家都可以被视为提供了一种“社会性别体制”，这一体制反过来又与性别斗争和更广的社会结构联系在一起。“社会性别体制”的思想描述了国家如何来体现一系列深受历史影响的男女之间的权力关系。社会性别体制的三个主要结构是：

a. 在国家雇员与行为者中的性别化的劳动分工。

b. 体现了权力结构的社会性别等级。

c. 投入结构和情感依附。

4. 国家能实质性地影响到社会性别关系，但这种影响并非不受限制，国家的结构与实践卷入了产生和改变社会性别秩序基本构成的历史过程。

5. 因为国家既能规制又能创造，所以性别政治对国家有着重要的利害关系。它为性别政治中利益集团的形成和动员提供了一个关注焦点。

6. 总是存在变化的可能性。从历史的意义来说，国家和社会性别关系是变动的。在社会性别秩序中，可能会出现冲击与危机的趋势，而这又使得性别秩序具有出现新的政治可能性之希望。

资料来源：Connell (1990).

女权主义社会科学家也在对西方“福利国家”的分析上作出了有意义的贡献。他们在这一问题上产生了争论，即到什么程度，特定的福利国家最好被看成是“公开的男性统治”或“对妇女友善”的例子。他们批评由艾斯平和安德森（Esping and Anderson，1990）提出的具有深远影响的福利国家的类型学说，说它忽略了社会性别的问题，并提出了一点建议，即人们需要去考察社会与经济政策取决于一个“男性养家糊口”（male breadwinner）模式的程度（Lewis，1997），而且他们还对妇女在持续的福利国家重构过程中作为雇员和作为母亲的意义进行了评估。

但是，关于对特定政治制度作出一种社会性别化（gendered）的解释，女权主义政治科学家的兴趣也与日俱增。这被看成是从更早的一些问题——关于为什么妇女在政治上会代表不足、妇女的参与能够产生什么作用的问题——合乎逻辑地开始继续探索的领域。现在，强调的重点是制度环境特征，这些制度环境有助于解释并影响到了妇女参与，而且还有可能暗示了女权主义的策略。查佩尔（Chappell，2006：225）则借助“新制度主义”的语言，把它描述为制度中的社会性别化的“适宜逻辑”的关注焦点。

早些时候我提到了在女权主义思想中发生的、从生理性别范畴向社会性别概念——这一概念，强调的是社会性别角色与身份的社会建构特征——的转变。我们看到，后现代主义的女权主义者随后对这种（天生的）生理性别和（社会形成的）社会性别之间的简单对立表示了质疑；并且看到，如果没有社会性别概念这一跨步，就几乎不能一直向前：无论是实际使用还是可能使用这一概念，都留有很大的变化余地（Carver，1998）。然而，正如拉文杜斯基（Lovenduski，1998：338）描述的，“对生理性别这一概念的分析效用日益感到不满意”的女权主义政治科学家，已经把社会性别概念当作一个组织化的术语来采用。正如贝克维茨（Beckwith，2005：131）提到的，在女权主义政治科学家理解社会性别思想的方式上，依然存在不相一致的地方：“关于社会性别的我们的共同语言……还没有形成”。不过，她认为，他们应该对作为一个范畴的社会性别的含义达成以下一致：“社会性别是被想象为男性和/或女性的，社会建构的、流动的、有政治意义的身份、价值、习俗以及惯例”。社会性别是既作为一个范畴也日益作为一个过程而得到使用的，根据这一范畴和过程，制度“被社会性别化了”。在这一意义上，而且再次借用贝克维茨的话说，社会性别要么指结构、政策对男人和女人的影响，要么指男人女人“积极工作以产生受欢迎的社会性别化的结果”之手段。

早期由萨维基与威茨（Savage and Witz，1992）主编的一部有影响的论文集，帮助确立了这一取向。这部论文集解释了，当这一学科在解决社会性别问题时，任意变化的学科边界通常呈现出的形态；在这一过程中，论文集的研究涉及了许多不同形式的官僚机构（但并非都是政府机构），并大量地利用了组织社会学的理论知识。除了两位编者对这一领域的有价值的概述，哈尔福特（Halford，1992）还研究了英国地方政府中“妇女提案”（women's initiatives'）所遇到的困难（比如由女性议员或女性官员提出的议案等），进而对政治制度的社会性别化研究做出了杰出的阐述。

这种性别化的制度取向已被日益广泛地应用于大量的制度和国家背景中。最近的一个例子是德马（Dema，2008）对非政府组织（NGO）在西班牙的发展进行的研究。德马主要依赖于深度访谈——而这种深度访谈的明确目标是反映非政府组织中的各种声音与体验——针对在这些组织内部关于性别平等的明确话语和女性的高关注度，与性别不平等的持续现状之间的矛盾，进行了深入探讨。

不过，这一取向给人留下最深刻印象的一个研究例子是，卡瑟琳对美国州立法委员会中的社会性别权力动力进行的被广为引用的研究（Kathlene，1995）。她对增加担任政府部门职务的妇女数量将自动地增加她们在立法机构中的影响这种普遍认识进行了反驳。在美国，对州立法者来说，个体对政策制定过程的影响主要存在于委员会和次级委员会中。她认为，如果立法委员会真正做到性别中立，那么女性主席就应该有着与男性主席相同的影响立法过程的机会。而且类似的是，如果委员会中妇女成员占有充足的比例或“关键的多数”，那么，这种“表面文章与妇女边沿化的感觉就应该得到消除，并允许妇女自由地加入到法案辩论中来”（Kathlene，1995：168）。另一方面，在对许多女权主义政治科学家毫不费力地利用狭义上的政治科学之外的研究方法与发现进行解释时，卡瑟琳引用了她对妇女在工厂的经历的分析，这一分析表明，“是性别偏见而不是团体规模在制造不平等……而且高度男性化的职业变得更加（而不是更少）抵制妇女成员数量的迅速增加”（Kathlene，1995：167）。

通过对委员会听证会的语词动力的考察，卡瑟琳探讨了下述问题。1989 年，科罗拉多州众议院的女性议员比例达 33%（这一比例相对来说是较高的）。它的一系列委员会听证会都被录了音。卡瑟琳运用这些数据来分析不同听证会参加者——主席、委员和证人——的语词干预，即观察在下列方面的数据：发言者进入辩论后发言所消耗时间的百分比、发言者采用的语速、改变语速的频率以及发言时被打断的百分比。她的研究发现实际情况是复杂的。委员的身份职位确实是有关系的：比如，男主席和女主席，就要比具有其他身份角色的男同事与女同事以彼此更为相似的方式行事。但是性别也显然有重大关系。与男子担任主席的委员会相比，由妇女担任主席的委员会发言更少，语速转换的次数和被打断的次数都要更少。性别也同样是委员会成员口头参与听证会的一个强有力的预言者。委员会成员和证人的参与通常受到这个委员会的主席之性别的影响。比如，在妇女担任主席的情况下，男证人表现出了一种加强的语词侵略性，甚至是打断这位女主席的话。

除了以统计的方式分析口头行为，卡瑟琳还考察了称呼的风格。她注意到：

> 一位作证的妇女通常被男主席以她的名字来称呼她，无论她是一位不为人知的专家或公民，还是一位为人熟知的院外活动家或官僚；但是，如果证人是一位男士的话，就会在他的名字前面加上一个头衔，无论是在介绍他的时候还是在对他的发言进行总结的时候都是如此……这种根据性别来区别对待的最令人震惊的例子，发生在一个由几位医生作证的关于保健问题的听证会上。尽管当时这位女证人明确地把她的头衔与名称表达为“艾莉莎·琼斯医生”（Dr Elisa Jones），但男主席一再称呼她为“艾莉莎”，并且最后感谢“琼斯夫人”的作证。无须说，没有一位男医生不是被称呼为“某某医生”的（Kathlene，1995：180）。

她还跨出口头行为的范围，考察了座位安排的影响，并发现那些有能力的妇女如果和其他妇女坐得更近，那么她们也就可能对妇女成员的干预产生一种积极影响。总体看来，卡瑟琳的研究是对性别化的制度分析之潜力的一个极佳说明，这种制度分析是充满想象地被设计出来的，它小心翼翼地试图揭示出在形式上性别中立的政治制度中发挥作用的、强有力的（纵然也是复杂的）社会性别动力。

六、对女权主义政治科学的批判性回应

将女权主义视角运用到政治科学中的做法已经受到了大量的来自不同观点的批评（这里我集中在女权主义政治科学而不是女权主义本身，因为我已经表明，它们绝不是同一个事物）。

1. 普适主义

既然女权主义内部观点的多样性已经在某种程度上被反映在或吸收到女权主义的政治研究中，那么有些批评就由内在于女权主义事业本身的各种形式的看法构成。因此早期的女权主义政治科学被批评（至少是较为含蓄的批评）为因为妇女的概念过于“普适化”，而没有充分地认识到妇女之间的差异性，并确实没有充分地认识到这一事实：在妇女团体之间可能存在着根深蒂固的利益与观念的冲突。

2. 本质主义

与此密切相关的是“本质主义”的指责，正如斯奎尔认为的，在女权主义理论中这一术语“被严重地过度使用，并且是非常混乱的”（Squires，1999：66）。那些赞成对身份进行社会建构主义的解释的人，往往把本质主义等同于生物决定论，但是他们反过来也遭到了后结构主义者的批评，这种批评认为，这种本质主义是一种在物质与象征层次上被构建出来的残余的本质主义。在这一标准内，“本质主义依旧是一个仍然用轻蔑的语气表达出来的术语”（Squires，1999：67）。这引发了一个又回到最后一部分的问题，即如果我们是女权主义者，那么到何种程度，我们要么可以避免，要么应该去避免本质主义思想中的所有痕迹。

3. 非批判性

然而，人们已经注意到，作为一个整体的女权主义思想、更有意义的妇女研究以及其他学科内的女权主义，已经对女权主义政治科学很少再产生兴趣或者表示赞成（Sapiro，1998）。这意味着可以从女权主义视角做出第二条路线的批评，即女权主义政治科学缺乏足够的勇气。它并没有寻求在女权主义的政治分析中得出非常极端、激进的结论。实际上，尽管女权主义政治科学无疑是自己建立起来的，但是，正如我们已经看到的，存在着这样一种倾向，即不加批判地采用传统的“男性的”方法，尤其是对政治行为各个方面采用量化分析方法，而这种分析方法又被认为是最为严谨和“科学”的方法，因而对使用者来说相应地具有最高的地位。在国际关系这一领域，一些批评已经察觉到了最近的去激进化或“新女权主义”的要素，比如从妇女向社会性别的转变，以及日益准备接受实证主义方法（Squires and Weldes，2007）。不过，就政治科学而论，此前很少有英雄辈出之感，倒是感觉到了持续的中庸与谦恭。限制女权主义政治科学的一个总体因素可能是，在政治科学中，妇女已经扮演了并且将继续扮演相对边缘化的角色，而且在追求学术“正确性”（Lovenduski，1998：351）和学术进步的过程中，又体验到了其中的重重困难。

4. 局限性

与限制性相关的是这种批评，即尽管女权主义政治科学已经提出了有关私人与公共的政治领域之间关系——这种关系影响到了参与、政策制定与政策的实质内容等——的重要问题，但是，实际上它已经把注意力过于狭窄地集中在那些习惯地等同于政治的行为领域或层次上。因为同样的理由，它没有充分地对政治研究与同类学科之间的传统边界提出挑战，正如我已经说明的，女权主义政治科学家日益愿意使用来源于其他学科领域的框架与方法。考虑到女性政治科学家在这一学科内建立她们自己的框架时面临的困难，因而在一定程度上，这又是可以理解的。正如肯尼指出的，“如果去解决这些次级领域的中心问题或基本问题，而不是去问一些新的问题或进行跨越次级领域或者跨学科的研究，那么这一学科的价值就会更大地发挥作用”（Kenney，1996：447）。只要培训与研究中还存在现行这种学科划分，那么离开这一学科的传统核心领域太远，就必定会对政治科学的身份认同与它对专业知识的所有权造成威胁。遗憾的是，政治科学的传统特征体现出了一种强烈的大男子主义的体验和政治理念，而这往往又遮挡了需要给予充分性别化解释的“广角透镜”（Carroll and Zerilli，1993：60）。

5. 无效性

然而，如果女权主义政治科学已经因为它的胆怯或部分地吸收女权主义观点而遭受批评，那么，也许它的主要的“失败”就是未能在这一主流学科中引起深刻变化。政治科学，不同于社会学或历史学，显然仍然没有受到女权主义视角的削弱。这在英国是事实，甚至在美国，“不管社会性别政治学共同体的规模，也不管大多数政治科学系现在已经至少开设了一门这一领域的课程，但是性别政治学并没有完全地被整合到政治科学中；它的理论、问题与结论并没有在任何有意义的程度上‘被主流化’”（Sapiro，1998：68）。正如已经强调的，政治科学依然是一个“男性统治”的职业。除了它的核心主题内容，在“高层政治”的领域，依然顽固地由男性统治着。正如菲利普斯表明的，“与其他地方它已实现的接近革命（near-revolution）状态相比，女权主义在挑战‘男性倾向’的政治方面颇不成功。我们正在经历一个性别关系重大转型的时期……然在政治上形成鲜明对照的是，它看起来还是像日常事务一样”（Phillips，1998：1）。

七、结论：前进之路

斯奎尔把女权主义的冲动概括为“一种为了妇女利益而旨在改变男女之间的权力平衡的政治立场，这一立场又通过这种观念而变得复杂化，即在妇女之间存在着权力平衡，以及妇女这个范畴本身可能就是男性统治关系的一个产物”（Squires，1999：76-7）。不管它内部有多么多样化和有多少争论，这个女权主义视角并不充分地为政治科学所需要。在确保对作为政治行为者的妇女进行充分的和有洞察力的解释上，女权主义政治科学所取得的成就是巨大的，并且尽管其有限性正日益被认识到，这一取向仍将继续是一种必要的取向。女权主义政治科学已经提出了以下更为根本的问题：关于包括在公域与私域之间的习惯性区分在内的政治被概念化的方式的问题，关于作为一门学科的政治科学的边界与范围之意义的问题。最近的一种趋势是，它退回到对政治制度的集中关注上，但是，为了显示并探索政治制度的社会性别化特征，一种对政治制度构建与运行的复杂方式的更加成熟的理解，现在已经使政治制度蒙上了自己的色彩。尽管女权主义对这一学科的影响，正如这一职业中的和在大多数“高层政治”舞台上的妇女所产生的影响那样，仍然是边缘化的，但是恰如菲利普斯（Phillips，1998）指出的，边缘化中可能存在着某些可被发现的知识上的优势或机会。女权主义政治科学家在质疑一门已经确立的学科的中心元素时的模棱两可立场，使得他们能够、并鼓励他们“到外面”去寻找一种建构和表达某种替代性观点的视角和语言。

经过一段时间之后，正如女权主义系统阐述它的核心问题的方式已经持续地受到质疑并得到修正，女权主义政治科学也已经——纵然是渐渐地——不得不重新表述它的探索目标。最初根据它与“男人”的权力关系来界定的“妇女”这个普遍化的和一致化的概念，也已日益受到质疑，这切合了一点，即实际上非常难以（如果并非不可能的话）把它从政治的和哲学的蒙昧时期中拯救出来。即便如此，在我看来也没有理由要完全放弃这一思想：男人与妇女之间的差别，可能会在特定政治背景中显得特别重要。比如说，虽然不是所有妇女都在或者甚至是想去生儿育女，但是男人（目前!）根本不具备这种功能（Phillips，1995）。很多后结构主义的女权主义者愿意接受“偶然的女子气质”（contingent femininity）（Coole，1990）这种理念或某种形式的“策略性的本质主义”（strategic essentialism）（Nash，1994）。但是在这个“社会性别化”的行动中，也需要一种对政治与政治制度的男性化的更为系统的调查研究。当然，正因为我们迫不得已地承认妇女以及女子气质的差异，因此我们也必须承认，不存在一种单一形式的男性化。工作已经正在开始，但是，在将来，女权主义政治科学需要更加充分地与有关男性化的形成的问题——这一问题已经体现在不断增加的文献和研究中——紧密结合起来，而又不失去它最初对妇女的政治忠诚。

进一步阅读的文献

● 关于女权主义内部争论的发展，Bryson（1999）提供了一个可读性很强的导论，而Squires（1999）则在女权主义政治理论的背景中对这些争论进行了分析，更值得一读。

● Jones and Jonasdottir（1988）论及了有关“什么是政治的”和对政治的理解的一些问题，而MacKay（2001）却使用个案研究的方法来进一步探索“照顾伦理标准”这种理念。

- Connell（1987）、Phillips（1991）以及 Savage 和 Witz（1992）等以不同的方式阐明关于国家与政治制度的女权主义分析，并进一步激发了研究的兴致。Beckwith（2005）对社会性别的概念化以及 Chappell（2006）对社会性别和比较制度的研究，是对这些文献的有益补充。Phillips（1998）以及 Randall 和 Waylen（1998）亦是有益的论文集。
- 在需要更加谨慎地审察关于大男子主义的有关假定时，Connell（1995）的研究是一个不错的起点。

第七章

马克思主义

迪阿姆德·马奎尔

苏联解体造成的其中一个悖论性的结果是马克思主义的复苏。马克思主义者再也不用背负苏维埃帝国的恶名，争论的焦点已经转移，少了一些针对“社会主义”为何没有成功的研究，而更为关注全球资本主义正在如何走向穷途末路的研究。全球资本主义已经发展出了一个由血汗工厂、外部采办和临时就业构成的生产体系。最近的金融危机见证了自由市场原则的倒退，一些国家从困境中挣脱出来并将银行国有化。争夺石油的战争正在中东和中亚进行着。在一些大城市，高楼大厦由私营安保公司提供保护，而贫民窟则由衰落的公共服务部门负责。环境受到了污染，并且面临着气候变化的影响。全球化文化和本土文化之间的斗争既在导致语言的消失，也带来了命运与共和同舟共济的机会。下次在进入当地的书店时，你将看到书店里充斥着一些有关这些问题的书籍，而马克思主义者会把这些问题解释为起源于全球化的资本。这些书籍的大多数作者绝对算不上马克思主义者，不过，我们却可以看到，在它提出的那些问题之意义上，马克思主义是如何变成“我们这个时代的常识”的（Halliday，1994）。

安东尼奥·葛兰西这位意大利的马克思主义者，倾向于使用“见识”（good sense）而不是“常识”（common sense）一词；他认为见识是通过分析获得的，而常识是被动地给予的。不论你找到哪个人，他都会同意以下观点：国家体制受到贪婪的政客的控制，战争是为了争夺资源，民族文化受外部力量的支配。这样看来，这些都是围绕国家、战争和文化之角色的观念领域。对马克思主义者而言，把“常识”改造为“见识”的法门是分析研究（analysis）。换言之，通过表象看到隐含的事实是至关重要的。

当代马克思主义的资源非常丰富。在本章中，我们将把作为一种政治实践的马克思主义的这个最基本方面（即马克思主义的解放事业）搁置一旁，转而集中关注它提供的政治研究范围。本章首先要考察贯穿于1848年发表的《共产党宣言》中的马克思的政治经济学理论，以及其自那时以来一直到2008—2009年金融危机的理论发展。然后，我们将考察以资本主义、国家和国际体系为中心的马克思主义国际关系理论。伊拉克战争将被作为一个案例，用来检验马克思主义者对美国老布什政府走向战争之动机做出的各种解释。马克思主义者的比较政治研究，通常对独创的马克思主义模式内在的全球主义提出质疑。当代马克思主义者对民族、国家、地理边界和文化的比较研究多数属于经验研究。正如我们将在城市政治和文化研究领域中所看到的，在一个受马克思主义影响的广阔框架内，马克思主义创造了新的取向，而这个框架强化了基础概念并使之复杂化。

马克思主义总体上考察资本主义在社会、经济和政治层次上如何运行，以及它如何影响国家角色、国际关系、空间关系和文化，并反过来又受到它们的影响。马克思主义起源于世俗化的启蒙运动，并以基础主义的本体论为基础，在这一点上我的意思是说，马克思主义的科学或者认识论致力于发现资本的本质而非其表象。本质以现实世界所发生的事情为基础，例如，为了谋取利润，资本剥削劳工。这与只看到资本（或者市场）的简单表象而把它说成是按照逻辑发展和公正的那种说法形成了鲜明对比。在认识论上，马克思主义试图通过密切关注历史和唯物主义来挖掘现实，并发现社会、经济和政治生活之间的联系（参见图框7—1）。这要求用一种辩证的眼光来看待现实，认识到社会存在的动态性、可塑性和矛盾性。一些当代马克思主义者还继续保持早期对宏大理论的那种要求，其他一些学者则要求以多种认识论和方法论为基础，寻求研究取向的多元化。

图框7—1

当代马克思主义的分析视野

● 政治经济学：在资本主义制度下阶级的经济角色制造了全球性结构，而在这些结构中，每个人都必须适应“逆我者亡”的原则（Marx and Engels，1848）。这一制度的内在矛盾将最终导致资本主义的灭亡。针对最近出现的马克思主义政治经济学的研究热潮，帕尼奇（Leo Panitch，2009）进行了讨论。

● 民族主义：自19世纪以来，民族主义问题就一直是马克思主义的主要问题。本·安德森（Ben Anderson，2008）从历史唯物主义视角来研究这一问题，认为民族脱胎于印刷资本主义，在文化的意义上得到发展，并且在民族与国家中发挥了独立作用。

● 国家的形成：巴林顿·摩尔（Barrington Moore Jr.，1966）主张，不同的阶级构型与同盟导致了不同的国家类型。

● 民族国家：艾伦·伍德（Ellen Meiskins Wood，2003）拒绝把全球主义或者民族国家作为一种简单选择来接受。她认为，在对全球资本主义的监控问题上，民族国家发挥了重要作用。

● 新葛兰西主义视角：国际体系要求有一种霸权，以使国际资本主义下的关系不受影响。按照罗伯特·考克斯（Robert Cox，1981，1999）和史蒂芬·吉尔（Stephen Gill，1999，2003）的观点，这一霸权是通过国际层次上的权力与共识（在社会、经济和政治意义上）得以维系的。

● 世界体系理论：世界体系受核心及核心与边缘的关系控制。半边缘扮演了一个过渡性角色。根据沃勒斯坦（Wallerstein，2004）的观点，这三个地带之间的关系受到贸易和地缘政治的支配。

● 空间：大卫·哈维（David Harvey，2006）和亨利·勒夫伯夫（Henri Lefebvre，1991）认为，地理空间是资本与劳动力运行的关键。地盘观念的消除与重新强化，已经跨越人们所设立的所有边界而发挥了一种辩证作用。卡茨尼尔森（Ira Katznelson，1981，1993）研究了城市层次的地盘观念之消除与重新强化。

● 政治文化：汤普森（E. P. Thompson，1980）认为社会阶级也是一种文化构型。沃尔特·本雅明（Walter Benjamin，1933）评述了技术如何冲击了文化想象力。弗朗科·莫雷蒂（Franco Moretti，2000）运用世界体系理论来考察世界文化的形成。所有这些学者都认为文化与阶级和资本之间相互交织。

一、马克思主义的持久意义：从《共产党宣言》到《没有标识》

为了理解马克思主义的发展和演变，理解它是如何形成的就显得非常重要。在传统马克思主义看来，资本主义在劳动力与资本之间引入了一种赞美性和矛盾性的关系（即辩证关系）。这种关系是通过连接生产方式也就是使劳动力与技术结合而建立起来的。反过来，这一过程又受生产和交换关系支配，而生产和交换关系又被狭义地界定为商品流通的组织化安排。对生产和交换关系的广义理解，涉及诸如劳动合同、对物品配送的持续同意、对生产商和消费者之间相互行为的管理等许多生产条件，还涉及更为一般的社会经济和政治因素。在最基本的意义上，资本主义组织起了一支自由选择工作并得到报酬的劳动大军。对马克思而言，资本主义既是一支解放性的力量，又是强制性的力量：工人拥有选择工作的自由，但是他们又都必须出卖自己的劳动力：简单地说，这就如你在自己的工作生涯中会面临很多不同的工作机会，但你又总得出售你的劳动力。

在1848年发表的《共产党宣言》中，马克思恩格斯写道："至今所有一切社会的历史都是阶级斗争的历史。"马克思主义的分析是从剥削制度内的资本主义全球发展模式开始的，这一剥削制度既维系了但又自相矛盾地削弱了资本主义发展模式。资本主义脱胎于封建主义这种已经存在的生产制度并成为了一种新的阶级剥削制度。在马克思看来，资本主义仅仅局限于少数几个西方国家，不过，它会向全世界扩张，并且消灭了前资本主义的生产方式和剥削。奴隶制生产方式先于资本主义而存在。拥有劳动力和全国市场特权的“工业封建制度”（Tucker，1978：473），无法满足资产阶级对劳动力和进入全球市场的要求。资产阶级在持续改进“生产工具”（Tucker，1978：476）上取得了巨大成就，但却很少考虑到它的后果。《共产党宣言》是对工人力量不断壮大，以及对作为随后两个历史阶段的社会主义和共产主义的到来而作出的一个预告。

马克思想要看到资本主义彻底征服“世界的每一个角落”（Tucker，1978：476），认识到这一点非常重要。对于眷恋于一个想象的过去（比如，声称旧货币优越于新货币）的那些人，或者对于那些执迷于形形色色的社会主义（它们只是提出了改良或乌托邦）的人，他并不喜欢。在马克思看来，资产阶级必然使经济全球化。这会造成一个悖论：导致国际无产阶级开始掌握权力。最为重要的是，因为是在全球资本主义导致的持续变化的政治和经济条件下加入了劳动大军，无产阶级将会得到启蒙。正如马克思恩格斯所指出的：

> 生产的不断变革，一切社会关系不停的动荡，永远的不安定和变动，这就是资产阶级时代不同于过去一切时代的地方。一切固定的古老的关系以及与之相适应的素被尊崇的观念和见解都被消除了，一切新形成的关系等不到固定下来就陈旧了。一切固定的东西都烟消云散了，一切神圣的东西都被亵渎了。人们终于不得不用冷静的眼光来看他们的生活地位、他们的相互关系。（引自 Tucker，1978：476）

在此处，马克思把工人体验到的社会经济关系与破除迷信的启蒙理想联系起来：人们将“不得不用冷静的眼光来看他们的生活地位”。因此，对工人的直接剥削就使得统治阶级与被统治阶级之间的关系除了残酷理由失去了任何借口。工人不是因为地位低劣或者信仰才正在受到剥削（Tucker，1978：475），而是因为在一种竞争环境下出售劳动力才遭到剥削的。这就是说，资产阶级通过直接剥削劳动而创造资本。所以，正是因为资产阶级创造了一个任何固定之物都将在其中烟消云散的社会经济制度，马克思才对资产阶级倍加赞扬（Tucker，1978：476）。以资本形式表现出来的理性，使得任何事物都能在市场内买到和售出，并“在社会生活中造成了不确定性和焦虑不安，同时每个人都被迫适应‘逆我者亡’的原则”（Tucker，1978：477）。

在某些意义上，用这些于 1848 年提出的关于政治经济学的最初观点来说明 21 世纪初的最近事件，最能经得起时间的检验。尽管阶级斗争难以超出罢工和群众示威的传统作用来进行衡量，但是，最近发生在欧洲、美洲和亚洲的事情都说明，这种形式的抗议还可能会继续。工人阶级已经消失的论点（Gorz，1983）是以对西方国家内部出现的趋势而非世界趋势的考察为基础，而且常常是针对产业工人而言的。阿里克斯（Alex Callinicos，1989：125）声称，产业工人的比例在全球范围内得到了上升；最新的数据（ILO，2009）确认，在 2008 年有 30 亿人约合总人口的 61%是劳动者。全部算起来，比2007年的数字略有上升。在西方，尽管劳动者的主体确实并非来自制造业的工人阶级，但在对资本家的剥削上，这很少造成什么影响（Callinicos，1989：127），也没有对那些新的行业，比如为临时的、兼职的和外来劳动力而保留的行业产生什么影响。

在当今背景下，我们看到资本主义从前资本主义的剥削形式中一直挺了过来，它历经了从最糟糕的奴隶制度到诸如雇用临时工制的最新的剥削形式。瑙米·克莱因（Naomi Klein，2001）对此已经做出过详细描述，她深受欢迎的著作《没有标识》（*No Logo*）一书推动了反公司全球化运动（anti-corporate globalization movement）。在此书中，她重点分析了北美国家如何既剥削国内廉价的劳动力，又剥削海外没有安全保障的廉价劳动力。

在2008—2009年的金融危机期间，不难看到，资本主义还在继续遭受着生产过剩与投资过剩的困扰。全球经济被媒体描述为个体或者家庭实际上必须解决的数学迷局。关于利率水平、股票市场和企业报告的新闻都凸显了聘请一位财经顾问的必要性——对于那些能够承受得起的人来说。信贷的分配是对剩余的一种熟练形式的“第二次取用”（Bryan，2008）。或者如马克思自己所论述的：一旦一名工人领到了工资，他就要开始为“店主、商店老板和当铺老板工作”（Tucker，1978：479）。此外，在考察国家的作用时，不可否认，在严重的危机期间，国家帮助金融机构走出了困境，暂时性地把它们收归国有，而且美国还花钱来拯救它的汽车企业或银行。从传统的马克思主义角度来看，通过采取抵制全球衰退的行动，国家试图来管理资本主义的事务。

二、马克思主义中持续存在的问题

马克思使资本与劳动力、国家与国家间的关系不再神秘化的一般化努力，与他在《法兰西内战》（Marx，1871）或者《路易·波拿巴的雾月十八日》（Marx，1852）中描述的以历史为基础的理论形成了鲜明对比。这两部著作要解决的问题是，法国政府及其特殊的官僚机构如何对付法国资产阶级以及一个正在形成的无产阶级。换句话说，国家有着一定程度的自主性，对这一点，马克思的研究有所涉及但却并没能把它算入他的理论成果。马克思政治经济学中有三点一直在困扰着后来的马克思主义者。

第一，资本主义因生产过剩和经济危机而受到谴责的思想，导致了对这种模式的自动性或不可避免性的认识。皮耶尔（Kees van der Pijl，2007：625）曾经指出：“通常所犯的一个错误是，想当然地认为资本主义的发展会‘客观地’向前推动社会所有化，这样，只有在资本主义的躯壳不得不被去除之后，我们才能建成一个社会主义的基础。”经济发展、市民社会和国家都按照相互关联的但又各自独立的轮廓路线前进。在第一次世界大战期间，俄国的布尔什维克能够在国家崩溃时期获取权力，而他们在意大利和德国的西方同行却不能重演这一幕，这是因为这两个国家的国家力量不同。

意大利共产党领导人葛兰西号召多了解一些国情，并且对政治力量予以更多的关注。

带来急剧变革的共产党统治已经转入低潮，现在，注意力转向了像反公司全球化运动这些更为宽松和更具包容性的集体。从结构上来讲，资本主义受到剥削、新兴市场的发现和新的生产工具的发展之支配，而且这一制度因为生产过剩而造成了无心的结果。在这一阶段，马克思把资本主义描绘成失去了力量的“魔法师”。不过，解决这些“生产过剩和投资过剩”的办法通常是资本、劳动力和价格的贬值，因此，“复苏的种子就存在于危机本身之中”（Desai，2002：77）。实际上，马克思在《资本论》（Marx，1867）中也感到困惑的是，资本主义是否会因为国际矛盾而必将衰落，或者资本主义是否有自动的再生能力。这导致了能动性的问题。鲍勃·杰索普（Bob Jessop，2002，2008）提出的策略—关系取向（strategic-relational approach）就使我们能够理解，“结构与能动性在这些类型的危机中通常是如何发挥作用的：在分析的意义上，结构的形式、内容及运行是可以看作在策略上有所选择的；而行为也同样可以看作受到结构约束的、多少对环境产生敏感并且能够发挥构建作用的。”

第二，民族国家被描绘成“管理资产阶级事务的执行委员会”，无产阶级很少有机会能够以积极的方式来进行干预。对于像瑞典或者巴西那样的民族国家改善（或者降低）工人条件的行为，马克思主义者该如何解释？一种办法是通过进行比较研究，来对国家层次上的生活条件的性质进行考察。然而，普沃斯基（Przeworski，1986）运用这一视角说明了，社会民主是劳工可以希望的最佳形式，在特定程度上这是因为全面的社会主义将导致国际投资减缩。充满矛盾的是，这一主张进一步证实了马克思关于国家在国际体系内的有限角色的思想。政治被简化为一种附带现象，它受到了个体经济选择和集体政治成本结构的约束。在解释社会民主的逻辑时，普沃斯基（Przeworski，1986）运用理性选择来解释，在一个二分的而非辩证的分析框架内，经济基础如何主要地决定了政治上层建筑。

第三，《共产党宣言》和《没有标识》两本著作都呼吁工人进行国际合作，而非在国家的层次上相互竞争。民族主义的备受欢迎是马克思主义的大敌，在20世纪爆发了两次世界大战，在共产主义国家之间也爆发了区域性战争。马克思曾经号召工人以国际利益为基础团结起来，但是，工人的招募以及实际上他们对战争的支持却都是以国家认同为基础的。列宁对第一次世界大战作出了一种资本主义最高阶段的“帝国主义”的经济解释。他断言，这场战争之所以爆发，是垄断资本在争夺殖民地上的竞争所致。克莱因（Klein，2001）对现在“商标”时代或者“灾难资本主义”（disaster capitalism）（Klein，2008）下的战争所进行的分析，提出了一些让人很感兴趣的见解，特别是军事事务的私有化这一观点。不过，在对战争的解释上，通过把民族主义描绘为印刷资本主义和大众想象的创造物，本尼迪克特·安德森（Benedict Anderson，2008）对马克思主义的解释提出了质疑。在他看来，民族主义未必会强加于无产阶级之上，而且，在解释国家之间的战争时，必须在民族主义想象的和具体的地缘政治背景中对民族主义进行比较。

三、马克思主义与国际关系

马克思主义对全球经济的分析与对民族国家在国际舞台内如何运作的解释并不一致。当战争于1914年爆发时，列宁对国际经济和国际体系之间的关系提出了一种新的解释。在一定程度上，依附学派是列宁推理的缩影，但是却被用来考察发达国家如何维系一个使世界上大部分人口陷入贫困的体系。世界体系理论（world system theory）发源于这一学派（Wallerstein，2004），认为自16世纪以来统治性的力量就已经支配了世界贸易体系。除了这一理论发展，还出现了新葛兰西主义，这一派学者运用葛兰西创造性地提出的用以考察国内政治因素的霸权理论。在对这些理论加以简短考察后，我们将对它们如何与2003年伊拉克战争的爆发有关进行考察。

传统马克思主义，就像古典的自由主义一样，在处理民族主义和民族国家问题上存在很大问题，从而给国际关系理论的建设只留下很少空间。全球经济会自动导致资本家之间世界性的相互依赖与劳工之间的国际合作这一假设，在20世纪初期即已宣告破灭。拥有不同利益的独立国家的发展导致了第一次世界大战的爆发，对于这场战争，列宁通过他的垄断资本主义和帝国主义理论对此进行了解释。列宁声称，覆盖欧洲各民族国家的垄断资本主义对殖民地竞相进行剥削，并把内部战争作为最终的裁决者。在国际关系层次上，列宁通过资本主义地缘政治来解释殖民主义导致的国家间的冲突，并在此基础上提出了帝国主义理论。金融资本尤其刺激了这种依赖于从殖民地获取原材料的垄断生产体系，而正是对原材料所有权的争夺导致了战争。

在作为一个学科的国际关系领域内，列宁的视角得到了发展和修正。帝国主义和依附理论被拿来解释影响非洲和拉丁美洲的残忍形式的资本主义（Andre Gunter Frank，1967；F. H. Cardoso，2001）。比如，水稻、橡胶和咖啡豆是垄断性的作物，铜、石油和钻石则是垄断性的产业。由于不平等的贸易地位和外国精英的控制，像英国和美国这样的国家就能够获得巨额利润。抵制帝国主义的努力将导致军事政变（如智利1973年的政变）或者战争（比如1954—1962年的阿尔及利亚战争，或者2003年以来的伊拉克战争）。自由主义者把自然资源的所有权说成是削弱经济与国家发展的内部“祸根”。依附理论家认为这一“祸害”是由不公平的发展性质，也就是说，是由不平等的贸易地位外部强加的。一些劳工试图通过移民到工资标准更高的国家来克服这种外部差距。例如，约瑟夫·内文斯（Joseph Nevins，2007）就对墨西哥沙漠中移民未遂者的死亡进行了一项令人毛骨悚然的研究，在这项研究中，他详细地证明了，劳工如何因为咖啡价格在原产地的巨大下降而试图逃往北美。

马克思主义仍然面临着为国际关系中的“南—北差距”提出“有用”解释的问题，而同时它也没有触及其他问题（Halliday，1994）。提出了世界体系理论的伊曼努尔·沃勒斯坦（Immanuel Wallerstein，2004）曾尝试过克服这种边缘化，他试图解释历经数个世纪发展的国际体系中的这种差距。根据他的理论，世界被划分为三个经济体系（核心、边缘和半边缘），并且由主要大国在地缘政治的意义上进行巡查。首先，核心体系进口原材料，出口高技术的制成品，并且在世界范围内进行资本主义投资。核心体系的劳动力成本高昂，并且在经济和军事上，承担着维系这一世界体系的责任。其次，边缘体系出口原材料，进口制成品，并且依赖全球性投资。边缘体系是作为从贫穷的劳动力中榨取超额利润的对象而存在的。最后，半边缘体系扮演过渡性角色，同时兼具核心与边缘的部分特征，并且使世界体系的运行得以软化。诸如消费不足或过度消费等传统马克思主义的概念为沃勒斯坦所接受，不过，这一理论因为使贸易与劳工一致以及使二者与权力一致而遭到批评（Brenner，1977：30）。从性质上来说，世界体系理论的其他观点是地缘政治的观点，它们分别把英国和美国当成19世纪和20世纪的主要大国并把中国当成21世纪潜在的主要大国来展开讨论（Arrighi，2007）。沃勒斯坦（Wallerstein，2003 a，b）断言，因为美国在经济上和政治上过度热衷于这一世界体系，所以它已经处于衰落的晚期。

罗伯特·考克斯（Robert Cox，1981，1999）提出了一种替代性的观点，他利用葛兰西在国内政治意义上提出的概念，把这些概念整合到国际关系的研究之中。考克斯（Cox，1981：128）写道“理论总是为某一个人服务，并且服务于某一目的”，因此，知识和理解就不可能是客观的和永恒的。重要的是，这篇论文把地方性的和国际性的社会经济因素与民族国家和世界秩序联系起来了。例如，美国对世界经济有着固定的支配性的看法，对这种看法的接受体现了它们在世界体系中的霸权。正如考克斯所指出：

> 霸权是一个关于秩序性质的价值和理解结构，这一秩序渗透了由国家和非国家实体组成的整个体系。在一个霸权秩序中，这些价值和理解是相对稳定的和不受质疑的。对大多数行为者来说，它们似乎是自然的秩序。这样一种意义结构由一个权力结构来予以支撑，而在这种权力结构中，最有可能的情况是，一个国家占据主导地位，但是这个国家的主导性并不足以创立霸权（引自Gill，1993：42）。

然而，反霸权通过政治抵制而与国际霸权密切相连。例如，不妨认为，美国在拉丁美洲的霸权，受到委内瑞拉和玻利维亚当前的主流社会力量与政治机构的挑战。针对美国霸权的反霸权动作广泛存在于国家和市民社会之中（Persaud，2001），不过，反霸权的斗争涉及相关行为者的政治考量。

四、当代马克思主义研究的洞见

1. 马克思主义者对2003年伊拉克战争的分析

在上述分析国际关系的马克思主义的诸多视角中，哪一个视角能够最适合于解释2003年由美国领导的伊拉克战争的深层动机呢？新葛兰西主义的视角也许可以考察美国是如何努力运用全世界对“9·11”恐怖袭击的同情心来直接向伊拉克发起战争的。这次袭击后面的社会因素可能包括对石油的原料需求，民众向国家机构施加的对阿拉伯国家进行报复的压力，以及精英渴望通过打击恐怖主义的战争来实施霸权的想法。另一方面，反霸权不仅通过伊拉克的民族反抗表现出来，而且还通过一场反对战争的国际运动来体现。有一位学者（Paul，2007）运用新葛兰西主义的分析视角来解释这场战争的爆发，根据新保守分子在“9·11”事件后得到的机会，他认为，石油并没有在提供战争的动力方面发挥任何作用。

围绕美国在这场战争中的角色，沃勒斯坦（Wallerstein，2003 b）的分析视角基本上采用了一种地缘政治的立场。他认为，在世界范围内，石油已经处于美国的控制之下，美国没有必要通过发起一场针对伊拉克的战争来进一步加强这种控制。相反，采取战争行动是为了恐吓正在崛起的核国家，并促进这一地区的军事基地建设。沃勒斯坦运用地缘政治来讨论一些问题，比如他关于世界体系内部运行的理论对伊拉克无效的问题。因此，尽管抗议者在高呼“不要为了石油而流血”的口号，但是，我们应该注意到这里介绍的两种马克思主义理论，都没有把“战争等于石油”这一等式视为发起战争的必要刺激因素。

而根据传统马克思主义的解释，伊拉克战争是垄断资本挑起的战争，它运用国家（和私人的）军队来确保至关重要的石油供应，同时还重新安排国家间的金融等级秩序。前一种观点得到了美国联邦储备委员会（the US Federal Reserve）前主席格林斯潘（Alan Greenspan）的支持，他在 2007 年写道：“我深感难过的是，出于政治原因，我不便承认一个人所共知的事实：伊拉克战争在很大程度上与石油有关”（引自 Michael Klare，2008）。依附学派理论家声称，既然他曾纯粹因经济原因建议白宫除掉萨达姆·侯赛因（Saddam Hussein），格林斯潘就应该了解其中的详情。帝国主义理论对这场战争提出了最简约的解释，但这并不意味着它的解释最准确。

通过现有的研究国际关系的马克思主义取向来解释像伊拉克战争那样的事件，是在较高的抽象层次上进行的。有关伊拉克的国家历史问题，在遭到入侵后它与其他国家在该地区的角色以及可能引发的后果，这些都是没有解决的问题。考察特定国家的阶级政治有益于纠正通行的国家与市民社会理论，不过，把比较分析与国际舞台结合起来依然是马克思主义者的一个重要任务。如果没有参考它们在全球生产和贸易中的特殊作用，就不可能在历史意义上来对特殊国家和社会因素做出解释，而且，令人产生怀疑的是，如果伊拉克不是处于一个蕴藏丰富石油资源的地区，它还会不会遭到侵略。与此同时，从造成的长期后果来看，伊拉克战争不仅加剧了本国的还激化了附近其他国家的民族暴力冲突。通过分析这些随后发生的事件，当代马克思主义向主流国际关系理论的非历史基础提出了挑战，而这种非历史基础往往会贬低比较研究的价值（Tetchke，2003）。当代马克思主义承担起了把国际关系与比较政治结合为一个单一研究领域的艰难使命。

2. 2008—2009 年的金融危机：比较研究还是国际关系研究?

马克思主义者也许已经开始了他们对这场金融危机的解释，在 2008 年时，这场危机一开始就被认为体现了资本主义易于遭受冲击和陷入危机的特性。克莱因论述灾难资本主义的著作（The Shock Doctrine，2008）贯穿了这一思想：只要存在资本主义，突如其来的失败就不可避免。此外，她还进一步表明，一些新自由主义的早期奠基者，比如芝加哥学派的弗里德曼（Milton Friedman），已经导致了借助休克疗法的超资本主义（hyper-capitalist）改革，比如智利的军事政变、苏联的解体以及伊拉克不折不扣的“休克和恐惧”。美国对其他国家如何分配利润的掌控，是地缘政治休克疗法——无论这些休克疗法是意外的还是人为的——的目的，而来自芝加哥学派的顾问则坚持把新自由主义当作问题的解决办法。她写道：

> 到 1999 年，芝加哥学派的国际成员，包括超过 25 位政府部长以及十几位中央银行行长，他们来自从以色列到哥斯达黎加的广大地区，并且对大学的院系具有特别大的影响力。在阿根廷，正如在其他许多国家一样，这些芝加哥学派的追随者构成了政府周围的一把意识形态的钳子，一些人从内部对政府施压，另一些人则对华盛顿施加压力……一部论述这种志同道合对全球经济产生影响的著作贴切地取名为“布宜诺斯男仆”（Buenos Muchachos），这一书名参考了马丁·斯科塞斯（Martin Scorsese）的经典电影《好家伙》（Klein，2008：166）。

自 2008 年以来，美国的金融体系本身也一直在接受“休克疗法”，这未必对新自由主义有利：实际上，通过国有化和政府补贴，凯恩斯主义已经出现了小范围的复苏。

在对这场金融危机的爆发进行解释时，帕尼奇和金定（Panitch and Gindin，2008）首先坚持认为，我们必须理解资本主义国家与金融之间的关系：“国家向债券所有者提供保证，首先是承诺不会拒绝偿还政府债券——而在资本主义积累过程中，它们本身又发挥了金融市场基石的作用。”因此，在危机期间，银行和投资公司获得政府注资（其中部分银行被收归国有，至少是暂时地收归国有）并不令人感到奇怪。在帕尼奇和金定看来，考虑到中国和日本银行对这一体系给予的支持，采取这些举措就是为了避免“对美元的挤兑”。然后，对于是应该从国家角度还是从全球角度来观察美国这个问题，他们还得出了重要的结论：

> 如果没有同时体现出美国资本主义在经济上和政治上与全球资本主义合为一体的道理，美国政府就不能为了美国资本主义的利益而行事。把美国政府仅仅描绘成代表“国家利益”，同时忽视它在制造和再生产全球资本主义过程中的结构性作用，这种做法之所以具有误导性，原因即在于此（Panitch and Gindin，2008）。

从这一角度来看，一个国家被囊括在一个全球体系之中，因此，无法对它的政治和政策进行独立的分析研究。不过，这场金融危机也促使马克思主义理论家重视伦敦这座城市，因为它在货币交易中比美国发挥了更大的作用（Bryan，2008）。这些有关美国和其他地区进行比较的观点非常重要，即使是在一个可能的全球金融体系内。此外，理论家将运用这场危机来衡量美国的霸权是否总体上正在衰落。例如，迪克·布莱恩（Dick Bryan，2008）就曾经计算过美国所属的公司是出现亏损还是盈余。他的发现是，尽管“美国本土出现了亏损，但美国在世界各地的公司却出现了盈余”，因此那些认为美国正在走向衰落的人必须更为小心。如果美国霸权的标志是通过对美国本土公司的业绩进行比较，而不是对全球范围内的美国公司之业绩进行比较，那么马克思主义地理学家的贡献就必须得到考虑。

五、发展马克思主义：民族、国家、空间和文化

这一部分要考察的是对民族、国家、空间和文化进行比较的马克思主义视角。

1. 民族和国家

把民族和国家相提并论是有问题的，因为最初的事实是民族要多于民族国家。而且，当我们对阶级在国家形成过程中的作用进行比较时，通过阶级联盟建立的政治体制出现了，而这些政治体制又对资本的利益与长期的主权利益进行了平衡（Harvey，2006）。这些问题是在全球资本和民族国家之间的空间关系层次上得到磋商的。而且，对政治文化进行比较不仅凸显了这一术语的抽象性，而且还突出体现了把比较分析从国际关系研究中分离出来的困难，因为，在本体论和认识论上，国际关系对作为一般理论的马克思主义产生了更为广泛的影响。

在他关于民族主义的研究著作中，本尼迪克特·安德森（Anderson，2008：10）认为，“为不知名的马克思主义者建造一座坟墓，或者为阵亡的自由主义者建造一座纪念碑，这是不可思议的事情”。他声称，这既是民族主义文化力量的证明，也是民族主义向马克思主义和自由主义所发起的大众挑战的体现。民族主义的力量已经在世界各地得到体现，从欧洲的民族国家到印度尼西亚，还有在此前由共产党统治的国家内部，都无不体现出民族主义的力量。安德森运用了一种马克思主义的视角，并且考虑到书籍和课本的采用使一个地方的人们能够对有关另一个地方的同类国民的叙事产生共鸣，因此他认为，“想象的共同体”是通过印刷资本主义得以确立的。他写道：

> 正是一次半偶然性的却又具有爆炸性的互动——它发生在一种生产和生产关系的体系（资本主义）、一项交流技术（印刷）和人类语言多样化的决定性之间——才使得新的共同体变得可以想象（Anderson，2008：42-43）。

安德森不仅利用民族的多样性来对民族叙事进行比较，还对国际意识形态如何在民族背景内部交织组合进行比较。

民族国家的形成被作为国内阶级斗争——它对国家造成了不同的后果——的一个结果得到了分析。巴林顿·摩尔（Barrington Moore Jr.，1966）运用比较方法来解释实行独裁制度或民主制度的国家集群，从而向马克思主义的全球范式提出了挑战。通过同时对处于农业和工业水平上的阶级政治进行比较，摩尔就能够解释，为什么不同国家会经历民主、法西斯主义或者共产主义。这一模式的简化版本是：英国以民主制度的建立而告终，归因于农业资本主义以及工业资产阶级取得了对地主的胜利；德国经历了一场始于1848年的不成功的资产阶级革命，而且农业地主阶级的主导地位

也助长了法西斯主义在1933年的崛起；俄国既没有成功实现资产阶级革命，也没有遭到来自农业地主阶级的成功反对，这样就促成了农民、工人和共产主义在1917年的联盟。

通过对特殊历史环境中的阶级斗争进行比较，摩尔提出了国家形成的三重模式。摩尔断言，“言民主必言资产阶级”（who says bourgeois says democracy），而且这一研究还引发了后来的一些研究，比如沃尔夫（Wolf，1999）的研究就把共产主义革命丑化为农民暴动。对于马克思的只有工业化程度最高并出现了一个强大的无产阶级的国家才能取得革命成功的预言，这是一个直接挑战。尽管工业资本主义只在世界上部分新的地区出现，而像次撒哈拉非洲这样的地区仍然处于农业生存水平，但是这些洞见仍然是重要的洞见。摩尔关于农业利益之政治影响的理论依然有效，不过，或许只对世界经济正在衰落的地区才有效。

然而，把民族主义和国家建设与国际关系关联起来这一核心问题仍然存在。首先，当国家体系易于受到全球生产因素和政治因素的影响，而全球体系又易于受到国家生产因素和政治因素的影响，全球政治和比较政治因而变得日趋复杂时，理解全球政治和比较政治之间的关系就非常重要。伍德（Wood，1991）声称，这个民族国家的世界对资本主义世界体系而言依然重要。她认为：“纠错压力，特别是来自国家的纠错压力，要求让资本超越它有限的、短视的和常常自我拆台的‘理性’，而把它推向更高的境界”（Wood，1991：165）。她进一步论述道：

> 与旧的帝国形式形成鲜明对比的是，新帝国主义比以往任何时候都更依赖于一个由许多或多或少拥有主权的民族国家组成的体系。“全球化”已经使资本的纯经济力量扩张到了远远超出任何单一民族国家的范围，正是这一事实意味着，全球资本要求许多民族国家履行行政和强制功能，以维持资产体系，并且日复一日地提供规律性、可预见性和法律秩序，而与其他任何社会形式相比，资本主义都更需要这些社会形式（Wood，2003：114）。

另一种观点认为，存在多种形式的资本，而且资本本身也遭受着竞争压力。这种看法把伍德的观点又向前推进了一步。至少在经济层次上，沿着这些研究路线，国际研究和比较研究无法被割裂开来。

2. 空间政治

政治科学从思考国家的行为开始；现在，它面临着有关主权的持续意义之挑战。在社会、经济和政治层次上声称对一个特定领土范围实施主权控制，这意味着什么？此外，如果这些形式的控制因为全球市场的发展而衰弱，这是否又表明所有形式的领土利用都在下降？从马克思主义地理学的视角来看，国家主权代表着在领土空间内进行所有行为的权利。主权国家拥有自己的领土空间，它们的权力建立在它们有能力生产、分配和交易这些空间的基础之上。即使一个国家并不直接从事经济生产（当然这是难以想象的事情），它仍然控制着空间。这种无形“产品”的价值难以计算，而且基于不同的交易管理方式，它也具有不同的价值。

即使是在私有财产制度之下，国家也在不同程度上控制着现存的“地产”，正如亨利·勒夫伯夫（Henri Lefebvre，1991：378）指出的：“在一个国家边界之内发生的事情，没有一件超出国家及它的‘政府部门’的管辖范围。”国家授予跨国公司以建立商店的许可，而商店所占空间的价值也由国家与其他行为者来进行协商，因此，通过空间的生产和交易，就其本身而论，国家就是一个经济行为者。如果主权意味着领土空间的控制、生产和交易，那么，在社会科学内部对政治和经济进行严格区分的努力就没有任何价值或者意义。通过空间的生产和交易，国家扮演了一个经济角色，不过，国家也会在空间上遭到居民的抵制。通过动员已确立的公共空间——这一公共空间是过去抗议运动的结果，并且总是受到不仅使用暴力还使用媒体宣传手段的国家的威胁——内的抗议者，社会运动凌驾于国家与市民社会间的边界之上。马克思主义地理学家认为，资本主义试图（重新）占领“先在空间”（pre-existing space）（Lefebvre，1991：236），而在国家主权与资本主义之间除了合作还存在竞争。哈维（Harvey，2006：107）断言，资本主义的短期需要与国家长期的领土逻辑对立，不过，二者都扎根于一个由资本主义国家运行的体系之中。

马克思主义者不仅在国家层次上而且在地区或城市之间的层次上使用领土和物质概念。城市研究可以追溯到恩格斯对曼彻斯特市的研究，而且这一取向的研究现在成了当代马克思主义城市研究丰富宝库中的一部分。从经济意义上说，城市在全球生产链条和网络中发挥了至关重要的作用。从政治上看，城市逐渐成了控制和反抗的地方性场所，而反抗又是通过选票箱或者街道上的抗议行为表达出来的。从社会角度上看，城市既因世界性的贫民窟而著名，也在通过宾馆、艺术和音乐推进全球文化的过程中发挥了领导性的作用。正如在戴维斯的著作《这个贫民窟的星球》（Davis，2007）中所看到的，从城市的视角观察世界会给马克思主义带来很大的启示。

卡茨尼尔森（Ira Katznelson，1981；1993）这位重要的美国政治科学家，为了解释美国例外主义——美国没能出现一个像在欧洲产生的政党那样的社会党——分析了城市在美国人的生活中所发挥的作用。卡茨尼尔森（Ira Katznelson，1981）通过对曼哈顿北部的一个工人阶级社区的研究来得出他的答案。他首先观察的事情是，在欧洲和美国，社区如何在工厂和家庭之间进行区分。在欧洲，工人阶级的家庭建立在工厂附近，这样就通过资本主义民主制度内的动员而巩固了工人阶级的需要。在美国，如果考虑到早期工人阶级的公民权的话，居民是以种族为基础分开居住的，并且在工厂和定居点之间出现了分离。这种脱节使得当地政客得以在种族基础上建立联盟，而工会代表的却是工厂中的工人。因此，工厂政治和居所政治处于不同的地理和政治地带，阻碍了社会主义在美国的出现。马克思主义地理学的使用具有高度的启发性，而且还说明了使用不同地理背景在分析问题方面的能力。沿着这一传统，迈克·戴维斯（Mike Davis，2006）创作了一部名叫《石英之城》的有关洛杉矶的经典著作，在此著作中，他考察了上层阶级门禁森严的社区政治和从种族意义上指向下层阶级的城市衰败。

3. 政治文化

关于文化的定义五花八门、丰富多彩。雷蒙德·威廉姆斯（Raymond Williams，1983：87）在对这一术语进行词源学性质的追溯时，得出结论认为“这是英语中两至三个最为复杂的词语之一”。因此，文化通常没有收录到大多数的政治学词典之中（McLean and McMillan，2003），即使政治科学家要依靠这一词语来解释相关理论。一部为澳大利亚政治科学家而编辑的辞典是这一趋势中的一个例外（Smith，Vromen and Cook，2006）。一般说来，政治科学对政治文化的定义不是没有就是含糊不清，而且最后这一术语只是被用来解释纷乱无绪的理论结果。

有人把政治文化狭义地界定为，通过音乐、电影、艺术、文学等形式而形成的实践与思考。广义的定义更具包容性，它运用上述文化形式来分析普通人的实践与思考，不过，还包括对人们如何会话、着装、饮食以及如何反思他们的生活进行考察。马克思主义的研究已经涉及这些定义，但是，这些研究一是通过文化内部的发展，二是通过思考阶级（Thompson，1980）或民族（Anderson，2008）在日常行为的意义上是如何被制造出来的，才得以进行。

一些马克思主义者从狭义的角度集中关注作为全球和国家市场之产物的文化。文学作品被创作出来，并得到传播与交流。电影、电视、音乐和艺术在世界市场中发挥了极其重要的作用。尽管存在广泛的网络侵权和软件，但文化并非免费的。世界银行估计，全世界 GDP 的 7%是由“创意产业”创造出来的（UNCTAD，2004），而且这一比例很有可能还会增加。不过，当你不仅仅把“创意产业”包括进来，而且还把使得创意变成现实的硬件产品（比如照相机和电脑）也纳入进来时，这一数字理所当然就会增加了。沃尔特·本雅明（Walter Benjamin）是一位于 20 世纪 30 年代去世的马克思主义作家，通过从生产与复制的角度来对艺术进行考察，他开始了对艺术的研究。在《机械化复制时代的艺术创作》（1933）一书中，他认为每个人都有成为艺术家的可能，特别是通过照相机的大规模生产，人们可以拍照，并且出现在照片之中。本雅明还提到，绘画作品大量使用明信片的形式，而音乐作品则利用了唱片的形式。电子邮件、博客与网络视频上传和在线欣赏等新技术造成的最新影响，不仅开拓了新的交流渠道，也开拓了新的文化渠道。特别是博客向公民开放了文化空间，并且沿袭了 19 世纪的“日报社向它的读者开辟‘读者来信’专栏”的那种模式（详情登录本雅明的个人网址：www. wbenjamin. org/walterbenjamin. html）。You Tube① 也是其中一个把电影作为自我表达来使用的“机械化复制”的最新网站。

通过他对“影像”和“意识”的研究，本雅明向前发展了马克思主义的研究：他认为，在胶片复制和它被“非武装的眼睛”接受之间存在着脱节。试图取得这种形式的视觉和剧本效果之尝试，启发了后来研究社会中的电视与电影的其他马克思主义

① You Tube 是美国一个建于 2005 年的个人视频上传与在线欣赏的网站。该网站目前约上传有 4 000 万段个人视频，是同类网站中的翘楚。——译者注

者。例如，电影《教父》就讲述了一个美国黑手党用犯罪来代替生意并且不受法律控制的故事（Jameson，1992：42）。詹姆森（Jameson）认为，这部电影的要旨与美国的企业有关。这部影片表明，意大利黑手党成为合法商人的意图，在美国社会中是如何不可能的。最终，这种僵局通过在社会和政治中恪守正直立场的“反犯罪斗士”（crime fighters）的形象而得到解决。通过对影片《教父》做出这种马克思主义的解读，使得有关美国企业如何在社会中进行自我认识的争论成为可能。令人欣慰的是，远离打手、贿赂与欺诈的“好企业”还是存在于这部影片之中的。在这一意义上，不管有意还是无意，这部影片都凸显了本质（美国企业的意图）与表象（意大利黑手党的行为）之间的象征性区隔。

弗朗科·莫雷蒂（Franco Moretti，2000）使世界体系理论适应于政治文化，并且声称，我们已经走进了一个民族文学和世界文学并列的全球化时代。这种转变的一个早期例子可以在詹姆斯·乔伊斯[①]的著作中找到。他在一个世界性的框架内围绕都柏林进行创作。他对政治有一种无政府主义的马克思主义理解，他通过小说《尤利西斯》(*Ulysses*）和《芬尼根守灵夜》(*Finnegans Wake*)，对爱尔兰不仅为英国王室所控制还被民族主义和天主教会操纵的事实进行了影射。在20世纪初的爱尔兰，只有其他少数几个政治行为者：新教民族主义者控制了工业化的北方，天主教会控制了主要是农业产区的南方，在20世纪20年代之前，英国一直占领着整个爱尔兰。乔伊斯试图通过小说虚构来逃避这种政治现实，这是消极反抗任何现行秩序的重要舞台。乔伊斯借助小说中虚构的史蒂芬英雄（Stephen Hero）这个“第二个我”（alter ego）的嘴指出：“历史是一场噩梦，我正在努力从中醒来。”在他的小说中，乔伊斯想象爱尔兰因普通人的觉醒和对国际主义的接受而获得了自由。《尤利西斯》不仅遭到过天主教会的谴责，而且还因被认为过于“主观”（Goldmann，2006）因而不符合“社会主义的现实主义”标准，从而也遭到了苏联第一届作家协会（the First Congress of Soviet Writers）的指责，它也因此而赢得了特殊的声名。不过，通过探索现实的主观特性，乔伊斯的小说“预言”了爱尔兰在21世纪的未来（尽管爱尔兰的无产阶级并没有在其中发挥决定性的作用）。爱尔兰因为成了欧盟成员国而不再附属于英国。民族主义，不管是北方的还是南方的，都正在慢慢地消除，而且超出爱尔兰的国土范围的是，出现了更大的文化接触。

六、结　论

当代马克思主义运用具体的经验发现来考察抽象的普遍理论，并为学生思考有关政治科学内部的最近争论提供便利（参见图框7—2)。全世界无产者应该联合起来，然而，它们因民族而相互分裂，因为国家而相互斗争，并且与其他社会阶级结盟。国

① 乔伊斯（James Joyce，1882—1941)，爱尔兰著名的文学家、小说家，他的文学作品常常采用意识流手法，注重揭露现代西方社会中的腐朽方面，其代表作有《尤利西斯》等。——译者注

家主权是根据国家的长期逻辑而建立起来的，它和资本的短期逻辑互相冲突。国家的地缘政治抱负之确立未必符合资本的短期利益。认真对待政治文化将使我们看清阶级是如何通过传统与仪式（Thompson，1980）形成的，不过，艺术家个体的主观性又使结构主义理论家陷入了困境。

图框 7—2

理论与实践的结合

从你的国家中，思考三个（经验）案例：

1. 全球资本和反公司全球化运动的力量是否表明民族与阶级之间对立的结束？

2. 在你所在的城镇中，投票行为与生产、财富和贫困地区之间有何关系？

3. 文化的“机械化复制”，是否能使抗议收到以下成效：让不法企业和专制政府受到制约和审查（比如通过纪实节目、虚构的描述、视频上传与在线共享、互联网等手段）？

马克思主义宏大理论的预期是什么？实际上你发现了什么？你如何处理明显的或有趣的例外？

鉴于以上趋势，看来在遇到经济、民族、国家、空间和政治文化的不同现实时，提倡研究取向的多样性就显得不无道理（Sim，2000；Zizek，2008）。宏大理论与不同的真实经历之间的脱节，在部分程度上可以通过传统马克思主义在处理结构与能动性问题上的失败上来得到解释。在鲍勃·杰索普（Jessop，2002，2008）的策略—相关性理论中，存在着一句简单的格言，“人们创造他们自己的历史，但他们并不是如己所愿地创造历史；他们不是在自我选择的环境中去创造历史，而是在已经存在的、给定的、从过去传递而来的环境中去创造历史。”杰索普把国家问题与资本问题关联起来，为有志于进行国家研究的政治科学家提供了一个开始。

对阶级关系的研究、对生产和剥削的理解以及把平等作为价值规范来信奉，这是马克思主义的起点。马克思主义者提出了把过去世界和现在世界综合起来并且还反射出未来世界的理论。在这一学科中，已经形成了不同的马克思主义流派，它们各自关注于经济问题、国际关系、比较研究、空间和政治文化等领域。重要而且必然的是，正如我在本章所尝试的那样，当代马克思主义者采取了一种交叉学科的视角。这些不同取向最终是被归为“新马克思主义”还是被划归“后马克思主义”并不重要，重要的是，首先应该认识到这些类型是如何形成的：它们都是围绕马克思主义如何解决实际问题与处理最初概念而展开的。有人认为，马克思主义已经围绕不同分析层次上的政治、经济和社会因素之间的动力，创立了一个内容丰富的研究纲领。追求这种宏大理论的理论使命是值得的，因为它展示了对现代世界的洞悉烛照，而其他视角是不可能有这种洞察力的，尽管其中似乎会出现个别例外并且常常自相矛盾。

进一步阅读的文献

- Jon Elster（ed.）（1986）对马克思的理论做了介绍。
- Tom Nairn（2003）把民族主义运用于马克思主义的框架之中。
- Antonio Gramsci（1971）依然是必读的基本著作。
- Callinicos（2003）和 Louise Amoore（ed.）（2005）对反公司全球化运动进行了有益研究。
- David Harvey（2006）提供了一个马克思主义与地理学之间关系的研究范例。
- Franco Moretti（1998）从文化视角进行了研究。
- 《历史唯物主义》（*Historical Materialism*）、《重新思考马克思主义》（*Rethinking Marxism*）、《新左派评论》（*New Left Review*）、《评论月刊》（*Monthly Review*）、《资本主义、自然、社会主义》（*Capitalism*，*Nature*，*Socialism*）是一些有助于了解马克思主义的期刊。

第八章

规范理论

史蒂夫·巴克勒

最好的生活方式是什么？这个问题居于规范理论的核心。这一研究可追溯到古代，它不但思考现实存在的世界，而且也思考它应当是怎样的。由于这个问题不但关涉作为个体的我们，也涉及作为我们的集体，因此政治哲学家一直以来都关注这一问题。规范性思考通常诉诸原则，我们应当如何行为以及组织我们自身（社会），因此，它试图拟制“规范”，为个人行为和集体行为规定适当的方式。一般认为，如果这些规范要具有说服力，它们必须基于对某些无可置疑的“最高”观念的诉求，这些观念提供了不可讨价还价的行为判断标准。从历史上看，这些最高诉求采取了不同的形式——自然宇宙秩序、上帝的意志以及人性的本质。在这一章，我们将主要讨论规范理论在现代是如何发展的，在这一阶段人们对“最佳的生活方式”这一问题的回答渗透着对自由选择的关注，也有些人，如我们将在下面看到的，一直怀疑那些我们认为生活应当遵从的重要原则真的是最高的或客观的。

在古代世界，人们普遍认为天体存在着一个最高的秩序，宇宙是遵照包含普遍和谐的原则来运行的。通过反思和运用理性来理解这一事物的根本秩序是哲学家的任务。人类以及他们所居的社区相应地被视为这一广袤世界的一个组成部分，他们一如既往在这个宇宙秩序中有一个自然的位置。良好的生活便是意识到我们的天性以及安身于我们的自然位置。关于作为个体的我们应当如何行为，这幅图景已经给出了所有的意蕴。不过从政治的角度看，同样重要的是，它意味着作为社区的成员，我们扮演着一个自然的角色；相应地，一个井然有序的社区在我们得以实现自己本性的场景中是一个关键性的因素。

（宇宙）空间并不可能使哲学家从这一普遍图景中得到较具实质性的结论（许多且各不相同）之分析。大体而言，这些假定一直延续到中世纪，尽管以一种受到神学影响的方式；在这一阶段，社区被理解为上帝所创造的宇宙的一部分，个人按神意指派的角色而行动。在一个有序的等级体系中，每个人都有义务安身于自己的位置。正是在这样的背景下，我们才能理解，随着近（现）代曙光的来临，一种十分不同的、打破传统信仰的思考政治的方式出现了；这种新的思考方式吸收了自由主义关于个人自由和道德平等的新主题；在1789年法国大革命的口号中，这一主题被提炼为："自由、平等、博爱"。我们将会看到，这些思考方式在当代的规范争论中依然发挥着关键的作用。

一、自由主义的兴起

在自由主义思想的发展过程中，一个关键性的人物是英国哲学家约翰·洛克(John Locke)。在其1690年的名著《政府论》中，洛克认为旧式的父权主义政治是根本不具说服力的（Locke，1993)。这一观点假定存在一个由上帝维系的自然秩序，君主就像共同体的父亲那样是最高权威者。洛克指出，这一观点所包含的一系列假定缺乏理性的基础，并且不存在真实的证据。一旦拒绝了这一观点，我们就开始了对政治的较为理性的思考。洛克对正在出现的近代自然科学所体现的方法印象深刻，这一点尤其表现在下一主张上：对事物的理性理解必须基于具体证据的清晰推理，而不是含混的思辨论断。在科学思考中，这一观点导致了强调特定的观察，作为支撑我们解释的原始资料。这种强调意味着一种分析方法，其中我们所做出的关于人们所面对的一般现实的解释，如果想要有说服力的话，必须具备一个分析的基础，它（应是）构成这一现实的、最简单也是最容易理解的要素。对于洛克来说，这种方法可以运用于政治的研究，并且以某种方式与正在出现的关于个人的性质与行为的思考相呼应。科学方法在运用于研究人类社会时，意味着对这些社会的性质和目的一种恰当的理解要求这样一个分析基础，亦即个人是理解这些社会的最基本的要素单位。对于旧式的教条而言，这是一种激进的主张，自那时开始这一主张便一直在政治思想中得到人们的共鸣。

所以，关注自主个体的性质对于古典自由主义思想来说是非常关键的。这引出了两个相互关联的基本议题。第一，如果将个人看作原初的，我们就偏离了关于政治秉性的早期观点，而转向一种观念，即政治社会是一种人造的结构，覆盖于个人的自然禀性之上，因此这一结构需要进行正当化论证。第二，与此相连的是，如果我们将个人（按他们的本质而言）看作独立于任何集体结构的，那么，对自由的政治关注就具有决定性的意义。在此，政治关注必须与所有个人的自由相关，因为我们所有人都拥有天赋的自主性，在我们之间存在着一种基本的道德平等。记住这些主题思想，以下的事情就会顺理成章：如果我们希望在政治制度中发现合法性，那么就必须寻找理由，即为什么它们对所有人（就本性而言，他们是不承受任何政治负担的）的要求做出回应。稍后我们会看到，这些主题及其含义是如何历史地发展的，不过我们首先要对古典的洛克版本的自由主义做较为详细的讨论。

在考虑人性问题时，与其他早期自由主义理论家一样，洛克谈及他称之为“自然状态”的东西。自然状态是这样一种情形：人们以自然的方式生存，拥有完全的自由，不受任何人为法律、制度或等级制的约束，他们有能力追求自身的目标和满足，而不受集体施加的限制。如果在这种条件下来考虑个人，我们或许能找到理由，为什么在需要一个共同认可的中央权威的问题上，他们能够达成某种形式的协议。注意，下面这一点是相当重要的，即洛克并不相信自然状态是一个实然存在的历史事实。它只是一个假设而已，不过这是一个重要的假设。如果我们能够设想，为什么在完全自由的条件下，个人有充分的理由同意生活在一个权威性的共同框架中，那么我们就可以令人信服地解释为什么这个框架是合法的，因为它符合我们的本性和理性。进一步而言，思考在自然状态下我们需要什么这个问题时，如果我们能够得出结论，准备同意接受特定类型的共同权威，那么我们就拥有了一个道德标准，据此我们就能够评价实际存在的政治安排，并决定它们是否可接受或不能接受。所以，自然状态的图景是假设的，但是它提供了关键的标准或正义：如果在一个没有任何制度安排的条件下，我们被赋予选择的话，一个正义的制度安排便是我们所同意的安排。

洛克认为，在自然状态下个人确实拥有很充分的理由来作出安排——进入能够建立一个共同权威的“社会契约”。对于洛克来说，个人天生是理性和自利的。追逐自身的欲望和满足是我们的优先考虑，在这种追逐中我们运用自身的工具理性力量。作为一个结果，自然状态下的生活将是不可接受的。个人完全自由地追逐其利益将不可避免地导致彼此间的冲突——严重的甚至暴力的冲突。洛克认为，人天然具有道德感——一种他称之为“自然法”的东西。本质上，这意味着承认我们每个人都同等地被给予基本的道德平等，因为我们所有人都具有自主性，拥有同等的权利来追求利益。然而，我们并非天生就具备良好的素质，能遵从道德感来实施适当的行为。在追逐利益的过程中，我们并不擅长以一种公正的方式承认并尊重彼此的权利要求。作为一种结果，在自然状态下我们经历的冲突而导致的不便利将会变得非常大，甚至会毁灭我们满足自身的需要以及享受努力取得的成果之能力。

所以，我们可以假定，自然状态下理性的人们愿意达成一个契约——相互同意建立一个共同权威，一个实施共同规则以确保平和共存的国家。同样，并非任何形式的国家都是可以接受的。尤其是两个标准将制约我们关于可接受的制度安排的观念：我们需要一个经由确定的以及为人通晓的法律而运作的国家，我们也需要法律来保障基本的自由。接受一个任意肆为的国家，或接受一个不尊重我们自由的国家，意味着接受如自然状态下那样糟糕甚至更加恶劣的条件，这样做显然是完全非理性的。

基于此一契约式的说明，古典自由主义提供了一种国家学说，就其在社会背景下促成人们相互尊重基本自由并保护我们的基本权利（洛克将其视为生命、自由和财产）而言，这个国家是符合人的本性和理性的。在这一意义上，它包含了一种承认人与人之间道德平等的要求。这一主张同样意味着基本权利应当受到尊重，这无涉资格条件亦不可妥协。在这一方面，义务论原则一直被视为古典自由主义一个根本性的特征；大致而言，这一学说主张某些原则是应当适用的，无论背景如何，也不论适用这些原则产生的后果是什么。基本权利被认为是普遍的，超越时间和地域，在其不可妥协（无论妥协的原因多么有价值）的意义上，也是绝对的。权利是不能够被其他类型的好处"交换"的，无论这些好处看起来是多么巨大。

自由主义的古典版本，一如我们将要论述的，继续在发挥着影响。然而，一种鲜明对比亦具影响力的自由主义分支随后出现，它基于一个不同类型的道德论点之上。在19世纪，功利主义作为一种重要的道德学说登场了，它主要与哲学家边沁（Jeremy Bentham）联系在一起（Bentham，1996）。简要地说，边沁认为在分析得当之时，就欲求满足或幸福而言，我们的道德承诺和判断是可理解的。在我们将行为或道德承诺描述为"善"的时候，这一判断乃基于一个信念，即对我们的幸福有所贡献，它们增加了边沁称之为"快乐"的东西。以这种方式，边沁试图澄清我们对道德的思考并加以合理化。这种颇具影响力的道德理论也具有社会和政治的意义。功利主义观念意味着，在思考政治行动、政策和制度安排时，我们必须追求普遍福利的最大化，应该确保，用一句陈腐的短语来说，"最大多数人的最大幸福"。

就原初形式而言，功利主义并不必然包含自由主义政治。一如这一原理的批评者经常指出的，有可能存在这样的情形，其中一项否定福利甚至基本权利和自由之可能性的政策，对于某些人而言，也许可以增加大多数人的福利。因此，不自由的政策也许在"最大幸福"原则的基础上被加以正当化。然而，一种将功利主义与自由主义较紧密联系起来的观点在边沁的被保护人（Protégée）约翰·斯图亚特·密尔（John Stuart Mill）的作品中出现了。最令人注目的是密尔的论文《论自由》，这是一部自由主义理论中最著名的作品（Mill，1998）。密尔知晓边沁的功利主义中可能包含的不自由因素。他也同意相关的观点，即边沁所做的理论工作过于粗糙。密尔认为，边沁将"快乐"作为功利判断的标准，可谓实在缺乏识别力，（以至于）忽视了自我发展这一人类福利的核心要素。对于密尔来说，快乐和幸福不是相同的东西，那些带来直接快乐的东西从长远来看也许并不能带来幸福，而且事实上摧毁了幸福生活的可能性。正基于此，密尔区分了"高层次"的快乐和"低层次"的快乐。低层次的快乐也许带给我们直接的快感（密尔是按此一方式界定的），但是它们不是更深和持续满足的来源。高层次的快乐只体现于较高层次的经验——在从事知识、理性和创造力的活动中可以发现。只有在（以及通过）这种类型的资源运用和发展中，长远的幸福才是可能的。正是在这一语境中，密尔在幸福最大化和自由主义政治之间建立了直接的联系。只有在个人自由最大化的条件下，我们才能有最好的机会来开发资源，它们一旦得以运用便能创造出一种令人满意的生活。威权国家在获取直接安逸和低层次快乐方面也许是有效率的，然而高层次的快乐要求个人自由，因为它们要求我们自由运用自身的资源，而不是由一个高高在上的权威配送给我们。

因此，人类的福利通过自我发展而获得保障，而这要求自由。这一观点是密尔著名的“伤害原则”的来源：社会通过国家机构也许能合法地施加干预，以防止或惩罚那些伤害他人的行为，一旦跨过了这一点，我们就必须尊重个人的自由。从这一原则中，密尔得到了一个对于自由主义思想的发展具有非常重要意义的启示：需要保护被称为“生活方式的自由”这一东西。密尔的核心思考之一是那些已确立的、居于支配地位的道德说教的信念（公共舆论）对我们的自由所构成的潜在威胁。他认为公共舆论可能是专横的，严重地剥夺了我们按照自己的原则来生活的能力。保护个人自由选择生活方式（前提是这样做没有伤害到他人）是自由国家的责任。若国家成为表达和实施支配观点的一个工具，大多数人的公众舆论而造成的威胁将越发厉害。因此，国家应当保持一个自由中立的代理人角色，这一点可谓加倍重要。密尔相信，确保这一点的最好方法是经由民主机制给所有的团体和观点一个表达的机会。

所以，在密尔看来，自由的要求可以通过功利原则而得以正当化。自由的条件给了我们过上幸福生活的最好机会。基于这一发展的观点，福利取代了自然法和基本权利的地位，而成为自由主义的基础。边沁曾有著名的言论，他将自然权利的讨论称为“瞎扯”，并把不可剥夺的（亦即绝对的）自然权利叫做“高跷上的胡话”（Bentham，1987：53）。所以，功利主义提供的自由主义类型极大地偏离了我们前面所考察的义务论思考，它转向关注人类幸福的结果，并视其为政治正当性的主要参照点。这也是一种与19世纪后期广有影响的进步主义趋势相协调的思维方法。密尔自己就以自由的名义支持一系列的进步事业，包括国家赞助教育、有限的经济再分配和妇女平等权利。

在20世纪早期出现的日益关注社会问题的自由主义——被称为“新自由主义”中，功利主义的影响也明显可见。与霍布豪斯（L. T. Hobhouse）、霍布森（J. A. Hobson）等作家的名字联系在一起，这一脉络的自由主义发现，自由主义国家不但可以保障个人自由和政治自由，而且可以通过提供物质性的社会设施来改善人们福利的条件（Hobhouse，1922；Hobson，1891）。在重申个人自由的同时，新自由主义者认为，如果福利是主要的目标，那么国家在保障人们的物质资源方面应当发挥作用，以便使他们能够自由选择并把握自我发展的机会。他们甚而采纳了一种相当“有机”的社会图景：自主的个人应当被视为生活于一个整合社会的脉络之中，这一社会界定了人们之间的相互权利和义务，其中个人和社会的进步都是相互依赖的。基于此一观点，他们倡导各种形式的社会福利设施，并将其作为一种集体责任。这在当时是非常激进的，但大多数后来都成为现代自由主义社会的共同特征，例如累进税、关键经济部门的公共所有制、公共财政支撑的福利设施。

尽管自由主义原则在西方民主国家依然居于核心地位，但就学术理论而言，从20世纪中期开始自由主义变得不那么流行了。然而，在20世纪的稍后部分这一情形改观了。这很大程度上要归因于美国哲学家约翰·罗尔斯（John Rawls）——一位毫无疑问当代最具影响力的理论家。在出版于1971年的标志性作品《正义论》中，罗尔斯试图通过根本性的反思来复兴自由主义理论（Rawls，1973）。罗尔斯提出的自由主义是社会导向的，将自由的保障与福利国家的再分配结合起来。然而有趣的是，他运用的论证方式不是基于功利主义的传统（他反对我们稍前考察过的功利主义的推理方式），而诉诸义务论的思考方式，以一种修正的形式复兴了契约论。

罗尔斯提出了一个新问题——以一种与现代的、高度差异的社会特别相关的形式：在多元主义的背景下，其中对于什么是重要的以及希望过什么样的生活，我们拥有十分不同的观点；在这种情况下，我们如何能够就我们组织自身的方式达致共识。在最佳生活方式这些深层问题上，我们从未达成一致，关于“善的概念”我们也总是歧见纷呈。然而，在“权利”观念方面，依然有可能取得一致，即同意一组支配着基本制度设计的较低限度的原则，这些原则的门槛非常之低，以至于所有人都能够接受，而无论他们对于善的观念存有多大的分歧。这些原则便构成了正义的观念。

为了确立这些原则，罗尔斯从早期的契约论传统中汲取灵感；在契约论中一种特定的政治安排——理性的个人在拥有选择的条件下将挑选的那种安排，才能被正当化；罗尔斯以理性选择模型的方式来表达这一观点，援引了一个假设的“原初状态”(original position)，其中人们被要求选择支配基本制度结构的正义原则。这种选择只受下一条件的限制，即人们不是基于自身的特定偏好而作出选择；在理性选择模型中这一条件是由人们缺乏对自身特定利益、禀赋和承诺的信息来满足的。罗尔斯认为，这种限定是正当的，因为它体现了对下述事实的承认：所有个人都是相似的，因为他们具有理性自主的能力；其他人像自己一样，拥有设想和追求独立生活的潜能，并自主地对他人施加行为；因此，其他人也值得同等的尊重，一如希望别人如此尊重自己。在关于拥有基本道德平等的人们之间什么是公正的这个问题上，它回应了我们的最基本的道德直觉。我们可以很有把握地说，所有人都具有这种道德直觉。当我们思考社会的基本结构时，这意味着我自己想要的东西，也应该为他人着想。在“原初状态”中，人们缺乏有关自身的特定利益、禀赋和承诺的信息确保了这一点。

通过演绎的方法，罗尔斯得到了在如此背景下人们会选择的这些原则，它们具有强烈的规范意涵。人们会选择那些要求基本自由最大化的那些原则，并结合一个再分配的国家，以确保每一个人尤其是境况不佳者受益于这一体系。对罗尔斯而言，这些原则包含了真实的社会正义，他相信它们必然是理性的人们所选择的原则。之所以如此，是因为我们所有人都享有理性自主的能力。在最为一般的层次上，这赋予我们（关于我们从社会中需要什么）同样的感觉，而无论在较为特定的层次上，我们的愿望和信仰是多么不同。我们所有人从社会中希望得到的东西是最基本条件的最佳提供，允许我们在生活中追求自己所选择的抱负，而无论这些抱负是什么。由这些原则治理的一个社会能合法地要求其公民服从，因为这些原则是所有（理性）的公民为他们自己而选择的，如果他们被要求做出一个（不偏不倚的）选择的话。

罗尔斯的著作在现代政治思想中具有深远的影响，许多理论家即便不同意罗尔斯论说的细节，或不同意他从中得到的诊断药方，但也在罗尔斯发展出来的义务论自由主义所设定的一般参数中来讨论问题。在现代背景下，自由主义理论并非没有批评者，现在我们要考察某些批评得以发起的基点，看看它们是如何（以及在多大程度上）与自由主义原则相分离的。

二、对自由主义的挑战

1. 批判理论

批判理论这一术语与20世纪中期发展出来的一种理论有关，起初与1923年在德国法兰克福建立的社会研究所的工作联系在一起（这就是为什么有时批判理论家全体被称为法兰克福学派的原因）。这一研究取向受到马克思主义的强烈影响（至少在初期是如此），并且在很大程度上，被需要重新思考马克思的分析激励。这种再思考（的需要）乃基于这一事实，即马克思所预测的推翻资本主义的无产阶级革命并没有完全实现。

马克思的预测建立在对变化的辩证分析的基础上；这一观点认为，在既有体制内部，重要的社会和政治变化之出现，乃是作为不可克服的矛盾的一个结果，而不是任何外部力量的产物。在马克思看来，没有什么东西（物质的还是精神的）独立于既有体系。对马克思来说，假定存在一个生活的最高蓝图或可能的方式，并被独立于环境或历史的东西所确定，只是一种“乌托邦”的思想。马克思所辨识的矛盾是物质矛盾。他认为，资本主义创造了并依赖于一支庞大的工业劳动大军，然而竟然无法满足大多数人最基本的物质需求。结果将是无产阶级的革命：在这个意义上，资本主义造就了它自身的“掘墓人”。然而，到了20世纪早期，产业工人阶级看上去变得（如果有的话）更为顺从于现有体系。一如早期批判理论家所看到的，导致这一现象的部分原因（至少）是，既有体系所能操控的强大的意识形态主张。马克思专注于物质的社会和经济因素层面的历史分析，将意识形态看作只是反映社会“物质”基础的要求和动力的“上层建筑”。批判理论家试图更加关注意识形态的层面，关注自由主义，他们将其视为资本主义意识形态大厦中的一个核心要素。

在批判理论的早期成名作中，霍尔克海默（Max Horkheimer）和阿多尔诺（Theodor Adorno）力图表明，就其以某种特定的社会历史方式，提供了被认为是自然的和普遍的某些观念和自我观念而言，自由主义构成了一种意识形态（Horkheimer and Adorno，1973）。他们认为，强调对自我利益的自主的、工具理性的追求，并将其作为人类的基本特征，这符合资本主义社会的特定观点。在这一意义上，自由主义着力于市场剥削制度的中立化和合法化。在这方面，自由主义一直是相当有效的；但它也被证明是一个使人自信心下降的观点。最初它许诺一个较为理性的和解放的世界（之可能性），其中个人不受古老迷信以及这种迷信所支持的等级制之束缚，他们有能力自由地决定并追求关于美好生活的自身理念。然而，对于霍尔克海默和阿多尔诺而言，这种许诺是空洞的。实际上自由主义的这一立场使人们与一种体制相协调，其中我们做出的选择是例行公事和墨守成规，我们的抱负是物质主义的、缺乏想象力的，我们的生活缺乏精神修养——这种修养来自对文化价值的坚守，高于并超越生产和消费的内在逻辑。

这种分析促使批判理论家寻找更为重视意识形态的辩证批判的新基点。一些批判理论家［其中最著名的是哲学家马尔库赛（Herbert Marcuse）］强调束缚于自由资本主义价值和准则的生活之心理影响（Marcuse，2002）。马尔库赛认为，自由主义确立了我们对自己想象的“单一维度”——作为理性的生产者和消费者。这一概念适合于生产和消费是首要之物的社会经济体系；但是它也使一种高度压抑的生活形式合法化。这种生活方式要求我们压抑那些非工具性的，然而对于我们的心理构造非常重要的，感官享受、审美和性爱的满足本能。这些本能一直伴随着我们，但现代文化以效率和生产社会的名义，要求我们对其边缘化，教导并使我们相信它们是无益的、放纵的，甚至是不道德的。然而，这些本能并没有离去，对于马尔库赛而言，它们构成了一种新的社会批判的基础；这一批评保留了辩证的形式，以满足下一要求——关键性的替代选择应当源于既有体制内的矛盾，并指向变革而不是依赖于乌托邦的原则。马尔库赛认为，现代资本主义社会在提供日益丰富的物质舒适、闲暇时间、摆脱艰苦劳动的同时，也为我们提供了关注精神和审美愉悦的空间。为信奉的自由主义意识形态所支持的这一体制，在分配这些益处的同时，也要求我们以效率的名义压抑那些非物质的、我们现在有机会开发的本能。在马尔库塞看来，正是这一矛盾为新的激进议程设置了条件，这一议程专注于他所谓的“被压抑物的回归”——重申我们对感官快乐和美感满足的本能需要。这提供了一个激进的反资本主义政治的基础，这种新的激进政治既拒绝传统的自由主义价值，也摒弃基于物质阶级利益的“老”激进政治，它从本能的自我实现中采取其形式和内容。

在20世纪六七十年代，这种形式的批判理论风行一时，并与当时的激进抗议运动和反文化主题相协调。随后，它变得不那么时髦；不过，批判理论并没有消失。近来它获得了新的表达，尤其是在著名的德国理论家尤根·哈贝马斯（Jurgen Habermas）的作品（Habermas，1979，1981）中。哈贝马斯分享了早期批判理论家所持有的对自由主义强调工具理性的怀疑，但他相信我们可以找到非工具性的同时又是理性的标准，由此来建构社会批判。他认为，这样的（理性）标准为我们批判性地重估我们所享有的信念和价值，以及它们具体化的制度（诸如法律和政治安排）提供了基础。这些信念和制度构成了哈贝马斯所称的“生活世界”（lifeworld），它趋向于这样的情形：生活世界的形式将被哈贝马斯所谓的“体制”（system）——源于物质生产领域的关系和支配（imperative）——的要求所影响或“殖民”。但是我们可以开放生活世界，对其进行理性的质疑和批判，并进而表明它的失败是如何可通过社会—经济支配及权力关系来说明的。

为了建立这种批判的理性标准，哈贝马斯依赖于他在人类沟通和语言使用能力中体现出来的理性形式。这样的标准是颇具吸引力的，因为它们源于语言使用本身的逻辑，超越了我们在实际社会沟通中建立的特定的、可能是有缺陷的信仰和价值，（因而）真正是普遍的。简言之，哈贝马斯认为，每当我们使用语言之时，便意味着我们执著于某些关键的标准。它们构成了真理、真诚、道德适当性以及可理解性。它们被构置于语言的性质之中；没有它们，所有的语言使用将不知所云，所以，即使一个人正在撒谎，他也潜在地信守真理的标准，因为缺乏对真理的普遍执著，所有语言沟通的试图（甚至撒谎）都将不得要领。而且，执著于这类标准的人同样也会执著于真正自由、开放和理性沟通的可能性，由此我们对这些标准的坚持得到最佳的检验和保证。

哈贝马斯将这一观点包裹在**理想言谈情境**（ideal speech situation）之中。在此一情境中，就其免于任何托词、隐藏议题、偏见或独断而言，人们的沟通不被“扭曲”。讨论真正是理性的，只为更好的观点所引导。此外，正是在这种情境中，所有的参与者皆拥有平等的发言机会，提出观点或表达看法。这种沟通的指导原则是理性共识的目标。对于哈贝马斯而言，这一理想情境不是恣意武断或思辨的，他再次重申：它嵌入于语言使用及所有沟通的逻辑之中，两者既以其为先决条件，又先于其而作用。

当然，在某种程度上，我们的大部分沟通会包含偏离理想情境的扭曲。对哈贝马斯来说，更为重要的是这一事实，即某些沟通也许被系统化地扭曲了。在此，他将一种特定的讨论模式提升到一个更为普遍的层次，诉求我们可以设想为“社会对话”的东西，其中政治原则或流行的道德规范被表达并得以再生产。在这一层次中，我们能够辨识系统性的扭曲。例如，讨论经常被压制，剥夺对某种形式的经验和自我理解的承认；或持续排斥，将某些观点加以边缘化。对系统性扭曲的这一辨识使我们能够揭露意识形态的偏见，这依次与占优势地位的权力架构以及居支配地位的社会经济利益的结构性影响联系起来。在这一基础上，我们能够对现代自由资本主义社会做出一种尖锐的批判。而且，尽管这一研究进路并没有告诉我们一个社会应当做出什么样的道德选择，但在这些事情应当如何讨论的问题上，它确实拟订了基本的要求，（从而）为诸如公民权利的宪法保障、参与民主程序、对精英的集体控制等要求（它们在当下尚未得到适当的满足），确立了道德必要性。

哈贝马斯的分析意味着，现代社会存在着相当的可改善空间，相对而言，上述建议与自由主义价值可和平相处。同样，哈贝马斯的批判理论大步偏离了马克思主义，也偏离了较近的像马尔库塞那样的批判理论家，他用普遍的理性标准替代了马克思所强调的历史辩证法。在这一意义上，哈贝马斯的著作（是否）非常符合义务论自由主义的传统，这一点是有争议的。

2. 社群主义

对自由主义的第二种替代性选择出现于新近的社群主义思考之中。在这一观点看来，罗尔斯所发展的正义理论在两个相关的解释上站不住脚。第一，在提出最低限度的、只处理制度互动的“非人格”维度的权威原则时，这样的理论假定了人类社会不具有美德或族群团结形式的实质性概念。人们争辩道，这样一种观点是错误的，也许甚至是危险的，（因为）它长期保持一个有害的信仰——个人是“陌生人”，没有什么东西将他们深度联结起来作为一个社区。这一点与第二个（更深层次的）问题联系在一起。像罗尔斯这样的理论家忽视了族群团结的因素，因为他们看错了地方。他们依然怀着这样一种愿望：将其义务论原则某种关于人类条件的普遍陈述置于“基础”知识行列。然而，这种类型的宏大的、实质性主张（诸如基于神学或自然法理论的断言）现在已无法令人信服，考虑到这一点，自由主义者诉诸（对）人们共同拥有之物作最低限度的解释，以此作为规范理论的基础。他们将人类的普遍特性化约为只是理性和自利，而不具有任何实质性的内涵。社群主义者认为，如果我们放弃对普遍基础的求索，相反更多地关注社区在建构个人的共同身份以及赋予他们共同的信仰所发挥的作用，我们将获得对人类社会及特定社会所拥有的规范理论之更为信服的解释。

在对罗尔斯的著名批判中，米歇尔·桑代尔（Michael Sandel）认为，强调“无牵无挂的自我”——被剥离社会背景的个人，并将其作为对人类基本看法的一个渊源，实乃走错了地方，而且，它也无法提供一个论证社会义务的健全基础（Sandel，1982）。如果从缺乏内在社会联系的自利个体的假设出发，那么罗尔斯所希望确认的这些社会原则，如对处境不那么良好的人进行再分配，是很难被正当化的。这通常很难抵御来自自由至上主义者的批评：他认为如果个人自主是不言自明的原则，那么强制人们为集体福利作出贡献便是不可接受的（Nozick，1974）。在这一意义上，如果人们越不那么雄心勃勃地追求人性的普遍原则，而注重有助于我们身份构成的、特定的彼此同意的规范和共享义务，就越能做出关于社会义务的较为扎实的道德声明。

所以，社群主义者接受这一观点，即完全有可能对确立权威性规范原则的道德共识之形式进行理论化。然而，这些道德共识形式不是基于关于人类个体的普遍性质。相反，它们基于这样一种认识：个人如何理解自身、什么对他们构成了必须服从的东西，这一切都依赖于他们生活其中的社区之规范和惯例。

义务论自由主义和社区主义之间的争论是深刻而持续的，不过近来有些学者试图在两者之间从事调和。例如，社群主义哲学家米歇尔·沃尔泽（Michael Walzer）认为，自由主义价值和制度确实能够以契约（论）的方式——在一个人们可能做出的假设选择之基础上，来加以正当化，但是他不同意自由主义思想家的观点，因为他不相信连最无偏见的选择都是“脱离背景的”（unsituated）的，无视先前的假设而做出的（Walzer，1983）。人们对社会原则所作的公正或没有偏见的选择，必然是依据习俗享有的假设来做的。这是不可避免的，因为嵌入在我们语言中的概念类型——通过它们我们理解所居的世界，它们制约了我们的经验，决定我们的价值和优先考虑——是难以摆脱的。如果我们接受这一点，我们也就必须接受不同的文化在不同的时间和地点发展出它们自身的意义和优先考虑。自由主义理论的问题在于，它忽视了这一事实而诉求被信以为真的普遍理性原则。此处隐含的意义并非说人类是不理性的，因为他们完全有能力进行理性反思。此处隐含的意义是指，这种反思总是在一个文化和语言的脉络下进行的，交缠着共享的意义系统。相应地，沃尔泽对罗尔斯一脉自由主义的不满，不是（因为）罗尔斯要求我们想象回到原初状态，对正义原则做出一个理性的公正决定，而是他期望这样一个决定不为任何具有文化烙印的意义和价值所影响。

沃尔泽的观点具有更具体的意蕴。一旦在规范思考中，将注意力更多地放在我们不可避免怀有的共享价值和意义，我们（在现代西方社会）便可发现诸多理由来坚守所信奉的自由主义安排——经由法治来保护个人自由的制度，确保彼此宽容。同样，当我们考虑到对于我们的同胞公民的基本福利所共享的责任感，我们就拥有了主张福利国家的正义基础。在这一意义上，尽管沃尔泽采取的（福利国家）正当化的方式不同于罗尔斯的手法，但是其观点中所隐含的那种具有社会性意涵的自由主义，在较为一般的层面，具有重要的相似之处。

在争论的另一方，一些自由主义理论家所采用的研究方法证实了与社群主义相关的一些议题。例如，约瑟夫·拉兹（Joseph Raz）采取了一种根基性的自由主义立场，认为个人的自主是基本的道德和政治原则（Raz，1986）。然而与罗尔斯不同，他认为自主原则是一个"完美主义者"的原则。对于拉兹而言，自主的观念具有超越简单选择的较为特别的含义。以一种与约翰·斯图亚特·密尔的观点形成（有限）比较的方式，拉兹断言运用我们的自由存在着好的方式与坏的方式，运用自由的坏的方式有可能毁坏我们的真正自主。真实的自主是通过从事那些肯定或提高我们的尊严和自尊的活动而得到保证的。一种真正的自主生活乃是一种旨在自我发展和欣欣向荣的生活。它可以通过一系列不同的方式来理解，然而它大概是一种具有道德启迪、人生挑战、有创造性和健康向上的生活。促进自主的自由主义价值意味着增进这种生活的机会。对于这种生活方式的价值我们有着一种集体的理解，即使我们并不善于实现之。相应地，国家作为我们的集体代理者具有一种角色和义务，为自主的生活创造机会，并鼓励我们接受之。当然，从自主的角度看，主张一个强迫我们做出正确选择的国家，是违背自我利益的。不过，就我们珍视自主的程度而言，我们能看到这样一个国家的正当性——它运用集体资源来帮助和鼓励人们过一种较好的和更有成效的生活。拉兹的分析以这一方式运用了自由主义的原则，使其与社群主义对好生活的共享之感（它超越了简单的个人选择）这一观点相协调。

在最近的政治理论中，这些案例表明在自由主义与社群主义之间亦已达成一种较为广泛的调适。尽管在社会和政治原则正当化的最佳方式（以及更具实质意义的，它们如何得以操作化）问题上还存在着分歧，但是在围绕着被广泛认识到的自由主义原则方面，共识似乎正在日渐达成。

3. 后现代主义

对自由主义思想的进一步质疑来自后现代的立场。作为结构主义思考的领军人物，法国理论家米歇尔·福柯认为，我们的语言及其包含的所有假设和自我概念，形成了一个独立于个体决定的结构，它形塑着我们的观点和互动（Foucault，2001a，2001b）。在这一意义上，我们生活在主导性的"话语"之中；这是一种语言结构，它不但制约着我们的世界观，而且制约着我们对自我的理解，（制约着）我们如何看待自己在这个世界中的位置，以及我们看到的作为可资利用的机会和选择的东西。结构主义的观点质疑自由主义的个人基本自主性假设以及它赋予自由选择观念的优先性。自由主义的"主体"——自由的理性选择者，他/她居于掌控地位，通过自致的方式来塑造其身份，这只是一个神话。正是针对这一神话，福柯提出了"去中心化"的主体想象，（在这种想象中）主体的身份在本质上并非自由选择的，而是给定的，并铭刻于结构之中；正是在这一结构中，我们有所而作，并通过它来看待这个世界。

在福柯的思想中，还有着挑战自由主义的另一个方面，同时也反映了他超越结构主义理论的一个转向。对福柯而言，结构主义倾向于分析社会以及形塑社会生活的话语结构的“静态”图画。相比之下，经由一种较具历史取向的分析，福柯试图表明相继的话语是如何兴起以及争夺支配地位的。通过他所谓的“知识考古学”分析（涉及详尽的文献研究），我们能够重新找出这些话语背景的意义：在通常是混乱及碎裂的话语历史中，某种话语是如何作为支配性（话语）而出现的，其他话语又是如何失落或被压制的。这种精心的“颠覆性”解释，对“官方”历史提出了挑战，同时也挑战了自由主义一直心仪的进步主义主张，亦即这样一个观念：通过个人自主性的逐步实现以及相应的理性运用，我们能够与时俱进，趋向一个更加解放、理性化以及（经由技术发明）更为舒适的世界。知识考古学方法帮助我们看到，自由主义假设是（历史发展至今）最新的支配性话语，是一组最新的话语建构物，我们生活其中，并经由它而想象自身。而且，一如所有的支配性话语，它包含或意涵了（通常是制度性嵌入的）自身形式的纪律和限制，服务于维持其支配地位。

福柯从事了一系列的研究，致力于揭示现代话语是如何以知识和实践的方式来限制人类主体的，尽管这些方式具有明显的人道主义的自由立场。例如，支配性话语以特有方式对经由惩罚来规训人们的方法加以合法化；现代自由社会亦不例外；在这方面当代体制看上去并无“优越”可言。在很大程度上，我们已经不再对监禁的犯人使用作为社会规训工具的肉体暴力和酷刑，与此相应，我们也放弃了作为惩罚理由（使其改过自新和重获新生的观念）的报复。然而，对福柯来说，尽管这构成了一个较为“温和”的体系，但它还是保留了一个有限的并且是排斥性的体制，在某种意义上也许是更为有效的规训体制。我们亦已远离（而不是进入）以枷锁和绞刑架形式呈现的公共惩罚的场景，而转向一个监狱系统，其中犯法者被隐匿起来，避开来自主流或“体面的”社会之目光，从属于一种旨在重新灌输恰当的社会纪律所需之习惯的日常化的、能观察到的体制。

上述分析阐明了这样一种见识，即历史上存在着许多显而易见的话语，而现代自由主义的观点形成了其中的一个部分。对福柯来说，所有这样的话语都是权力的表达。支配性话语声称是普遍真理——关于人性的真理、关于这个世界是如何运转的真理，关于什么有意义而什么没有意义的真理。这类声称没有一个能通过某些终极的标准而被证明，所以它们是一种权力的行使，将概念和自我概念施加于人们。自由主义包含了这些“真理体制”的最新版本。对福柯而言，从根本上说，与支配性话语共存并经验之，是我们生活的内在部分，所以他没有提出替代性选择（“真正”解放的条件）的蓝图。无论如何，这样一个蓝图将冒提出另一真理主张（诉求权力）之险。然而，他确实极力主张一些追求，以减轻人类痛苦、促进生活方式的自由以及抵制更为极端的规训实践。福柯自己也亲身投入到一些被认为是相当自由主义性质的实践活动（诸如监狱改革和难民权利）之中。他说尽管以一种拒斥人类进步或完善的叙事之方式，他依然执著于自由主义思考之精神。

后现代立场的另一个运用是由美国政治理论家理查德·罗蒂（Richard Rorty）提供的，他分享了福柯对普遍真理诉求的怀疑（Rorty，1989）。相应地，他拒斥自由主义者经常吁求的基础。事实上，罗蒂认为个人的概念总是一种特定文化的产物，而且应当如此来理解。我们共享的文化架构形成了一个自我的观念——在现代西方社会中我们所发展出来的观念是自由主义的。罗蒂指出，通常认为如果人们接受一种特定的社会或政治理论，那么就必须通过理性和讨论来捍卫之，经由这种理性讨论，任何人都可以被说服。罗蒂反对这样的意向。不同的信仰体系犹如不可比较的语言——（其差异之处）不但指涉其所言之物，而且涉及关于何为有意义何为无意义所包含的假设，以及对真理和谬误的理解。这一事实，即我们并不拥有最终的理论参照点（据此可断言我们自己的观点具有普遍有效性），并非我们拒斥这一观点的理由。现代主义取向与传统自由主义一起，趋于做出这样的假设，并试图寻找这样的真理，能证明在根本意义上与基础性现实相“一致”。然而，这一假设本身具有历史的和文化的特殊性。因此，即使不主张其普遍有效性，执著于自由原则和制度也是完全可能的。

此处有一更深层次的含义，在一定程度上，它将罗蒂的立场与作为比较对象的社群主义立场区分开来。对自由主义价值和制度的信仰并不基于普遍真理，并不与某些终极现实相一致；这一认识并不妨碍我们坚持这些信仰，但是确实改变了我们坚持它们的方式。在后现代背景中，对罗蒂而言，我们对自由主义的价值和制度信守不渝，并非因为它们构成了普遍真理，而是因为它们是我们社会的团结和价值的一个基点。于是在承认其为偶然、承认我们可能持有其他信仰的背景下，我们信守自由主义的价值和制度。对罗蒂而言，这是一种承诺的安排或形式，它使我们从确定性的要求中解脱出来，适合于一个后现代的世界，其中我们不再为根本性的解释或巨大叙事的希望所困扰。对偶然性的正面承认，也许事实上增强了我们承担的义务（作为团结的基点）。

三、结论：自由主义的胜利？

对义务论自由主义的若干替代选择的考察显示，在政治理论中围绕研究取向的问题存在着一个持续的、健康的争论。与此同时，也呈现出一种显著的趋向，对于自由主义的基本原则有着宽泛的同意。在这个意义上，当代的争论更多地关注于如何更好地正当化自由主义的原则，而不是这些原则本身的正确性。当然，如何更好地正当化政治原则这个问题上的不同意见似乎在下列问题上产生了不同的观点：这些原则在较为具体的情况下意味着什么？如何使它们以最佳方式实现制度化？

例如，最近对于政治理论的贡献与“共和主义”的立场联系在了一起。这一立场与自由主义共享了许多东西，但是对于传统的自由主义观念及其含义持有不同的观点（Pettit，1997；Maynor，2003）。共和主义者共享了自由主义的核心命题：个人自由是重要的道德价值，政治自由必须成为一种正义安排的基础。然而，他们认为传统的自由概念是从“否定”的意义上界定的——只是不干涉，只要他们不受约束（放任不管），个人便是自由的（在相关的意义上）。在共和主义看来，这种自由观点太稀薄了。他们主张一种以“非支配”（non-domination）来界定的自由概念。这听起来与自由主义的解释相似，但事实上有着一些重要的不同意涵。非支配这一概念是按照下一要求来理解的，即个人摆脱了对他人任意权力之依赖。在认真对待时，他们争辩道，这一要求使得自由主义的“不干预原则”（non-interference）看上去显得过于自满。按照不支配的要求来衡量，传统的对基本的消极自由——生命、自由和财产的基本权利——的自由主义信任，是不充分的。毕竟存在着各种方式，使人们处于依赖和束缚的状态之中，而（消极自由主义）提供的这些保障不能减轻这种依赖和束缚。尤其是社会经济的不利地位使得对某些社会团体形成依赖，而无论他们拥有哪些受到法律保护的权利。从社会公正的角度来看，这也许是一个有道德责任感的国家应该采取措施来解决的问题。

举例来说（尽管这是一个有争议的案例），虽然某些时候在西方自由社会妇女被赋予平等的权利，但是在男人和妇女之间存在着一种系统的经济差异，这一点又伴随着家庭的和工作场所的性别主义文化，这一切使妇女产生了依赖。如果情况是这样的话，那么国家便具有责任以积极的方式来从事干预，在保障同等权利之外，通过各种社会举措，确保妇女真正的自由。一种相似的主张也许可更为广泛地运用于抹平财富和收入分配方面所存在的悬殊差矩。因此，在共和主义看来，国家应超越义务论自由主义所认可的传统角色，而承当起更为积极的干预职能。进而，也许存在着（需要处置的）对国家本身的合法关注。于此，共和主义者再次认为，自由主义也许过于自满了。在呼吁一个较为积极干预的国家之同时，共和主义者也认识到国家本身也可能是一个强有力的依赖制造者。尽管我们也许需要一个能动的国家来确保我们的自由，但是如果国家（无论其动机为何）变得过分地指手画脚，显然不啻是自拆台柱。在共和主义的视野中，保护有赖于一种较为真实的民主形式——一种追求在原则和政策方面的争论机会最大化的制度安排，尽可能多地开放交流的论坛，其中公民能问责于国家。

因此，在那些有着广泛的自由原则之共识的社会中，充满活力的理论争论依然存在相当的空间。在西方社会中这种共识的存在是显见的，这不但体现于我们亦已考察的理论关注，而且也体现在这一事实当中：自由主义理论家所关注的许多特定的问题，乃是现代社会一般道德大厦的基本因素。我们将通过对其中一些问题的概述来结束本章。

1. 在何种程度上自由主义国家应当采取那些旨在进行物质再分配的政策？

如果我们尊重人的基本的道德平等，那么我们便有着一种集体意义上的义务，确保所有人拥有真正的机会来实现他们的目标，过上富有的生活。这一观点是十分具有争议的。依次地，这意味着国家应当对资源做再分配，以保证机会的平等。然而，这一义务应当履行到何等地步？考虑到再分配政策有可能侵害个人保持其合法所得的权利，国家在这方面采取的举措在什么程度上是可以被接受的？一些自由主义者认为，即使是最低限度的再分配举措也是不公正的，而其他人则赞成较高层次的再分配，理由是个人对其出生时所偶遇的物质环境不负责任，如果对人的平等尊重是认真的，那么我们有义务进行干预，以确保较高层次的物质平等。

2. 国家是否应当在道德问题上立法?

传统上，自由主义者要求我们尊重个人对如何生活的选择，只要他们不伤害其他人或侵犯他人的权利。但是，这一明显简单的原则其实施难度却比起初设想的要大。如果一些人选择过一种吸食易成瘾的烈性毒品的生活，我们也许会说这是他们自己的选择，与其他人无关。然而，这里有一个问题，这种生活是否真正包含自由选择——毒品依赖者是真正的自由选择者吗？而且，这里还有一个对其他人潜在影响的问题——例如，朋友和家庭，尤其是抚养的孩子。在大多数西方社会，确实有严禁吸食烈性毒品的法律，这被认为是对这一问题的处置之道。然而（同样地），在持续或过度抽烟和喝酒问题上，类似争议的问题又出现了，但我们却没有以相同的方式来处置这些行为。这里一般的议题超越了可援引“伤害原则”的案例。尽管自由社会实行宽容，但大多数社会有禁止某些实践的法律——例如自杀或多妻制，至少在原则上，这些法律是适用的，无论这些行为是否得到那些会受到影响的人们的同意。所以，我们如何平衡（一方面，在伤害问题上）个人自由，与（另一方面）社会维持基本的道德标准的需要，这是一个需要持续探讨的问题。

3. 自由主义者应当如何应对不自由的信仰?

宽容是一个核心的自由原则，但关于这一原则的限制存在着棘手的难题。我们也许尊重甚至赞成信仰的多样性，但是，对于那些其自身并不尊重自由的极端政治信念，我们应当如何对待？这方面依然存在问题。例如，是否应当给予那些持极端立场的人有发表观点的机会，即使在拥有权力时他们将否认其他人有这样的机会，以及我们如何平衡言论自由原则与（诸如）宣扬种族主义言论所导致的潜在后果？在此，一个更为显著的事例是原教旨主义宗教信念的表达问题。宗教信仰和崇拜的自由一直是自由主义的一个核心承诺，并被铭刻于自由社会的道德传统之中。但是，当被采纳的宗教信仰本身是不自由的，其鼓吹的宗教实践被认为是不可接受的——诸如对待妇女的做法，在这种情况下，我们该怎么办呢？这类议题还超越了国内政治的范围。自由社会必须在国际领域内与信仰迥异的其他国家彼此互动。在此产生的问题是，自由主义国家是否应当传播自由的价值，如果回答是肯定的，那么在追求这一目标时什么样的行动是合法的。自然，此处还存在这样的问题：自由主义国家是否（以及在多大程度上）应准备与那些违反自由原则的政权进行合作？

这些是出现于西方社会的政治话语中既普遍而又有持久影响力的问题。它们显然是自由主义的关注；它们显示了自由主义视野占据主导地位的程度，并且规定了我们试图回答最佳生活方式这一问题的方式。它们并非必须给出明确答案的问题，然而却是我们的生活与之常相伴的问题。围绕着自由原则以及如何作最佳的合法化论证并应用之的规范理论争论，为我们对这些核心问题的持续而充满活力的讨论提供了丰沛的资源。

进一步阅读的文献

● 政治哲学中关于此议题的一些新近著述参见 Kymlicha（1990），Plant（1991），Ashe et al. （1999）以及 Farrelly（2004）。更具历史视野的讨论参见 Hampsher-Monk（1992）。Goodin and Pettit（2006）是一本颇具实用价值的参考书。女性对近期争论所作的重要贡献包括 Pateman（1988），Okin（1989），以及 Young（1990）。Gutmann（1994）关于多元文化主义的论文集提供了有价值的参考。

● 自由主义思想的经典文本是 Locke（1993）和 Mill（1998）。对当代自由主义的一些重要贡献除了 Rawls（1973），还有 Raz（1986）和 Dworkin（1981a，1981b）。对罗尔斯著作的批评文集参见 Kukathas and pettit（1990）以及 Daniels（1978）。Nozick（1974）从自由至上主义的角度对罗尔斯的研究方法提出了批评。

● 在批判理论中，Horkheimer and Adorno（1979）以及 Marcuse（2002）是开创性的。Habermas（1996）是其研究的一本有价值的选集。Jay（1973）对社会研究所的历史作了相当全面的描述。Held（1980）以及 How（2003）为批判理论作了很好的导引。对于哈贝马斯著作的介绍参见 McCarthy（1984），White（1988）和 Outhwaite（1994）。围绕哈贝马斯作品的批判文献的文集参见 Thompson and Held（1982），Dews（1999）以及 Meehan（1995）。

● Sandel（1982），Walzer（1983）以及 Taylor（1989）是著名的社群主义作品。对自由主义—社群主义争论的重要贡献参见 Sandel（1984），Avineri and de Shalit（1992），以及 Gutmann（1985）。Mulhall and Swift（1996）对这一争论作了分析。Frazer（1993）的作品提供了女性主义的分析视野。

● Foucault（1991）是一本关于其研究的实用选集，其他的后现代主义重要著作有 Lyotard（1984），Rorty（1980）。政治理论中关于认同问题的更为详细的研究参见 Connolly（1991），Mouffe（1993），以及 Phillips（1995）。

● Pettit（1997）和 Maynor（2003）是对共和主义政治思想的重要贡献。Honohan and Jennings（2005）对此进行了较为实用的评价。

第二部分

研究方法和研究设计

第二部分导读

格里·斯托克

政治科学研究者利用的研究方法五花八门。第二部分中的各章显示，在研究者试图精炼和改进发现政治世界的方法时，政治科学中存在一个对所运用的方法进行思考和发展的过程。我们并不将多样性作为需要警醒的东西，相反它说明了在理解人类条件时所面临的挑战。它使政治科学成为一门充满活力、激发思想的学科，因为关于我们如何理解我们的世界这个深层问题永远不会消失。

某些最深刻和最激发思维的议题在第九章和第十章中进行阐述。弗朗和马什在第九章中认为，本体论和认识论立场是决定性的，因为它们形塑着我们的思维：作为政治科学家我们正在做的是什么，我们如何做研究，以及关于我们研究发现的结果，我们能够主张什么。其次，如果并非总是没有争议的话，在研究者的本体论立场、认识论立场、理论概念、研究设计以及方法论之间存在着明显的联系。一个本体论立场和相关的认识论立场并非只是某种研究取向的表面之物，它们是内嵌的。在政治科学中，认识论和本体论问题的讨论本身就是一个争议和辩论的领域。本书作者并非全部，更不用说更为广泛的政治科学界，同意第九章所提出的全部阐述，尤其是本体论和认识论是固定（fixed）的观念。有些人会争辩说，将社会科学中的研究取向分解为这些粗略的立场，既无启迪亦无助益，而且在这些立场内部存在着众多的分歧点，使得任何类型化的努力注定是成问题的。在记住这些

“健全警告”的同时，我们确实认为，这一章提出了一些关键的议题，可以帮助解释为什么政治科学中的研究取向必然是趋异的。

在第十章中，依照研究者理解政治的方式，马什回顾了一系列的元理论议题。他考察了研究者如何试图理解结构和能动之间的关系。我们所做的事情体现了积极选择和主体能动性，然而这些选择受到我们所处的环境和背景的制约，甚至为我们所具有的某种内嵌的思考方式所约束。这一章还考察了物质因素和观念之间的平衡，研究者以不同的方式使用它们，以解释政治中的驱动力量。最后，这一章还分析了扎根于政治科学不同研究方式之中的对变化的理解。政治世界被看作相对稳定的，还是总处在变化的过程之中？马什认为，不同的本体论和认识论立场趋于以不同方式来平衡结构与能动、物质因素与观念的影响以及变化的性质。

除了关于如何理解我们周围的世界这些主要问题，研究者也面临着一系列实际的和重点性（focused nature）的其他挑战。发展出一个研究设计的过程多少有点像试图走出一个迷宫，涉及一系列的明确序列和预先规定的步骤。如何设法走出研究设计的迷宫，是汉克在第十一章中讨论的主题。关键是能够解释你遵从的研究设计之逻辑，以及什么使得它适合于研究目标。在某种程度上，这是一个学习的过程，同时也是一个实践的过程。在学术研究中有工艺的成分。这不是一个严格适用规则的事情，而是发现的探索之旅，随着时间的推移你能够装备得更好。

在研究的旅途上，你需要掌握定性和定量技术。在定性和定量方法之间可以作出大致的区分。前者从观察中发展出来，经由访谈发展到焦点团体讨论，作为探索政治的方法。后者则在政治现象重复发生的基础上收集资料，并运用统计技术来分析这些资料。第十二章和第十三章分别讨论了定性方法和定量方法，对各自广泛领域中存在的争论以及当下的最佳实践作了一个介绍。这两章都煞费苦心地指出在其宽泛的标题之下，可资利用的方法之范围和微妙之处。

第十四章处置另一个关键的方法论议题，即比较研究的作用。比较方法可利用其位置的优势，在这个世界中政治体系、制度和行动者混合在一起，这种混合体系是一个“自然实验室”。在这一背景下，比较研究提供了一个机会，使我们可能经由考察各种议题，来检验政治是怎样运作（方式）的。一如霍普金在第十四章所指出的那样，在运用比较方法时，有一系列的难题需要处置，不过很难设想一个政治科学家可以离开它来做研究。

政治科学中有一个正在发展的兴趣领域，即运用实验来研究政治现象，对此，第十五章提供了一些洞见。在确立因果关系方面，实验的逻辑使人们能够提出强有力的主张，但是也遇到了实践性（practicality）的重大问题。海伦·玛格茨和斯托克撰写的第十五章说明，政治科学家如何开展实验室工作，怎样运用互联网实验以及在多大程度上周详全面的田野实验。他们认为，作为一种研究政治科学的方式，实验方法的重要性将与日俱增，在任何情况下，所有的政治学者都将受益于通过实验设计的视野来思考和理解政治境况。

有些学者主张，政治科学家的工作开始和结束于对政治的描述和分析。说许多政治科学的作品是以这种方式写就的，以至于对那些从事政治实践的人来说，很难从中获得什么东西，这也许是正确的。这重要吗？有些人也许觉得并没有什么问题需要处置。为什么政治科学家应当在意其作品是否有用或是否会被人运用？另一些人也许持有这样的观点，一门研究政治的学科对于从事政治实践的人无话可说，或如果政治以一种不同的方式来建构的话，他们或许会参与其中，那么这门学科多少是失败的。政治科学的实用性问题是本书最后一章的焦点议题。

第九章

皮肤而非毛衣：政治科学中的本体论与认识论

鲍尔·弗朗、大卫·马什

本书中的若干篇章与本体论和认识论有关，其中有些章节还写有相当的篇幅（例如第一章、第四章和第八章）。较为常见的是，在这些议题上的立场是隐含的，但绝非不重要（参见第二章和第五章）。每一个社会科学家对研究课题的定向都受到本体论和认识论立场的制约。即使这些立场未被承认，它们也形塑着社会科学家所使用的理论取向和方法。起初这些被提出的问题看起来颇有难度，但它们是无法回避的议题，因为它们形塑着我们的研究取向，它们像皮肤而不是毛衣；它们不能随研究者的需要而随时穿上或脱掉。在我们看来，所有从事政治科学研究的学者都应该意识到其本体论和认识论的立场，并能够捍卫它们。这意味着他们需要了解在这些基本问题上的其他立场。因此，本章的目的是以尽可能易于理解的方式，向不熟悉这些议题的读者介绍本体论和认识论问题。

本章分为三个主要部分，第一节介绍“本体论”和“认识论”两个概念，并思考它们是如何联系在一起的。然后，第二节勾勒本体论和认识论方面的不同立场，以及针对这些立场所提出的赞成和反对的争论意见。最后，我们将通过考察两个宽泛的研究领域——全球化和多层次治理，来说明这些不同的立场是如何形塑研究者所秉持的研究取向的。

一、本体论和认识论简介

如我们已强调的，本体论和认识论是富有争议性的话题。所以，尽管人们在这些术语的含义方面有着一般性的同意，但在研究者所采取的本体论和认识论立场或本体论与认识论之间关系的方面，同意的程度就很低了。我们从概述本体论和认识论术语的意义开始这一节的叙述，然后讨论它们两者之间的关系，一如我们将要看到的，尤其是这本身就是一个颇具争议的话题。

1. 本体论和认识论（以及方法论）之含义

本体论问题关注的是“存在”（being）的性质。从字面上看，本体论是一种关于“存在”的理论（该词源于古希腊，意为 existence）。这听起来很难，但实际上并非如此。本体论的核心问题是：现实的形式和本质是什么？紧接着可问的是，能够被认识的东西是什么？换句话说，主要话题是，是否存在一个“真实”的“外部”世界，在重要意义上，它独立于我们对它的知识而存在？一如我们将在下面所看到的，尽管候选名单是变化的，但存在着两种主要的本体论立场。一种是基础主义/客观主义/现实主义，它假定一个“真实”的“外部”世界，独立于我们对它的知识而存在；另一种是反基础主义/建构主义/相对主义，它将世界看成是社会建构的产物。

如果说一种本体论立场反映了研究者关于世界性质的看法，那么认识论立场则反映了他/她关于这个世界我们能够知道些什么的观点。从字面上看，认识论是一种关于知识的理论。因此，认识论的核心问题是：知道者与能知道什么两者之间关系的性质是什么？这听起来非常深奥难懂，不过其基本的关注点并不太难，如同下面我们将看到的。

有两个核心问题与认识论有关。一个观察者能够在社会现象之间辨认“真实”的或“客观”的关系吗？如果能够，何以做到这一点？第一个问题本身又包含着两个议题。开始它将我们带回到本体论。反基础主义的本体论（参见下面的讨论）主张，并不存在一个“真实”的世界（它独立于行动者附加于行动上的意义）。这需要一种有关知识的阐释理论：为追求我们并不相信其存在的外部世界的独立知识的能力做辩护，是不合逻辑的。

与此同时，这样一个反基础主义者也会建议，没有一个观察者能够是“客观”的，因为他/她生活在一个社会世界中，受到社会建构的“现实”之影响。这引出了有时称作双重阐释（double hermeneutic）的东西：世界是由行动者来阐释的（第一个阐释层次），而他们的阐释又是由观察者来解释的（第二个阐释层次）。

第二个问题提出了另一个重要的且明显关联的话题。在何种程度上，我们能在社会现象之间建立起“真实的”联系，我们能够只是通过直接观察来做到这一点吗？或某种联系“存在”却无法直接观察？一个人对这些问题所给出的答案塑造着其认识论立场，尤其是如何理解因果性和解释的概念（参见克雷格·帕森斯在第四章对这一问题的讨论）。在此，我们的观点是，本体论和认识论是相互关联的。基础主义的本体论可导出实证主义或现实主义的认识论，而反基础主义的本体论导出的是阐释主义的认识论。然而，我们承认这是一个有争议的观点，因为后结构主义者并不接受这一点。这是下一节将要讨论的话题。此外，需要强调的是，一个人的认识论立场具有明显的方法论意涵，这一议题贯穿本章始终，我们将不断反顾涉及。所以，实证主义者趋于青睐定量方法，而阐释主义者则看好定性方法（见图 9—1）。

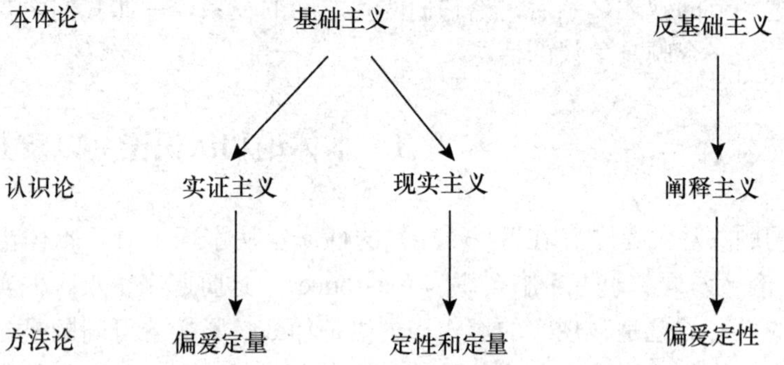

图 9—1　本体论、认识论和方法论的联结

2. 本体论和认识论的关系

本体论和认识论问题必然是相互关联的，因为认识论关注的是人类行为者如何能够探询以及了解本体论的意义。然而，本体论和认识论的关系是一个有争议的议题。确实，海伊认为（Hay，2007a），我们无法证明一个本体论立场，或本体论和认识论的关系。相反，我们应当采取一种对我们有意义的立场，并前后一致地运用之，与此同时，承认这是有争议的。

海伊认为，本体论领先于认识论：

> 本体论“论及社会和政治世界的性质”，而认识论“涉及关于这个世界我们能够知道什么”。所以在下述意义上，本体论具有逻辑优先性：认识论界定中的“世界”是由，而且只能由本体论界定中的“世界”来详细规定。我认为，这是逻辑的起点，而不是元理论（meta-theory）的起点（Hay，2007：117）。

然而，后结构主义不同意这一点。所以，迪克森（Dixon）和琼斯（Paul Jones III）声称（引自 Bates and Jenkins，2007：60）：

> 本体论假定是将拉车置于马匹之前，因为本体论本身基于认识论——关于我们如何知道“这个世界像什么”。换言之，本体论分析恒久表明，它依赖于认识论的先在性；关于真实世界的结构之陈述正是这种认识论的先在性促成的。例如，物理现象和社会现象，或个人行动者与社会结构之间的本体论区分……是认识论的结果；认识论分割现实和经验，以理解它们两者。

斯宾塞（N. Spencer，2000）则不同意这一后结构主义的论说，指责它将本体论问题化约为认识论问题（通常称之为“认识论谬误”）。他继而指出：

> 本体论理论是无可回避的，这只是一个是否自觉承认及研究的问题，或者是否将其遗留为人们的认识论理论的一个隐含前设的问题。就后现代主义者而言，相对主义的窘境在于老是自动颠覆其哲学立场。他们否认存在真理这样的东西（坚守于认识论领域，甚至否认本体论是一个合法的主题），与此同时，他们提出的任一陈述都必须对事物的方式做出确切的断言（因此具有一个本体论理论，尽管是隐含且矛盾的）。

对斯宾塞而言，本体论不能也不应该被化约为认识论，因为如果这样的话，任何东西都变成了思想和话语，社会结构/物质世界不存在因果力量（参见第十章，例如在讨论结构/能动、物质和观念、稳定与变迁等元理论议题时，这些哲学问题是如何产生影响的）。一如他所指出的（Spencer，2000：15）：

> （后结构主义者拒绝）赞同这一观念：知识居于社会和作为知识对象的实体的因果关系之中。经由所接受的观念、提供思想的工具，尤其是通过语言，知识受到（社会的）影响，并依赖于社会。这创造了历史……然而，知识也是关于某种东西（自然或社会）的知识。这使得科学自身成为一个合法的研究领域，研究不是作为社会产品的知识，而是（研究）作为知识对象的实体之反映的知识。因此，下面的情形是可能的，即知识是一种社会现象，而它所研究的实体却不是，这就是说，这些实体独立于社会而存在。

在此，斯宾塞并非主张观念或话语不会影响“真实世界”如何作用于行动者/群体，而只是指出，这些是关于“真实世界”的观念和话语，这种“真实”是超越话语（extra-discursive）的社会现象。

这很清楚了，在本体论和认识论关系问题上存有很大的争议。后结构主义者将两者视为相互构成之物。一如史密斯所述（Smith，1996）：

> 缺乏认识论依据的本体论主张是一个武断的教条……认识论是重要的，因为它决定了我们可能拥有什么样的知识，而且希望排斥它，或贬低其重要性（一如流行的说法，本体论优先于认识论）是不可能的。我看不出无论是本体论还是认识论谁优先谁，相反，我看到了它们两者之间无法分离的相互关联（引自 Bates and Jenkins，2007：60）。

确实，甚至连贝茨（S. Bates）和钱金斯（L. Jenkins）也承认，后结构主义能够“有意识地合成本体论和认识论”。

与此形成对照的是，斯宾塞（Spencer，2000：2）提出了一个重要的问题：我们如何能够拥有一个关于知识是什么的理论，而缺乏关于世界性质的一些前设？不存在解决这一问题的方法。我们支持斯宾塞，而你可能支持史密斯（Smith，1996）或贝茨和钱金斯（Bates and Jenkins，2007）。这是你的选择。然而，关键在于你认识到采取不同的本体论和认识论立场以及在两者关系问题上持有的不同观点所产生的后果。

在下一节，我们将简要勾勒在本体论和认识论问题上的不同立场，这将有助于某些已讨论的议题得到更加清楚的表达。

二、本体论和认识论的不同立场

在此，我们从区分广泛的本体论和认识论立场开始，然后比较详细地考虑各种不同的认识论立场及其它们之间的争论，最后本节将力图说明为什么争论以及研究者采取的立场是重要的。我们的基本观点是，本体论和认识论形塑着作为社会科学家的我们所研究的东西、我们如何研究它以及作为这一研究的结果，我们认为我们能够主张的是什么。在本节中，我们区分了广泛的立场，尽管它们被赋予了不同的名称。我们也需要承认，并非所有的人，甚至并非本书的所有作者，都会接受我们的分类；有必要再次强调下面这一点，即这是一个非常有争议的领域。

有一个争论尤其重要，它关系到我们应如何对后现代主义的研究取向进行分类。一如我们已看到的，后现代主义否认本体论和认识论区分的效用或可能性，用斯宾塞（Spencer，2000）的话来说，他们是顽强的理想主义者。最终我们将他们归入反基础主义的本体论和阐释主义的认识论范畴。然而，如帕森斯（参见第四章）所强调的，如果后结构主义是建构主义的一个变体，那么它是一种特殊的变体。他认为认识论范畴中的现代建构主义（下面将对其做简要的讨论）旨趣在于解释，并与较为主流的政治科学取向相契合。

在此，我们直截了当地提出另一个问题。即使我们建立了宽泛的类别，界分本体论尤其是认识论的立场，在这些宽泛类别中的每一个当中也存在着内部的差别，它们之间的边界可能是模糊的。在此，举两个例子就行了。第一，回到上面提及的帕森斯的观点，在不同的建构主义分支中，存在着重要的认识论差异。第二，现实主义，更确切地说是批判现实主义和作为认识论立场的阐释主义之间的边界正在日益模糊，一如下面要讨论的海伊的著作以及本书第十章所清晰显示的那样。在此，根据上面提出的警告，我们区分两种宽泛的本体论立场，即通常被视为客观主义或现实主义的基础主义，以及通常被看作建构主义或相对主义的反基础主义。一如我们亦已强调的，后结构主义否认在本体论和认识论之间所作的任何分离。这样的研究者将明确否认其有本体论立场，因此许多人将他们归于另一类型，在考虑这一态度所引发的后果时，读者需要认识到这种限定。我们将他们归类为反基础主义者，因为他们否认任何超越话语的“真实”之存在。

1. 基础主义/客观主义/现实主义

基础主义通常又被称为客观主义或现实主义。不过此处的关键在于，不同的命名指向同一立场。从这一角度看，世界被视为由各种物体构成的，它们拥有独立于观察者/研究者的诸种属性。因此，如果具有必要的研究技术和良好的判断，所有的研究者应当以相同的方式来观照和理解这些物体。换句话说，存在着一个独立于我们对它的知识而存在的真实世界。因此，拉考夫和约翰逊（Lakoff and Johnson，1980）认为，那些采纳这一立场的人，他们称之为客观主义者，假设存在着客观的、绝对的、无条件的真理。

在这一立场内部存在着重大的差别，尤其是在认识论实证主义者和认识论现实主义者之间（参见下面的论述）。在这一脉络中，认识论现实主义强调理论在解释现实世界的结构/制度的因果力量中所发挥的作用，因此现实世界对人们行动的影响是经由观念作为中介的。相似地，现实主义者认识到解释世界的研究者所具有的局限性。和实证主义者相比，他们对真理的理解有着较多的限定。然而，他们享有基础主义立场的关键特征——存在一个外部的真实世界，它具有独立的因果力量（斯宾塞在前文所捍卫的实质性立场）。

2. 反基础主义/建构主义/相对主义

与此形成对照的是另一个宽泛的本体论视角；反基础主义/建构主义/相对主义有点不那么容易分类。建构主义的立场，如人们可以预想到的，其内部存在着更多的差异。不过，这一立场具有一些相同的特征。古巴（E. Guba）和林肯（Y. Lincoln）辨识了以下三种（Guba and Lincoln，1994：110）：

（1）在这一视角下，现实是地方性的和特定的；它们在个体和团体之间变化。因此，人为建构是现实的本体论要素。建构不是客观真实的，而毋宁说是较有根据或较为一致的。因此，尽管所有的建构都是有意义的，但某些建构是有缺陷的，因为它们是不一致的或不完全的。

（2）与此同时，与另一种本体论立场不同，现实不是发现的，而是在活动中建构的。一如我们在上面所述，这意味着本体论和认识论之间的区分是模糊的。换句话说，是行动者以及他所持有的观念决定了什么是理性的。基于这一视角，没有一个行动者可以是客观的或价值中立的。

（3）总的来说，现实是社会建构的。虽然个体建构了这一世界并对其进行思考，但他们的观念为社会、政治和文化过程所塑造。

在此，强调下面这一点是重要的。我们的主张——反基础主义认为不存在一个独立于我们对它的知识而存在的真实世界——是有限定的。我们并不主张：这样的研究者不承认存在着桌子/山脉/机构等，而毋宁说，他们的争议是，这一“现实”不具有独立于行动者/群体/社会对它的理解（而存在）的社会角色/因果力量。

三、区分宽泛的认识论立场

关于认识论立场，存在着不同的分类方法，而且对于最佳的分类方法，人们缺乏共识。可能最通常的分类，也是本书其他章节所使用的，是区分科学的（某些时候是实证主义的）与解释学的（或阐释的）立场。我们先简要回顾一下这一区分，然后提出另一种选择，新的区分是实证主义、现实主义和阐释主义立场。

社会科学的发展，一如其名称所意涵的，受到科学理解的性质这一观念的影响。尤其是**经验主义**传统在社会科学的发展中发挥了关键的作用。休谟认为，知识始于我们的知觉。在这种直接经验的基础上，我们发展出了关于物理现象彼此关系的一般性命题。目标是提出具有因果关系的陈述，即在给定条件下，将出现有规则的、可预见的结果（Hollis and Smith，1991）。恪守这一科学传统的学者视社会科学类似于自然科学。就本体论而言，他们是基础主义者，他们认为存在一个真实的"外部"世界，它外在于行动者。他们的关注点在辨识社会行为的原因，他们强调的是**解释**。起初许多人感到，运用严格的科学方法使社会科学家可能获得与（自然科学中的）科学规律相似的法则，它们能超时空而成立。

就方法论而言，科学传统受到逻辑实证主义的深刻影响。逻辑实证主义采取了非常直白的科学研究形式（参见第一章）。一如霍里斯和史密斯所述（Hollis and Smith，1991：50）：

> 发现自然中的规律性，提出一种概述，推论它对下一案例所具有的意义，观察预言是否成功。如果做成了，随后的行动就没有必要。如果失败了，那么或者放弃概述，或者修改之，并（检验）新的（预言）。

与此相对照，存在另一种替代性选择，即解释学（hermeneutic，该词源于古希腊语，意为 to interpret）或阐释主义传统。这一立场的坚守者是反基础主义者，他们相信世界是社会建构的。他们关注行为的意义，强调的是**理解**而不是解释（参见第四章对这一点的重要区分）。理解与作为社会行动基础的人类推理和意图有关。在这一传统中，在现象之间建立一种超越时空的因果关系是不可能的，因为社会现象不受制于对自然科学现象的观察。

我们偏向于另一种分类，因为霍里斯和史密斯所辨识的科学传统混同了两种不同的立场——实证主义与现实主义。实证主义坚持基础主义的本体论，关注的是在社会现象之间建立因果关系，从而发展出解释性的、能切实预测的模型。尽管有着上面所辨识的差异，但现实主义拥有同样宽泛的本体论立场。不过与实证主义者不同，现实主义者并不青睐直接观察。现实主义者相信，在社会现象之间存在着深层的结构性联系，它不能被直接观察到，但对于行为的解释却是关键性的。所以，作为一个事例，现实主义者也许认为，父权制作为一个结构是无法观察的，尽管我们可以看到它的许多后果。随后我们将再次讨论这一事例。

实证主义、现实主义和阐释主义取向的区分（见图 9—1）将在下一节深入讨论。我们所使用的分类也许为其他社会科学家所反对。我们运用这些区分以避免将（第一种分类中的）实证主义和现实主义混同起来。这与我们早些时候所表达的主张有关，即有必要在存在的理论（theory of being）与知识的理论之间保持分析性的分离。某些社会科学家，如贝维尔（M. Bevir）和罗德斯（R. Rhodes）（参见下面的叙述），想在阐释传统中作出进一步的区分（一如帕森斯所做的那样）。在我们考察亦已辨识的三种立场的变体时，我们将回应这种或其他的批评。

在我们看来，本体论和认识论关注不能也不应该被忽视或低估。这里有两点特别重要。其一，本体论和认识论立场不应像一件毛衣那样来处置，在我们讨论哲学议题时就“披上”，当我们做研究的时候就“脱下”。在我们看来，非常粗鲁的实证主义认识论在战后的大部分时间里占据了支配地位，这鼓励许多社会科学家放弃本体论问题，将认识论议题看作或多或少已被解决，只留下一些细枝末节由那些对这些问题感兴趣的人来决定即可。这样的社会科学家倾向于承认认识论的重要性，但没有想到有必要处置细节。实证主义被视为一件舒适的毛衣，需要的时候便可以穿上。与此形成对照的是，对于我们来说，认识论更不用提本体论，远非一场已经结束的争论。

其二，研究者不能在一个时点就一个项目采用一种立场，而在另一个时点研究另一个项目时采取不同的立场。这些立场是不能相互替换的，因为它们反映了社会科学是什么以及我们如何做研究这些基本取向的差异。一个研究者的认识论立场反映在研究什么、如何研究以及研究者对其发现如何定位之中。所以，一个实证主义者寻找因果关系，偏向于定量分析，试图找出“客观的”、能够一般化的发现。一位来自阐释传统的研究者关注的是理解，而不是解释，关注的是人们的行动所具有的意义，偏爱使用定性证据，其提供的研究结果是所研究的社会现象之间关系的一种阐释。以这种方式对现实主义进行分类不那么容易。现实主义者也寻找因果关系，但宣称社会现象之间的许多重要关系是无法观察到的。这意味着他们也许使用定量和定性资料。定量数据只适合于那些可直接观察的（社会）关系，与此形成对照的是，那些不可观察的（社会）关系只能间接地建立起来。我们能够观察其他社会关系，我们的理论告诉我们，它们是那些不可观察的前置—关系（pre-relationships）的结果。我们将在下节再回到这些议题上来。

四、对不同的本体论和认识论方法的质询

在此我们将以较为详细的方式描述实证主义、阐释主义和现实主义的立场。我们将集中讨论下述问题：对这些立场的主要批评、这些立场的内部变体以及这些立场因时而变的方式。

1. 实证主义

尽管其内部存在变体，实证主义的内核非常简明：

- 实证主义乃基于一种基础主义的本体论。对于实证主义者来说，一如现实主义者，而不像阐释主义立场的许多学者，世界是独立于我们对于它的知识而存在的。
- 对于实证主义者而言，自然科学和社会科学是大体相似的。我们能够在社会现象之间建立起规律性的联系，运用理论来形成能通过直接观察得以检验的假设。在这

一视阈中，与现实主义者形成了明显的反差，不存在无法直接观察的深层结构。传统上，实证主义争辩道不存在表象/现实的二分法，世界是真实的而不是社会建构的。所以，直接观察能够作为理论有效性的独立检验。关键是观察者在从事这样的观察时能够做到客观。来自阐释主义传统的学者几乎没有人接受客观的观念。现实主义者承认所有的观察都受到理论的中介过滤，对于现实主义者来说，研究者在区别可以直接观察和无法直接观察的社会现象时，理论发挥了至关重要的作用。

- 对于实证主义者而言，社会科学的目标是做出因果性的陈述。在他们看来这是可能的，而且我们应当这样去努力，以便在社会现象之间建立起因果关系。他们与现实主义者共享这一目标，而阐释主义者否认这种陈述的可能性。

- 实证主义者同样主张，有可能将经验性问题（关于是什么的问题）与规范性问题（关于应该是什么的问题）完全分离开来。传统上，实证主义者认为，社会科学的目标是研究经验问题，而哲学、形而上学或宗教研究的是规范性问题。如果我们能够区分经验性问题与规范性问题，那么社会科学有可能是客观的和价值中立的。现实主义者尤其是来自阐释传统的学者会否定这一主张。

许多社会科学家是实证主义者，尽管实证主义的诸多要素是隐含而非显露的。20世纪60年代社会科学中的行为主义革命，大卫·桑德斯在第一章中已涉及这一话题，是一种试图将科学方法引入社会研究的努力。它显然是对关注规范性问题的政治理论与缺乏严格理论和方法训练的传统制度主义的一个回应。与之形成对照的是，行为主义革命以客观主义/现实主义/基础主义的本体论为根据，通常采用定量的研究方法。行为主义的观点是，如果我们采用科学的方法，从理论当中导出假设，然后对其进行检验以证伪之，那么一种社会"科学"是可能的。我们需要关于社会现象、变量的"客观"测量方法，这样我们就能专注于"硬"资料——来自政府的统计数据、选举结果等，而不是软资料——来自访谈或参与性观察。举例来说，如果实证主义者研究政治参与，他们会将兴趣放在投票、政党或利益集团成员、直接行动或其他什么的程度或水平的测量上，并将其与诸如阶级、性别、种族和教育等人口变量联系起来。目标是在这些变量和参与之间建立起精确的关系性质，以便得出因果模型。稍后我们还将讨论这个例子。一如现已广泛承认的，研究者所采纳的本体论和认识论立场具有方法论的意蕴，这是行为主义革命的科学抱负和信心倾向于遮蔽的东西。

对实证主义的批评有两种宽泛的形式：第一种批评大致认为，在随从自然科学方法的过程中，实证主义者曲解了科学研究实际上是如何进行的。在此，两种观点尤其重要。首先是奎因（W. Quine，1961）的实用主义立场，他对实证主义提出了两个关键的批评（Hollis and Smith，1990：55-7）：

（1）奎因指出，任何从人的五官感觉得到的知识都受到我们所使用的分析概念的过滤，所以离开了阐释就无法对经验进行分类，甚至无法描述。

（2）这意味着理论和实验并非简单分离，相反，理论既影响着我们所关注的事实，也影响我们如何去阐释它们。如果事实似乎证伪了理论，这随后会影响我们从中得到的结论。如果我们观察到的"事实"与理论不相一致，我们或许会做出判断，认为事实是错误的，而非理论为错。当然，这摧毁了单是观察就能证伪一个理论的观念。

其次是库恩（T. Kuhn，1970）提出的观点，在任一既定时刻，科学倾向于被一个特定的不受质疑的研究范式支配，它影响了科学家所提出的问题，以及如何阐释他们所观察到的东西（Hollis and Smith，1990：57-61）。所以，科学研究并不如实证主义者所隐设的那样“开放”，相反某些特定的观点事先就被排除了。当许多经验观察导致某些大胆的科学家质疑支配性的研究范式时，就会出现范式转移（paradigm shift），但即使到那时，科学家通常还摒弃那些不适合理论的观察（这显然与上述奎因的第二个批评相一致），而接受与研究范式相一致的结果。

对实证主义的第二种主要批评乃针对社会科学而发。它主张社会现象和物理或自然现象之间存在着明显的差别，这使得社会“科学”不复存在。其中三种差别尤其重要。首先，与自然结构不同，社会结构并不独立于它们塑造的活动而存在。例如，婚姻是一个社会制度或结构，但它也是一种生活经验，尤其（尽管不是排他的）对于结婚的人来说。这种生活经验影响行动者对制度的理解，并帮助人们改变这一制度。其次（相关的是），与自然结构不同，社会结构并不独立于行动者关于他们正在做什么的观点而存在。人是可以反思的，他们反思正在做的事情，并根据这一反思经常改变自己的行动。这导致第三种差别。与自然结构不同，作为行动者行为的一个结果，社会结构是可以改变的；在多数情况下，社会世界依随时间和地点而发生变化。一些实证主义的社会科学家将这些差异作最小化处理，但就其接受程度而言，他们指向一个阐释主义的认识论立场。

许多实证主义者回避这些被置于“疑难之篮”（toohard basket）中的批评，他们只是从事其经验研究，在实证主义的范式中去解决问题。当他们确实承认其他视角时，这种承认也可能是敷衍的。这一断言很容易被证明，只要简单考虑一下金（G. King）、基欧汉（R. O. Keohane）和维巴（S. Verba）对阐释主义取向所作的处置方式即可（对于他们来说，阐释主义可归入现实主义取向）。金、基欧汉和维巴的实质性主张是，只要其被整合进实证主义（或他们称之为科学）的立场，阐释主义立场（实际上指的是阐释主义方法）是有用的。在这一脉络下，他们断言：

> 然而，在我们看来，科学……和阐释不是旨向分歧目标的根本不同的努力。两者皆依赖于准备详细的描述，获致对世界的深度理解，提出好的问题，在一般理论的基础上形成可证伪的假设，收集评价这些假设的证据（King，Keohane and Verba，1993：37）。

他们继续写道：

> 然而，一旦假设被提出，证明其正确……需要令人信服的科学推理。而且，阐释主义社会科学家所采用的推理程序必须包含为其他定性和定量研究者所遵循的同样标准（King，Keohane and Verba，1994：38）。

一如我们强调的，金、基欧汉和维巴将阐释主义视为一种有效用的方法论定向，而不是一个认识论立场。所以，他们将阐释主义看作一种提出较好的（研究）问题的一种工具，可以在实证主义框架中得到使用。确实，看起来他们是在鼓吹一种主要/次要的方法论混合（Marsh and Read，2002），其中定性的、阐释主义的方法被用于为调查研究提出较好的问题，旨在检验并试图证伪研究假设。

不避重复之赘，金、基欧汉和维巴似乎将现实主义和阐释主义混同起来了。所以，在其论述阐释主义的部分，他们坚持实证主义对认识论现实主义的通常批评："那些只关注明显的、可观察的行为的社会科学家失去了许多东西，但是如果我们不能看到，我们如何知道（这一点）?"（King，Keohane and Verba，1994：41）

尽管金、基欧汉和维巴身居美国最杰出的政治科学家之列，（但）还存在着更为老成的实证主义者。在他们之中有参与本书写作的桑德斯和约翰，他们愿意承认并回应对这一立场的批评。桑德斯的观点尤其值得做较为详细的考察，因为它代表了较为成熟的现代实证主义立场的一个很好的案例。桑德斯认可他受到实证主义立场的强烈影响，但也承认这一立场受到"猛烈的哲学批评"。他提出，现代实证主义者（也可以称为"后实证主义者"）承认理论和观察之间的相互依赖；认识到规范问题是重要的，且并非总是容易与经验问题相区分；认可在政治和社会分析中其他传统也具有关键的作用。因此，后实证主义从较为传统的实证主义（阵营中）迈出了重要的一步，很大程度上这是此处勾勒的批评类型的结果。

然而，本体论和认识论问题并没有消失，相反它们一直被忽略了。以下两段引自桑德斯的话说明了这一点：首先，他指出（本书 24 页）：

> 现代行为主义者宁可将他们自己的理论主张接受经验的检验。他们也怀疑在非经验传统中从事研究的学者永远不能对下面这个关键问题提供一个令人满意的答案：如果你错了的话，如何能够知道?

稍后他继续写道（本书 32 页）：

> 现代行为主义者不但承认，在社会分析中理论必须发挥核心的作用，而且他们也认识到不同的理论视角会产生不同观察的可能性。明显的是，这种可能性使得将相互竞争的理论置于经验检验这一任务变得非常复杂。然而，依照当代行为主义者的看法，这丝毫没有降低这一任务的重要性。无论理论所产生的观察是什么，如果它被认为是一个真正的解释理论，（那么）它必须提出可以证伪的、不能与既有的经验证据相矛盾的假设。根据定义，一项社会研究考察的是人们的所为、所思和所言。根本而言，研究对象就是人们的所为、所思和所言之物，除此之外并无他物，无论为了把握"现实"的特征而使用多么具有想象力的分析概念。行为主义允许所有理论依其喜欢的方式来描述"现实"的特征。然而，如果它们被认为是解释性理论，那么它们必须做出在给定条件下，人们将何为、何思或何言的陈述。没有任何理由可以说明，为什么每一种理论不应该按照其自身的观察（标准）来得到评价。但是，除非一个理论能在经验观察的基础上得到评价——也就是被经验检验，否则行为主义者首先不准备承认其解释性理论的地位。

这是一个实证主义认识论立场的精练表述，本质上依然是实证主义的。像金、基欧汉和维巴一样，目标是运用观察（无论什么类型）来检验所研究的社会现象之间的假设性关系。其他传统的研究依然必须按照实证主义的标准来加以判断："观察必须被运用来对所提出的理论进行系统的经验检验”。然而，这不是大多数来自阐释传统的研究者能够接受的一个标准，因为他们不相信直接观察能是客观的，并被用作对“现实”的一个检验。大多数现实主义者也会对桑德斯的立场提出疑问，因为他们把许多重要的关系视为无法观察的。

在此，桑德斯所持立场的一个其他方面是重要的，即他承认阐释和意义的重要性。这也许意味着实证主义和阐释主义传统之间的差别正在消解。所以，在批评投票行为的先前研究时，桑德斯指出（本书 25 页），“对那些与个体程度不等地对自己进行反思的方式有关的领域，行为主义的选举研究也一直未敢涉足”。他承认，这样的因素也许是（也许不是）重要的，但是他强调在这些领域从事经验研究可能是困难的。然而，关键在于桑德斯想将阐释和意义作为干预变量。按此观点，一个投票者如何理解政党及自身立场也许会影响其投票行为。在最好的情况下，这只承认了双重阐释中的一个方面；阐释主义传统也许会争辩道，我们也需要承认观察者依赖于社会建构的过滤物，它们影响了知识的框架。

所以，实证主义改变自身以回应人们对它的批评。后实证主义已不那么独断，（认为）只有一种从事社会科学的研究方法。不过，像金、基欧汉和维巴这样的实证主义者依然不承认本体论和认识论差别不能被方法论整合消解。它依然青睐解释，而不是理解，强调直接观察的优先性。按我们的标准，它依然是客观主义/现实主义/基础主义的，并牢固地居于科学传统之中。

2. 阐释立场

阐释主义（通常称为建构主义）立场明显多变，一如帕森斯所说明的那样（第四章）。帕森斯明确区分了后现代阐释主义和他所称谓的“现代”建构主义者，尽管他承认做出其他的划分也是可能的。下面将讨论这些区分，不过我们先勾描一下被视为这一立场的核心部分。

阐释主义传统明显是实证主义的“他者”。不过，它是一个比实证主义更为宽敞的教堂，一如帕森斯所证明的。因此，从勾勒其立场的核心内容开始，对于我们的叙述是有帮助的。

- 在阐释主义传统中，研究者争辩道，世界是社会或话语建构的。因此，所有阐释主义取向的一个显著特征是，它们程度不同地以反基础主义的本体论作为基础。
- 这意味着，对于那些在这一传统中从事研究的学者来说，社会现象不能理解为独立于我们对它们的阐释而存在；相反，正是对社会现象的这些阐释/理解直接影响了结果。因此，社会现象的阐释/意义才是关键性的；而阐释/意义只有在话语、背景或传统之中才能建立起来并得到理解。故而，我们应该专注于辨识这些话语和传统，确立依附于社会现象的阐释和意义。
- 这一取向承认，渴望自然科学那样的“客观”分析是无法获得的。社会“科学家”（阐释主义者不会使用这一术语）并不具有特别之处，他们自身便在话语或传统中活动。知识具有理论或话语载负。因此，这一立场承认双重阐释。

这一立场具有明显的方法论意蕴。它主张不存在客观真理，这一世界是社会建构的，社会“科学”的角色是研究这些社会建构物。定量方法可能是迟钝的工具，也许会产生误导性的资料。与此对照的是，我们需要使用定性方法，如访谈、焦点团体（focus groups）、素描（vignettes）等，以有助于探究人们是如何理解其世界的。例如，某些在这一传统中从事政治参与研究的学者，首先试图弄清人们是如何理解“政治”（the political）以及“政治”（political）参与的。此外，这一立场高度重视研究者的反思性。她必须尽可能了解自己的偏见，并在阐释其受访者对自身经验/行动的阐释时尽可能地考虑这一因素。因此，从这一观点来看，定量方法仍是迟钝的研究工具。

不过，某些（也许数量在增长）阐释主义者试图解释，而不只是理解。在这方面帕森斯是一个很好的事例。他指出（本书 75 页）：

> 现代建构主义者趋于认为，我们能够设想行动者中间的社会建构，但仍试图做出一些可接受的（若谨慎表达则是试探性的）关于社会建构的世界是如何“真实地”运作的陈述。这一立场的核心通常颇为简单（在非建构主义阵营中这也是一个标准的立场）：了解我们的阐释偏见倾向将有助于我们解决这个问题。如果我们提出审慎的研究设计，将我们的主张置于具有不同观点的人们当中进行公开的讨论，那么在关于这个世界是如何真实运作的这个问题上，我们就可能得到一个实际的可接受的观点。简言之，对于现代建构主义者而言，一如其他“现代”学者，这个世界是如何社会建构的是一个我们能够证明的东西。

在此，强调的重点被置于（对）受访者的社会建构的系统研究，以及研究者的明确而有效的反思。即使如此，基于这种研究而做出的解释观点仍无法使许多实证主义者满意，一如帕森斯自己所承认的。

毫不奇怪，对阐释主义传统的主要批评来自实证主义者，尽管某些现实主义者也同意这些批评的一些成分。对于实证主义来说，阐释主义传统只是提供了关于这个世界的意见或主观判断（这自然是金、基欧汉和维巴对阐释主义批评的核心）。因此，对于实证主义而言，并不存在评判阐释主义知识主张正当性的基础。一个人的世界观以及这个世界中社会现象之间关系的观点与另外一个人的观点不分轩轾。对于实证主义者来说，这意味着这种研究类似于历史，甚或小说，而他们渴望一门关于社会的科学。对于阐释主义传统中的某些人而言，回答这一责难是困难的，因为它基于完全不同的本体论观点，反映了不同的认识论，以及什么是社会科学的不同观点。然而，正如我们将要看到的，大多数研究者确实相信，进行普遍化是有可能的，即使是在有限的意义上。也许更有意思的是，贝维尔和罗德斯（Bevir and Rhodes，2002，2003）（帕森斯也许将其视为现代建构主义者）力图确立一个能做出知识判断的基础，在此基础上他们能声称一种阐释或叙述优于另一种，试图以这种方式来捍卫自己的研究取向。我们将在下面再来讨论这一话题。

贝维尔和罗德斯（Bevir and Rhodes，2002）在阐释主义立场中区分了解释学（hermeneutic）和后现代（或后结构主义）两个分支（Spencer，2000）。本质上，解释学传统是理念主义的（idealist），它主张我们需要理解人们赋予社会行为的意义。所以，解释学关注的是文本和行为的阐释。这包括运用民族志技术（参与观察、复写文本、记日记等）以获得格尔茨（Geertz，1973）所谓的“深描”。一如贝维尔和罗德斯（Bevir and Rhodes，2003：22）引用格尔茨的话所说，其目标是确立“我们自身对他人关于他们和同胞忙于什么的建构之建构”。然而，民族志学者确实从事普遍化的工作。他们发展出了一种关于过去的叙述，它基于行动对社会行动者所具有的意义。在这一“深描”的基础上，他们提供了一种阐释：关于社会它告诉了我们什么。其要点在于，在世界和地方的双重意义上，这些阐释总是部分的；它们不是“真”（true）的。

贝维尔和罗德斯（Bevir and Rhodes，2002）强调，后结构主义和后现代主义在哲学和社会科学两个方面对基础主义提出了强有力的挑战。亦如他们所指，阐释传统的这一分支本身也是如此纷杂，以至于很难（如果不是不可能）对其特征进行概括。他们通过聚焦于福柯的著作来克服这一难题。福柯也许是这一宽泛传统中最为著名的作者。像大多数后结构主义者和后现代主义者一样，福柯是基础主义的坚定反对者，否认本体论和认识论之间的任何分离，以及与启蒙联系在一起的现代化工程。启蒙思想认为，人类知识的基础是直接经验，因此发展出一种关于“真实”（real）世界的“客观”看法是可能的（因此它否认双重阐释的两种因素）；语言是透明的或中性的；经由在以往知识的基础上增添新的知识，来增进我们对这个世界的信息及其控制能力，人类历史必然是进步的。

与此形成对照，福柯认为经验是在先定（prior）的话语中获得的，故语言相当关键，因为制度和行动只有通过语言才能获得意义。一如贝维尔和罗德斯所述，对福柯而言，“理解一个物体或行动，政治科学家必须在更为广泛的话语——被阐释对象是它的其中一部分，去阐释它”。这意味着，如贝维尔和罗德斯所强调的，对于福柯版本的阐释立场来说，关键所在不是个人的信念，而是社会话语。因此，这一话语的辨识、其在意义形构中的作用是接受这一取向的学者所最为关注的问题（Howarth，1995）。

贝维尔和罗德斯在阐释传统中发展出了自己的见解。这使人尤感兴趣，因为它直接回答了实证主义在批评这一传统中所提出的核心问题。他们认为，社会科学研究的是人类叙事的发展，而非理论。故他们强调理解的重要性，以及绝对知识的不可能性。但他们想要解释并捍卫一种有限的客观性观念。宽泛一些说，贝维尔和罗德斯居于阐释传统中解释学的一支，而非后现代或后结构主义的阵营。因此，他们随从格尔茨和其他人，认为在阐释传统中有可能从事解释。然而，他们对解释的理解与实证主义迥异。在他们看来，研究者能够对某个事件或社会现象之间的关系做出一个解释。但是，这种解释乃基于他们对行动者赋予其行为的意义之阐释。研究所得到的是相关时空中的一个特定的叙述，而不是完整的东西，很可能只是基于某些卷涉其中的行动者的观点的主观阐释。因而任何这样的叙述必定是地方性的，不存在绝对真理的主张。

然而，贝维尔和罗德斯确实希望做出某些较为限定的知识主张。他们认为，“尽管我们无法接近纯粹的事实——借此我们能够宣称特定的陈述是真的或是假的，但我们依然能够倚傍客观性的观念”。他们遵从里德（Reed，1993）的观点，认为一个研究领域“是一个合作的知识实践，具有一个历史形成的关于优秀的规范、规则、惯习和标准（它们依然处在争论之中）的传统，以及一个赋予其意义的叙述内容”。（Bevir and Rhodes，2003：38）他们继续引用里德的观点（Bevir and Rhodes，2003：38），写道：

> （实践、传统和叙述）提供了一组可协商的、动态的标准，经由这些标准，持有相互竞争的研究视野或取向的对手之间的理性争辩和讨论是可能的。这些标准历史地嵌入社会实践、传统和叙述之中，它们提供了“嵌入理据”（embedded reasons）……来判断一种观点是真是假，或一个行动是对是错。

这样的准则不是普遍的或客观的，相反，用里德（Reed，1993：177）的话来说，它们是“用来评估……知识主张的共享准则”。对于贝维尔和罗德斯而言，一如里德，后现代主义错在不承认在这些实践和传统中可以发现“重要的、扎根的理性”（Reed，1993：177）。

依贝维尔和罗德斯的观点（Bevir and Rhodes，2003：39），这种知识主张不是自我关涉的（self-referential），因为在以下三个不同的节点上它们可以被“再次确证”：

> 首先，在概念转化以从事田野工作之时，亦即对于实践工作者和使用者来说，这些概念是否有意义？如果不是，为什么？其次，在我们从对话中重构叙述之时，亦即故事是否合乎逻辑，是否与资料相一致？最后，在我们再次界定和转化概念，以便学术共同体对叙述进行评判之时，亦即故事是否满足一致同意的知识准则？

总而言之，他们认为（Bevir and Rhodes，2003：39）：

> 要克服这一困难，我们应该将客观知识较少地设想为知识共同体偶然同意的东西，而更多地设想为嵌入于对“同意的事实”的批评和比较的竞争性说明的实践之中的规范标准。这一实践的反基础主义之性质在于，其诉求那些在特定共同体或对话中同意的事实，而不是既定的事实。此外，十分重要的是，我们取向的规范的、切中要害之点在于运用知识诚实（intellectual honesty）的规则来从事比较。这些规则源于反基础主义，而不是简单地接受相关共同体或对话的规范。

如我们所见，在阐释传统中存在着许多变体。然而，它们都是反基础主义的、批判实证主义的。基于一系列原因，数十年来这些取向在政治科学中变得流行起来。第一，日益增长的哲学批判导致了对实证主义的质疑。第二，社会科学中的后现代转向影响了政治科学，尽管其程度较社会学为弱。第三，规范政治理论经历了根本性的变化。历史上，它是基础主义的，其目标是建立某些关于善或正义的绝对观念。一如巴克勒在本书第八章所指出的，这种情况一去不复返了。一些规范政治理论家受到五花八门的后现代主义的影响，其中奎因和其他人的著作影响更大一些。现在，大多数政治理论家是反基础主义的，或至少具有一个非常有限的普遍基础的概念。第四，如兰德尔在本书第六章所示，许多（但绝非全部）女权主义思想一直深受后现代主义的影响，它是反基础主义的，在阐释主义传统中从事活动。因此，我们可以看到阐释传统在政治科学中具有相当广泛的影响力。

3. 现实主义

现实主义和实证主义共享着一个本体论立场，但在认识论方面，现代现实主义与阐释主义有着较多的共同之处。古典现实主义的核心观点是非常清晰的，这一点很大程度上要归功于马克思的著作：

• 对于现实主义者来说，世界独立于我们关于它的知识而存在。在本体论方面，一如实证主义者，他们是基础主义者。

• 与实证主义相似，现实主义者争辩道，社会现象/结构具有因果力量，因此我们能够做出因果关系的陈述。

• 然而，与实证主义者不同，现实主义者认为，并非所有社会现象以及它们之间的关系都可以直接观察，存在着无法观察的深刻结构，可以观察到的东西有可能提供那些现象/结构及其影响的虚假图像（Hollis and Smith，1991：205－208；Sayer，2000；Elder Vass，2007）。但是，正如史密斯所说，尽管我们无法观察那些结构，但“假定它们存在给了我们关于社会行动的最好解释。运用一个科学哲学熟悉的术语，我们涉及了‘推论最佳解释’（reference to the best explanation）”（Hollis and Smith，1991：207）。因此，对于一个现实主义者来说，通常存在一个现实和表象的区别。这是一个非常重要的议题，因为它具有明显的方法论意义。它意味着现实主义者不接受表面上看起来为真的东西，或许更为重要的是，不接受行动者所说的东西必定真是这个东西。古典马克思主义便是一个例子。马克思主义是一种典型的古典现实主义，它认为在反映物质现实的“真正”利益和被社会中统治力量操纵感受的利益之间存在着差别。考虑到这一观点，我们不能只是询问人们他们的利益是什么，因为我们将辨识的只是他们被操纵的利益，而非他们“真正”的利益。

对古典现实主义的批评有两种，它们反映了不同的认识论立场。实证主义者否定存在不可观察的结构。更为重要的是，假定它们（的存在）使现实主义的知识主张变得不可检验，更无法证伪。因此，依赖不可观察的结构的效果这一现实主义的主张，对实证主义者而言，与阐释传统中学者的主张具有同样的性质。与此形成对照的是，来自阐释主义传统的学者批评现实主义的基础论观点。在他们看来，不存在独立于社会行动的结构，不存在观察行动或推论深层结构的“客观”基础。所以，现实主义关于结构导致社会行动的主张在本体论和认识论的基础上受到拒斥。

在我们看来，当代现实主义深受阐释主义批评的影响。尤其是现代批判现实主义承认以下两点：第一，尽管社会现象独立于我们对它们的阐释而存在，但我们对它们的阐释/理解会影响结果，所以结构并不具有决定性，而是对其起限制或助益作用。社会科学所研究的是具有反思能力的行动者，他们阐释并改变结构。第二，我们关于世界的知识常常会犯错误，它具有理论的载负。如果我们想要解释社会现象之间的关系，则既要辨识和理解外在的“现实”，也要辨识和理解对这一“现实”的社会建构。

现实主义同样具有明晰的方法论意义。它提示存在一个“外部的”真实世界，但强调结果受到世界被社会建构的方式之塑造。因此，它肯定定量和定性资料的运用价值。例如，现实主义者也许会运用定量方法来辨识金融市场被“全球化”的程度。然而，他们也要定性分析全球化是如何被各国政府感知的，或话语性建构的，因为现实主义的观点是，“现实”和话语建构一起影响了政府采取的行动，以回应全球化的压力。稍后我们还将回到这一例子。

现代现实主义试图接受阐释主义的许多批评，同时又保留了对因果解释尤其是不可观察结构的因果力量的信奉。此处的关键问题是，将科学和阐释立场结合起来是不容易的，因为它们拥有如此根本性差异的本体论和认识论支柱，一个专注于解释，另一个则关注理解（Hollis and Smith，1991：212）。考虑到这一点——这些分类是如何与社会科学中的某些重要议题联系在一起的，我们现在可以进一步将这些观点运用于特定的事例，以便说明它们的用处和局限性。

五、政治科学中的本体论和认识论：全球化研究的案例

本节以政治科学中全球化研究文献为例，旨在考察研究者的本体论和认识论立场是如何影响其处置经验问题的方式。最近20年来，有关全球化的文献迅速增多。区分全球化的不同过程或不同方面颇为常见，许多作者区分了全球化的经济、政治和文化过程，同时承认这些过程是相互交织在一起的。在这一脉络中，许多人认为经济全球化迅速发展，这一过程深刻地限制了民族国家的自主性。确实，奥玛伊（Ohmae，1990）将自己的观点发挥到了这样的程度，以至于认为只有两种经济力量——全球金融市场和跨国公司，将在今后的政治中发挥作用。在他看来，未来国家的作用类似于当今教区或城镇议会的角色。与此同时，其他学者专注于文化方面的全球化，认为世界文化正在日益同质化：在大多数人看来，这反映了美国霸权的增长。当然，对当代政治经济和治理感兴趣的人而言，全球化是一个关键的问题，这一点几乎没有什么疑义。

政治科学家一直最为关注的可能是经济全球化，关注其限制国家自主性的方式，和其经常运用的客观主义/现实主义/基础主义的本体论以及实证主义的认识论，尽管（在下面的论述中将会看到）一些新近的著述是现实主义的。与此形成对照的是，社会学家尤其是专注于文化研究的社会学家，聚焦于文化全球化，采取建构主义/相对主义/反基础主义和阐释主义的立场来从事研究。

关于经济全球化的主要争论关注的是它所达到的程度。（在这个问题上）存在着两种主要的立场。一些作者，如奥玛伊（Ohmae，1990），被海尔德等人（Held et al.，1999）命名为超全球主义者（hyperglobalists），被海伊和马什（Hay and Marsh，2000）视为第一波理论家，他们认为经济全球化的各种指标一直在巨量增长，例如直接对外投资、国际银行借贷、跨国制造、国际贸易等。与此形成对照的是，像赫斯特和汤普逊（Hirst and Thompson，1999）这样的作者，被海尔德等人称

为怀疑论者（Held et al.，1999），被海伊和马什（Hay and Marsh，2000）视为第二波理论家，他们认为这一过程是较具局限性的。具体一点说，他们指出全球化不是一个新的现象；区域化，而不是全球化，是对已经发生的变化的一个更好的描述；经历重要的全球化过程的唯一领域是与金融市场联系在一起的。我们在此并不关注这一争论的细节，关键在于两类作者均同意全球化的构成依据，以及我们如何能够着手来研究这些证据。在此，全球化是一个可定量测算的经济过程，人们对于适当的测量方法确实存在着相当一致的意见，就其实际程度而言，这一过程影响了治理的范式。

近来其他一些作者批判这一本体论和认识论的取向，在多数情况下它是隐含的而不是明显的。如果我们回顾一下前面提及的有关全球化文献的两种分类方法，这一点就很容易理解了。海尔德等人（Held et al.，1999）将全球化的超全球主义取向和怀疑论取向与他们主张的第三种取向——转型议题（the transformationalist thesis）进行比照。与此形成对照的是，基于对前两波全球化文献的批评，海伊和马什（Hay and Marsh，2000）辨识出了第三波全球化文献。这两种“第三条道路”具有某些共同之处，但在本体论和认识论问题上却存在着重大的差别。

转型主义者与怀疑论者具有明显的区别，因为他们享有：

> 一个信念，即在新世纪的黎明，全球化是社会、政治和经济迅速变化背后的一个核心的驱动力量，这些变化重新塑造了现代社会和世界秩序……在这一方面，全球化被视为一个强大的转型力量，它对于社会、经济、治理制度和世界秩序的重大失控负有责任（Held et al.，1999：7）。

海尔德等人也强调转型主义者与其他两种立场意见相异的重要方式（Held et al.，1999：7）：

> 关于全球化的未来路径转型主义者并不主张什么……相反（他们）强调全球化是一个长期的历史进程，具有深刻的矛盾，并受到即时组合因素的深刻影响。

所以他们主张：在这个世界上“真正的”社会、政治和经济变化正在发生，全球化是导致这些变化的一个原因，是一种转型的力量，但是并不存在一个作为社会科学家的我们能够辨认的不可避免的全球化过程。在此，最后这一点尤其重要。不管是个体、公司、机构还是国家，假定的全球化发展依赖于行为者的行动，那么，它便是一个社会建构的过程。故转型主义的立场是现实主义的，这一点明晰可见。

这一立场具有方法论上的结果。它强烈地指向比较分析，因为重点在于不同的国家及不同的公司和市场是如何以不同的方式受到影响以及回应这一全球化过程的。如果全球化不是一个无可避免或普遍的过程，那么我们就需要关注在不同背景下它是如何以不同的方式被经历的。

如果我们转向海伊和马什所谓的第三波全球化文献，这一点就更为明晰了。海伊和马什（Hay and Marsh，2000：6）沿着海尔德等人的思路，认为我们“不应该对全球化的影响、后果甚或其存在作本质化和具体化的假设”。相反，全球化是一个矛盾和应机（contingent）的系列过程。具体一点说，他们建议，对于许多作者尤其是超全球主义者而言，全球化是一个没有主体的过程。与此形成对照的是，他们认为正是行动者建构了全球化，因此，研究者应该辨认所涉及的行动者，以及他们如何感知和话语性建构全球化的趋势。

然而，海伊和马什进一步指出，这些话语建构对于结果具有深刻的影响。所以，他们认为是全球化的话语建构影响了政府的经济政策，而不是"真正的"全球化过程。以英国为例，他们的观点可表述如下：

- 在区域主义贸易范式和金融市场全球化重大增长的同时，英国被锁进一个全球化的政治经济体系——它决定英国政府所能采取的经济政策——的证据是有限的。
- 然而，英国政府，尤其是布莱尔政府却声称受制于这一方式。对于他们而言，全球化的程度是如此深刻，追求新自由主义政策是不可避免的，并不存在替代性选择。
- 主导的全球化话语建构对于政府做什么具有关键的影响，例如，这些政府预先有意向追求新自由主义的、积极的劳动力市场的（经济）政策。

在此，我们关注的并非这一观点的有效性（或相反）。关键点在于，这一观点明显地标志着与支撑着大多数全球化作品的实证主义的决裂。对于海伊和马什而言，也许存在着一个运转中的"真实"过程，但是它们影响结果的方式却受到这些过程的话语建构的中介。这一主张兼具现实主义和阐释主义的因素。诉求一个真实的世界，但重点放在这一世界的话语建构之上。这一立场说明现实主义和阐释主义的立场是如何相互照面（interface）的。在我们看来，这一立场是现实主义的，如果它承认在"真实"世界和话语之间存在着一种互动的或辩证的关系。一个现实主义者不但承认话语具有真正的影响，在刚才讨论的事例中，全球化的支配性话语形塑着经济政策，而且承认全球化的"真实"过程制约着不同话语的共鸣。所以，如果支配性话语与"现实"相悖的话，其他替代性的话语能够诉求于这种"现实赤字"（reality deficit）。然而，如果只是话语才具有因果力量，那么在我们看来，它便是一种阐释主义的立场（关于这一话题的拓展性讨论参见本书第十章）。

研究全球化还存在着其他的取向，它们明显处在阐释主义的传统之中。如上文所强调的，大多数取向着力于文化全球化。当然，如海尔德等人所指出的（Held et al.，1999：328），文化概念具有漫长而复杂的历史，但"一般指意义的社会建构、流转和接受"。这一界定即刻表示一种反基础主义的本体论，以及（通常是这样）阐释主义的认识论。

运用一种实证主义的认识论来研究文化全球化这一课题显然是可能的。故人们可以对某些文化偶像的普遍化程度，如可口可乐、麦当劳及麦当娜，或殖民主义是否与一个相似的全球文化相关，从事专门的经验研究（Held et al.，1999）。然而，全球化研究的文化取向的焦点好像聚在"差异"，对于后结构主义者来说，这具有重要的价值。在此，有两点特别重要。第一，存在着各种关于全球化的不同话语，其中没有任何一个是"正确"（true）的，尽管在某一时刻，一种话语也许占据着主导性的地位。第二，尽管某种话语是支配性的，它可能、也将总是受到抵制：不同的行动者——公民和研究者——将提供关于全球化及其影响的不同叙述。以这一方式，这一替代性的"文化研究"取向反映了一种反基础主义的本体论和阐释主义的认识论立场。

六、结 论

以所有人都接受的方式来解决本体论和认识论的争论是不可能的。相反，我们试图做的是以通俗易懂的方式，向（不是哲学家的）读者介绍这些复杂的问题。在我们看来，以下诸点是关键性的：

● 本体论和认识论立场最好被视为是皮肤，而不是毛衣。下面这一点也许颇具诱惑力，即试图在所有的既有立场中发现一种综合，并怀着这样一个希望，在某些分析层次上，有可能在基本问题上（达成）同意。遗憾的是，经验与逻辑联合起来对这种诱惑提出了警告。这些立场的差异将继续存在，因为它们反映的意见不一致不只是关于逻辑或技术性，也涉及社会中人类行动的适当范围。换言之，它们是与根深蒂固的道德立场相关的问题。这些道德立场（本身）也许是内在一致的，但是它们彼此之间似乎不相兼容，除了都包含某些诉求——对知识和道德多样性的宽容。

● 面对这些困难，对于那些不愿承受风险的研究者来说，另一种有诱惑力的策略是回避这一话题。（但是）这一立场远非安全，实际上是走向了反面，因为这使人无法区分好的研究与差的研究，也无法区分好的观点与差的观点。关于这些议题人们至少能说，它们具有充分的重要性，必须认真对待之。妥善处置这些议题要求人们彻底而全面地分别思考不同的观点，对它们进行比较和评价。一如我们在本章开头所强调的，这意味着所有研究者都应当辨识和承认其认识论和方法论的支撑，以及这些支撑是如何影响其研究设计和研究方法的，最为重要的是，（如何影响）那些建立在其研究所揭示的东西之基础上的诸种主张。

本章的目的是鼓励这一点，并试图对所涉及的一些主要观念和方法提供一个导引。像他人一样，我们承认在本体论和认识论问题上以及在两者关系问题上，我们有自己的立场。然而，我们的目标是向读者介绍各种不同的立场。你采取何种立场？对这一问题的回答取决于你的选择。

进一步阅读的文献

● 本章涉及的各种争论可参见本书第二版（Bates and Jenkins，2007；Hay，2007a；Marsh and Furlong，2007）。

● 科学哲学和社会科学哲学的最佳导论是 Chalmers（1985，1990）和 Winch（1958）。

● 关于本体论和认识论可读性较强的综述，参见 Hay（2002），以及 Della Porta and Keating（2008）的著作。

● 关于实证主义取向，参见 Kuhn（1970），Hempel（1965，1966）或 Halfpenny

(1982)。

- 关于阐释主义取向，参见 Bevir and Rhodes（2003），尤其是第二章。
- 关于现实主义，参见 Sayer（1992）以及 McAnulla（2006）。
- 关于本体论和认识论之间的关系，参见 Spencer（2000）。

第十章

元理论问题

大卫·马什

本章讨论的是社会科学中的一些关键问题。它聚焦于结构与能动、物质与观念、稳定与变迁之间的关系。在此，我们称这些议题为元理论问题（meta-theoretical issues），基于以下两个理由，它们显然是相互关联的。第一，关于结构与能动、物质与观念的讨论以及采取的立场，必定要求助于解释稳定与变迁这一社会科学中最为重要的问题。第二，在这些元理论问题上的立场，一如下面将要讨论的，与特定作者的本体论和认识论出发点联系在一起，并受其影响。本章分为四个部分：笔者从上述提及的第二点入手，考察结构与能动的立场和物质与观念的立场是如何联系在一起的，随后，将依次讨论每一个元理论问题，并描述这一领域内的核心立场及关键争论。

一、元理论问题之间的联结

大多数关于结构/能动争论的回顾（Hay，1995；McAnulla，2002）或关于物质/观念争论的回顾（Hay，2002）都使用了三分法对既有文献进行分类。在结构/能动争论的事例中，人们区分了结构的、意图的和辩证的取向，而在物质/观念的争论中，他们区分了物质主义的、观念主义的以及辩证的取向。在此，笔者先勾勒出与这两种争论相关的这些区分，然后提出依笔者看来在研究文献中更为通用的两种分类：合成取向（additive approach）和后结构主义取向。最后，笔者将简要叙述两种元理论问题立场之间的联系。

结构主义与意图主义、物质主义与观念主义皆以二元论的方式来处置相关的元理论问题，这是一个或此/或彼的问题。所以，结构主义青睐结构，贬低行动者的作用；而意图主义青睐行动者的作用，低估结构的作用。相似地，物质主义聚焦于物质因素，而观念主义强调观念的作用。通常将古典马克思主义看作结构主义立场的一个楷模，而理性选择理论则是意图主义立场的样板。尽管一些理论家将理性选择理论看作结构主义的，因为它采取了这一假定：如果我们知道个体偏好及其身处的决策背景，就能预测他/她的行动，所以（在这种情况下）个体没有任何能动而言（Ward，2002）。这是很好的一个主张，不过它不同于下面的观点：在大多数结构主义思想中，关注点在于诸如阶级或性别这样的结构形塑（或决定）偏好/态度/行动的方式。

物质主义者在海伊（Hay，2002）这里包括古典马克思主义者、理性选择理论家（参见下面的论述）和国际关系中的现实主义者，他们认为物质塑造甚至决定了观念和结果。与此形成对照的是，观念主义者赋予物质世界几乎微不足道的因果力量（如果有的话），相反是观念塑造了结果。相较之下，辩证立场将结构/能动以及物质/观念看作一种双重性，每一对范畴中的两个因素之间的关系是互动的和反复的。所以，争论将沿着下面的路线来进行：

- 结构提供了行动者活动的背景，但行动者阐释结构，并积极改变之，这些“新”的结构又成为行动者活动的（新）背景。
- 物质关系提供了观念发展和作用的背景，而观念被用于阐释这些物质关系，这些阐释帮助改变物质关系。这些“新”的物质关系又成为观念发展的背景。

辩证的立场是这一章大部分内容的主题，因为在笔者看来，这是当下争论的前沿所在。

在笔者看来，在这些文献中辨识出其他两种取向是有益的，即合成取向和后结构主义取向，（迄今）它们尚未受到足够的关注。合成取向在政治科学中是常见的，可能大多数与实证主义和经验主义立场相关联。例如，关于投票行为的研究文献既诉诸像阶级、性别或教育这样的结构/物质的变量，也祈求于如投票者的政策偏好、投票者符合政党政策的程度这样的行动者/观念的变量，来解释投票的结果。本质上，争论在于结构的（或物质的）和意图的（或观念的）因素都导致了投票的决定。在一个特定场合下，两组因素中每一个的相对因果力量是一个经验问题。当然，这并不意味着投票行为研究者不想对这两组变量之间的关系/互动进行理论化（确实，这是回归分析所要得出的东西），或不想对他们的发现进行普遍化（假定他们的抽样是有代表性的），而是说，并不存在这样的试图，将这种关系理论化为交替反复。换言之，这一取向将结构和能动之间以及物质与观念之间的关系视为互动的，但是它并没有将这种关系看作交替反复的。

后结构主义立场也是常见的，但几乎未被整合进政治科学关于这些元理论问题的讨论。自然，它植根于一种建构主义的立场，对大多数社会科学所从事的研究方式提出了一种根本性的批评（参见本书第九章）。从这一立场来看，结构并不独立于行动者而存在，相反，它们是在话语中并通过话语共同构成的。一如麦克阿努拉

(McAnulla，2002：282) 所指出的，对于后结构主义而言，“并不试图在结构和行动者之间建立‘真实’的联系。我们对这一议题所拥有的任何理解，均被看作为我们使用的语言和话语所建构的东西”。因此，结构和行动者之间的区分不是一个本体论问题（下面将对这一话题详加讨论），也不具有许多（如果有的话）分析效用。

在此，关于后结构主义的立场有两点值得强调。第一点明显延续上一段落的话题。聚焦于此处讨论的两个元理论问题，在最好的情况下，只具有有限的效用，因为并不存在超话语的领域。相反，结构、物质关系、行动者和观念的作用在话语型构 (discursive formation) 之内存在，受其形塑，并借此得以理解。因此，在这一视野看来，我们需要聚焦于话语型构，以及它们如何发展和变化。这不是此处要探讨的取向，但需要承认这是对辩证立场的一种根本性批评。

第二，随着比较政治学和国际政治经济学日渐聚焦于观念（作用），一些作者明确表明了建构主义的转向。例如，一如我们下面将要详加讨论的，海伊采取了一种建构主义的制度主义立场。他认为结构与能动、物质与观念之间的区分是分析性的，而非本体论的。因此，与阿切尔（Archer，1995，2000）、麦克阿努拉（McAnulla，2002）或笔者相比，他显然更接近后结构主义的立场，这一点笔者将在下面论及。

在此，值得强调的是相当凸显的下一点。在大多数情况下，研究者在两个元理论议题中所采取的立场并行于她所采取的另一个立场：

- 结构主义者通常是物质主义者，古典马克思主义在此提供了一个明显的事例。
- 采取合成取向的学者通常与两个议题都有关系，在此投票行为的研究文献提供了一个例子。
- 采取辩证取向的学者也涉及两个议题，本章以下三节的讨论明显如此。
- 后结构主义相信这两种区分只有在特定的话语型构（或贝维尔和罗德斯意义上的叙述）的背景下才能得以理解。

意图主义和观念主义之间的关系也许是最成问题的。在此，理性选择理论提供了一个饶有趣味的例子，争论不容易得到解决。一如沃特（H. Ward）和其他人，基于前面讨论过的理由，海伊（Hay，2002）将理性选择理论看作结构主义立场，同时也将其看作物质主义立场。因此，我们可以将结构主义和物质主义联系在一起，一如古典马克思主义的情形。然而，理性选择理论是否是结构主义立场，这是可以质疑的，(所以) 它是否是物质主义立场也是可疑的。尽管对这一立场的通常批评是公允的——它假设（而非解释）了偏好，然而它并未将偏好看作植根于物质利益，一如物质主义者所为。

在下面两节，笔者将关注结构/能动和物质/观念的辩证取向，然后在最后实质性的一节中转向稳定与变迁的关系。基于下面四个主要的理由，笔者的讨论将聚焦于海伊的著作。第一，他以一种特别的方式系统考察了这三个元理论议题之间的关系。第二，他将不同的立场与支撑它们的本体论和认识论议题联系起来，这是另一个重要的议题。第三，他的著作反映了政治科学中的一个主要趋向，即转向严肃对待观念（的作用），近年来这一话题已变得非常重要。第四，在笔者看来，如果你不采取后结构主义的立场，那么关于这些元理论议题的文献中最重要的问题将围绕辩证立场内部来展开，尤其是围绕着那些，用下面将要讨论的海伊的术语来说，采取弱版本建构主义立场的学者和采取强版本建构主义立场的学者之间的争论来进行。

二、结构与能动：辩证的研究取向

海伊（Hay，1995，2002）和麦克阿努拉（McAnulla，2002）区分了三种辩证取向：吉登斯的结构化理论（structuration theory）、阿切尔（Archer）的形态发生学取向以及杰索普和海伊的结构关系取向。在此，笔者将依次逐一考察，将主要关注点放在海伊的作品上，但对此将持一种批评的立场；笔者也考察布迪厄（P. Bourdieu）的立场，在政治科学关于结构—能动的讨论中，他的研究几乎没有被采用过。

1. 结构化理论

吉登斯的观点是，结构/能动是一种双重性（duality），而不是一种二元论（dualism），它们相互依赖且具有内在的联系。结构既限制又能促行动者，行动者阐释结构，在这样做时改变了结构。吉登斯用硬币的类比来描绘两者之间的关系，认为在某一时刻你无法同时看到结构和能动的影响，一如你不能同时看到硬币的两面。所以在方法论上，在任一既定时刻，人们只能或者研究结构或者研究能动，而同时假定另一者是不变的，或“将其排除在外”（Giddens，1984：289）。海伊（Hay，1995：193-5；2002：118-21）和麦克阿努拉（McAnulla，2002：278-80）以大致相同的方式批评吉登斯，强调这一取向不是辩证的，因为它不允许我们研究两者之间的相互作用；就经验而言，结构化理论趋于青睐能动的一面，因为在其经验研究中，吉登斯“排除”了结构。笔者将在下面再次讨论吉登斯对待能动的方式。

2. 形态发生学取向

这是由阿切尔（Archer，1995；McAnulla，2002）发展出来的研究取向。阿切尔认为，在结构与能动之间存在一个本体论和认识论的区分，而吉登斯、（尤其是）杰索普和海伊则将这一区分看作分析性的。对于阿切尔而言，结构和能动以不同的方式起作用。在她的比喻中，它们是彼此缠绕的两股绳索。因此，对于阿切尔来说，时间维度是关键性的。她辨识了（她）称之为形态发生学循环（morphogenetic cycle）的东西，这是由三个部分构成的时间过程中的变迁循环（参见图 10—1）。在 T1 阶段，存在着前置背景的结构性制约，行动正是在这一背景中发生的，它影响着行动者的“利益”。社会互动出现在 T2 和 T3 阶段。在此，行动者受到 T1 阶段的结构性制约的影响，但能运用其能力来影响结果，通常经由与其他行动者的谈判过程来促进自身的利益。在 T4 阶段，作为 T2 至 T3 阶段行动的一个结果，结构条件或者被改变了（这是形态发生学，morphogenesis），或（不太可能发生）没有变化（这是形态静止，

morphostasis)。故 T4 阶段提供了下一轮循环的起点。

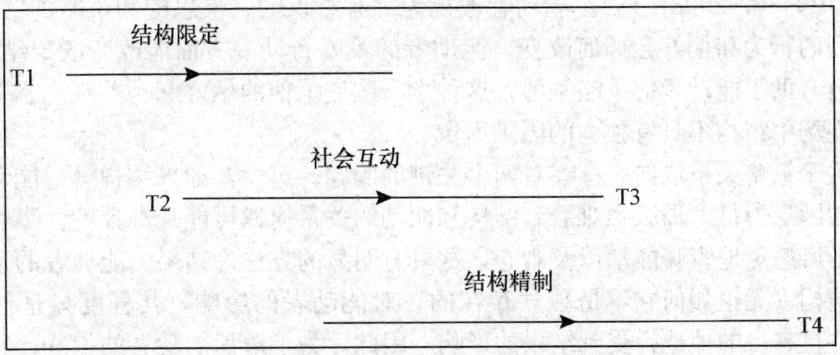

图 10—1　阿切尔的周期变化三阶段

资料来源：McAnulla (2002)；adapted from Archer，(1996).

海伊对阿切尔进行了严厉的批评（Hay，2002：122-126)，他认为结构和能动的分离只是分析性的，而非本体论的。我们下面还会讨论这一议题。较为特别的是，海伊不同意在阿切尔著作中他视为结构和能动的时间分离的观点，尤其是阿切尔关于结构先于能动的观点。海伊认为（Hay，2002：125)，一如吉登斯，阿切尔最终提供了一个“关于形态发生学的能动者中心和个人主义的观点”。

3. 策略—关系取向

海伊（Hay，2002：89-134）采取了一种策略关系的取向。笔者用较多的笔墨来分析这一立场，因为它提出了当代结构/能动争论的前沿问题。在此，结构与能动的区分只是分析意义上的，因此结构和能动共存，且共同构成。它们不是也不可能在时间上分离（见图 10—2)。一如海伊所指出的（Hay，2002：127)，“简单来说，能动者与结构没有一个是真实的，因为两者都不孤立于对方而存在——它们的存在是关系的（结构和能动是相互构成的)”。这一取向反映在海伊对吉登斯硬币比喻的发展上。对于海伊而言，结构和能动最好不要视为同一硬币的两面，而是“铸造硬币的两种金属的合金”（Hay，1995：200)。

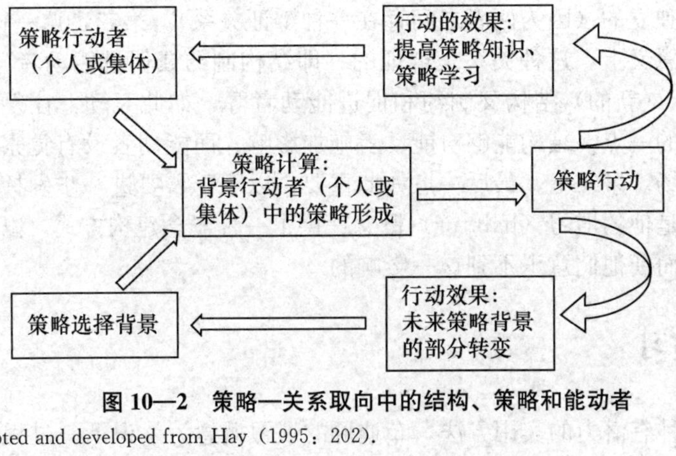

图 10—2　策略—关系取向中的结构、策略和能动者

资料来源：Adapted and developed from Hay (1995：202).

因此，策略—关系取向的核心是“策略行动者和他们置身其中的策略背景之间的互动”（Hay，2002：18）。能动者被视为“有意识的、反思的和策略的”，一直在考虑他们的行为和偏好会如何改变。能动者的策略行动一方面能改变既定结构的背景，同时也有助于能动者的策略学习，这种学习改变了他的偏好和利益观念。关键是，在这一立场中结构不具有独立的因果力量。

关于策略关系取向，存在着两个关键的问题。第一，如果结构（或能动）不具有独立的因果力量，那么很难看到结构和能动的关系何以可能是辩证的。事实上，这一立场不可避免地青睐能动以及观念，这具有明显的方法论结果。能动者的选择是重要的，结构（无论如何它不是独立存在的）对能动者的影响，其程度只是他们承认结果，并且有目的地选择受到结果的影响。因此，为了辨识能动者的偏好、其对策略背景的认知、策略选择的理据以及对行动结果的反思，我们需要对能动者进行问询。

对于海伊来说，在任一结果解释中另一个关键因素是结构背景。他将策略界定为“针对行为发生其中的环境的意图行为。正式实现某些结果和目标的意图激发人们的行动。因此，对于有机会实现这种意图的行动而言，它必须是有见识的，对策略发生于内、并随后施加影响的相关背景进行策略评估”（Hay，2002：129）。此处明显的是，解释力在于能动者的意识和相关策略背景，很大程度上这是话语背景（discursive context）。因此，我们需要辨认竞争的尤其是支配性的话语，它（们）形塑了（当然不是决定）背景以及结果。

与此形成对照的是，如果人们在本体论意义上对结构和能动进行概念化，而不只是分析意义上的分离，那么结构和能动之间的关系在下述意义上将被认为是辩证的：

- 结构提供了行动者的活动背景，这些结构既是物质的也是观念的。
- 能动者具有他们试图实现的偏好/目标。
- 能动者对活动其中的背景进行阐释，这一背景既是结构的又是策略的。
- 然而，物质结构和观念结构对能动者有影响，对此他们并不一定能意识到。
- 在行动中，能动者改变结构。
- 这些结构为能动者提供了新的往复互动背景。

这一构想在以下三个主要方面不同于海伊的版本：第一，因为它根植于本体论意义上的结构与能动的分离，而不只是分析意义上的，两者均被视为具有因果力量，尽管彼此不是独立的（因为两者之间存在一种辩证关系）。第二，这一构想与海伊不同，强调在下述意义上，这种关系是辩证的（即结构制约或促进能动者），能动者在行动中改变结构，（新的）结构又制约和促进能动者等，如此互动，往复不息。第三，也是最为重要的一点，结构能够对能动者施加影响，而能动者没有觉察到。这是海伊反对的一个立场。事实上，最后一点如此重要，以至于需要进一步发挥。此处，布迪厄的著作尤其是他的惯习（habitus）概念提供了一种概念建构方式，以说明结构是如何影响能动者而使他们意识不到这一影响的。

4. 布迪厄与惯习

作为一种有潜力的实用方法，布迪厄的惯习概念为认识下一过程提供了一种概念化的理解方式，即结构以一种前反思，或前意识的方式来影响能动者（Akram and Marsh，2009）。惯习是指社会性获得的并且是文化嵌入的禀性、倾向或意向的系统。这些是“深层结构”的习性，既涉及分类也包括评价，它们嵌入于我们生活的方方面面，包括行走和交谈的方式、坐姿和吃相。对于布迪厄来说，现实的这一社会建构是结构的，因为我们所有的认知结构都具有社会来源，它们铭刻于惯习之中。

所以，布迪厄（Bourdieu，1977）用惯习作为概念机制来解释社会规范嵌入于能动者作为“持久性格”的方式，一种被视为“禀性、倾向、习性或意向”的性格（Bourdieu，1977：214），对此能动者并没有意识到（Bourdieu，1977：72）。个人惯习回应于其生活和行动其中的社会氛围而发展出来，社会氛围是一种空间，布迪厄称之为场域（Bourdieu，1977）。布迪厄对场域的界定是：“由不同种类的资本构成的客观关系的一个系统”（Bourdieu，1977：201）。这样，我们可以说“教育场域”或“家庭场域”。一个场域中的诸多立场是彼此关联的，但不是通过直接的互动或联结，而是就差异的外表关系而言，尤其是关于权力的形式（资本）（Bourdieu，1977）。因此，惯习既是一种“被结构的结构”，因为它被外部结构影响；也是一种“正在结构的结构”，因为它直接影响能动者。这一点导致布迪厄提出如下观点：“惯习是生成的”（Bourdieu，1977：73）。

当然，惯习的观念提出了关键的方法论问题。如果惯习在前意识或无意识的层面发挥作用，那么根据定义，它是难以接近的。所以，如果我们问人们的阶级地位以及它如何影响他们，那么人们也许会否认（通常确实如此）他们以阶级的方式来思考或行动。然而，用布迪厄的话来说，他们也许以一种其未察觉的方式受到影响。所以，阶级的影响也许是前反身的（pre-reflexive）。此处没有探讨这些问题（Akram and Marsh，2009），不过结构是否在本体论意义上与能动相分离，我们是否能够以及如何发展出一个次意识/前意识的概念，（它）也许植根于布迪厄的惯习概念之中，来说明结构何以能够具有独立的因果力量，这一问题是当下结构/能动争论的核心所在。这场争论将继续激发人们的兴趣，对于解释稳定和变迁来说，它也是一个非常关键的争论。

三、物质与观念：建构主义的弱版本与强版本

在此，当代争论围绕着区分建构主义的弱版本和强版本来进行（Hay，2002：206）。在海伊看来，两种立场都把物质与观念的关系看作辩证的，但是强版本的建构主义青睐观念因素和建构逻辑，而弱版本的建构主义将物质因素和因果逻辑置于优先地位。这一问题居于当代物质与观念关系之争的核心，值得进一步的思考。它也与结构/能动的争论明显相关。海伊采取了他称之为建构主义制度主义的立场，作为对历史主义注意局限性的一种回应，这是一种与强版本建构主义相关的立场。因此，他分享了布赖斯（Blyth，2002a，2002b）的观点：历史制度主义在解释变迁时遭遇了重大的问题，在许多历史制度主义者那里，路径依赖的概念几乎成为一个决定性因素

（Hay，2006a，2006b）。海伊再次主张，物质和观念之间的区分是分析性的，而不是本体论的。

建构主义制度主义的核心特征可表述如下（Hay，2006a，2006b）：

- 行动者是策略性的。
- 他们致力于追求复杂性，以实现某些复杂的、应机的和变化的目标。
- 他们在有利于某些策略（而不利于其他策略）的背景中行动。
- 认知形式的观念是重要的，因为它们提供了指导。
- 利益是社会建构的，它们并非植根于物质差异。
- 制度/结构的功能/机能紊乱，无论就经验还是历史而言，都是一个开放的问题。
- 焦点在于观念以及制度的路径依赖。
- 目标是“辨识、详细描述和询问已确立的观念得以法典化的程度——经由规范化和制度嵌入的过程，（观念）发挥其认知过滤器的作用，经由这一过滤，行动者逐渐阐释环境信号”（Hay，2006a：65）。

海伊（2006a：65）承认，对于建构主义制度主义来说，变化发生于：

> 以持续变化的方式被（部分为制度和关于制度的观念）结构的背景之中，这有益于某种形式的干预，而不利于其他形式。而且，接近策略资源以及制度环境的知识不是平等分配的。这依次影响了行动者改变所处环境（制度及其他）的能力。

他注意到，在这样的构想中，“强调赋予观念以（发挥作用的）关键空间是重要的”（Hay，2006a：65）。

这一段落清楚显示了海伊的立场所在。第一，他强调观念在形塑行动者所置身的结构和话语背景中的作用。第二，他承认结构是策略性选择的，它有利于某些策略（而非其他策略）。这些立场由弱版本建构主义和强版本建构主义分享。然而，在海伊的概念化中缺失了一个观点，即物质以及观念限制能动者的行动。这在海伊的全球化研究作品中清晰可见。

海伊对全球化的著述甚丰，或是独著，或是与一系列合作者共同撰写（Hay，2004，2005；Hay and Rosamond，2002；Hay and Marsh，2000；Hay and Smith，2005；Smith and Hay，2006）。在海伊看来，全球化发挥了强有力的作用，更多的是观念的作用，而不是物质的。如果政策制定者相信全球化，那么这可能塑造其取向，而不论全球化是否实际发生。换言之，新自由主义观念创制了新自由主义政策。这一过程削弱了民族国家，政府采取的全球化政策渐次又影响了它们的能力和主权。例如，在参加欧洲经济货币同盟（EMU）时，一些民族国家支持《稳定和增长公约》（the Stability and Growth Pact），这限制了它们在经费开销方面的程度和范围。

在这一意义上，全球化也许是一个自我实现的预言。假定全球化是一个现实，据此而行动，政策制定者也许事实上使它成为一个现实。所以，对于海伊而言，全球化最好被理解为政治后果，而非经济后果。全球化的这一“观念”取向显然是非常重要的，因为它承认话语在两个方面具有现实的影响。第一，如果政策制定者相信，在海伊看来这是错误的，全球化迫使他们追求新自由主义政策，尤其是劳动力市场的积极政策，而无其他选择余地，那么他们将会采取这些政策。这是没有替代选择的逻辑。第二，如果国家和其他行动者相信存在着高层次的全球化，那么他们将会按照这一假设来行为，这样做时会导致全球市场的竞争加剧，从而带来更多的全球化。

接受下面的观点对于一个弱版本建构主义者来说并没有问题：关于全球化的话语有着真实的影响（Marsh，Smith and Holti，2006）。然而，他们会争辩说，这只是画面的一部分。在他们看来，物质和观念的关系是辩证的，这意味着物质现实对话语是有影响的。换言之，一种辩证关系不可能是单向性的。思考这一点的一种方式是援引共鸣的概念，这一概念海伊曾间接涉及但没有发挥（Marsh，Smith and Holti，2006）。这一观点可表达如下：全球化过程的任一讲述（皆）是可能的，但与全球化联系在一起的真实的经济过程将限制那种话语的有效性和持久性（Jessop，2004；Jessop and Ngai-Ling Sum，2001，2006）。

确实，在写作本章时（2009 年 6 月）我们正经历这样一个阶段，其中全球化的“真实”经济过程和全球化的话语之间的辩证关系似乎非常明显，依本人的观点，（这）证明了弱版本建构主义立场的效用，而非海伊所鼓吹的强版本建构主义。在笔者看来，在一个世界经济深陷衰退的时刻，争辩说不存在真正的、影响政策结果的经济过程是相当困难的，尽管将其理解为全球化并非必要。一如韦德（Wade，2008：26）所强调的，美国所领导的世界经济处于一种艰难的状态（Reinhart and Rogoff，2008）。

在此次危机前夕，美国的房价、股市、国际收支赤字比先前的工业经济银行危机更为糟糕，不但这已成趋势，而且其他指标也亮起了红灯。相对于收入的平均家庭债务达到了历史记录的水平，超过 1/4 的家庭处于“净资产贫困”（net asset poverty），在缺乏就业的情况下，其不充分的资产（包括住房）至多只能维持三个多月的现有消费。

此处的关键点在于，世界经济在过去的二三十年里已经转型，尤其是作为资本市场的性质和规模变化的一个结果，它已变得“金融化”（Wade，2008）。韦德强调（Wade，2008：29），“全球信贷规模（credit pool）一直在急剧增长……而抑制消费物价上涨的力量却在下降”，与此同时，几乎不存在什么管制，有的话大多也是无效的。毕竟，尽管金融制度试图掩饰风险，金融市场日益国际化，风险也与日俱增。因此，银行通过制造金融产品来赚取利润，它们将这些金融产品出售给全世界的养老基金和地方政府。风险贷款经常也许总是和较小风险的贷款包装在一起，一如韦德所指出的，信用等级（评估）机构倾向于夸大这些包装的信用价值。

因此，金融市场的快速国际化影响了各国政治。举一个韦德引用的事例来说，如果挪威的一个地方政府投资于一项由一家美国银行出售的金融产品，后来表明风险比预想的要大，这导致他们的投资贬值，（那么）这必然直接影响到挪威城市居民的生活，因为可投资于基础设施的资金减少了，如此等等。

值得强调的关键点在于，谈论经济全球化作为对公共政策的一种限制，或（对于某些人而言）一种决定，是会产生误导的，史密斯（Smith，2004：505）将其称为“预设解释”；但这并不意味着国际经济过程不限制或促成政府政策。史密斯关于爱尔兰的全球化讨论与我们这里的议题有关。史密斯认为，一如其他地方，全球化一词在爱尔兰被当作一把阳伞，指涉如此差异的过程（如果有联系的话）：贸易开放、对外直接投资（FDI）① 和欧洲整合。然而，她指出（Smith，2004：509），“主张爱尔兰没有被全球化并不意味着经济因素没有形塑政策变迁”。所以，她强调开放的国际贸易、FDI和欧盟成员国对这个共和国公共政策的影响，同时也强调自1930年以来上述因素中的第一个因素在爱尔兰一直是一个重要的因素。

四、稳定与变迁

一如海伊所言（Hay，2002：138）：“对于任何一个**规范的和批判的政治**分析者而言，变迁的问题绝不是一种复杂的消遣，在本质上它是政治探询存在的**理由**”。此外，如海伊所强调的：“政治分析家日益趋向于结构和能动的问题，很大程度上源于对现有研究取向处理社会和政治变化的复杂问题的能力之关注。”当然，在稳定与变迁关系上的立场植根于对时间的不同概念化策略：海伊（Hay，2002）所采取的线性立场；汤克斯（Tonkiss，1998；Bivir and Rhodes，2003，2006）青睐的非线性立场，它将稳定与变迁区分的整个观念加以问题化；贝茨（Bates，2006）提出的昼夜节律模型（circadian model）。下面笔者将批判性地考察海伊关于变化的断续性演化模型（punctuated evolution model），这一模型颇为有趣，同时也提出了对于稳定和变迁的讨论很重要的一系列问题。

1. 海伊：时间的线性概念

海伊关注对时间的历时性和线性的概念化，对变化也采取了相同的概念策略。他从承认下面这一点开始论述（Hay，2002：150）：“即使在那些从事历时分析的学者当中，关于社会和政治变化的短暂性以及形成的样态或范式，几乎不存在一致的意见。”他首先批判变化的革命理论和演化理论，然后聚焦于讨论断续性平衡（稍后是断续性演化）模型的观念。他将这一模型与两种观念联系起来：（1）众多制度变迁在很短的时间里突然发生；（2）在突发之后，存在一个相对停滞的延伸阶段。所以，一如海伊所指出的：“如同该术语本身所示，断续性平衡演化是指时间的不连续概念，其中比较温和的制度变迁阶段被较为迅速和猛烈的转型时刻打断。”

海伊参照当代国家来说明他的观点（Hay，2002：161）：“（这个模型）针对自由

① 原文对FDI的括号说明是Forward direct investment，疑forward应为foreign，故译为“对外直接投资”。——译者注

民主国家成功地回应社会要求以及说服反对派的能力，但也针对周期性的危急时刻，其间国家能力被损害，变迁的节奏急剧加速。”以此方式，他指出（Hay，2002：161），在英国长期的战后共识（post-war consensus）之后，福特主义和凯恩斯福利国家的双重危机导致20世纪80年代货币主义和新自由主义范式的胜利。然而，海伊认为（Hay，2002：163），断续性平衡的概念对于稳定阶段缺乏足够的关注，因此他偏向于使用断续性演化的概念。

2. 汤克斯：时间的非线性概念

与此形成对照的是，作为一个后结构主义者，汤克斯主张一种非线性的时间概念。他援引福柯的著作，后者凸显了社会变迁的不连续性；他强调（Tonkiss，1998：45），对于社会科学中历史解释的观念，非线性的时间概念代表了一种严峻的挑战。确实，汤克斯认为（Tonkiss，1998：45），对于福柯来说，变化是“任意的、偶然的或不可预测的”。所以，汤克斯争论道（Tonkiss，1998：46），非线性研究取向具有优越性，因为“对社会变迁的地方效应，及对不同因素（地点和行动者）之间多样化联系的兴趣，为人们提供了一个丰富的描述，而这一点可能被关于变迁的宏大理论忽略”。对于汤克斯来说，变化既是无处不在的，又是不可理论化的，至少不能以实证主义者或批判现实主义者所理解的方式来进行。因此，他的立场基于一种本体论和认识论的主张，对此，笔者以及像海伊和贝茨那样的学者，是无法接受的。

3. 贝茨：时间的昼夜节奏概念

最后，贝茨（Bates，2006）主张一种昼夜节律的（时间）概念，这与亚当（B. Adam，1990，1995，1998）的著作有着密切的联系。贝茨认为（Bates，2006：154-6），要超越稳定与变迁的二元论，我们必须采取时间的昼夜节律的概念。对于他来说，这一概念化的最大优点在于，它承认时间的线性概念与周期概念，以及稳定和变迁之间的辩证关系。亚当（Adam，1990：74）强调，“昼夜节律”的概念化意味着对变化的开放，而非同样的、不变的重复以及固定的精确性。只有在这种根本开放的基础上，精确的微调、适应以及基于背景的投射和回溯的变化才是可能的。

关键在于，重复是不对称的。因此，自然时间的特征是一系列的“交叉螺旋，其中线性的、不可逆转的过程在多种多样的反馈循环中自我折叠”（Adam，1990：87）。所以，在这些过程从不只是复制的意义上，变化是无处不在的。然而，变化的程度依赖于背景而有所不同。所以，我们需要对两者之间的关系作更为精细的研究。在笔者看来，变化是在稳定的背景中出现的，这是笔者下面将要讨论的一个端点。

4. 关于断续性演化的更多讨论

关于断续性演化模式，在此笔者关注两个议题：长期的相对静止将紧随一个快速变化的阶段（作为对危机的一种回应）这一主张，以及在这一分析中缺乏任何空间的维度。

(1) 相对稳定和快速变化。

考虑到海伊的立场，关键问题在于什么因素导致了快速变迁？海伊对此的回答是清楚的，正是危机尤其是这一危机是如何叙述的导致了快速变化。因此，海伊（Hay，2002：161-3）区分了政策制定的常规阶段以及快速或例外的制度创新（它由一个成功的危机叙述而引起）。所以，在常规时期对政策问题的回应很大程度上局限于精英决策者内部，他们在一组既定价值和对问题的特定界定中从事工作，尽管总是存在相关的策略学习。在这一背景中，以及考虑到那些认知/价值，将出现的结果是政策在现有参数中逐渐演化。与此形成对照的是，在危机时期精英无法保持对问题界定的控制，而且他们对问题的认知也许会发生变化，此时问题清晰可见并广为传播。在这样的背景下，如果一个成功的危机叙述被发展出来，并得到人们的相信，那么将会出现范式转移（Kuhn，1962；Peter Hall，1993）以及重大的政策转变。

如果我们考察海伊如何使用这一概念来理解/解释战后英国政治，这一主张就变得更为清晰。追随霍尔（Hall，1993）的早期分析，海伊认为，1945 年之后一种新的范式已经在英国建立/出现：基于社会民主、混合经济和凯恩斯福利国家的战后共识。然而，作为福特主义和凯恩斯福利国家危机的一个结果，在 20 世纪 70 年代这一共识越来越受到人们的质疑。海伊在霍尔的分析上增添的是这样一个观念：转型的发生是因为这一危机被保守党及其在"不满的冬天"中的盟友成功地叙述。英国 1978—1979 年不满的冬天涉及一系列的公共部门的罢工，它们对于大多数英国人的生活产生了重要影响。举两个尤其重要的例子，地方权威机构中的工人罢工意味着"人死了但还没有被掩埋"，油罐车驾驶员的罢工意味着汽油匮乏以及加油站排起的长队。海伊对媒体关于这一危机的叙述尤其感兴趣。对于海伊而言，这一危机的结果是另一个范式转移，以及新自由主义作为一种新共识的出现。这一新共识是演进的，迄今依然支配和形塑着政策选项。

在笔者看来，断续性演化模式有两个主要问题。第一，海伊将稳定和变化处置为一种二元论，并且过于关注变化。对海伊而言，从 1945 年到那时的英国有一个相对稳定的延伸阶段，随后是快速的变化，它由"变化代理者"对危机的成功叙述而引起。这种分析几乎不可避免地导致过分关注变化，它被认为比稳定更有意思。第二，考虑到我们先前所做的讨论，也许不至于惊讶，海伊的经验分析似乎青睐能动甚于结构，偏好观念胜于物质。在笔者看来，如果我们发展出一个较为合适的对稳定和变迁关系的时间和空间的理解，那么这两个问题都可以得到解决。下面笔者要转而讨论这一话题。

(2) 关于空间维度。

贝茨（Bates，2006：2）认为，在政治科学中即使存在对空间的某些考虑（通常以政党比较的形式出现），然而"几乎不存在对空间及空间关系的性质的本体论思考"。更详细一点说，他们批评海伊对变化所作的概念化工作，指出"奇怪的是，海伊清楚地主张我们应该将变化当作一个开放的和经验的问题来处置，然而在书的同一页却提供了一个相当简洁的理论模式”（Bates and Smith，2008：3-4）。因此，他们主张经验绘图，而不是建立理论模型。实际上，他们强调稳定和变化关系的复杂性，尤其认为变迁具有空间的维度。在他们看来，海伊的断续性演化模式是单向度的，它似乎意味着在不同的意识形态、文化和话语领域，在英国管辖范围之内，以及在所有的政策领域中，要么是连续，要么是变化。所以，海伊的著作有一个重要的缺陷，因为它以二元论的形式呈现，要么是渐进的演化，要不就是快速的变化。在笔者看来，这一关系更为复杂，最好视为一种双重性。让我们回到关于当代英国政治的经验案例，海伊著作的许多内容与此有关。

要强调的第一点是，变化和稳定经常在不同的场域/政策领域共存，在此存在一个重要的空间维度。当然，下面的情况是可能的发生，即作为对危机回应的一个结果，变化在较为重要的领域发生，与此同时在其他地方却保持稳定。不过，如果我们回到英国20世纪70年代的情况，海伊和霍尔都以此作为案例，那么在经济政策方面出现了转向货币主义的重要变化，而在其他领域变化要小得多。确实，马什和唐特（T. Tant）认为（Marsh and Tant，1989），撒切尔女士是英国政治体系某些关键方面的一个完美的化身，尤其是他们称之为英国政治传统的东西之完美化身（Marsh and Hall，2007），而远非与过去决裂。

在笔者看来，考虑到稳定不可避免地为变化的发生提供背景，所以将稳定和变化的关系看作互动的和反复的更有帮助。尤其是，稳定和变化之间的平衡也许以一系列方式影响结果。所以有可能认为，英国政治传统的持续以及有限民主的话语（Marsh and Hall，2007）使作为强力领袖的撒切尔的保守党政府较为容易导入激进的立法变革。相似地，捍卫英国货币体制的持续承诺（这是整个20世纪英国经济政策的特征）与正在出现的新自由主义话语非常切合；金融部门要求保守党政府放开资本市场，同时运用利率政策来确保英镑的地位。

然而，也可能存在其他的领域，其中旧范式和新范式（用海伊的术语来表达）彼此冲突。撒切尔时期的一个明显例子是农业政策。传统上，农业政策是保护主义的（高产量/高补贴）（Smith，1990），与新自由主义范式不相匹配。在这样的领域中，两种范式之间存在矛盾，结果是不清楚的。就农业而言，一直到20世纪90年代保护举措依然存在，这部分地与欧盟农业政策的支持有关。与此同时，为一个范式所形塑的制度、过程和观念构成了另一个范式出现并占据（或没有占据）支配地位的背景。如果我们考察一下英国（布莱尔）政府的宪政变革，那么这一点就变得清晰了。他们最初提出的建议是非常激进的，如果通过的话，将转变英国民主的性质，伤毁英国政治传统，在宪政领域完成一种范式转型——将英国转向参与式民主。然而，一如本人在他处所述（Marsh and Hall，2007），这些建议（它们一起将改变英国民主的性质）很大程度上被非激进化了，因为改革的企图发生于被老范式支撑的制度和过程的框架之内。

当然，存在着其他的空间维度，最显著的是地理空间。关于这一空间维度何以能影响稳定和变化，宪政变革也提供了一个很好的事例。苏格兰的权力下放是一个政治议题，其中新工党试图迅速引入一个激进的宪政改革；很大程度上出于选举竞争的考虑，而不想对原先的建议作非激进化处理（Marsh and Hall，2007）。然而，苏格兰法案只是确立了苏格兰议会运作的结构框架；议会本身被期待设计它自己的议事规则（standing order），亦即运作程序。因此，议会建立了一个协商指导组（consultative steering group，CSG）来起草议事规则。关键在于，CSG 没有将威斯敏斯特体系看作效仿的对象，相反是拒绝考虑和需要加以改进的东西。威斯敏斯特体系的四个缺点被特别地辨识出来：（1）它的运作实践是过时的；（2）它不是开放和包容的，尤其在性别方面；（3）它的对抗是不必要的，政党之间自动地相互反对，使首相质询时间（Prime Minister's Question Time）有失优雅；（4）尤其是，作为对立法机构的一种制约，它的作为是无效的。所有这些都是重要的批评，不过，在这一背景下第四点批评最为重要。CSG 推荐、随后议会采纳，建立一个强有力的委员会制度；考虑到苏格兰的选举制度意味着一党组成政府不太可能，委员会制度的运行将对内阁权力是一个制约。所以，一个不同的、较多参与的民主话语支撑着苏格兰议会的制度结构。

五、结 论

在本章，笔者考察了三个关键的元理论议题：结构/能动；物质/观念；稳定/变化。在笔者看来，这些是任何一个政治学研究者必须回答的关键问题。在某种意义上，作为政治科学家我们所做的几乎全部都与稳定和变化的问题有关。与此同时，在试图解释为何存在（或不存在）变化时，我们诉诸结构与能动以及物质与观念关系的立场。关于后两个议题，笔者指出既有研究文献中存在着五种重要的立场，而且在这两个议题上的立场是相互联系的。所以，在两个事例中，至少历史地看，某些作者青睐于二元论中的这个或那个因素/方面；他们是结构主义者（物质主义者）或意图主义者/观念主义者。同时，许多经验研究者采取了笔者称之为合成的立场，通过诉诸结构的和意图的，或物质的和观念的因素，来解释一个特定的结果，但并不试图对两者之间的关系进行理论化（依然被作为一个对子来看待）。所有这些立场很可能被一个基础主义/现实主义的本体论以及一个实证主义的认识论支撑（见表 10—1）。

表 10—1　　本体论和认识论立场与元理论问题的联系

本体论立场	基础主义	反基础主义	后结构主义
认识论立场	实证主义/ 现实主义	阐释主义	后结构主义
结构/能动	主要是意图主义/ 辩证的	能动	能动
物质/观念	物质或观念/ 辩证的	观念	观念
稳定/变化	稳定或变化/ 辩证的	变化 无处不在	变化 无处不在

在最近一段时期，社会科学中的建构主义/文化转向大都与后结构主义联系在一起，其重要性日益增长。在结构和能动以及物质和观念关系方面，这一立场采取了一个非常不同的观点。此处的要害在于，特定话语之外的各种区分压根是没有意义的。所以，我们对它们的理解受到我们的语言和话语的形塑。从这一立场看，本章将被视为在这些元问题上一个较好的（或较糟的）弱版本建构主义立场的详细阐述。

本章认为，结构和能动以及物质和观念应被作为一种双重性来对待，它们之间的关系应被视为辩证的，即是互动的和反复的。然而，一如我们所见，在结构与能动或物质与观念方面，并非存在一种辩证的立场。相反，笔者认为这正是最有兴趣的争论所在。选择交由读者，以发展和捍卫他/她的立场。所有笔者想说的是，这些问题是不可避免的。在稳定和变迁议题上，如果有联系的话，问题有所不同。在此，后结构主义者将再次提出我们此处涉及的观点，认为变化是无处不在的、无法理论化的；只有在特定的话语中，稳定和变化的区分才得以存在。如果我们超越这一立场，那么在笔者看来，争论将围绕以下的选择而展开：我们是否应该赞成断续性演化模式，将稳定和变化视为周期性的，因而在本质上是一种二元论；抑或接受另一种观点，一如其他元理论问题，将稳定和变化看作一种双重性，它们之间的关系也被看作辩证的。

进一步阅读的文献

- 在这些议题的某些方面，Hay（2002）提供了一个重要的研究作品。
- 有价值的贡献来自 Blyth（2002a，2002b）。
- 另一种角度的分析参见 Elster（1989，2007）

第十一章

研究设计的挑战

鲍勃·汉克

有意思的是，学术研究有点类似于体育运动，比如帆船和攀岩——尽管无可否认，体育运动会带来更为适量的肾上腺素分泌。就像这类体育运动一样，或者说更加类似于熟练工匠和妇女所做的家庭手工作业，你得以到达最终目的地或制成一件家具的过程，与你取得成功的结果同样重要。学术研究与这些活动的共通之处在于，一切都取决于如何应用那些在它们尚未得到使用的情况下即已学到的原理，以及在过程中的每一阶段未实施之前，船员、登山者和木匠如何在心中建构每一阶段的实施步骤。做研究就是构思（constructing）研究，因此研究设计就是使我们变得更加专业的工具箱。反过来，构思研究则意味着你要构思你的研究问题，并且围绕那个问题提出你的论战观点。它还意味着你要收集和构建数据与案例，以使它们能对你所确定的问题进行论述。最后，你应该知道如何区分生产你的研究，构思你的研究，再生产你的研究，以及写出你的研究。

着手进行研究计划，特别是学士、硕士、博士论文这类的研究计划，可能令人望而生畏。如果一切进展顺利，它会是一个旨在理解世界构成部分的计划，它会建基在前代学者所做的研究基础之上，但又提出不同意见。此外，其结果必定呈现为要在持续的经验研究和批判性思考上花费大量的时间，通常本科或硕士论文至少耗时数月，博士论文则通常耗时四五年或更长的时间。而且，每个人都希望既有活力又不失谦逊地展示出研究的主要贡献，并以此种方式写出研究计划。将一篇论文的这些不同要求融合在一起是一件微妙的作出平衡的事情，因为很少有人在他们开始时就已准备好，因而遗憾的是，这种融合并非会给每个人都带来一个快乐的结果。要在这一征途中减少在某处犯大错误的机会，关键在于要从事你深为认同的研究，它能够为你提供研究计划得以进展到结论发现所必要的激情，而这个结论至少能够让人有知识上的满足或希望中的更多满足。

在本章中，笔者将考察笔者所认为的研究设计的关键要件，并批判性地讨论他们，希望这对于高年级的本科生和博士生有所帮助。笔者从一个简短的讨论开始，讨论研究的哲学基础以及它如何融入研究设计；然后，转而处理在我们思考如何运用数据和案例论说问题时的几个相关注意事项；结论部分是收尾。需要指出的是，在本章中有许多绝对重要的问题笔者没有讨论。比如，统计分析与构型分析（configurational analysis）的本质、比较研究的不同取向，或者数据可能强加的应用及概念上的限制。这些问题中的大多数，在本书的其他章节中会有所讨论，请务必阅读。

一、做好准备：研究设计的哲学基础

从最宽泛的可能意义而言，社会科学旨在理解人类所创造的世界、所构造的结构和制度，以及在这些结构中人类的行为。很长一段时期以来，我们试图通过辩识构造社会与政治之所是的深层结构，进而理解世界。想一下这些奠基者：亚当·斯密的市场中“看不见的手”、马克思历史运动规律的发现，或者涂尔干工业社会的本质与新的劳动分工相连的观点。将这些人物及后来者连接起来的是这样一个观念，他们所有的人都确信，他们在“发现”世界如何真实运行的某些规律，就像牛顿发现万有定律，沃森（Waston）和克里克（Crick）发现DNA，史坦利（Stanley）将当时大部分不为人知的非洲大陆放入地图。但是这种结构主义形式的逻辑实证主义并没有完全把持社会科学。马克斯·韦伯可能第一个提出了这种可能性，即不是“客观”世界影响我们的行为，而是我们对世界的主观理解构成了世界看来如何（以及我们在世界中的行为）的基础。这一路径后来不仅在“如果人界定环境是真实的，那么他们对于环境的影响也是真实的”（Thomas and Znaniecki，1927）这个令人兴趣盎然的洞见中，而且在帕森斯的行为社会学和当代建构主义中，得到了响应。在社会科学的这些说法中，人类不是历史动力的盲目客体，而是塑造制度、结构因而还有我们所知晓的社会与政治世界的主体。

自早期以来，关于社会与政治世界如何构成，世界的推动力是什么和这些推动力的影响是什么（社会科学的本体论），以及我们如何发展对于上述问题的经验知识（社会科学的方法论），社会科学内部就已经存在相互对立的见解（Hall，2003）。社会科学家在做研究的时候，总是或隐或显地从他们的前辈研究者所述之论出发。因而，社会科学的基本架构是那样一种论战，作者试图通过提出更富逻辑性构思的观点、更精确的数据或两者的结合，来相互证明对方的观点为错。

但是大体而言，科学尤其是社会科学是一种特殊的讨论。它不仅对既存的观点或理论提出异议，而且要解决疑惑。疑惑是具有一种特殊性质的研究问题：由于疑惑提出一个问题，现存的理论本该回答却又未能回答，那么这些疑惑就有可能动摇先前所给出答案的基础。如果按照特定的理论或似是而非的论点去做出种种预测，但却出现了反常现象，这种独特的情况发生时疑惑就会呈现：在两个案例（A和B）中，依据这些理论就将出现两种相对立的结果（A中出现X和B中出现Y），而且，正如事实所表现的一样，它们并不符合理论预测。实际上，疑惑存在于两个世界之中——在一个世界里它们证伪了既存的理论，而在另外一个世界里，它们会考虑到并且常常会导致对世界的新的解释。

这样，社会科学研究就包括三个关键要素。社会科学通过对一个理论的应用领域构生疑惑（并非仅仅持有异见或提出另一种答案），参与既存的讨论（并不是寻找一个隐性的社会规律），然后发现对疑惑的最有说服力的解决方案（依赖于逻辑和数据的结合）。

这种认为社会科学是解决疑惑的看法，对于如何进入研究具有重要意义。许多社会科学家起初都想表明一个既定理论的“正确性”，然后开始寻找事实证明那个理论是正确的。如果他成功了，那么他对我们理解这个世界的贡献何在？以旧的实证主义模式来看，他们已经贡献很多：毕竟，他们已经表明，一个理论（一套在逻辑上具有连贯性的对世界的理解）解释了他们所寻找的事实。这个理论被证实了。然而，对于一个“疑惑者”而言，什么都没发生：研究者仅仅是贡献了一个证实既存理论的数据点，而且既然我们已经知道这一理论能够解释这些事实，我们就并不需要知道更多新的事实。比如，如果说现在流行的理论是经济发展导致民主巩固，然后就找到一个经济发展导致民主巩固的案例，那么，按疑惑者的说法，这根本就等于什么也没有做。记住，科学不是根据选举的模式来操作的，而要建基在逻辑基础之上，在选举模式中是多数人主导辩论（如果做必要变通的话，即是在选举模式中，每一个额外的数据点都会强化一个理论的说服力）。假定研究就是如此，那么，你能够“推进人类知识范围”的唯一方式是，提出一套别人未曾提出的事实，然后证伪（证明错误）一个既存的理论。拿上面那个例子来说，如果你提出一个国家很穷但同时却拥有民主政治体制，或者一个国家富有但却不是民主国家，你就已经造成了对那个标准理论的疑惑，然后我们就可以去重新检验这个理论。

然而，并非所有形式的证伪都同等有效。事实本身并不能解决争论；为了让一个理论（或“观点”）证明为错，我们需要的不仅是事实：我们需要一种新的理论能让我们理清这些矛盾的事实。用现在流行的拉卡托斯（Lakatos，1970）的话来说，（社会）科学不是在一个理论和一个反常事实之间进行两角斗争，而是在一个旧理论、一个新事实和一个新理论之间进行三角斗争。拿上面的例子来说，找到一个既贫穷又民主的国家会提出一个有趣的疑惑，然后可能会产生令人激动的研究问题。但是，除非你能够解释为什么这个国家是一个民主国家，否则，你就不会有一个可行的研究计划。这要求你能够就发展与民主的关系提出另外一种观点，这是一种理想化的观点，因为它不仅同样长于解释那些根据主张发展与民主具有因果关系的旧理论能够解释得通的事实，而且还能够帮助我们理解贫穷却又属于民主国家的特殊情况。

在本章的其余部分，我们将探究这一问题之研究路径的不同维面。你怎样从错综复杂的证伪主义走向研究呢？这一转型需要你将社会和政治世界看作一个必须被研究者建构的世界。你很可能会认为只有通过对行动者的感知，才能理解整个社会世界；没错，你自己要投入进去。或者，你可能认为人们生活在一个强加于他们之上的世界之中，同样没错——但即使在那种情况下，你也需要将那个世界建构为一个研究问题。无论哪种情况，在你介入之前，研究问题并不存在。

二、从哲学到研究设计

研究设计是所有科研工作的关键组成部分。评价一种药物的疗效需要临床试验，可能也需实验，当然也需一些推论统计的形式去量化药物的疗效。要发现吸烟是否有害于你，需要吸烟者和非吸烟者的随机样本，进而看谁更健康，如果可能还要控制好其他危害健康的因素。如果研究目标是要发现在工作场所中人们如何对待妇女，就要选取相当数量的几种职业，对从业中的妇女和男子进行比较，同时检验性别、职业以及两者可能的交互关系所带来的影响——比如，很可能女人在底层职业受到的对待比在高层更差：想想清洁工和律师。在所有这些例子中，对于问题的系统性经验观察是与论点相关联的——这是研究设计的核心。

要将研究设计看作一个工匠的工具箱，而非一套僵化的法定规则：你怎样对待它最终取决于你自己。你提出你的问题，然后围绕这个问题组织讨论；你的问题、答案和你的数据及案例之间的连接关系，全都掌握在你手中。因此，研究天生地具有很大的主观成分。但那并不意味着随心所欲：这其中存在研究设计的原则，它们会帮助你区分强研究问题和弱研究问题，构造和展现讨论，提出合乎逻辑的论点，选择数据和/或案例，以及构建和运用比较方法，以使论点更为充分。

1. 研究从一个问题开始

研究不是从文献回顾开始，也不是从寻求解释的数据开始，从根本上说是从一个问题开始，这个问题能对先前他人已给出的答案提供新的思路。研究过程就是在回答那个问题。了解清楚这一点的好方法是，不要将你在做的研究当作一个话题或主题，而当作一个问题——当有人问你在做什么研究时，避免这样回答“我在做……”，而要说“我在提出一个问题，为什么……”或者“我在试图弄懂……如何”。

研究问题必须符合某些标准。最重要的一个标准大概是，研究问题需要以你可能犯错的方式提出。你必将有机会发现可靠的数据，并告诉你，你正在思考的对你所提出问题的回答不是正确答案。简洁是研究问题的第二个重要特征。你可以有两种方式理解它。假如你在电梯里与你所从事的研究领域中某位重量级人物交谈，他询问你的研究工作，你需要在从一楼到十楼的限定时间内以直截了当的方式说出研究问题及对它的想法。或者想象在一个与其他院系研究生的聚会中，试着向他们解释你要发现的是什么，但不要使用你的学科中流行的深奥术语。同时，一个问题应该是可研究的：你知道你将需要哪些经验资料吗？事实上你能找到并运用它吗？这个研究问题的开头和结尾合乎逻辑吗？

2. 一个问题隐含多种答案

你绝不是第一个想到一个问题的，那么，你的文献回顾就应该反映出这一点。最基本的，文献回顾是要针对你的研究问题和紧接着的讨论，辨识出几种大致的立场。换句话说，文献回顾就是你来构筑出对你的问题的竞争性答案，构筑出你认为你的解释可能要对抗的理论。要避免的是，通过树立一个你一口气可以吹倒的稻草人来走捷径。

3. 参与争论

研究包括参与讨论：它建基于对既存研究的反驳之上。如果文献回顾的功能是构筑那场讨论，同时表明讨论的弱点在于既存的观点不能解释你提出的（反常）数据，那么在这场讨论中你就该掌控主动权，进而阐述你的论点以区别于讨论中的其他论点。

遵循一些原则会有助于这样的讨论。简约是重要的，要用尽可能少的解释工具说出尽可能多的东西。你所提出的论点如果能比你的对立论点解释更多的不同，那它就是一个有力的论点，反之亦然。因此，简单的论点通常也是好的论点。注意，这表明“现实主义”（realism）并不必然是一个好论点的关键要素：你可能比别人对现实把握得更好，但是从你的问题中所隐含的疑惑已经十分清楚这点，因为你的问题所举出的经验事例并不在此前讨论的范围之内。最后，如果你的论点复杂又有许多不同维度，那它就会很难读，很难消化和理解。通常这样的论点呈现为在某些方面看似相关但又毫无关联的问题清单。如果你发现自己在做这些清单，那就重新考虑一下如何按照更宽泛的组织原则（比如类型学，或不同利益之类的更有力的分层性“动力”）重新组织这些观点，以将清单上的不同论点连接起来。

4. 从讨论到经验切入

一旦你确定了你的研究问题是什么，你试图接受的答案是什么（包括你的和他们的），同时已经仔细考虑过你的答案与迄今为止别人已经说过的答案有何不同，接下来可以说就是研究设计中最大和最艰难的一个步骤了。你必须考虑如何将对问题的不同观点融入你将要做的经验研究之中：从现在开始，你的研究开始在或明确或隐含地参与讨论其他立场之间移动。做到此点的方式是，收集能同时解决这场讨论中你的假设和别人的假设的数据与案例。

这正是你成为研究者之所在，因为你正在问一个其他人很少问的简单问题：“如果我是正确的而别人是错的，我将必须找到什么？如果我是错误的而别人是正确的，我又必须找到什么？”这种思考方式，术语称之为观察性启示（observable implications），将你现在所从事的研究计划与最初的好想法区别开来。由于我们的想法用概念术语表示通常会很抽象、简约、注重措辞，因此，它们就需要以某种方式来进行操作，从而能促使我们仔细思考这些论点如何与这场讨论中的其他论点既相关联又相互区别。

让我们试着将所有这些放入一个有逻辑连贯性的模式之中。图 11—1 借鉴自菲利普·施密特（Philippe Schmitter）最近的研究“时钟”的一些想法，可能在这里有所帮助。想象你从正午 12 点出发——带着一个问题——然后在午夜 12 点结束——得到一个为下一代研究问题做准备的答案。到下午 3 点的时候，发现反常的数据，对既存答案有了新的反思：这个问题被改述为一个疑惑。然后，你重新构筑的这场讨论对接下来的事情很关键，因为对这一新问题别人已经给出的答案告诉你，为了增加别人的和你的论点的解释力度，你将必需什么样的经验材料——这是 6 点的位置。而后，你分析的资料（案例或统计数据）能让你推断出超越手头即时数据的因果关系；你的资料越是应对了这场讨论中的不同答案，你就会走得越远。如果一切顺利，会有两件事情发生。一是你表明了既存观点的局限性——你已经证伪了它们（9 点钟），而另一个就是你有了一个更为合理的论点，它能够解释原来的世界，以及那些让你疑惑的新的反常事实（大约在 10 点 30 分）。然后，到午夜时会发生什么？很简单：有些人会不同意你，你要收集你应该已经能系统地理解和解释的资料，而不要成为临时解释的牺牲品（但是不能避免），然后循环又开始了。

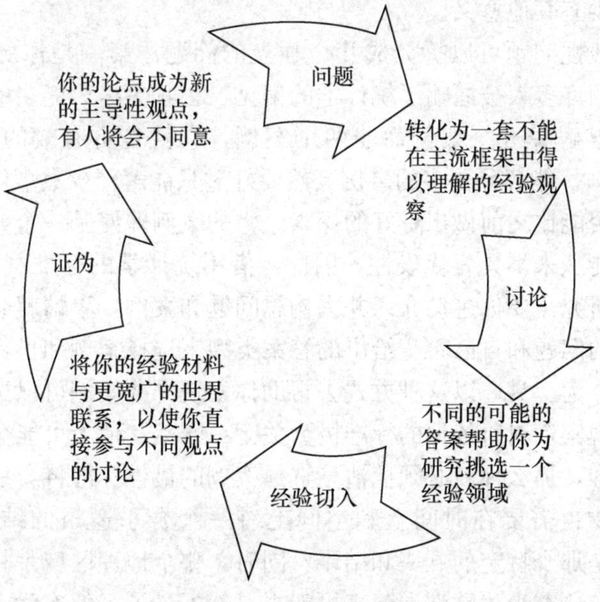

图 11—1 研究周期

接下来的部分阐述这个时钟中的一些细节——怎样有逻辑性地思考你的资料的几个关键问题。我的案例和数据说出到底发生什么了吗？而我又如何才能知晓？同时，由于人们所做之事大都会在一段时间之后发生，我们又如何理解这一点？在最后的部分，我将审视社会科学中的其他“社会性”：伦理和读者。本章通篇我都会强调做研究涉及做出选择，需要选择能有解释力的论点。没有什么是一成不变的：构思研究意味着不停地为你的选择构思论点。

三、相关联的世界

研究总是雄心勃勃地谈论一个比我们所研究的那一小部分大得多的世界。我们可以应用扎实的统计技术对一个代表性样本进行分析，可以依据我们研究的单一个案或少数个案得出意义深远的结论，或者相信我们辨识的因果机制能够帮助我们理解所没有研究的其他案例。但只有具有良好的普遍性的关联感，认识到这些案例是世界中的一个部分，才有可能做出上述的推论分析。考虑以下这些问题。你依赖的数据或案例是否是随机选择的？如果不是，选择的标准是什么？你研究的案例是一个典型案例吗？作为一个特殊案例，在案例布局中它是处在你所感兴趣的、极有可能发生的事情一边，还是处在最不可能发生的案例聚堆的另一边？如果你认为它是个典型案例，你又如何能够证明，而不用依靠“相信我”之类的陈述？又如何描述非“典型”案例呢？会是这样一种分布吗，一个典型案例（可以说，一个普通或标准案例）或多或少也会与中间性案例相重合，而中间性案例在两边都有大致相同的数目？没有对这些问题的相关信息，一个案例就是（且仍然是）一个单纯的数据点，它只不过是对信息的揣测，而很少有其他意义。

这个一般性问题可以拆分成几个独立的问题。第一是你所依赖的经验材料的特性。我们中的许多人被灌输了统计学的偏见，去收集尽可能多的数据，以为如果一个因果机制能够解释五个案例而非两个案例，它就是更有效的（King，Keohane and Verba，1994）。能解释更多的事例当然要好过只能解释少数事例；但问题是，在完成研究后你是否能比之前做出更好的探索。你的案例即使是一个典型案例，但在统计学意义上，可能从来不具有代表性。因此，借用统计学的标准可能也有误导性。但是，如果你记住研究需要你主动介入并去构思问题和案例，事情就会变得容易。由于你根据自己提出的问题和自己希望给出的答案类型来选择案例和世界中的事实，你就可以将建立问题作为工具，以这种方式去帮助你发现哪些案例可以选择，哪些案例可以忽略。你选择观察资料所依据的标准极为关键：既然其他人可能会或几乎肯定会不同意你的这些标准，那么你就必须搞清楚选择案例的最佳标准将会是什么。

世界万物也需要在时间上和空间上有一个合乎逻辑的结尾。你将研究哪一时期——为何是那个特定的开头和结尾？同时，哪个地理区域是相关的？对于欧洲研究的学者而言，研究当代欧洲看起来可能再自然不过了。但实际上并非如此：许多人对“欧洲”本身并不感兴趣。你需要表明，你所能处理的对今日欧洲所发生之事的研究有更广阔的议题背景。结束一个研究问题的标准方式之一是，声明你的数据涵盖到去年，因为这一年的观察资料方便获取。这听起来合理，但通常却不是你结束研究的好方式。原因很简单，因为你没有在任何合乎逻辑的基础上选择那一年份，而只不过是为图方便罢了。你必须依据具体的时点，将你的研究时段构思为一个封闭的时段。如果你对中欧政治经济学感兴趣，那么数据就截至2005年，你仍然需要陈述，是什么使得2005年成为你停止研究的合理性年份。在2005年一定有什么事情将告终了，而这就是你的兴趣所在：结构变迁速率可能已经减缓至“正常”（与OECD经济体相比）速率，到那时，经济政策已变为缓慢推进并且保持连续性，或者始自20世纪90年代初期的经济政策的大转变，已经有机会发展到突破那个体系的限制。

可比性是需要牢记在心的第三点。如果你正试图弄清楚一个政策在两个国家中的不同效果，由于没有两个国家是完全相似的，那么你就要弄清楚，你认为这种特定的比较将会告诉你什么。并不存在先验地就是“正确”或“错误”的比较，所以全在于你怎样经过论证来构造比较。在一篇有启发性的文章中，洛克和西伦（Locke and Thelen，1995）主张，可比性甚至可能表明，你必须经常对两件不同之事做出比较，因为看起来同样的事情可能会在不同环境中起到不同的作用，反之亦然。正像他们所指出的，工作时间在德国是个高度政治性的显著问题，但在美国却根本不是，因为德国的工会已经使之政治化，而在美国却没有。相反，职业分类（job classifications）是美国工会政治的核心，而在德国根本不是：美国的工会建立在清楚的工作种类和界分的规则基础上，而在德国，代表工人的工厂机构得到所有人的信任，工作界分几乎不起什么作用。他们主张，我们应该对不同国家中同样显著的问题进行比较，以使一些苹果（但它可能被误认为是橘子）能与其他一些苹果相比较。

最后的重要事情之一，是这个相关联的世界是由多少维度构成的。如果你所感兴趣的结果可以从一个维度（高—低，或者说，存在—不存在）来理解，那么对你的分析来说，两个案例是必要而又充分的。然而，如果你的论点涉及的维度多于一个（假如你能够用两分法来理解其中任何一个维度），你将至少需要四个（2×2）案例来回答你所提出的问题。必要案例的数目随着维度的数目成倍增长：公式是2^x，这里“x”代表维度的数目。

假设拿前苏联与中欧国家三种不同的私有化模式为例。当你要比较俄罗斯和维谢格拉德集团四国（Visegrad—4 countries：捷克共和国、匈牙利、波兰、斯洛伐克），你会发现俄罗斯的私有化采用一种“内部”模式，资产卖给现行管理者和工人；而维谢格拉德集团四国采用的是“外部”模式，那里的公司一般都被卖给或转交给民众或外国投资者（King，2007）。接着，你会认为第二种案例中的公司会运行得更好：外国所有人引进新的组织和技术，更关心利润而非高薪水和稳定职位。但如果看一下斯洛文尼亚，就表明这可能是不正确的：斯洛文尼亚的公司卖给了内部人，但它们运行得很好。如果引进第二个维度——沿着“前资本主义政治经济体系中的政策制定是高度集权的还是高度分权的”这条线——就会让你解决你所发现的内部私有化运行良好案例的问题。如同其他1991年前南斯拉夫共和国的成员，在斯洛文尼亚，地方工人委员会在公司管理中起到很大作用。相反，在苏联，许多微观经济决定是由中央做出的。你可以认为，在这两个事例中，内部私有化放在不同土壤里会有不同的结果。你的问题可能解决了，但是现在你又有了新的问题，因为你有三个案例，同时你选择的案例中无疑有两个维度：私有化的内部/外部模式和前资本主义政治经济体系的集权化/分权化。你要把这些维度弄清楚，然后仔细思考你的世界现在看起来怎样，以及其中有趣的案例位于何处。

四、社会科学中的时间和历史

这个相关联的世界沿着第二条相关的但又独特的基轴运作：所有的社会和政治的事件与过程都发生在历史之中。然而，大多数分析社会与政治现象的标准方式，都没有真正给我们处理这一问题的工具，因为它们都令人惋惜地持有某种“无时间性”（time-lessness）的论调。因此，施密特（Schmitter，2008）非常合理地认为，谨慎构思的叙事依然是理解有很强时间维度过程之关键（Pierson，2004）。时间之重要乃是因为它实际上在你所能想到要追问的每一个问题中都是个关键要素，但在我们的研究分析中，我们所拥有的包括时间在内的标准工具都少得可怜。考虑一下时间性维度：时序、时机、情境、非对称性和变迁。

1. 时序

B在A后发生，这重要吗？这之所以重要，最简单但可能最重要的原因是，时序是建立因果关系的必要条件：只有A先于B发生，A才可能导致了B。但是还有第二个更为复杂的问题与时序相关。如果我们思考一个问题，然后我们根据一系列的必要条件来思考它，我们时常可能会忽略了这种可能性，即为了产生我们感兴趣的结果，这些条件必须以特定的时序出现。换句话说，我们不仅需要根据这一系列条件来思考，还要根据这些条件在时间上的相互关系来思考。比如，在大量财产私有化之前财产权就清晰地建立并且财产权被宪法所保护，这一点很重要（Stiglitz，1999）。在中欧，政府对此的处理多少是正确的。但是在俄罗斯这样的地方，私有化经常发生在财产权明晰之前，这样就造成了寡头占有的结果，党的官员们只是以名义上而非实质上的私有控制着公司。因此，正如斯蒂格利茨（Stiglitz，1999）所指出的，以正确的时序引入政策同政策自身的内容一样重要。

2. 时机

事情何时发生重要吗？同一过程或事件可能会有不同的效果，这取决于它何时发生。依附理论批评现代化理论就是建立在这样的观念上：19世纪的工业化是一件完全不同于20世纪工业化的事情，因为比之1860年，世界经济在1960年看起来已经很不一样了，而后发国家必须依照早期工业化国家制定的规则来行事。

3. 情境

大规模的世界变化如技术发展或国际体系变迁对你的分析重要吗？以互联网为例，这可能是最近20年最重要的技术冲击了，它无处不在以至于我们现在用小写字母写它，就好像它是一个普通的名词一样。在20世纪七八十年代，做一个专制者是一件相对容易的事情，只需要庞大的忠实军队和警察部队、一个钳制言论的媒体和一个秘密警察组织或一些敢死队，就可以辨识和瓦解反对你统治的对手。在今天维持一个合宜的专制统治就非常困难了。即使你拥有军队、警察部队和敢死队，要控制国内外的信息流动是非常困难的。

4. 非对称性

某些事情会是一个现象发展的必要条件但对于那个现象的衰退却不起作用吗？这样的非对称性可能的确很重要，但是社会科学中的传统思维方式总是不知道如何很好地处理它们。如果X的增长导致了Y的增长，那么很合情理地会想到X的下降可能会导致Y的下降。在我们研究的很多事例中，毫无疑问，这可能是一个似乎合理的假定。但是，在有些事例中未必会这样，而且我们会发现发掘出这样的非对称事例经常是开发研究问题的一个好开端。你可能会不经意地发现某事比你最初所想的要有趣极了。以福利国家的成长与紧缩为例（Pierson，1994）。假定福利国家的成长，是有组织的劳工和社会民主党利用它们在战后时代的权力以使工人更少依赖于市场收入所致（Korpi，1983；Esping-Andersen，1990）。那么，随着政治权力的平衡点从劳工转向商业，以及经过最近30年对社会民主思想的偏离，一个似乎合理的预测也许是福利开支将被缩减。如果是这种情况，里根和老布什管理下的美国或者撒切尔夫人管理下的英国将成为你会见证到的首先采取紧缩的地方：在这些国家有组织的工会被排除出了政治舞台，十多年来，提倡新自由主义经济和福利政策的保守政党在这些国家执政。但是皮尔森（Pierson）证明，由于成长中的福利国家产生了支持它的同盟，因此紧缩遵循的是一种完全不同于成长的逻辑，而正是大众中的这些团体使得削减福利非常困难（这很大程度上是因为选举的原因）。

5. 变迁

有多少变革在发生？我们现在的时代似乎有理由被称为一个急剧变革的时代。但是想一下这三个时期（这仅涵括西方）：1400—1600年，可以看到百年战争、意大利文艺复兴、现代威斯特伐利亚国家的出现以及宗教改革和宗教裁判所；1770—1850年，可以见证美国与法国革命、工业革命、现代工业资本主义的出现；或者1910—1950年，有两次世界大战、纳粹主义与共产主义的兴起、社会民主的最终胜利以及在西方历史中生活水平和平均寿命的急速提高。那么，开头的主张还有效吗？

我们还面临如何认识变革及其影响的问题。最近几年，在政治经济学中出现了一个有趣的争论，一方支持经合组织中不同资本主义体系的相对稳定（Hall and Soskice，2001），另一方则认为表面的稳定实质上隐藏着深刻的变革过程（Streeck and Thelen，2005）。资本主义多样化学派（varieties of capitalism school）的第一个主张是，不同资本主义体系可能会遭受压力并作出调适，但又认为，它们仍然依据以前的既定安排而有效地运转。在每个人都声称有变化的地方，这些作者却说，我们看到的是明显的稳定性。比如，他们指出商业的兴起和金融的国际化对德国组织有序的资本主义损害微乎其微。变化的错觉在于我们混淆了形式上的变化与功能上的变化（一个有趣的声明：笔者是霍尔和索斯凯斯所编那本书的作者之一）。斯特里克和西伦（Streeck and Thelen，2005）书中的文章则不同意：有些东西看起来像是稳定，但实际上不是。比如，旧制度可能被重新改置，改变既存要素运作方式的新要素可能被引入，而核心行动者运用架构的方式也将造成一些并非最初蓝图一部分的结果。他们的总体主张是，看起来微不足道的小变化会产生巨大效应。一切事物看起来或感觉起来都一样，但所有构成要素之间的相互作用，可能使这个体系成为一个迥异于过去的整体。

理解“变化”需要一个清晰的尺度，以区分“大的”、“重要的”变化与“小的”、“无关大局的”变化。当然，正如以上所示，这些尺度经常有争议。然而，只要所提的尺度是合理的，它本身就不是问题。但是，正如研究设计中涉及的其他所有事情，对其他读者而言，这个尺度必须清楚可见，这样的话，如果读者认为它错误，他们就可以对它提出质疑。

五、社会科学中的“社会性”

社会科学研究涉及做选择，这也是本章的主旨所在，但就研究中的很多选择而言，并没有清楚的指南引导我们如何去做。在很大程度上，这是因为好的社会科学所探索的社会与政治生活之层面相对新颖，我们中的许多人还只是最初的研究者，试图围绕一个主题摸索前行。在这方面，你的同事和老师可能是你最好的资源，所以要依靠他们。在这个世界上，即使最杰出的经济学家或社会学家也需要同事与他或她一起共同应对观点和经验材料的问题。总体来说，科学最终是一项社会活动，需要与他人一起合作并为他人服务，社会科学也是一样。

你研究中的社会世界在两个方面会有问题。第一必须处理好我们的研究工作中的伦理；第二必须处理好与我们的读者的关系。一定要记住，无论是在合乎研究设计规范的结构性访谈环境中，还是在依赖于开放式问题的半结构性访谈中，这种以询问人们生活境况而收集信息的方式，都经常涉及严肃的伦理问题。如果你对诸如虐待儿童或强奸之类高度敏感沉重的话题感兴趣，那你将要面对极不愉快的窘境，要问极其尖锐的问题以获得（让我们设想）极好的数据，或者在面临资料质量下降的危险下要用更机智的方式对待你的访谈对象。没有人知道，你的研究所设想的可得收益是否会超过你可能造成的痛苦，但不要忽视一些选择。你通常可以依靠你的导师、博士项目官员或大学研究伦理章程，去帮助你思考你的研究是否及如何可能有伦理方面的问题。仔细体会他们所言，然后看你的研究如何与之相符。你可能会以为，只要对这些事情视而不见就可使你得到一个好名声，但是名声并不是你想与之偕老的东西。

当你在从事政治科学研究时，同样要记住，你正在述说的是其他人的事（尽管当你在检查回归系数的时候似乎并不这样觉得）。在某些时候，你或许打算考虑将你已经完成的研究工作告诉世界上的其他人。在这方面，三条黄金规则应该可以帮助你。第一，如果能用简单的字句表述的话，请不要用复杂的字句。这些源自拉丁文的字句不仅强加给读者不必要的节韵而令人烦恼，它们在字面意义上也很难令人理解。以下面对一个问题的两种说法为例：(1)“社会经济发展需要现存政治安排先进行民主巩固吗?”(2)“民主会使国家富裕吗?”。这两者说的是同一件事情。因为某些令人费解的原因，学生经常会认为第一个说法要好一些，因为它听起来更像“学术”。但并非如此：它丑陋且无须这样烦琐。第二种说法绝对是二者当中更简单易懂的。如果你存在疑问，那就读读乔治·奥威尔（George Orwell）的《政治与英语》一书，这是一本关于如何为普通人（包括你的同事和老师）写作的书（Orwell，1946）。

第二条规则是直接。理想状态是，你应该尽可能的直奔主题，而不要显得笨拙鲁莽。那意味着你要认识到，有关主题的句子和段落要尽早出现，使用主动句式，抛却所有不必要的细节。比如，一个文献回顾需要告诉读者，你在何处对于他人关于你的问题的观点持不同意见。但是不要花费过多的时间去评论文献。你的文章、学位论文或毕业论文应该反映出你的研究，而要做到这一点，应该有效地利用别人已经做过的研究。你应该在需知的原则基础上给出那种类型的信息（Dunleavy，2003）：读者必须要知道什么才能理解你对一个问题所持的观点以及你所做研究的贡献？而其他的一切都可能是干扰性的材料。

第三条规则是写作时在心中与读者对话。许多学生（或许是大多数学生）只是为他们的老师或导师而写作。这是一个极大的错误：是的，你需要说服他或她你所做之事的重要性，但他们并不是最终的标尺，如果他们连这点都不知道那就太可悲了。在你写作时，你心中确实应该有一个视野广阔、富有同情心的读者，或许还应该使你想象的读者多样化一点。这其中除了有你的老师，还应该有一群人，即你的同学，特别是那些对你的研究主题涉猎不深的人。然后，再考虑一下那些不习惯于学术术语的人，比如，你的父母，或者也可能是你的同伴。而后（有点反直观），写作时在心中与不同意你观点的人对话：如果你认为你已经证明了一个论点，X或者Y都将同意它是个重要的论点，那还有谁将会对其质疑？当你想告诉别人（特别是那些大学之外的人）你做了什么以及对于他们而言它为何可能重要时，依据这三个原则会帮助你走得更远。

六、结　论

这一章提出了研究设计的几个重要方面：可证伪性、案例与世界之间的关系、因果关系与方法，以及时间性的问题。处理这些不同问题的要旨在于，你需要仔细思考这些步骤中的每一个，因为如果不主动地去构思你的研究设计，就没有一个问题可以解决得了。你的研究真正属于你自己——这意味着是你通过提出问题来论证它是什么，用你所支持的数据和案例来给出你的答案，并反驳你所做的文献回顾中的观点，然后你以能反映出研究设计逻辑的方式将它写出，而不是对你所做工作的"年表式"罗列。

好的研究设计要遵循一些原则，这是你在多年研究过程中，通过理解别人在类似条件下做了哪些工作并调整他们的解决方案，通过与你的同事、导师讨论你的解决方案而学得的。但从根本上讲，没有任何书籍规定了研究设计的规则：就如同你只依循纸面上的菜谱并不会成为一位优秀的厨师一样，你盲目地遵循规则也不会成为一位优秀的研究者。学烹调是要弄清楚原料，它们怎样搭配、能烹制成什么，而且经常需要以学徒的身份接受好几年的强化训练，并要经常与优秀的厨师沟通。要以同样的方式学会对研究的批判性思考，以改善你的研究工作。尽管研究设计会持续很久，但去享受它的乐趣吧——它是你仅学一次的事情之一。

进一步阅读的文献

- 你也许会阅读本章引用的汉克的《明智的研究设计》一书（Hancké，2009）。
- 关于实用写作，参见 Becher（1986）以及 Dunleavy（2003）。
- 关于研究方法更为广泛的讨论，参见 Brady and Collier（2004），Della Porta and Keating（2008），King et al.（1994），Mahoney and Rueschemeyer（2003），Przeworski and Teune（1970），Ragin（1987）。

第十二章

方法之争：重新发现质性研究方法

阿里亚德恩·弗鲁曼

当我们试图去理解或解释一个政治制度、事件、问题或过程为何与如何发生时，我们有必要问一些可以通过质的研究方法来回答的问题。这就是说，用质的研究方法来研究问题及得出结论，与聚焦于“数量”（how many）问题以推断因果关系的那种量的研究方法或统计方法有所不同。在政治科学领域中，质的研究方法的关注点在于细节性的、基于文本的答案，它们是历史性的，或者是政治制度、事件、问题或过程的参与者的个人反映。所以质的研究方法的特点，是重视描述与分析而不是广泛的数字性归纳。本章要表明的是，尽管最近有人强调在政治科学研究设计中多种研究方法的综合使用，但质的研究方法的一些基本特点仍然需要去理解。

质的研究方法往往是在政治科学特定的分支学科中得到使用的（比如研究政治制度的学者而非研究政治行为和使用量的研究方法的学者），那些致力于特殊研究取向（比如女权主义者）的学者，以及那些来自非实证主义认识论阵营的学者（比如阐释主义者和批判现实主义者），也使用质的研究方法。然而，正如本章中将要呈现的那样，这些分支学科之间的界线模糊复杂，质的研究方法可以同时为持实证主义立场和持非实证主义认识论立场的学者使用，它们之间的差别是建立在对研究本身的解释、目的和目标的观点上。

本章围绕两个主题展开：一个是对政治科学中质的研究方法

与量的研究方法之争论的总体认识；另一个是结合聚焦于设计与分析的研究案例，来对质性研究技术的主要类型进行介绍。

一、重新发现质性研究方法

从政治科学的发展史来看，直到20世纪50年代，它都建立在描述性的质性研究方法基础上。该学科侧重于研究政治理论以及法律和政治制度的发展（见第三章）。直到提倡研究个体在政治世界中作用的行为主义的出现，才对占统治地位的、以质的研究方法为基础的制度主义传统提出了挑战。政治科学也受到了社会科学其他学科的影响，比如社会学、历史学、经济学以及法学、心理学和地理学。因此，政治科学与其他社会科学的研究方法区别并不明显。政治科学对其他学科视角所持的这种开放性可以丰富这一学科，但也因它缺乏独特的理论与方法论核心而使得政治科学备受指责。的确，甚至有时在同一系所工作的政治学家之间的不同也十分明显。我们常常有不同的受众，读不同的书，在不同的杂志发表文章，并且常常使用不同的政治语言体系。因此，对政治学家而言，现在有一种潜心于在该学科次级领域进行研究的趋势，所以，现在我们无法看到，到底是质的研究方法还是量的研究方法能够一统天下。

这种趋势反映在了最近一项针对政治学家发表在著名学术期刊上的论文所使用的方法的调查之上（Bennett er al.，2003）。这项研究整理了25年来刊发在10种自称是容纳各种研究方法的政治学期刊上的1 000篇文章，并根据所使用的方法将其归为三大类型：

1. 量的研究方法：包括统计、调查研究与内容分析。
2. 质的研究方法：包括案例研究、深度访谈、文本/话语分析、历史分析。
3. 正规模型：包括博弈论和复杂的数学/经济模型。

结果显示49%的文章使用的是量的研究方法，46%的文章用的是质的研究方法，23%的文章使用正规模型。这表明，尽管量的研究方法和正规模型（它们都依赖于某种形式的统计数据或经济计量）在顶尖期刊文章中占有相当大的比例，质的研究方法正在被许多政治学家广泛使用。研究者还对国际关系、比较政治与美国政治这三个政治学的主要分支学科所使用的方法进行了比较。研究者发现，量的研究方法在所有三个分支学科中都居主导地位（以下是其百分比对比，此处省略%号，三个数字依次对应量的研究方法、质的研究方法、正规模型）：国际关系（48∶46∶20），比较政治学（65∶40∶18），美国政治（90∶1∶28）（Bennett et al.，2003：375）。这给我们两点启示：国际关系作为二级学科在方法论上是最多元的，以国内研究为导向的美国政治只有1%的文章用的是质的研究方法。运用实证的、量的研究方法的政治科学文章在顶尖刊物中占据主导地位的这种趋势，也在其他的调查研究中有所发现（Pierson，2007）。马什（Marsh）和萨维尼（Savigny）通过对美国期刊与两份英国期刊中所使用的方法论比较发现：在美国，行为主义与理性选择方法（这两种方法与实证量化研究密切相关）占据统治地位，而在英国，研究方法更加多元，既有非实证的、质性研究，又有强大的规范理论传统。总的来说，质的研究方法更倾向于在美国以外的政治科学中使用，更倾向于在诸如国际关系的二级学科中使用。贝内特（Bennett，2003）在书中把美国政治科学中只有一小部分质的研究方法的局面归因于方法论的教学方式。事实上，美国研究生很少有机会接受正规的质的研究方法的训练，在30个政治学系中（共涵盖了236个方法论课程），只有16%的系关注质的研究方法。曾经出现了一场考察政治科学研究方法教科书是如何推动量化研究占据主导地位的持续争论（Schartz-Shea and Yannow，2002）。学者们把目光集中在了诸如《设计社会研究》（*Designing Social Inquiry*）之类的书籍之上，并强调，这类书籍要为减少对质的方法的使用而转向单一实证的"科学指标"的精确研究负责（Della Porta and Keating，2008：20；Brady and Collier，2004）。很多教科书既没有认识到质的研究方法的独特性，也不承认它们得到了许多研究者的运用，而这些研究者所持的是实证主义之外的多种认识论立场。

那么这是否意味着，对如何与为何这两个问题的回答，以及采取质性研究取向所带来的深描，就完全无法在量的研究方法面前生存或对其构成挑战呢？当然不会。质的研究方法会被继续使用。但是，却是由于认识论的差异，才使得它们在政治科学的一些分支学科内渐渐被边缘化。现在，去思考那些用以支持在政治科学内使用质的研究方法的观点就很重要。

20世纪70年代和80年代早期，通过深度访谈、民族志式的研究和对生活故事的叙事，女权主义在政治科学内标新立异地崛起，并在早期研究中有争议地开启了质的研究方法之先河。质的研究方法对于正在崛起的女权主义方法论而言极为重要，因为女权主义者将展现女性的声音与经历放在其工作的首位，而如果使用量的研究方法，这些内容都会遭到忽视（Ezzy，2002：46）。比如，苏拉密特·雷姆哈特（Schulamit Remharzd）在其《社会研究中的女权主义方法》（Remharzd，1992：126-44）一书中就认为，使用质的研究方法、深度访谈和生物研究方法的女权主义口述史，将可以凸显妇女的特别经历。莎拉·埃文斯（Sara Evans）于1979年出版的《个人政治学：民权运动与新左派运动中妇女解放的根源》（Evans，1979）一书，就因运用了口述史的方法，从而使她得以完整地发现20世纪60年代新左派社会运动中妇女联系网络方面的一些未公开的材料，而为人称道（Reinharz，1992：134）。最近，女权主义国际关系学派的学者详细论述了方法论问题，并且展示了诸如口述史、民族志、访谈、档案研究、参与观察与话语分析等质的研究方法的运用，如何进一步推动女权主义者向传统安全研究的研究日程提出挑战（Ackerley et al.，2006）。

然而，正如维基·兰德尔在其《妇女与政治》（Randall，1987）一书中第6章所承认的，并不是所有的女权主义者现在都使用质的研究方法，女权主义最初通过运用质的研究方法而对主流政治科学发起挑战的这种看法，现在已经式微。大多数宣扬质的或多元政治科学复兴的著作（Scharm and Caterino，2006；Della Porta and keating，2008），很少关注女权主义对以下转变所造成的影响，即在社会研究中，向以案例为基础的个体阐释和意义的转变，以及社会研究告别变量的固定化和概念的一般化。

与此形成对照的是，近些年来，通过“新政治科学”或“政治学新思维”（Perestroika）的争论，人们对质的研究方法在政治科学中的应用重新予以关注。在 2006 年合编的《重视政治科学：知识、研究与方法之争》一书中，莎姆（Scharm）和卡特里诺（Caterino）总结了“政治学新思维”的争论。这本书站在政治科学的特别立场，回应了丹麦学者本特·弗莱杰（Bent Flyvbjerg）在其 2001 年出版的《重视政治科学：社会研究为何失败以及它如何再次成功》一书中提出的问题。概括言之，弗莱杰认为，社会科学从来没有并且可能永远不能发展出那种基于自然科学的解释性和预言性的理论。反之，社会科学应该重新定位研究重点并发挥它的作用。在弗莱杰看来，这将使“社会科学与政治科学恢复其原来的位置，即作为一种实践性的、智力性的活动去澄清人类与社会所遇到的问题、风险与可能，并且对社会和政治实践作出贡献”（Flyvbjerg，2006：68）。他把这种方法称为源于亚里士多德的、“实践智慧”基础上的社会科学。这就意味着，政治科学不应只是一项通过科学的专业技术知识来提出和回答研究问题的技术活动，它还应该对我们获自日常政治与伦理实践的知识予以重视和考虑。这就是说，政治的“真实世界”应该在我们的政治分析中得到更多体现，而我们的研究则需要更容易影响这个政治的“真实世界”并与它联系起来。政治学家有责任围绕他们自己的研究重点去思考和质疑价值与利益（Flyvbjerg，2006：71），但也要付诸实践——我们应该去展示，理论是如何去影响真实实践的。总之，弗莱杰认为“实践智慧”要在政治科学中得以应用，就必须具备以下三个条件：

1. 在社会和政治科学领域，放弃对作为制造积累性或预测性理论的自然科学的所有模仿，会走投无路。

2. 通过聚焦于背景、价值与权力，来解决事关我们生活于其中的地方、全国或全球共同体的问题，而这些问题是由这些共同体确定的。

3. 将我们的研究成果有效地与我们的公民进行沟通，并与他们进行对话，听取他们的反馈（Flyvbjerg，2006：84-5）。

笔者将在第十六章对发展一个适当的政治科学的意义做进一步阐释。但是上述这些就全部说明了在政治科学领域质的研究方法的使用吗？弗莱杰构想的一个基本方面就是建立一种全新的政治科学，这个新的政治科学不单单依赖于精确的量化模型，而且还要使用质的研究方法，这种研究方法更多地体现在历史背景研究、关于某人政治经验的访谈以及对文本基础上的话语分析之政治和社会意义的关注。因此，实践智慧取向就要求政治科学中的方法论更加多元化，并建立一门对现实世界问题予以回应的政治科学。

就在弗莱杰的书准备付梓时，具有影响力的美国政治学会（APSA）内部展开了一场关于这个问题的讨论，并展示了对政治科学中量的研究方法占据主导地位的不满。这场运动被称为新思维运动，原因是在 2000 年 10 月，一位笔名为“Mr Perestroika”的电子邮件写手，对实证的量化方法在这一学科领域最有影响力的杂志、编辑委员会和协会中长期占据的统治地位提出了质疑。这场运动的目的与弗莱杰的实践智慧，最终都是为了满足研究方法多元化的需要与政治科学研究要与真实世界相联系的需要（Schram，2006：18-19）。塔罗（Tarrow，2008：531）详细记录了新思维运动以来的渐进改革的广泛成功，比如，美国政治学会领导层及其主要期刊《美国政治学评论》（*the American Political Science Review*）的民主化，不过，对质的研究方法是否有新的重视，和/或是否有运用此方法的更好的作品问世，仍需拭目以待。

从上面的例子可以看出，方法论的多元主义必定已在美国大学的政治科学中存在，这才使得这一讨论首先得以进行。但是美国以外的政治学呢？比如说，这一讨论在英国、欧洲或者澳大利亚得到了响应吗？从一项简短的调查来看，在其他地方，这一讨论并非同样重要。在英国和澳大利亚，作为政治科学核心的更关注制度的质性研究传统已重新得到重视，这与美国量的方法长期占主导地位形成鲜明对比（Dryzek，2002：6）。然而，讨论其他方面的问题，比如方法论多元主义教育的必要性，政治科学对现实世界问题的应用研究，还是被提出来了，尽管是间接提出的。例如，阿斯平沃尔（Aspinwall，2006：6）宣称，英国的政治科学家就没有对认识论和方法论进行充分的反思，他写道："英国学术界好像停留在前启蒙阶段，用的是'贵族的研究方法'：一项观点是通过官方形式来传播的，并且是通过职务、机构和其他名望（包括贵族爵位）等因素推动的。"其他一些人也认为，英国政治科学向科学主义和理论抽象的转变，而不是某种特定方法或分析模式占据主导地位，这限制了"有实际用处"的政治科学的总量，而这样的政治科学是能为那些实际政治的参与者提供信息的（Donovan and Larkin，2006：12）。这表明在未来的几年里，在英国政治科学的教学与研究中，对于研究方法特别是质的研究方法的作用，尤其是在研究生学位课程中方法论课程是否列为必修课的争论，将会日趋激烈（Marsh and Savigny，2004：156）。

关于加强对质的研究方法的认识与使用的讨论始于美国的新思维运动，而具有澳大利亚背景的政治理论家德莱泽克（Dryzek，2002）对此次讨论做出了另一个引人注目的回应。德莱泽克认为，方法论多元主义是一种不充分的主张，相反，政治科学需要围绕批判多元主义来重新定位。

> 这种重新定位必须横跨多种研究传统，而不仅仅是宽容不同的研究方法，不仅仅是交流研究发现。它们只有相互接触交流，特殊研究方法的缺陷或力量，及其研究风格才能得到发掘（Dryzek，2002：13）。

这意味着，在打造一门更加丰富和实用的政治科学的过程中，不同的认识论以及方法的不同选择——不管它们是质性的、文本和历史基础上的研究方法，还是量化、统计或正规模型基础上的研究方法——彼此都必须有更多刻意的融汇与交流。

二、质性研究和方法的独特之处

上述讨论表明，质的研究方法对政治科学中统治性的非质性研究之主要挑战或者贡献，在于其对意思、背景与历史的核心关注。皮尔森（Pierson，2007）在其著作中谈到了美国政治研究中的"边缘"研究领域，比如美国政治发展（聚焦于历史性解释）和公共政策等次级领域，认为在这些领域对政治制度的研究过程中，对历史背景和长期的动态过程，都进行了深度的、实质性的质性解释。

为了能对他们的研究对象有深入的了解，当研究者使用质的分析时，往往会聚焦于单个或极少数案例或例子之上。因此，可对很多案例进行概括归纳就完全不是质性研究的目标。马奥尼和戈尔策（Mahoney and Goertz，2006：230）比较了质的和量的研究方法，认为质性研究致力于解释单个案例的结果。比如，我们可以观察一件大的事件，例如一场革命，并回过头去解释革命为何在那个地点和那个特定时间发生。他们称此为“果之因”（causes-of-effects）式的解释，并且将其与量化研究者们采取的“因之果”（effects-of-causes）式的研究方法进行对比，而在这种形式的解释中，因果关系的解释近似于一种实验，即从大量案例中评估一个或多个原因的总体影响。因此，他们会通过对很多发生革命的案例之研究，试图在众多的案例中去评估一个“普遍的原因”（average cause）。马奥尼和戈尔策进一步通过对质的和量的研究者所提出的不同初始问题的说明，去比较两种方法的不同。他们的例子是，使用量化方法的研究者把问题表述为“经济发展对民主的影响是什么”，而使用质性研究方法的研究者则会这样提问：“经济危机是导致南锥体国家民主化的必要条件吗”。这一对比重在强调，一位研究者是对总体规律性的陈述感兴趣，还是对解释一件特别事情感兴趣?（Mahoney and Goertz，2006：231）。因此，质的和量的研究方法之区别，是追求普遍性与讲究特殊性之间的区别，而使用质性方法的研究者更愿意关注特定案例的深层特质。

在此，应当指出的是，并非所有使用质的研究方法的研究者都会在他们的研究中重点考虑因果性，即使这种因果性被理解为一种“涉及从原因到影响（或结果或事件）的机制与能力”的过程追溯，而非被理解成量化研究方法所集中关注的因果效应的测量（Bennett and Elman，2006：457－8）。相反，正如在下一部分将要强调的，一些使用质的方法的阐释主义研究者，拒绝实证主义的那种基于观察与过程追踪来进行因果分析，反之，他们把研究的主要目标理解为阐释意义，提供理解而非进行解释（Caterino and Schram，2006：5；Schwartz-Shea and Yanow，2002：461）。

通过仅仅集中关注少数几个案例，显然，使用质性方法的研究者并没有对所有可能案例一视同仁，而是认为他所选择的案例“极其”重要（Mahoney and Goertz，2006：242），因而值得研究和详细考察。案例研究往往涉及使用田野调查或综合使用观察、访谈或文献分析等手段，来对人类的生活经验进行深度质性研究（Yanow et al.，2009）。不过，即使质性研究方法被归为单一个案的案例研究，使用质性方法的研究者也并不只是研究一种单一现象，就像个案研究那样，通过对案例的研究，来产生大量案例之中的、质性—阐释性的、“反映了相互作用模式、组织运作、社会关系、规则惯例以及行为等”的经验观察（Yanow et al.，2009：4）。这些人也是使用质性方法的阐释分析的强大捍卫者，他们反对，并且关注上面提及的那些著作中的实证主义取向，而这种取向把重点放在因果关系、过程追溯和路径依赖之上。

在思考政治科学中质的研究方法的特点时，明显可以看出，并非所有质的研究方法的使用者都可视为拥有相同的认识论背景。一些使用质的研究方法的人，不仅坚持小N数研究，而且对于实证主义更为普遍的观察、客观和因果关系标准，还变得更加适应（Mahoney and Goertz，2006）。尽管其他研究者对使用质性方法的阐释性一面表现出喜好之情（Yanow et al.，2009），但需要表明的是，应该进一步区分不同的质的研究方法在设计（处理数据）与分析（分析数据）上的差别，而且这种差异也明确表明了实证主义者和非实证主义者在使用质的研究方法上的不同（Schwartz-Shea and Yanow，2002：460）。本章的余下部分对研究者在研究中实际上如何使用质的研究方法进行了简单考查，并注意对设计与分析两方面的那些认识论上的对立之处进行区分。笔者还将对一手原始研究（如深度访谈与人类学观察）和二手文本分析（如历史文献分析和话语分析）中的质性方法的运用，进行考察。

三、质性研究的技术

对使用质的研究方法的研究者来说，不能离开事件背景去解释和理解人类的社会与政治行为。因此质性研究者试图传递全部图景，这常常被指称为“深描”（thick description）。我们的看法是，在研究中，作为研究者，我们无法提供“全景图”，除非我们在进行细节性的深入研究以回答我们的研究问题时已经拼凑出“全景图”。以下四点通常被认为是进行更加质性的政治科学研究的核心特征：

1. 归纳分析：它以发现类型和对开放性问题的探究为前提，而非只通过推论来检验理论假设。

2. 整体视角：致力于对所有现象及复杂的相互依赖的利益关系作出全面的解读，而不是把分析简化为几个具体变量。这也说明了背景的敏感性，因为研究分析是在这些资料得以从中收集的社会、历史和时间背景中进行的。

3. 在细节性的深描基础上，收集既合乎质性研究要求又可以进行调整的资料，比如在分析中使用直接引用以掌握特殊视角和经验。进一步讲，研究过程不应被严格的研究设计所禁锢，而应去适应情况的变化，并且当出现情况变化时，能够寻求到新的发现路径。

4. 在做研究时，感情中立是很重要的，尽管大部分使用质的研究方法的研究者认为完全做到客观是不可能的。研究者的要务是，带着移情去理解这个复杂的社会世界，同时又要尽力避免主观判断。

表12—1总结了使用质的研究方法的研究者可能选择使用的研究技术，并将其与政治科学中广泛使用的量的研究技术进行了对比。

表12—1　　质性研究方法和技术与量化研究方法和技术的对比

更倾向于产生质的数据的研究技术	更倾向于产生量的数据的研究技术
1. 案例研究、叙事方法、史料编纂法 2. 访谈、焦点团体（focus groups）①、生活史 3. 文本与话语分析，民族志式的观察	1. 调查或比较统计数据分析 2. 调查问卷 3. 内容分析

① focus group，在专业的社会调查文献中常被译为焦点团体，又可译为小组座谈法，这是一种针对某一特定主题而由选定的6～12位参与者进行自由、互动式讨论，以收集较为真实的意见与看法的一种质性调查研究方法。——译者注

四、访谈与团体讨论

深入的而非通过正式调查机制进行的访谈，往往是探索性的，也是一种质性研究方法，它关注情况和事件的特点，关注个人的信仰和经历。访谈提供了人们有关理解、观点、记忆、态度、感觉与喜好等方面的信息。政治科学家常常运用这些信息来分析政治制度之内和政治制度之外的政治行为，在大多数政治科学研究取向中，尤其是在制度主义、后实证行为主义、阐释主义与女权主义领域，它们常常会得到运用。这些不同研究取向通常都会以不同的方式来使用访谈所获取的信息。例如，制度主义者也许会把采访政治精英和诸如文献记录等的其他个案研究资料结合起来以重新还原事件的过程。后实证行为主义者则可能会选取一系列被采访者样本，以比较和对比他们的经历，下面这个对澳大利亚绿党（the Australian Green party）议员的研究就是一个典型的案例。

现在，在政治科学领域中出现了大量关于如何进行“精英”访谈的文献。所谓精英访谈，就是指对政界、公共服务、商界的佼佼者或对其他公共领域的活动家或评论员进行的个人采访（Pierce，2008：117-27；Burnham et al.，2008）。这些个体通常有参与研究的意愿，并且其身份与住址相对容易确定，尽管这通常可能取决于确保匿名。这与访谈非公共领域的人形成鲜明对比，对研究者来说，他们具有某些特别的兴趣特征（比如他们投票支持某个政党，他们失业了，或者他们进行了抗议活动）。在这种情况下，访谈就必须采用其他形式，比如广告，或者接近受访者或组织的其他成员。需要牢记的是，研究者使用质的研究方法意义上的访谈，并不是想在他们所研究的小部分人群的基础上去做出适用于更多数人口的归纳。相反，他们强调的是样本人群的独特性，以及对用于选择受访对象的目的抽样（而非随机抽样）的详细标准加以说明。

在一份对澳大利亚绿党的研究中，对16名现任联邦级与州级的绿党议员全部进行了半结构化的精英访谈（Vromen and Gauja，2009）。所有被访谈者都被问及类似的问题：他们党的内部民主过程，以及他们对于自己立法角色的看法。访谈将被录音并且随后播出。播放的录音用Nvivo声音处理软件来处理分析。Nvivo软件基于录音文本来进行声音编码，并确认被访者所谈的是议会和社会的哪一方面的问题，以及这些问题与其代表身份是如何关联的。

问及议员们的问题并不是基于他们所代表的领域而预先确定好的。相反，他们被广泛问及他们的政治角色政治经验等方面的问题。然后根据他们的回答，来就他们对代表及议会活动的不同态度进行分析。在我们的分析中，我们通过表格的形式来展现出他们是如何竞选上议员的，并尽可能地对议员的分类做到透明。我们也使用作为质的研究方法的一种方式，即大量引用来自访谈的资料，以说明分类，并将采访主体的声音纳入其中（Vromen and Gauja，2009：91）。这一质性分析的路径运用了主题分析，并且建立在这一思想基础之上，即编码和主题来自对访谈材料的整体解读，并使探索不同访谈的主题共鸣变得可能。在这种定性分析中，理论观点（比如“代表”）来自对数据进行分析，编码，然后在数据的基础上，理论观点得以扩张，因此，这是一个数据与理论之间的往复过程。这种类型的质性分析也被称为“扎根理论”（grounded theory），并且与理论家安塞尔姆·斯特劳斯（Anselm Strauss）联系在一起（Ezzy，2002：86-95）。这种方法不是质的研究方法中的阐释主义的方法，因为它往往聚焦于从访谈材料中寻找模式与因果联系，这更像是一种实证主义方法（Grbich，2007：80-1）。

政治学家正在更多地使用焦点团体或团体讨论来作为访谈的一种特别形式。这在专业的市场研究领域和政治民意调查中非常普及，而在这些研究中，质性的团体讨论被用来理解选民的“情绪”，并将这种讨论视为对竞选进行背景研究的一个常规项目。焦点团体的一个重要特点是，“通过明确使用团体互动以得出数据与洞见”（Van Willigen，2002：148）。团体的规模与人员构成非常重要，最常见的是由 8 名参与者构成一组。团体成员的构成，特别需要考虑到所研究的问题与使用这一方法的实际性；如果研究者想要研究的是争论，他们就并不需要一个同质的群组，但是如果他们想知道共同的态度，那么就有必要建立一个有一定共同性的团体。因此，是讨论的主题或问题，造就了通过其他信息收集的质性途径——比如一对一的深度访谈与观察——所无法发现的内容。这种研究技术也被应用于团体过程的研究。

比如，最近的一项研究使用焦点团体去解释欧洲认同与归属感的建构。安东尼奇（Antonisch，2008）使用这种方法去理解与这一特定形式的地域归属相关联的含义，并使得理解与三个不同的欧洲概念（文化—民族的、文化—跨国的和功能—功利性的）相关联的“欧洲”归属感变得可能（Antonisch，2008：706）。用于探究欧洲意义的信息采集自四个地区：意大利的伦巴底地区、芬兰的帕堪玛地区、英国的英格兰东北地区和法国的朗格多克-鲁西莱地区。选择这些地区是因为它们反映了欧盟 15 国不同的社会经济、政治和地理情况。这项研究既使用了对政治精英的深度访谈方法，又使用了团体讨论的方法。该研究共分为 4 个小组，每个小组 4～5 名参与者，男女都有，年龄在 18～26 岁之间。安东尼奇（Antonisch，2008）解释说，他的质性研究数据是采用归纳法进行编码的。编码不是基于先验理论得来，而是基于对重复发生模型的观察。然而，数据分析并非以量化的实证方法为基础，而是基于“分析归纳”的方法。这种方法呼应了扎根理论方法，并且依赖于原始数据与理论概念之间的循环往复的重复过程来成功实现更为抽象的分类。

在安东尼奇的分析中，他运用从访谈与团体讨论参与者获得的引语来说明他的分类。为了从文化—民族的概念来阐释身份认同，他引用了一位意大利团体讨论参与者的话：

> 在归属感方面，语言仍旧是把和你操同一语言的人与不操这一语言的人区分开来的因素。如果一个人能用英语与他人交流，没问题。但是，你的母语会让你对那些与你操同样语言的人产生更大的归属感（Antonisch，2008：699）。

一位参与英国团体讨论的成员的话，被用来证明对于欧洲的认同感仅仅是出于一种功能—功利性的考虑：

> 欧洲之于我而言，像是大不列颠或联合王国一样的概念，它们无关乎文化与认同，只是一种政治机构而已。它们用以管理货币、经济和人民。最近欧盟吸纳了一批新的成员国……实际上，我并不认同欧洲公民身份，我只是愿以欧洲公民的身份来摘取欧盟发展所带来的果实（Antonisch，2008：704）。

通过使用深度的质性方法和归纳分析法，安东尼奇对焦点团体讨论进行了“阐释”，以说明我们如何才能更好地“理解”对欧盟“思想”（the idea of the European Union）在认同态度上的变化。

另一种被政治学家使用的初级研究技术也值得介绍一下。很遗憾在“自然的”政治和社会背景中，既使用参与者观察又使用非参与者观察的民族志方法，在政治科学中并未被广泛使用。布雷（Bray，2008）认为，如果我们要理解宏观结构和诸如种族与性别的分化过程，以及微观层次的过程比如组织内的交往和社会化的过程，那么这种特别的不均衡就应该得到纠正。民族志方法提供了一个记录和分析数据的“灵活的、重要的”途径，并能用于分析人们之间的动力和权力关系（Bray，2008：298）。例如，罗德斯（Rhodes，2002）就认为，用民族志的方法来理解政策网络特别有用：因为它确保所有的声音都被听到，不仅要听取诸如各部会长官那些精英的声音，还要听取诸如社会工作者和服务对象等其他行为者的声音。他认为，民族志观察的“深描”法，展示了政策网络中的不同个体，是如何赋予网络以意义的，并通过在访谈中对受访者察言观行，而以极为不同的方式来理解这一政策网络（Rhodes，2002：412-13）。

五、基于文本/档案的技术

许多政治学家将研究现有文件或文本作为其研究的一部分。这些文件或文本的大部分是原始资料，它们来自各种政治行为者，有政府部门的行政、立法或司法人员，也有政策制定机构或非政府组织。原始资料也可能是档案资料，比如照片、日记、会议记录和回忆录等。严格地讲，原始资料总体上被认为是反映了一位行为者立场的档案，它不应夹杂分析的成分（比如学术期刊文章之类的二手资料）；然而，这其中也有一些明显例外，比如报纸文章与组织研究报告（比如世界银行的报告）。这些资料虽包括分析，但也可以作为文本分析的资料，因为可以通过研究来得到它们赋予其所产生的政治背景的含义。这也强调，通过运用文本去“讲故事”或重现事件的历史序列，可以从对文本和档案等原始资料的质性分析中，获取这些资料的深层含义。这种方法与经由量化内容分析而对原始文本的系统研究有着实质性的不同：后者的目的是总结出模式或试图得出普遍规律。下面将介绍政治科学中分析档案与文本的两种主要传统：史学研究法与阐释主义的话语分析。这两种方法在政治制度/公共政策、比较政治和国际关系等分支学科中得到普遍运用。

在政治科学中，史学研究法的运用贯穿了政治制度的研究。这种方法可以被理解为“这样一种历史写作，它建立在对材料进行选择性的、批判性的阅读基础上，并通过这种阅读，将一些特定信息综合成叙事性的描写，或者对某一主题的分析”(Thies，2002：351)。为史学研究法选择原始资料不是一件易事，因为，由于资料可获得性的原因，在选择中会趋向于优先考虑一些资料来源（例如，许多政府档案直到它们所记录的事件过去30年后才对外开放），并且在选择中也要求研究者知道资料的存在（例如，研究者可能并不总是知道某位特定的政治行为者把他们个人的记录存在档案馆或其他地方)。这种“选择偏见”或多或少是不可避免的，不过，蒂伊（Thie，2002：356）又建议，研究者可以在对研究材料的选择作合理解释后进行可信赖的历史研究。这里还要说明一点，由于网络的出现提高了资料的可获得性，因此，我们现在确认和分析关于官方机构原始资料的能力有了极大的提高。

就资料在整合进分析之前研究者必须对资料做出判断的问题，其他人也谈了很多。例如，约翰·斯科特（John Scott）的书《记录之事：社会研究中的档案材料》(Scott，1990）中的几处原文就被作为权威资料而得到引用。他强调了获取和利用文件的四个标准：

> 1. 真实：要鉴定一个文件是否是真实的，寻找一些事实，比如文件表现形式和风格的内部一致性，文件来源以及被承认的作者身份的真实性。
>
> 2. 可信：要鉴定文件是否准确，是否是对事件的确实记录。
>
> 3. 典型：要确认文件是否是它这个类型中的典型，或者如果它是非典型的，则要去理解，对一个事件的特定解释与其他解释是何关系，或者是如何排斥其他解释的。
>
> 4. 意义：这是指文件的明晰和可理解性，以及文件在其得以产生的社会与背景中的含义（May，2001：189-90)。

在历史制度主义这一政治科学学派或取向的研究中，发现了许多率先使用史学研究方法的情况。历史制度主义被定义为，学者们“对解释真实世界的结果特别感兴趣，将历史作为一种分析工具，并且他们对制度塑造政治结果的方式十分感兴趣”(Steinmo，2008：122)。在这个领域工作的研究者通过对史学研究方法的使用，将对政治事件、问题和过程的解释放到历史背景之中。他们对做预测不怎么感兴趣，但仍忠于实证主义者（或者批判现实主义者）对过程追溯和因果关系的关注（Steinmo，2008：134)。梯利（Tilly，2006：420）认为，任何对于政治进程的好的解释都必须将历史视为一个基本要素。然而，他也认为，对于在历史分析之内的解释之关注，并不意味着对于一个目的论观点（那是先定的）的认同。与之相反的是，要认识到政治过程都发生在历史之中，因此，认识到既需要掌握历史背景知识，还要掌握“在政治进程发生的地点与时间，它们如何产生影响”。

例如，在他对社会运动历史的详尽研究中，梯利就指出，社会运动对于提出要求或者行动安排的方式之选择，取决于历史中已发生的社会运动。他以18世纪50年代的英国平民抗争运动为例来说明社会运动的方式，它们包括：对镇压机构的攻击（反抗警察)；对激起民怨的坏蛋的攻击（集体侵入其土地，破坏其篱笆)；在公众或官方集会上造势（游行中使用政党标志）；工人的惩罚（工会游行）。这些历史先例有助于我们反思当代政治中向国家提出权利要求的那些运动的可行手段（Tilly，2006：426-7）。因此，历史解释与理解尤其依赖于对历史背景的理解，尽管其中有偶然性，但随着长期对更多证据的收集与理论观点的发展，历史解释与理解也会向前发展。

阐释主义对于政治科学的影响已经由帕森斯在第四章中扼要讲过了，在此，我们将主要通过对话语分析的介绍来认识其在方法论上的影响。在对更为广阔的社会、政治与文化过程的分析中，如何进行文本阐释，埃奇（Ezzy，2002：101-9）做出了说明。这意味着质性分析并不仅仅关注文本与数据，而且还试图阐释，这些数据是如何象征了，或者如何与更广阔的社会、政治与文化框架联系在一起。进一步讲，阐释主义学者通过提出“这一阐释是从谁的角度提问，代表了谁的利益”的问题，而对政治的阐释过程提出了质疑（Ezzy，2002：17）。

从根本上说，话语分析主要是语言分析，它提供了一种质性研究方法，借此来发现人们或者团体（或是经常被称为话语分析的行动者或代理机构）通过文本和语言来展现自身行为的某些方式（Jacobs，2006：138）。费尔克拉夫（引自 Jacobs，2006：141）是一位影响深远的话语分析支持者，他的分析框架基于以下三点：

> 1. 语言学中显见的微观关注。在此，分析围绕语词与文本结构展开，以观察随着时间变迁，替代性的语汇是如何发展起来的。比如，寻找词语所蕴含的政治意义和象征意义，比如难民（refugee）、寻求避难者（asylum seeker）、偷渡者（boat people）、犯罪分子（illegalss）等词。研究人员也可以聚焦于文本中的其他语法现象，比如修辞或反讽，以强化观点。
>
> 2. 对文本的社会化生产进行中观阐释。在此，社会实践是根据霸权与权力来加以审视，此外还包括，语言是如何反映更广阔的意识形态背景或政治背景的。
>
> 3. 与社会理论相关联的宏观分析。在此，分析与社会科学中更宽广的主题联系在一起。

其他话语分析使用者倾向于法国社会理论家米歇尔·福柯提出的理论框架，他认为，通过对知识的掌控，权力才得到发展和实施，特定的话语制造与维系了强大的利益，使得来自于对这种形式的知识感兴趣的其他人的挑战最小化（Grbich，2007：147）。运用这种方法的话语分析者从与上面提到的费尔克拉夫的方法类似的起点出发，但他们也特别基于对统治性话语提出挑战的思路，注意寻找话语的不完整性、不连续性和有限性（Grbich，2007：149）。

在夏洛特·爱泼斯坦（Charlotte Epstein）于 2008 年出版的《国际关系中的文字权力：反捕鲸话语的诞生》一书中，能够找到使用福柯话语分析方法的详细研究的近期例子。这本书将有关国际关系研究中话语运用的理论问题，与阐释反捕鲸话语如何与时俱进现实路径结合起来，一直写到反捕鲸已成为统治性的话语。她写道：

> 本书关注的是捕鲸话语，即对于鲸的认知、想象与讨论的方式会决定我们为鲸类做些什么。实际上，本书关注两类话语：一类倾向于捕鲸，另一类则倾向于

保护它们。并且关注20世纪的后半个世纪中，后一种话语是如何取代前一种话语的。概要言之，就作为一种油料来源或原材料的鲸鱼进行研究、预测与著述，这在一个不再捕鲸和把鲸视为濒危物种的社会，已经变得没有意义了。话语是一种内在的社会现象。简而言之，一个有影响力的话语能使社会大不相同。反捕鲸话语的兴起使得迄今为止在世界范围内正常、普遍的捕鲸业失去了合法性（Epstein，2008：2）。

爱泼斯坦（Epstein，2008）运用她的个案研究证明了话语的力量，并向人们提供了对话语的一种认知。在主要使用成文文本作为基础资料的同时，她也使用访谈分析的方法：她采访了挪威的捕鲸者、参加国际捕鲸委员会（the International Whaling Commission）年会的与会者和来自世界自然基金会（WWF）等非政府组织的活动参与者。她用这种原始资料去探究话语的历史变迁。这些话语分析材料包括：站在科学与环保者立场的演讲和论文、国际捕鲸委员会会议、报纸杂志的文章、非政府组织的宣传片、动画片和世界捕鲸理事会（World Council of Whalers）的出版物。

六、结　论

本章介绍了政治科学领域关于质性研究方法的当代应用与发展的一些主要争论。争论表明，尽管在诸如比较政治的许多二级学科中，量的研究方法占据主导地位，而质的研究方法仍然处于边缘化地位，但在诸如国际关系的一些重要领域，也存在明显的例外。实现方法论多元化的一条关键途径是，我们要去深入思考，质的研究方法对于我们理解社会与政治世界能作出何种贡献。因此，争论仍会持续，质的研究方法在政治科学领域的新的应用将会出现，并将被主流接受。另外，诸如政策研究与历史制度主义的一些政治科学的二级学科，也对认识论与方法论进行了新的、自觉的探究。严格的质性研究方法总体上是在增加和上升的。这其中就包括，实证的过程追溯、路径依赖分析和阐释性话语分析。当代这些方法论的争论，将会继续给质性研究注入活力，并且将使访谈、史学研究等重要的质性研究技术得到发展。

进一步阅读的文献

- 对于如何解决在重点运用质性研究技术时的推理和理解之问题，参见 Brady and Collier（eds）（2004），此书是对 King et al.（1994）的一个回应。
- Ezzy（2002）和 Pierce（2008）对一些质性研究方法的操作做了更为广泛的介绍。
- Grbich（2007）对重要的认识论问题进行了解释，并对一系列研究方法给予了实用性指导。

第十三章

量的研究方法

彼得·约翰

尽管有许多将量的研究方法和质的研究方法整合起来的勇敢尝试，但这两种方法之间的界线仍然存在。许多研究者仍倾向于使用一种而不是另一种方法。这种界线不只是个人的，它也常常将研究者划分到不同的研究主题中。结果就是许多学者想当然地认为，量的研究仅仅关注选举、投票制度、政党宣言和政治态度，而不适用于更为一般性的用途。研究者用以描述自己和指称他人的称呼也体现出这样的差异：量的研究者往往以政治科学家之名建功立业，而质的研究者则常常被贴上政治研究者、地区研究专家、传记作者或公共政策专家的标签。还不仅仅是因为研究课题的不同，研究手段和研究网络的不同也造成了二者的差别；而最为明显的分歧则集中在社会科学的目的与实践上，集中在双方所持有的针锋相对的概念理解上。一些质的研究者认为，量的研究立基于一种初级版本的实证主义，相反，质的研究方法却是对复杂的现实进行描述，并且承认，研究者不可能将其个人的价值观与现实的政治世界分离开来，他们所研究的、并致力于理解的就是被研究者的信仰与欲望，并拒绝承认有什么人类行为的普世性法则。就此而论，对量的研究方法的检视不能简单地描述各种可以应用的手段方法，那只能进一步强化那种认为量的研究只是一套技术而非实践的想法。与之相反，本章意在说服那些怀疑论者相信量的分析方法的深邃和精妙。此外，当下在量的研究与质的研究之间所展开的大多数争论都是浅尝辄止的，而且基于研究进程的陈旧套路。

上述论据充分体现在金、基欧汉和维巴所撰写的颇具影响力的《社会研究设计》(*Designing Social Inquiry*，1994)一书当中。他们全身心地用量的分析方法撰写该书，主张两个领域都可使用一种“统一的推理逻辑工具，只是研究风格和具体的手段有所不同”(King，Keohane and Verba，1994：1)。他们认为，质的推论可以通过采用一些直接的技术方法加以改善。尽管此书应当列为每个初涉研究的学者之必读书目，但有经验的学者往往会对其研究规划的过于清晰和简洁感到不满，这似乎是一种排斥混乱的解决问题的方法，而且也正是大多数质的研究者实际上用以从事其研究工作的实践方法。常见的情形往往是调查者相信他们自己的预感，他们偶然发现了一些数据，然后加以“侦查”和跟踪。有时他们也会从错误的研究问题开始，经历很多弯路，然后才得到真正的发现。实际上，往往是在研究课题进展到相当程度的时候，研究者甚至是有经验的专家才会获知如何构建其研究问题并能够对替代性的假说展开检验。本章认为，量的研究者也会陷入纷乱无章且无法预知的数据分析之中，他们也是渐进式地解决问题，并且一如质的研究者那样相信自己的直觉；他们同自己的同事一道讨论自己的研究策略，从学术团体的其他人那里探求建议。这就是说，所有的研究者都应当用能够进行假说检验的方式设计自己的研究计划，但他们也应当运用自己的实践知识以从事刺激的和富于想象性的工作。

量的研究者经常会对其批评者给予帮助，因为学术惯例并不要求他们必须报告其学术建构工作中的阐释性部分。他们只是说明那些复杂的统计分析，仿佛他们是在一只“黑箱”里运算自己的数据，进而使得有关技术的知识成为理解其课题的必要条件。本章意在揭开量的研究在其理论和表达方式上所存在的神秘之处；这并不是要把量的研究击倒在地，而是要说明，量的研究实践中大多与社会科学丰富的传统密不可分。同时，本章还将描述美国学术界的最新进展：学术期刊中的惯例和规则鼓励或要求政治科学家尽可能详尽地说明自己是如何收集数据、选择模型的，从而确保其他人可以重复得到同样的研究结果(King，1995)。而且，随着统计技术的迅速发展以及计算机编程和软件的应用，一些重要的方法论学者认为，研究者应当付出更多的努力以便更加有效地呈示自己的研究数据，这样普通的读者就可以理解研究是如何表现出不同利益变量之间的关系了(King et al.，2000)。

一、数据的收集与管理

量的研究工作依赖于对某一政治现象的重复出现所展开的观察与测量，诸如对某一政党的支持选票、某一政府机构对于资源的配置或公民对于税收和公共开支的态度。通过观察大量案例中的各种变量，可以对政治行为的类别构成进行推论，例如哪些人会投票支持某一政党，哪些人可以从政府获取资源，成年人口中有关公共开支的态度分布状况等。凭借着大量数据，社会科学家可以自信地对经验世界做出通则性概括。统计理论表明，有关案例的数据愈大(或者说，相对于全部人口的比例数据越大），数据分析者也就能够愈发确切地肯定他们所观察到的东西绝不是偶然发生的。同时，政治学者往往还会分析涉及整个种群的数据，例如议会全体成员的投票记录或世界所有国家的选举制度等，这也涉及巨量的数字。

质的研究者往往会对量的研究者得到其观察结论的方法表示质疑；特别是对那些属于观念变量或行为变量的数据，例如从那些使用标准化问卷的大规模调查中所得到的数据，他们的怀疑尤为凸显：这些测量手段似乎忽视了社会和政治场景（Kirk and Miller，1986）。甚至是那些出自政府部门的统计数据也会体现出有关数据收集方法的政治决策。说到底，官方信息就是政客和官僚希望公开的那些信息。另一些技术，诸如内容分析（从媒体或政治讨论的文本中提取出数据进行分类与描述），又似乎剥离出语言场景从而导致其无义或无用。量的研究者似乎对观察者与被观察者之间的关系茫然无知，而正是被观察者使得每一项收集数据的行为具有独一无二的特性。批评者还认为，量的研究者忽视了世界的复杂性，他们的研究探索实际上使政治生活转变成一系列反复且雷同的经验或事件（Ragin，2000）。

但是量的研究的实践达不到这种固定形式。量的研究者日益清醒地意识到，通过重复性的观察并非总是能够把握复杂的社会现实。在特定的情势中，当被测度的对象因社会性建构的数据而变得毫无意义或是受到偏见的扭曲时，量化的方法是不适用的。对于测量方法是否有效有一个长期的讨论。例如，由于文化的差异和语言的不同，依赖于标准化问卷的研究也许就不能重复应用于跨国的研究。在大多数问卷调查之前的质的研究中，在试验性调查中，会提出各种各样的问题，访谈者需对访谈做出评估，被访谈者需就其完成原初问卷的经验而填写补充问卷。再如，问卷调查方法的研究者会经常讨论问卷问题的字面效果和次序加之于受访者回答问题的影响。量的研究者极为关注数据的信度（数据的产生是独立于测量活动的），并且试图尽可能增强它。内容分析的研究者会试图从诸如报纸之类的文件中提炼关键的名词，使用编码者之间的信度值，来发现两位不同的研究者是否以相同的方式对一个条目进行编码（Krippendorff，1980：129-154）。这些问题并非仅仅出现在问卷调查和文本分析中。那些使用政府部门统计数据的统计学家会不厌其烦地调查这些数据是如何收集起来的。他们会考虑收集结果中可能的偏见并想方设法予以校正。还有一些学术论辩甚至讨论到社会科学的诸如问卷调查的某些研究工具往往体现着特定的偏见，比如运用阶级因素来解释投票行为（Catt，1996：67-9，92）。

量的研究者花费了大量时间和精力来对其研究数据进行思考。选择数据或样本似乎是一件轻而易举的工作，实际上却包含了许多隐藏着的陷阱。样本的大小必须足以允许调查者做出推论，但通常情况下对于人口的构成无法澄清。如果研究主题涉及历时性的变化，那么研究者应该选择哪一年展开历时性的分析呢？问卷调查还会涉及很多问题，诸如如何定义一个家庭。他们也需要根据样本的分层化状况而调整权重（Skinner et al.，1989）。此外，还有一个如何测试变量的选择问题。实际上，并不存在什么完美的数据系列。例如，问卷调查的回复率可能很低，而档案中会出现遗漏掉了年份。尽管电子数据的存储给人以永久保存的印象，并且随着互联网的扩张而得到大量改观，然而，文档有时候会损坏，数据也会遗失。

数据的收集与管理往往会产生偏差。访谈者、研究助手和调查公司有时会在输入问卷答案时出现错误；研究者也会在不经意之间删除部分个案和变量；不同的软件包之间以及互联网中的文档转换会产生出“脏”数据；研究者有时甚至会依据错误的或陈旧的数据进行研究，因为他们对有关数据并没有正确地加以标识。他们有时还会干脆忘记了自己是怎样设定变量的，因为他们在研究的各个不同阶段没有做好记录，或是当使用诸如“Stata do”文件之类的统计软件包时，未能正确地储存命令文件。另外一个问题则是，现代计算机的速度与效能会使研究者认为他们的数据是“干净的”。但大多数政治科学家会在掉以轻心而犯下愚蠢的错误之后，变得谨慎起来。因为非常容易出现失误，研究者就会花费大量的时间小心翼翼地收集数据，一再检查或复核他们自己或研究助手是如何获取信息和改正错误的。然而，即使是在这样的多疑症学术文化氛围中，成文文献以及最好的学术期刊中也仍然会不时出现各种错误（King et al.，2000：356；Garrett，1988）。

数据的收集与管理要求对实际问题与对关于什么是最好的研究数据之理论予以关注。虽然并不存在什么理想的解决办法，但研究者可以从他们的同事和朋友中获取如何解决这些问题的知识，并了解特定选择的陷阱。在互联网搜索引擎中输入寥寥数语，就能够找到各种各样的有用信息，而其中一些信息是由政治学方法论者公布的。争论也常常出现在脚注和附录之中，出现在同事们的讨论与电子邮件中，它们构成了学术共同体成员获得的共同知识的一部分。这些重要的活动表明，量的研究者和他们的质的研究同行一样，都在做着相同的事情：他们运用各种手段，来发现回答其研究问题的最佳数据。

二、描述的力量

描述性测度的优点之一在于，这些方法允许观察者分割其观察对象并考察其比例，例如某一政党支持群体的百分比状况。判断这些比例关系构成了数据诠释的重要组成部分。在新闻界或其他评论界，往往会对某个比例究竟是过大还是过小的问题展开无休止的争论；就此而论，描述性的政治科学同样概莫能外。例如，如果说有一项假设的统计调查表明，5%的选民支持偷渡遣返，那么，评论者既可以将此解释成为种族主义正在兴起的证据，也可以看作大部分人口持宽容态度的体现。为了解决此类困境，社会科学家应当将这一统计调查置于合理的场景之中，说明那些规定了自由社会之性质和现存经验知识之构成的因素。这样，随着其他信息的引入——如 20 年前有 10%的人支持遣返等——对于 5%的解释就会有所不同了。

总结性统计在理解数据的性质时是极其有用的，例如对中心点的测度能够使研究者获知数据中的平均点或典型点。最为常见的还有中位值或平均值，但也存在中位数（中间观察）和众数（出现频度最高的数值）。测试数值的离散程度也具有同样重要的意义。观察者会发现，了解观察对象究竟是涵盖在平均数周围还是零散分布是相当有用的。例如，如果有兴趣研究消防队对不同着火地点的反应时间的话，研究者和当地居民也许就会发现哪个区域有着最低的平均反应时间；但他们还应该就围绕着平均值的数值分布状况进行研究，因为这样，本地居民才会知晓消防队以反应时间的中间值抵达起火点时可能会是怎样一种情形。中心点的测度也非常重要，有许多测量方法，如四分位数间距（the inter-quartile range）即上四分位数与下四分位数之间的距离和标准方差（the stand deviation）即方差的平方根。在决定使用何种测度方法的时候，研究者需要仔细考虑他们的研究数据，并确定其究竟是定名数据（即恰好相互对应区分的类别，如男性与女性）、定序数据（涉及排序的测度），还是定比/定距数据（类别间同等间距的数值）。研究者也会期望看到其分布的形态，诸如单一峰值模式（围绕一点均匀分布）、双峰模式或多峰模式（具有一系列峰值），这些都是数据可以显现的状况；或者，研究数据也可能是偏峰的或是对称的、偏平的（围绕平均值的高峰）或常态的。其中常态又特别令人回味无穷，因为它显示出数据的分布是随机的。

当技术术语不断涌现的时候，质的研究者就会开始想到量的研究课题并不适合于他们。但量的课题其实只是人们日常生活中常规之事的形式化而已；完全可以想象当某个人走入了一个人群拥挤的房间，这个人马上就会想到这个房间中的聚会有多少人、某种类型的人又有多少、年轻人有多少或是老年人有多少。当他做出这些判断时，人群就已经区分出大致的比例、平均数与分布状况。描述性统计只是使这些常识实现了标准化处理（也可以说，常识概念赋予统计学以意义），而且，这些统计也总是在新闻报刊上和质的研究中经常出现。

具有讽刺意味的是，量的研究并未充分地使用描述性统计，而只把它作为采用复杂检验的前奏而已。而如果加以仔细审慎而富有创意的运用，完全可以获得许多教益。为了获得最佳结果，量的研究者必须全身心地将自己投入到研究数据之中，探讨切分和再现数据的无数可能性。对于描述性统计的充分把握有助于更好地理解研究课题的复杂性，可以帮助研究者更好地阐释从更复杂的统计模型中所导出的结果。用图示法如条形图、饼图和块图所呈现的描述性数据，还会获得更多的好处——许多软件包都可以提供这些图形。总之，量的研究者应该和质的研究者一样熟谙自己的研究资料。一如钱金斯（引自 Franzosi，1994：45）所说："统计学家应该爱上他的数据"。

三、表格和推论统计

社会科学家经常会推论或演绎出一套他们希望加以检验的因果模型。这类模型经常假设两个变量（无论是正变量还是负变量）之间存在着强联系。社会科学家会假定一个变量的数值变化可以引起另一个变量的变化。解释性术语称之为自变量，而因变量是意欲给出解释的变量。例如在当下有关社会资本的文献中已成为研究热点的课题即研究是什么导致人们成为志愿者（Verba et al.，1995），有关理论采用了政治行为的社会—经济地位（SES）模型，认为那些出身于富裕家庭的人们更愿意加入志愿者组织。这使我们想到通过寻找财富和社会资本变量来检验是否是前者导致了后者。

探究一个变量是否会决定或关涉另一个变量的简便方法就是表格或交叉坐标图。表格可以显示一个变量的数值或类型相对于与另一类变量的表现状况，因而研究者通常会在问卷调查中使用表格。如果前述有关志愿者问题的研究课题是在尚无计算机的时代实施的话，那么研究者就对所有那些包含有访谈记录的卡片做出分类处理，区分为家庭富有的志愿者、家庭不富裕的志愿者、家庭富有的非志愿者以及家庭不富有的非志愿者；然后再计算出每类卡片的数量，计算出每个变量的比例状况，进而在 2 列×2 行的表格中显示最终的结果。一个表格通常是用以下方式来选择标题的，“表格 N：‘自变量’的‘因变量’”，或者“表格 N：不同家境的志愿者”。如果表格被设定去展示列的百分比，那么表格底部的总和就是 100%。因变量（志愿者）置于同一行之中，而自变量（家境的变化）则置于同一列中。研究者能够比较因变量与自变量的比例，志愿者中有钱人的数目和家庭不富有的数目——同样可以通过表格得出志愿者在富裕群体和非富裕群体中的比重。但是只有将自变量放在列中并且去比较行的百分比才可行。最后，研究者要通过比较自变量对于因变量的影响程度来学会读懂表格。

现在，问卷调查的记录可以存储到软件包如 Stata 11.0（SataCorp，2009）的数据矩阵之中，或免费的开放资源软件中，如 R（R Development Core Team，2008），研究者可以在很短的时间内生成一个表格。但是，表格的建构是一项复杂而棘手的工作；变量经常需要得到记录，如将众多受访者的个人年龄转化为年龄组的组合。确定用以测度的对象既要求有关于数据的知识，也要求关注理论以选择适当的分析单位。在制作表格方面也有艺术，即看起来有吸引力并且版式专业，但这是极难做到。研究者不应粘贴从软件包如 SPSS 中得到的结果，因为这种结果看起来很别扭而且往往难以理解。报告或论文作者需要花费一些时间以确保所有必需的信息都在其中，例如对变量及每一列、每一行的总数的清晰标示。将百分率精确至某个数或某一小数位也有帮助。

在问卷调查中使用表格的研究者还需要通过不断的检验来证明变量间的联系不是偶然发生的。由于问卷调查是对更大规模人群中的样本人口所展开的，因而变量间的关联性也许仅仅是出于样本人口的非常规选择的结果。统计学家们通常认为研究者应该有 95%的置信可以认定变量间的联系并不是偶然的。正态分布的峰态显示出在样本人口中变量的中间值将会与人口的中间值相近，因而背离中间值的机会相对更少。95%的置信水平是常规的，因为它恰好处在距离平均水平或中间值两个标准偏差（典型偏差）之下，且位于常态分布曲线开始变得平坦起来的点上。调查研究者也计算概率，而大多数计算机处理软件也通常会生成一个数值。如果说这一数值为 0.04，那么研究者完全可以相信变量间的联系不是偶然出现的。然而，计算机运行检验的简便易行往往会使研究者忘记检验变量间联系的强度，即表明一个变量能够在多大程度上影响另一个变量的问题。在大规模的样本中，例如超过 4 000 个以上的受访者的样本人口数，很容易发现一些重要却无意义的关系。

反对使用表格和回归分析所体现的相关性来检验假说的另一种常见意见认为，表格并不能建立因果联系而只能表现缔合关系。这些人士主张，与自然科学家根本不同，由于政治领域绝难进行实验，因而政治学家们无法确知他们所观察到的联系究竟是偶然的、虚假的，还是因果的。正是在这里，理论可以为社会科学家提供帮助，因为两个变量之间的联系必须是合乎逻辑的、自洽的，且与已有的经验研究结果相契合。例如，家庭财富与志愿活动之间的联系，并不是通过“抽干”数据的方式而发现的相关性，而是来源于特定的社会学理论，即由于一些人享有更多的资源和优于他人的条件，因而他们能够更多地参与公共生活。这一联系是合乎逻辑的，因为一般认为，家庭背景会影响政治参与。从逻辑上讲，人们的志愿活动不会影响其社会背景（至少是在一个时代），因此财富显然是自变量，而参加志愿活动则成为因变量。这类课题仅仅是要检验社会背景而不是其他什么因素会影响自愿活动。这一联系是合乎逻辑的，因为一般认为，家庭背景会影响政治参与；同时，这一联系也是有道理的，因为调查者可以将社会—经济地位模型与其他模型如政治参与的理性选择模型相比较，也可以与另一些强调场景因素如教育或邻里关系的模型相比较。一如人们通常所知道的那样，不是计算机或统计技术而是理论设定了因果关系的方向。但是只要自变量真正被认为是在因变量之前的并且自变量相互之间是独立的，那就可能做出推断。

当研究者提出其假说时，他们并不满足于观察到数据中的关联性。为了支持他们的案例研究，他们会去寻找其他的关联性以提出一组合乎道理的论据。他们也许会对历时性变化产生兴趣，也许会像下文所述那样采用多元变量分析和结构均衡模型。一如罪案现场的侦探那样，量的研究者会逐渐地将证据拼接在一起。无论何时，他们都会关注那些有可能会对其研究结果表示怀疑的学界审阅者和学术会议的参加者。他们会思考可能提出的批评意见，并且会事先设想说服怀疑论者的策略方法。量的研究者很少会宣称数据间的缔合关系就可以证明因果关系的存在，但当这种关系被理论肯定且为其他证据所支持的时候，这种相关性就具有了重要意义。

四、多变量分析

在社会和政治世界中因果关系是很复杂的，这使得确认一种特殊的联系很困难。例如，家庭财富与志愿活动之间也许并不存在什么关系，因为家庭富裕的志愿者总是进入了鼓励志愿活动的学校。学校教育与志愿活动之间的因果联系，造就了家庭财富与志愿活动间的一种虚假的相关性，因为家庭富裕者总是会去那种既有较多志愿活动又有优秀考试成果的学校，所以如果家庭贫困者到鼓励志愿活动的学校读书，那么他们完全有可能像家庭富裕者一样有较高的参与志愿活动的比率。这样我们如何能够知道每种因素对因变量的影响有多大呢？有时，通过使用多重回归模型检验所有的决定因素可能会克服这一问题。这种技术也会使他们检验出除家庭财富以外影响志愿活动的其他因素。研究者不能一心只想说明 X 导致 Y，而不去考虑 X 导致 Y 且同时连带性地导致或影响了 Z 或 W。检验的假说越多，研究者也就越自信，因为他们考虑了可能导致行为或态度的所有因素。他们可以一个接一个地运行各种模型，一个接一个地对每个因素进行检验。然而，较之描述性统计，多变量分析具有更多的风险，因为社会科学家通常使用的回归模型对有关数据设定了限制性的假说。

最为常见的多变量模型是“普通最小二乘法”（OLS）。其直观的概念是，两个间距变量X和Y之间的数据点阵也许包含着某种关系。如果数据点不是随机分布的，那么就有可能在与数据点相距最近的位置上形成一条线。然后通过观察X和Y的分散的数阵中数据点所形成的串，就很容易发现数据间的关系。这也许是一条梯度斜线或直线，表明了这两个变量间的常态关系。与数据的直接判读不同，普通最小二乘法使用公式从自变量的中间值或平均值、从数据点出发估算斜线的斜率。此外，普通最小二乘法还估算回归线与数据点之间的距离，这被称为剩余或离差。普通最小二乘法对模型的整体性解释进行计算，得出一个统计数值即r-平方，它位于1与0之间。同样的数学运算可以控制具有多个自变量的模型。这一平滑的扩展允许对每个自变量加之于因变量的影响可以得到估算。普通最小二乘法使研究者明白，他们能够在控制理论假说所影响的所有变量的条件下验证这些假说。

由于普通最小二乘法假定数据是来自可能的数据点的全部集合体中的样本，因而模型不能给出解释的任何问题都是随机偏差；对于每个变量，都存在着标准误差或分布测度，从而标识出特定的概率，说明因变量与自变量的关系是否属于偶然。政治科学家一向非常满意地立基于95%的置信水平来运行假说检验。如果概率等于或大于95%，研究者就会认为自变量对因变量有影响；如果小于95%，他们就会拒绝统计学意义上仍有意义的关系假说。这一程序可以很容易地用于检验源于社会科学理论的各种模型。这一程序看起来相当于科学的方法，因为调查者能够检验他们感兴趣的各种变量，观察其能否通过检验，然后就这一模型的成功与否提出报告。

普通最小二乘法的另一个优点在于它是一个标准：它在这个专业中是容易理解的，事实上对于大部分社会科学而言都是如此。大多数政治学家知道如何看一个普通最小二乘法表格或输出，他们可以观察一纵行系数来确定影响是大是小（或者通过对标准化的测量进行比较或者通过考虑测量的单元）。他们也了解可以通过标准误差分离系数来产生t统计数据，它必须超过1.96以符合95%的概率检验标准。大多数表格会在系数旁用星号做标记，当人们寻找具有统计意义的关系时会看到星号。人们的视线自然会被星号吸引并且我们可以推断一颗星号符合0.05的概率，两颗星号符合0.01的概率，而三颗星号甚至值得我们打开香槟酒来庆祝，因为它符合0.001的概率！他们也可以观察r-平方统计数据看它是大是小。这一知识使得非技术性的研究者对所做的事情有所了解而不是掠过有关量的论文的中间部分。

在战后相当长的时期里，普通最小二乘法模型一直非常流行，尤其是在政治科学方法论的课程教学中，它已成为其中的关键部分。大多数受过良好训练的政治科学家都理解这一模型的输出结果。尽管这一模型易于理解和掌握，但仍有其局限性。值得提出的是，在很多文章中，这一模型所依据的十个假设在大多数场景下经常会被突破，其中的一个假设是变量在时间和空间上是恒常的和线性的（Wood，2000）。在很多研究场景中，因为研究个案的数量过小，例如将发达国家或OECD国家作为分析单位就会有这样的问题。

近年来，政治学家们开始放弃普通最小二乘法，部分原因是他们对其希望解释的变量有了更多的了解。一些变量可能是二分的，这需要用一个 logit 或 probit 模型；一些变量可能是有序的而非间隔的，这就需要用有序的 logit 或 probit 模型；一些变量可能是被删减的，在数据分布的一端或两端有删切点，这需要使用一个 censored 或 tobit 模型；还有一些数据可能是有关事项或事件的，比如战争，需使用 poisson 模型。正如普通最小二乘法是先前一代政治学家的标准，对于今天的政治学家来说，这些不同的检验方法是他们所熟悉的选择菜单中的一部分，这些方法很容易在大部分软件包中根据指令来操作。大多数回归输出有着和普通最小二乘法相同的格式，因此可以用相同的方法阅读，将 R 系数转移到另一个合适的方法并找出似乎无所不在的星号。另一个变化是统计理论及其应用在近些年得到了巨大的发展。这意味着使用不同的统计假定来检验关系是可能的（见图框 13—1 非参数式模型）。

图框 13—1

非参数式模型

Monte Carlo 模拟使研究者可以检验变量并且对人群做出推论。这需要巨大的计算机内存来从与要被调查的进程相似的模拟人群中产生数据，然后研究者用这组人群检验统计模型并评估它的表现。政治学家使用与 Monte Carlo 模拟相似的 bootstrapping 模型，并且放宽了普通最小二乘法的限制性假定（Mooney and Duval，1993；Mooney，1996；Mooney and Krause，1997），他们认为普通最小二乘法仅仅因为计算能力的限制才得以发展，而现在微芯片革命使其他检验形式成为可能。Bootstrapped estimators 可从诸如 STATA 的统计包获得，现在期刊上的文章中也有关于 OLS 和 bootstrapped 检验的报告。

尽管多重回归模型对于经验性的政治科学来说是耐用的，但我们仍需了解因果关系的结构是极其复杂的。例如，英国国会不稳固的边缘性议席的存在会导致政府向这些议席投注公共资源（Ward and John，1999），但这些资源的获得又将会影响有可能在下届选举中处于边缘性席位的地区。在历时条件下，研究者怎样才能知道究竟何种水平的资源可以用来赢取边缘性席位呢？这是一个内生或选择的问题。通过更加成熟地运用统计技术，如两阶段模型或更近些的选择模型，可以部分地解决问题（Heckman，1979）。这些模型依赖于限制性的假定，例如寻找一个完美的变量来解释数据，当然这很少会实现。当一个相同的基础性概念存在许多标准时，一种可从软件包如 LISREL 和 AMOS 中获得的结构方程模型（Schumacker and Lomax，1996；Maruyama，1998）可以用来测算更为复杂的因果联系。但是这种分析应该是小心的：更复杂的统计并不能掩盖明确一种因果关系的困难。有时候，在描述数据时最好谦逊一些，不要就因果关系的方向做出太多论断。

五、检验和报告的模型

当非专业人员阅读量的研究的文章时，他们有可能会留下这样的印象：政治科学家只会检验源于理论的各种模型。但是，即便面临数量极其稀少的自变量，也有在最后的模型中将其包括在内或排除出去的多种选择。这些选择受理论驱动，但有时候对于许多模型，理论会同时给出支持性证据和否定性证据。例如，研究者可能在最后的模型中纳入所有或某些自变量，而不论其是否达到95%的置信水平。反之，他们也可能仅仅将那些达到了显著性水平的变量列入最后的模型。此外，如果将互动关系影响考虑在内，研究者面临的选择还会大大增加。同时运行两个变量以揭示两者对因变量的共同影响，会产生更多的数项，这些数项也许应当同原初的因变数项排列在一起(Friedrich，1982)。在很多情形下，究竟运用何种模型是无关紧要的，因为它们都显示出了同类的关系和同等的概率水平。但竞争性的模型却能够显示假设变量在有些时候是重要的而在另一些时候又是无意义的。而且，评估技术的丰富使得研究者面临多种选择。然后数据的表达也有不同的方法，例如是否有聚集的或坚固的标准误差，这会影响一个变量的统计意义。或者可以使用多层次模型来考查数据的不同层次，这样，个人的行为或价值不仅受到他的个人特点影响也受他居住的社区环境影响。

研究者可能会试图提出其假设变量超出95%置信水平的模型。随着现代计算机运算速度的提高和有关软件的简便操作，模型建构者可以参与其原本不屑一顾的“意义寻探”活动，运算多达数百组的方程式直到“正确的方程式”出现。由于学刊编辑无法要求研究者报告其所有已经运算过的每一种模型，因而很难审核他们的实际做法。格伯和马洛特拉（Gerber and Malhotra，2006）的文章表明，在政治科学期刊上发表的论文刚刚超过0.05的概率水平，同时他们又向我们展示了它毫无意义的另一方面，因为这在现实世界中是难以实现的。总的来说，政治学家选择并提出符合0.05临界点的模型，并拒绝不符合它的模型。

研究者总是着迷于提出具有最优结果的模型，这是因为很少有期刊会发表包含有消极结果的论文。较之于那些得出积极结论的论文，大多数学刊编辑和论文评阅人总是觉得消极结果的文章不那么有意思且不太值得发表；此外，也有自我选择机制的作用，即研究者只是将那些产生积极结果的论文送交学术刊物。另一项原因则是，政治科学家往往会选择那些有可能产生新的发现的研究课题，而研究基金会通常也会资助这样的研究课题。在自然科学界，这种偏好已经得到研究，并被称为“文件柜抽屉问题”(Rothenthal，1979；Rotton et al.，1995；Casda et al.，1996；Bradley and Gupta，1997)。

质的研究者经常会质疑，先进的统计学就像挂起了一幅帷幕，而模式建构者则在幕后“烹治”其结果。一旦实践突破了科学调查的纯模式框框，其结果多少就像是一种犯罪。与误入歧途的人为操纵数据不同，建构模型的艺术涉及对不同的概率和路径进行评估，每种概率和途径均可以追溯到理论；研究者经常思考其模型中正在运行的数据，并且在理论与模型所产出的结果之间反复检视审核；其间也包括许多对话，通常是在互联网上展开的，但有时也会发生在同事之间的走廊相遇之际以及电子通信之中。这些对话表明，量的研究首先是以问题为中心的；问题与解决问题的办法成为学界经常互相交换的对象，从而使研究者能够克服诸多难题。如果一个专业新手并不认识任何人，那么许多关于量化政治科学的理论与实践的专业课程就可以填补这一缺口。这些课程既传授如何寻找隐藏的知识和捷径，也正式传授统计学理论的一些操作指南。新的研究实践不断涌现，复杂的网络将研究者聚集在一起。研究者沉浸于他们的数据之中。他们既不能检验纯模型，也不能为有意义的结果而“挖取”数据，但他们会仔细地考虑每个方程式，并对他们选择的路径做出合理的解释。

尽管当研究者向重要的学刊提交论文时，对话被隐匿起来了，但研究成果一经出版，知识生产的散播又再次开始。沿着学院走廊低首徘徊，研究者讨论着文章论说的结果，依据他们对相关数据的理解和有关人士的熟悉而生发出不同程度的怀疑或崇敬。学界同仁经常会检验“烹治”出的模型，因为他们不可能知道研究者是怎样得出结果的。当研究者发现他们并不能重复某篇论文的结果时，这一消息就会逐渐扩散开去直到影响撰写者的声誉。当一个学者用发表评论的方式公开质疑另一学者的研究发现时，非正式的控制也就会成为正式的控制，其间当然也经常会有答辩与反驳。

一个更近的方法被要求在研究进程中更加透明和负责任。分析计划的预先公开有助于实现透明，分析计划即研究者在获得数据资料前所做数据分析方案的文件。这位研究者用电子邮件把计划发给指定的、独立的第三方。这被设计为一项自我否定条例，以激励研究者坚持做他们所承诺的而不是从他们的数据中挑选好的结果。然而，由于关于分析数据方法的新观点的出现，对你来说要坚持这些计划很难。但是他们可以对研究者计划做的事情以及他们如何偏离最初的计划做一个很好的记录。这项信息可以和原始数据资料、项目规范或 Stata 文件一起传到研究者的网站，这样那些感兴趣的人就可以看到研究者是如何得到结果的，并且他们也可以研究数据以得出他们自己的结果，这种方式相比于从数据资料档案中下载方便得多。当作者将他们的论文提交到学术期刊时，他们也应该提交最初的分析计划、数据资料和指令文件，这样期刊评审员就可以通过重新研究这些数据来检验对指令较小的改变是否会改变结果或是否需要做出其他说明。

金（King，1995）曾经推动采用一项研究复制的标准，即任何人都可以使用同样的数据集合和变量编码来重复另一位研究者的工作。这一标准现已为美国的一些重要学刊所接受。研究复制的能力不仅可以防止数据表达的错误，尽管这种错误极其少见；而且可以促使研究者检查数据本身以避免错误。鼓励研究者去仔细考虑表达其最后结果的步骤，检查其模型的“健全”程度，例如是否破坏了普通最小二乘法假设。要求实验重现人员去揭开数据分析的神秘面纱是一件不错的事。当我向学生们展示，如果改变马岛战争被假定发生的月份，就可以使桑德等人（Sander et al.，1987）的“这场战争并未帮助撒切尔夫人赢得 1983 年的英国普选”的发现发生改变，这时，我甚至从不自信的学生脸上也看到了笑容。我们面临的选择是，是否要使用那个军队被运送到岛上敌对状态开始的月份（Clarke et al.，2000）。

由此，学术报告的标准得以改善，知名学刊所发表的大部分文章均应用了某种大规模范围的诊断式统计，而不再限于 r-平方和概率值。这种严谨审慎是明智的，正像金（King，1986）所说的那样，r-平方统计可能是有偏差的，从而使“macho”尺寸的比较变得无意义。例如，完全可以通过将更多的变量收入模型的方式增加 r-平方值，而这并非出于解释的真正的改善。同样，逐步回归已经弃之不用了，在一些流行的软件如 SPSS 中，步进式（stepwise）成为一种工具，它使研究者可以通过自动忽略无意义数项或将重要数项纳入各个方程式而“加速运行”其变量。

在改革的浪潮仍在继续的今天，有很多种检验供研究者应用于其回归模型的“内部”（Franzosi，1994），例如，模型中的某个案例数据可以使一个变量变得重要起来，这是很常见的情形，但研究者必须找出其中的原因（有时它可能是由于数据输入错误所导致的）。现在已经有一些检验方法能够测度每个案例数据对于最终模型所造成的影响，这些方法就可以帮助研究者去理解“暗箱”中究竟发生了什么。此外，政治科学家也会考虑放弃一些他们从事本业时的“行话”。而最神圣的还是 0.05 和 0.01 的显著性检验（或 95%和 99%的信任度检验），这能使研究者放弃或接受某一假说，因为其概率仅以极小的边缘值差而超过或未达必要的水平。然而，并没有什么理论能够说明这些规则应当存在。坦恩鲍姆和斯卡博夫（Tanenbaum and Scarbrough，1998：15）曾认为，这些规则源于还没有计算机能够自动算出概率值而研究者不得不在印制好的表格中寻找数值的年代，由于空间有限他们总结出界限点。没有人使用表格，所以应当禁止研究者在他们公开发表的模型中给变量加上星号以显示某个变量已经“通过”一项重要的检验。他们应当只报告标准误差和概率水平并在文本中加以讨论。这些做法可能会使研究者不太满意，但却可以减少前述“文件柜抽屉问题”，并促使有关研究成果的讨论更为均衡和细致深入。心理学家已经超越了意义检验去理解生命（Harlow and Mulaik，1997），政治学界也开始了这种讨论（Gill，1999）。随着分析示意图和实验再现标准的出现，这样的实践会减少研究者伪造结果的动机，但它同时又不会妨碍量化研究富有启发的、创造性的那些方面。

六、新近的发展

政治学方法论是一个正在飞速发展的领域，这得益于新的统计理论、新的应用（例如新 R 包）以及计量经济学的发展。在这里不可能将这些一一说明。下面列出了这些最新进展及其相关参考文献或网络连接，以利于爱好者进一步研究。

- 回归发现的形象化：回归的预测价值及概率的图解可以以一种简单的且有吸引力的方式，表现一个变量对回归中其他控制因素的影响。尽管这一直可以实现，但新的软件使其更为容易，例如格雷·金使用了模拟的“Clarify”项目（参见 gking.harvard.edu/clarify/docs/clarify.html）。
- 内容分析的新形式：软件和分析的发展导致了收集文本资料的项目和方法的家

庭手工业。尤为有影响力的是由肯·贝诺特（Ken Benoit）发展的 Wordscores，它适用于编码为左—右式的数据（参见 wordscores. com/）。一个不包含很多假定的软件是 Yoshikoder（www. yoshikoder. org/）。

● 一组数据分析的进展：一组数据是指跨部分的反复观察记录，其在政治科学领域对于跨国家或其他大的单位之间的比较尤其有用。这个方法创新的主要动力和源泉来自经济学（Arellano，2003）。

● 对 Bayesian 统计的更多使用：Bayesian 模型使用了人类行为的一个更新模型，它可以产生更为灵活的检验方法，这种模型承认人类行为的受约束性。

● 田野实验方法：一直以来，有越来越多的政治学家在以投票行为、协商、政治参与、集体行动和媒体影响力为主题，进行真实世界的实验（见第十五章）。

● 自然实验：在这种实验中，政治世界的某个特征与实验相同，例如将人们随机地划分到两个得到不同对待的小组中，这在政治学中是出现过的（Dunning，2008）。

● 重新激起对准实验的兴趣：准实验寻求通过观察数据的不同特点来获得杠杆效率，或使用称为"配对"的技术来选择除了感兴趣的具有因果关系的变量之外的彼此相似的案例（Sekhon，2008）。

● 对互动模式的更大关注：随着数据分析结果可视化的扩大（参见上文），我们对互动模式产生了更大的关注，变量之间的互动关系变得更加一目了然（Kam and Franzese，2007）。

● 空间模型：政治跨越不同空间，且一地之事可能会影响其他地方。空间经济计量学寻求为这些过程建构模型。目前为止，空间模型方法在政治科学领域还没被充分使用（Darmofal，2006）。

七、结　论

本章说明了量的研究工作所具有的烦琐复杂和细微精妙。量的研究者绝非那种只会检验非现实的模型的、冷血动物般的"数字拼接者"；这些掌握和运用大量观察数据的研究者对其数据以及统计模型赖以为基的理论假说早已有极其敏锐的体认。无论是应用描述统计，还是表格、普通最小二乘法或者无参数模型，量的研究者一如其从事质的研究者的学术同仁那样，也是全身心地沉浸于数据之中；想象和直觉在建构定量分析中也有其作用。而且，还有一个具有高度批评精神的学术界，总是在评鉴和检验调查者所使用的研究方法。

本着一种精巧辩护的精神，本章也批评了量的研究工作中的一些常规做法，例如总是以过于简洁的方式表达研究成果并将数据分析中的诸多混乱隐匿起来。虽然如此，量的研究工作正在发生着明显的改善。学界文化的转变会承认探索性数据分析的重要性，会承认以另一种方式从数据中推导出模型也是正确的。坦恩鲍姆和斯卡博夫（Tanenbaum and Scarbrough，1998）认为，计算机运算速度的革命性变化和数据处理软件的简便易使研究者和学生能够利用探索性数据分析的优越性，使他们能够灵活地控制数据和提出数据。但是，学刊的篇幅长短限制了精细分析和全面论说的可能。同时，阅读那种历数“我是如何进行研究的”且充斥着各种有关死胡同和误差之说法的文章也无疑是枯燥的。但是，有关提倡研究复制标准的运动以及反对以“食谱”方式表达数据分析的学界新文化，已经实现了相当大的进展。同时，随着政治方法论学者对于公开性的大力推动，现代计算机速度剧增所造就的统计技术的迅速发展，已经使量的研究领域发生了巨大的改变；量的研究者目前正在努力使他们的研究方法既更加先进又能够为非专业性受众所理解。

进一步阅读的文献

- 初学者应当首先学习统计学，如 Wonnacott and Wonnacott（1990）。
- 《如何利用统计数据来撒谎》（*How to Lie With Statistics*）一书（Huff，1991）提供了一个切入主题的方法。
- 在政治科学中，有关定量研究方法的入门读物，可参见本书（《政治科学的理论与方法》）第一版由 Miller 撰写的一章（1995）；Tufte（1974）；以及近期的导论和评论（Pennings et al.，2006；Burnham et al.，2008，Jackson，1996）。
- 具有更高水平的读者可以阅读由 Scarbrough and Tanenbaum（1998）编辑的书籍，以及由 Box-Steffensmeier，Brady and Collier 编辑的《牛津政治学方法论大全》（*The Oxford Handbook on Political Methodology*，2008）中有关定量方法的部分。
- 如果你已经掌握了基础知识，则需要再读一些经济学书籍，例如，Gujarati（2003），Greene（2007）。

第十四章

比较方法

乔纳森·霍普金

在政治科学领域，“比较”的角色在很多情况下被误解，这或许是因为用“比较政治”一词来专指“外国”研究所致（在美国，从事经验研究的政治科学家要么研究“美国政治”要么研究“比较政治”）。一个明显的悖论是，一位研究美国政治的学者一旦到了大洋彼岸就变成了比较政治学者，此外，这个定义也误导性地限定了比较政治分析的范围。实际上，只要政治学家在做出有关因果关系的论断，某种形式的比较就呈现出来了，而无论他们研究的是 1 个国家、2 个国家、192 个国家，或者是来自其他分析单位的真实案例。本章将会介绍性地展示比较方法的应用图景，描述比较方法的逻辑和一些技术，评估优点及其限制，并且讨论比较研究设计所涉及的一些问题。

一、理论与比较方法

总体上讲，比较与比较方法在政治科学和社会科学的领域被含蓄地或明显地使用。在政治分析中，比较起到了一定的作用。对在不同背景中政治问题得到处理的方式进行观察，为政策学习与展现新的思想和新的视角提供了重要的机会。对于几个案例（通常是几个国家）的比较，使得研究者能去权衡一个特别的政治现象仅是一个地方性的问题还是一个带有趋势性的事件。但是，也许在政治科学中比较的重要功能是：提出、检测和修正关于因果关系的理论，所有政治研究——甚至是单纯的描述性叙事——都包含某种因果关系论断。比较方法是“建立社会科学通则式概括的基本方式之一”（Regin et al.，1996：749）。

具有讽刺意味的是，在“比较政治学”这个二级学科领域中，很多研究显然都不是比较研究，而只是个案研究（研究限于某个特定案例或事件），通常是国别研究。这种研究有时甚至想建构出一种对政治的通则性概括。即使没有这种想法，比较也起着重要作用。单个国家或时期的历史记录能积累大量证据，并对事件过程产生一个可信的解释，但或许有另一种同样可信的解释存在。比较性的考察提供了解决这种分歧的可能性，旨在对理论发展作出贡献——如对社会和政治现象进行规律式的描述——的案例研究，如果它们的理论启发具有任何价值，就必须辅之以比较分析。

1. 检验理论

比较方法为政治科学提供了检测理论命题的最明显的路径，最简单的原因是可控的实验在政治科学领域通常是不可能的。在自然科学中，结果的“可复制性”成为控制理论陈述的关键形式：如果因变量X是自变量Y和Z的共同作用而引起的，那么就可以进行实验以检测X的出现是否总是伴有Y和Z，Y和Z的出现是否总是伴有X；如果这些结果得到复制，即使是在一系列变异的条件下得到复制的，那么，上述有关X与Y、Z的理论就得到了强大的经验支持。在政治学中，复制结果和操控条件根本不可能是直截了当的，因为创造“实验室条件”以检测理论通常是不可行的［在2003年出版的一本书（Wantchekon，2003）中，介绍了关于庇护主义对于投票行为影响的可控实验，这是一个有趣但少见的例子。要对另一种不同观点有所了解，请参阅第十五章］。通过比较，通过利用不同时间和地点的、可观察的政治现象的各种组合，可以进行“自然实验”。为了观察它们是否产生Y，我们或许不能操纵X、Z的存在，但是能确定我们是在哪里观察X、Y、Z，并且分析在不同情况下这些自变量和因变量之间是如何彼此联系的。理想地看，这包含找到一系列案例，其中一个独立变量是常量，另一个允许其变化，以观察其对因变量的影响。

这种策略一个好的例子来自关于腐败的政治经济学文献。最近政治学家、经济学家和公共行政学者对腐败问题的许多研究聚焦于制度变量，比如法律制度的类型、文职人员的结构与报酬，或是作为解释导致腐败关键因素的选举制度的类型（Shleifer and Vishny，1993；Rose-Ackerman，1999；Persson，Tabellini and Trebbi，2003）。相反，较早的文献强调固有的文化传统与腐败作为生活方式之一部分的规范（Banfield，1958；Leff，1964）。在这些对立观点之间做出抉择是困难的，因为有“腐败文化”的国家也往往不恰当地设计了其制度。雷蒙德·菲斯曼与埃杜拉多·米高（Raymond Fisman and Eduardo Miguel，2006）看到一个消除这些影响的机会：在纽约有众多的外交官，他们来自不同的国家，有着不同的文化背景。纽约的停车规则相对严格，并被有效地执行，所以制度设计支持市民以一种守法的方式来做出行为。然而，外交官享受豁免权，使他们免除了罚款。这促成了一个好的测试：外交官所秉持的不同文化规范是否会对他们遵守纽约市停车规则的行为造成什么不同（制度设计是固定不变的，文化规范则允许有所变化）。菲斯曼和米高发现，来自高腐败国家的外交官会招致更多的停车罚款，这说明了在解释违法行为时，对义务和恰当行为的规范性理解是重要的。（有趣的是，与基于对他们的国民性格的预期相比，来自对美国持有敌意国家的外交官收到了更多的罚单，这表明了在违规行为中道德合法性的重要作用。）

遗憾的是，像这种自然的实验是很少的，因为我们可能有意控制的那种变量通常不是稳定的，而是常常与其他相关变量一起变化。

举例而言，关于民主化——社会如何变得民主、什么条件下民主体制有可能出现——在政治科学领域有着长期的争论。这场争论围绕经济发展与民主政治制度之间的关系展开。“现代化论者”认为，经济发展是一个稳定的民主的先决条件，并且观察到，拥有“现代”社会行为（比如，更高的教育水平和报纸阅读量）的更富有的国家有很大可能实现民主（Lipset，1959；Huntington，1968）。当然，这种主张违背了量的政治科学的一个基本规则：相关性并不必定意味着因果关系。经济发展与民主的关系可能意味着经济发展引起了民主，民主引起了经济进步，或者二者都由一些其他因素所导致。解决这个复杂关系的一种方式是，抽取一组有着不同经济发展程度的非民主国家样本，观察在多大程度上成功的发展紧紧伴随着民主化的过程而来，而发展失败又与独裁政权的延续相伴。因为这种样本不能在实验室中被创造，因此，为了检测理论，研究者必须富有想象力地对案例国家进行观察。

经济发展与民主化关系的争论，提供了有关这种比较分析的可能性与局限性的有用暗示。李普赛特的经典著作《政治人》（Lipset，1959）采用了大量经济发展与社会现代化的指标，在这些指标基础上对大量国家（包括民主国家与非民主国家）进行评分。他发现，现代化与民主之间存在着强烈的相关性：现代化分数高的国家大多是民主国家，分数低的则多是独裁国家。但是他对特定时间点上不同国家的发展状态与民主关系的分析是一种静态分析，并没有反映出现代化如何促使民主制度出现的动态过程。随后的一些研究使用更先进的量化分析技术去评估经济发展与民主之间的关系。普沃斯基和利蒙吉（Przeworski and Limongi，1997）使用时间序列回归去检测 20 世纪 50 年代至 90 年代这两个变量之间的关系：对大量样本国家，每年测量其民主与独裁水平，测量其经济发展，以观测人均 GDP 的增长是否会随民主制度的建立而出现，或者是否民主化会发生在生活水平提高之前。这项研究发现，现代化理论（“内生性”的民主化）不为证据所支持，随着国家的更加富裕民主化并没有变得更有可能发生。不过，他们还发现，民主更有可能在富国得以延续，这使得他们提出了一种“外源性民主化”的理论：其他因素导致了民主的出现，但一旦实现民主之后，财富则有助于民主的巩固。鲍克斯和斯多克斯（Boix and Stokes，2003）质疑这种发现，他们把数据回溯到更早的包括 19 世纪和 20 世纪早期的民主化事件，并且发现，经济发展在内生和外源两个层面都推动了民主发展。通过对 20 世纪 50 年代已实现民主的一些西方国家的民主化进程的分析，他们的结果显示出与普沃斯基和利蒙吉经验研究的“内源性”理论相左的现象。

这些研究的共同点在于其对于多案例相关变量进行量化测量的依赖，并试图通过历史观察来创造“实验室条件”。忽略对个别国家的民主化进程进行详尽的质性或历史性的解释，这也是它们的共同点。其他的作者采用了一个相当不同的路径，为了评估民主制度的起源，他们运用质的历史分析方法去对几个案例进行分析。谨慎选择案例的目的是控制不同的解释变量以适应封闭分析。这种传统的经典案例是巴林顿·摩尔所撰写的《专制和民主的社会起源》(Barringtong Moore，1996）一书。摩尔在此书中以周全翔实的分析，研究了数量相对较少的国家走向民主或非民主政治体制的历史道路。不同于李普塞特一类的定量研究所产生的相当简单的理论命题，即经济发展导致民主，摩尔对民主化的解释更加复杂，他考虑了大量的自变量，如社会阶级、经济结构和国家权力等，并且考察这些变量间的相互作用及其对因变量的直接影响。许多对 20 世纪 70 年代以来所谓“第三波”民主化浪潮进行研究的学术文献，也采用了这种更具定性研究性质的理路，对特定的一组相当类同的国家进行了范围更为有限的比较研究（Linz and Stepan，1996）。

2. 为什么比较?

上述两种类型的比较研究往往又被称为大 N 数（许多案例）与小 N 数（少数案例）的比，两者间的差别凸显了政治学家在没有自己的“实验室”的情况下面临着如何以最佳方式检验理论（复制结果）的困境。正如本章下文所指出的，在极端复杂的世界中合理地检验政治学的通则存在着诸多极其困难的问题。然而，主要有两个原因使得这些问题必然存在，无法避免。第一个原因是，如果政治科学意图生成有关政治生活的通则性命题，则舍比较方法而无他途可选。在这里，政治学家可以分成两类，一类不仅相信存在着控制人类行为的普适的“周延律”，而且认为是可以辨析出来的；另一类则相信社会现象要么是无法按照普适性法则的方式给出预测和必然性的解释，要么就是过于复杂且无法测度而不能辨析出普适性的法则。在过去 20 年中，随着政治科学领域正式模式和先进的计量经济学的更多应用，前一种观点得到了支持，尽管明显预测过程的证据仍旧存在争议（Green and Shapiro，1994；Shapiro，2005）。

有关比较研究之必要性的第二个且不那么明显的理由是，我们对于那些具体的、甚至是独特的政治现象的理解阐释，其效度也是需要进行评价的（King，Keohane and Verba，1994）。对于同一个现象也许存在着许多种不同的解释，而对于这些解释的选择也就需要对每一种解释的理论学说进行评价，特别是比较方法的检验。比如，鲍尔·克鲁格曼对于自 20 世纪 70 年代以来美国新自由主义政治的研究（Paul Krugman，2007）就强调了种族政治，并强调了种族关系紧张是如何阻止美国选民投票支持最能保护自身经济利益的政党。对于克鲁格曼而言，罗纳德·里根和他的共和党继任者利用白人中产阶级惧怕种族平等的心态，去推动低收入选民支持不平等的经济政策（Alesina and Glaeser，2004)，这种聪明的政治策略的确为过去 30 年美国的收入不平等的扩大起到了重要作用。但是我们如何能确定没有其他更重要的原因导致贫富悬殊呢？实际上，比较方法为此问题提供了一个值得思考的答案：在英国，种族政策有质的不同，而且在选举中它的作用没有在美国政治中重要，但在同一时期两国的贫富差距却有相同速度的增长（大部分其他英语国家有着类似的经历，与之相对，西欧总体上将不平等维持在了低的水平）。这种比较意味着，英语民主国家一些其他相同的因素导致了贫富差距扩大。比如，对个人自由主义思想的一种更大程度的接受激起了 20 世纪晚期更倾向于市场的改革（Hall，1992；Blyth，2002）。种族政治或许是导致美国贫富不均加剧的一个最近的原因，但是在这个因素缺乏的其他案例中，有着一个类似的收入差距拉大的现象。这暗示我们要在其他地方找到解释。对“种族政治”论的一种可能的辩护是，其导致的收入不均是美国所特有的，这种现象没有在其他盎格鲁-撒克逊国家出现并不是关键，关键在于一旦美国采取了新自由主义政策，鉴于美国的影响力，其他英语民主国家也会采取此政策。这种形式的“扩散”，使得比较方法作为一种经验证实的效力降低了。

甚至是在我们意图对具体现象加以解释的时候，如果说这些解释的理论基础能够经得起充分细致的推敲与挑剔，那么比较也就是必需的。换句话说，除非辅之以能够检验它们理论预测的“共性”研究，否则，“特性”研究的效度根本不能成立（Sartori，1994；Gerring，2007）。本章余下的部分将会介绍比较分析最为普遍的类型。

二、比较解释的基本形式

比较解释可以采取不同的形式（Mill，1875；Ragin 1987）。

1. “差异法”

“差异法”意指对两个相似个案的研究，这两个个案之间的不同仅在于某些变量间的关系，而这正是人们所要研究的。用密尔所使用过的案例来说（Mill，1875：472），如果我们有意建构一个理论命题，即贸易保护主义对国家繁荣有积极作用，那么，我们就必须找到两个在各个方面非常相似的国家个案，两者间的差别仅仅在于一个既富裕又实行保护关税，而另一个既贫困又主张自由贸易。正如密尔所指出的那样，即使存在这种明确的因果关系，但要找到除了这两个变量以外而在各个方面极其相似的两个国家个案，其可能性几乎为零。作为一种替代性的办法，可以采用“间接差异法”，即需要找到第三个（或更多的）国家个案，这个国家在某些方面与第一个国家相似，在另一些方面则与第二个国家相似。如果这第三个国家既实行开放贸易又属于穷国之列，那么，前述有关贸易保护主义的理论便得到了进一步的支持；反之，如果这第三国奉行自由贸易且繁荣富裕，那么，前述理论就需要加以修正了。

2. “共同法”

“共同法”与“差异法”相反，其中的个案除了有待研究的变量以外在其他方面各不相同。仍以上述的情形为例，这两个国家个案除了都实行贸易保护主义且都是富国以外在其他各个方面都是不同的，由此也可肯定贸易保护主义的理论。

3. “共变法”

最后，“共变法”试图通过在假设方向上诸变量同时发生变化的情形而辨析这些变量关系；例如，如果一个原先实行贸易保护主义的国家开始开放边界实行自由贸易，但却很快出现经济衰退，那么，在其他所有条件不变的情况下，就可以认为贸易开放对经济繁荣有负面影响。

所谓其他所有条件不变，人们往往写作其拉丁语的形式 ceteris paribus；在密尔看来，这是在使用各种不同的比较方法时所会遇到的核心困难。在政治和社会现实生活中，当两个变量发生变化时，其他所有条件很难不变，因而将某一特定的结果归结为某些原因在经验上是不可能的。例如，我们前面所假设的那个实行贸易保护主义的国家，转而采取了自由贸易以回应一个正在崛起的商业竞争对手的政治压力，那么，其经济上的衰落则是这一商业竞争对手在关键性国际市场上获得优势的结果。在这样的情形中，自由贸易本身并不是经济衰退的原因；相反，自由贸易和经济衰退两者均出自第三个变量，那就是新的商业对手的出现。据此就可以认为自由贸易引起经济衰退的说法是“不合逻辑的”。

这种由正在接受检验的理论命题以外的因素所引起的变异，可以称之为“外生变异”（Peters，1998：30-6），这是比较研究中的一个重要障碍。在一定程度上，这是由于现代大众社会之社会生活和政治生活如此复杂，而任何尝试合理地建立简洁理论的企图都会忽视某些潜在而重要的解释因素。而且，正如以上的案例所表明的那样，诸如国家贸易政策之类的变量难以同其他变量分离开来，例如社会中不同的产业集团间的权力均衡、社会政治互动的性质、一国在世界中的位置以及其他贸易伙伴国的兴衰等。最后，正如密尔已经明确理解的那样，对于政治学家而言，世界并不会提供一系列除我们希望研究的因素以外在各个方面都相同的国家个案，或是除我们希望研究的因素以外在各个方面都不同的国家个案。经验的现实实际上是相当混乱不堪而杂然无序的，而政治学家只能通过谨慎细致的研究设计去限制而非消除外生变异。

4. “最大相似”与“最大相异”

普沃斯基和特伊恩（Przeworski and Teune，1970）提出了解决上述问题的一种重要方法，他们区分了“最大相似体系”与“最大相异体系”的研究设计。他们认为，“最大相似体系”曾一度是占据主流地位的比较研究设计，在这种研究设计中，研究者选择那些具有许多相似特征的个案，从而使大多数变量成为“稳定常量”，并因此不会被引证为个案间差异的原因（这类似于密尔的“差异法”）。这种设计缩减了潜在可能的解释性变量的数量，并有利于对相关解释的经验检验。与密尔一样，普沃斯基和特伊恩论证说，这种设计并不是特别有用，因为个案之间几乎总是存在着足够多的差异，“过度支配着”因变量，进而难以确定究竟哪些差异居于关键地位，哪些差异无关紧要。例如，英国和美国经常被视为属于同一种类型的盎格鲁-撒克逊国家，具有一系列共同的特性，如自由主义的政治传统、两党制和“领先者胜出”（first-past-the post）的选举法，以及对自由市场经济的崇尚等；但这些共同特征显然并不能解释两者之间的差异，例如为什么英国出现了强大的工人阶级政党（工党）而美国却没有。而且，英美两国之间还存在着许许多多具有潜在相关性的重大差异，诸如议会制对总统制、君主制对共和国、人口的中小规模对大规模、相对单一的种族对多种族的共存等，因此，不可能准确地辨析其中的某一种差异具有因果意义，尽管其中一些差异较之其他差异显得更有说服力。这个问题并不能简单地通过使用更多的个案以消除潜在变量的方式而加以避免，同时也根本没有足够的个案可以用来发现个案间相似与差异的合理组合以测检理论，这种困难经常被称为“太多的变量、太少的国家”问题（Lijphart，1971）。

正是由于这一原因，普沃斯基和特伊恩强烈主张“最大相异体系”的进路才是可取的。这种设计源自密尔的“共同法”，意在发现不同个案间的相似处而不是潜在且混乱的差异处。这一研究进路背后的理性逻辑在于，如果两个或更多变量间的假设性联系能够在相当广泛的各种不同的环境中得以复制，那么就有理由可以相信这些变量之间存在着一个因果链。这意味着研究者的注意力应当从检测诸如政治体制之类型的“系统间层次”转向“系统内层次”，希望能够由此在研究操作中消减系统层次的变量（如政治体制）的作用，并建构具有超越不同环境的通则。例如，选自英国、俄罗斯、日本、泰国以及大西洋岛国马德拉的样本表明，受过良好教育的个人较之人口的其他类型更有可能参与大选投票，于是我们就可以在有关教育水平与政治参与之关系的理论中排除掉许多变量，诸如国家形式、经济发展的水平、宗教传统、人口规模等。由于“最大相异体系”的研究进路要求从一系列不同类型的环境中选取研究个案的样本，因而其分析单位应当保持在尽可能低的层次上，也就是说，分析单位往往是个人而非人口群体或国家。因此，这一研究进路意味着对于大N数（多数个案）而非小N数（少数个案）的偏好，以及对于量的资料而非质性资料的偏好。

三、大N数研究：定量比较策略

使用定量研究技术的大N数研究，目前已成为许多同行专家评阅的政治学刊物中占据主导地位的经验控制形式。利伯尔曼（Lieberman，2005：434）给出了一个好的基础性定义：“它是这样一种分析模型，其中主要因果推论从统计分析中获得，统计分析最终加强了理论模型的强度。”大多数定量比较研究的目的，是利用快速发展的各种统计技术，以评测众多个案中某一既定的因变量与一个或多个自变量间的关系。场景问题并非付诸“受控制”，因而从相关分析中干脆省略掉了，其中的基本想法是，如果一个既定关系能够在各种场景存在，那么场景也就是无关紧要的。相反，为了检验替代性的假设，潜在的相关控制变量被纳入了分析之中。大N数研究的主旨是建构一种坚实且简洁的有关社会和政治生活的通则，关注的焦点是不同个案间的共同点（共变）而非不同点。这种暗示对于更有历史倾向的研究者来说是难以接受的——社会科学的通则性概括被定义为适合于任何历史场景。如果现代化引起了“内生性”民主化，那么按照许多西方国家的例子，现代化的必要程度已实现的沙特阿拉伯将会变为民主国家。

并不令人奇怪的是，量的研究往往聚焦于可量化的变量：可用数字来测量的概念，比如去投票的公民数量、一个经济体的年产值、议会投票量等。然而，其他更具质性特征的变量能够并且正在此类分析中得到使用：诸如二分变量（比如，一个国家是民主国家或不是，一个个体是男性还是女性）、定序变量（比如，一个人是左翼、右翼还是中间立场）或是定名变量（比如个人往往会被归入不同的种族类别）。不过，统计技术本质上要求研究者关注可量化的变量，其结果就是变量的选择根据往往是其对于统计分析的适用性而不是其与所研究问题的先验相关性。去研究那些能够运用自己偏爱的工具来进行研究的内容这一趋势，这就是伊恩·萨皮罗（Ian Shapiro）所批评的“方法驱动”而不是“问题驱动”的研究（Ian Shapiro，2005）。更讽刺地讲，这无异于醉鬼在路灯下寻找他的钥匙，因为只有那里才有光。然而，若使用合理，量的分析是比较分析者“工具箱”中必不可少的利器。

对于民主化的经济前提的争论显示出量化比较研究的价值。李普赛特、普沃斯基和前面引用的其他人的发现更有说服力，因为他们拥有很多国家样本。这种在大量不同情景中发现“共变量”的能力是使用量的比较的一个重要优势。或者是通过纳入大量案例来排除令人困惑的变量，或是通过控制其他潜在解释变量，大N数研究有可能提出合理有效的通则性概括。随着数据资料的日益丰富以及更先进的统计技术的发展，对经济发展与民主的研究日趋成熟复杂。比如，李普塞特的开创性研究工作的一个重要特点，就是将研究范围限制在欧洲、拉丁美洲和英语世界，而在因变量方面则区分了拉美国家与其他国家，从而使某些变量成为常量，比如资本主义经济和宽泛意义上的西方文化传统。戴蒙德（Diamond，1992）充分利用了20世纪90年代更加广泛的数据获取能力，从142个国家（而李普塞特则选取了50个国家）抽取了新的数据来检验李普塞特的假说。戴蒙德的研究使用了不同的变量和不同的指标，他的解释性变量是对广泛的物质福利的测量结果：联合国发展署的人类发展指数（Human Development Index）是一个综合性变量，包括成人识字率、预期寿命、人均国内生产总值。对于因变量而言，戴蒙德放弃了李普塞特的民主/专制这个二分变量，从“自由之家”（Freedom House）有关全球政治权力与自由状况的年度调查中抽取了一个名为“民主性”的定序变量，涉及7分量表的测量。使用这种方法，戴蒙德能够证明发展与民主的相关系数为0.71，而各国政权之“民主性”的变异，大约50%以上可以从其生活的物质质量的变化来预测（分析的结果提供了一个民主程度的量化“估计”，民主程度是能够从经济与社会发展水平中得以预测的）。

这些研究以及其他那些属于同一种传统的研究（Acemoglu and Robinson，2005），可以使我们洞察定量比较分析的优点与不足。一方面，众所周知的是，这些研究积累了长时段和大范围的数据系列和统计技术，为经济发展和民主之关系的通则确实提供了强大的经验支持，也因此得到了广泛的理解。这些发现又通过极为不同的个案的比较分析而得到复制，按照普沃斯基和特伊恩的强烈提议，这一关系具有因果联系。类似的技术已经被用于其他一些研究，在此仅举数例，如选举系统对政府党派效忠和再分配政策的影响（Lijphart，1994；Iversen and Soskece，2006）、全球化对福利国家持续性的影响（Garrett，1998；Swank，2002；Mahler，2004）、不同规模民族国家的形成（Alesina and Spolaore，2003）、甚至在不同大学经济系的训练效果对于经济政策制定者决定的影响（Chwieroth，2007）。在这些个案研究的基础上去做出通则性的概括并不可行。然而，政治科学中的定量比较分析文献也暴露了这一研究方法的若干重要的局限。

四、定量比较方法的局限

在比较政治学领域量的研究方法地位的提高，以及其在最知名的政治学刊物上的主导地位，并不应让我们无视其局限性。尽管一个合理设计的、有着准确数据的大N数研究，能为重要的政治现象提供强有力的发现，但量化研究往往也有其自身的弱点，而且它们还会损害结果的可靠性。围绕各种问题的特定数据测试的合理讨论，超出了本章的范围和作者的能力；反之，本部分将主要关注与政治资料属性相关的特殊问题以及它们与理论的关系。

1. 案例的有限

最明显的局限之一是可获得的个案相当稀缺，有关这些个案的可获得的数据更加稀缺。普泽斯基和特伊恩所建议的关注于个人层次的研究数据，却又很难应用于政治学所关注的许多问题，如政治机构的作用或公共政策的形成。如果我们要研究选举制度对政党政治的影响，我们就会发现选举制度可供选取的个案为数很少。这一困境可以在某种程度上得到缓解，其方式是在每个国家范围应用周期化以创建更多的个案，例如将每个国家的每次大选都变成单独的个案。尽管如此，较之于样本数量通常会包括数千个人的问卷调查数据，这类统计分析结果的可靠性仍然较低。另外，通过计算作为独立个案的变量年份来扩充案例数量，未必会带来更大的说服力：因为模糊了中、长期影响，年度数据就抵消了大N数方法的优势，比如，自变量与作为结果的因变量之间作用的迟滞就被错误地明确化了。

2. 数据的有限

进一步的困难则在于，研究个案的选择不可避免地取决于数据的可获性，因而许多定量分析根本无法采用大N数的设计。早前被引用的一些民主化研究确实包括了世界上的大部分国家，但大量的政治科学研究只是专注于有限数量的发达民主国家，因为它们的政府或研究机构提供了合理可靠的数据。比如，都安·斯万克对于福利消减与全球化的研究（Duane Swank，2002）使用了18个国家（13个欧洲国家、4个英语国家和日本）的数据集；艾弗森和索斯凯斯对于选举制度和再分配的研究（Iversen and Soskice，2006）限于17个国家（同上，少了瑞士），而马克·富兰克林对于投票人数的研究（Mark Franklin，2004）引用了22个民主国家的数据（增加了马耳他、冰岛、卢森堡和以色列）。

这种仅仅对发达经济国家进行比较研究的发展趋势，其主要理据在于实践性原因：这些国家有着最为可靠的官方数据，从而有利于统计分析；同时也有着最多数量的政治学家，从而可以实现合作研究。然而，这些国家在许多方面是极其相似的，而这种相互间的相似性又造成了进一步的困难，使研究者难以就变量间的关系样式建构出简洁的因果命题。不是那种旨在最大化“实验变异”的研究设计，亦非旨在最大化或最小化“外生变异”的研究设计，反而是数据的可获得性程度，往往决定着个案的选择。这在很多方面看都是成问题的。诸如希腊、葡萄牙和西班牙的这些稳定民主国家，它们在大部分研究项目中都被系统地排除在外，这导致研究结果中可能掺杂着偏见。另外，事实上这20多个国家就是稳定民主国家的全部数量，而不仅仅是样本，它们只是具有统计数据验证的意义；特别是在此类研究中，对发现统计的意义之强调可能并不合适（Kenworthy，2007：349）。

3. 数据的可信性

而且，这些数据外在表象的可信性也许是具有误导性的。比较政治经济学领域的研究，以及民主与发展关系的研究，都经常使用人均GDP作为衡量经济表现的指标。人均GDP所测量的是一国经济在某一特定时期如一年的时间内所有商品与服务的市场价值，这一指标在经济学家、政治学家、特别是政治家那里被广泛地用作经济财富的指标。然而，这一指标外在的定量准确程度却是不可信的，这涉及多方面的原因。例如，这一指标无法体现那些非货币化的经济产出，如家务、黑色经济以及某些国家的许多农业劳作。次如，这一指标经常以美元为计算单位，并因而会受到外汇交易市场波动的影响。再如，这一指标在极其宽泛的意义上被用来衡量经济财富的多寡，但却无法很好地衡量社会福利的厚薄（Dogan，1994：44-5）。复如，这一指标往往是各国政府计算出来的“官方”统计数字，因此较之于其他变量往往会附加上超过其本来意义的、更高的可信度。20世纪80年代中期意大利政府改变了对于国内黑色经济规模的估算，进而增加了GDP的总量计算结果；这一增长的幅度之大足以使意大利一夜暴富，从位居英国之后的穷国变为超过英国的富国。与此相似，跨国研究中所采用的失业统计，也许应当考虑不同国家对于这些通常属于报刊头条的数字的不同计算方法，但仍不可能详尽追究不同国家的政府利用各种策略使这些失业数字出现下降的幅度（Western and Beckett，1999；Howell et al.，2007）。20世纪80年代，英国政府极大地改变了各种失业数字的计算方法，结果是这些数字出现了全面的下降。与之相反的是，在同一时期的西班牙，失业数字得到了广泛的认可，甚至连国内反对党都相信其真实性，但实际上有关数字恰恰是被人为拔高了。偏见的风险被带入到对失业的分析中，这需要得到认真对待——自 1980 年以来，这一问题是政治经济学领域最为热门、也饱受意识形态指责的问题，但是它又具有重要的政策意涵。

与数据相关的另一个问题是，一些本质上属于质的研究方法的研究，却日渐使用量的方法。对量化分析推崇备至的主要原因之一是，数字比起逸闻来能对现象提供一个更为客观的解释。然而，应用在政治科学领域的很多数据是质的数据转化成的数字形式。比如，政党立场分析就日渐使用由比较宣言工程（comparative manifestos project）提供的数据，该工程使用量的内容分析去对不同政治议题中政党的立场进行测量（Budge et al.，2001；Klingemann et al.，2006）。一些孤立的数值让人难以置信，这表明测量并不总是能把握特定政党的真实政策立场（Pelizzo，2003）。然而，技术的使用没有将系统偏见带入测量。所以在大 N 数研究中这些不正确的数据会被筛掉。一些政治经济学数据并非如此明显地去对质性现象进行量化测量（OECD，2004）。最终，这个数据依赖一个对法规条款的编码，这或多或少地取决于研究者的解读。如果这种解读的主观性没有系统偏见，那么这个问题就不明显。然而，鉴于这一讨论的高度政治性，以及人们对不同国家的“灵活”或“僵化”的印象，偏见就可能进行测量过程，并损坏量化分析的结果。

总之，对方法论追求的趋势使研究者倾向于使用量化研究，但研究者常为了一个特别变量使用了不合理的经验指标而苦恼。如果一个指标不能反映一个变量的真实，那么统计分析的结果就注定不可靠（Dogan，1994：48）。

4. 粗疏的概念化

进一步的、且并不限于定量研究的困难是粗疏的观念化。仍以经济发展与民主之关系的讨论为例，概念的不清晰与不自洽严重损害了有关经济与民主两个变量间之关系的经验通则的效度。不仅是经济发展本身如前文所述那样往往不能得到准确的测量，甚至是经济发展的含义也始终是不甚明了的。我们所谈论的仅仅是财富还是创造财富的因素？富国之间有许多共同点，但却并非同一的：一些国家拥有雄厚的制造业，另一些国家则严重依赖服务业；经济结构的这些差异会影响社会结构，并因此影响经济发展对于政治的作用。同时，经济发展对于政治的作用涉及许多不同的变量，例如物质产品的可获得程度、教育水平、财产所有权程度、人口密度、报刊新闻读者数量等。许多研究未能仔细清晰地界定其概念，结果便是对其结论的有效性造成损害。与此相似但却更成问题的是，民主也总是不能得到仔细清晰的界定。已经得到辨识的民主形态多种多样，进而民主概念所达到的概括程度太低，使得有意义的比较变得极其困难。这构成了一种萨托利（Sartori，1970）称之为“概念延伸”（conceptual stretching）的危险，即概念未能得到足够界定以至于根本无法加以分辨。萨托利（Sartori，1994：19）用一个精彩的“猫—狗”故事阐明了这一问题：在一项有关四足哺乳类动物的假设研究中，50%的个案证明这个动物的叫声为“喵”，而另外 50%的个案却证明它的叫声是“汪”。如果用这个故事来描述有关民主的概念，我们就会说，美国、瑞典、哥伦比亚、俄罗斯等各种民主类型，也许会变得像“猫—狗”概念那样。

总而言之，比较政治正面临着一种被多安（M. Dogan）称为“过分量化”的危险之中，他认为，“在过去的20年期间，统计方法论已经取得了重要的发展，但在数据收集和修正方面却没有出现类似的进步”，因而，“在数据与方法之间出现了越来越大的鸿沟”（Dogan，1994：37）。这种陈述在10年之后仍旧有效。“好的数据打败逸闻”仍然正确（Moore，2001：xxiii），但是就其局限性而言，则有明确的意见，主张在条件许可时尽可能结合使用定量研究与定性研究。在结论中，笔者会再次提到这一点。

五、小N数研究：定性比较的策略

只涉及少数个案的定性研究一向被认为是方法论意义上的“软选择”；相对于定量研究方法而言，定性研究的内在理路就不太严谨。出自大N数研究的那些发现，表象上具有更大的可靠性（其他所有条件不变）；而某些小N数的、个案取向的研究，具有更多的描述性特征和方法论方面简单粗糙的性质；这些情形进一步强化了这一看法。但是，并没有任何先验理由能够据以认定个案取向的定性比较研究在方法论意义上属于“软性”的；相反，这一研究进路确实能够对某些类型的研究问题做出更为严谨和精妙的回应（Ragin，1987）。围绕着巴林顿·摩尔《专制和民主的社会起源》（Moore，1966）一书的长期争论以及此后20世纪90年代比较政治经济研究领域中“历史制度主义”的兴起，提供了许多以小N数（通常只有两或三个案例）研究为基础的定性比较研究的精彩范例。

定性比定量研究更重要吗？质性比较研究的案例

前一章有关定性研究的文献与定量研究的作品的对比是极其有益的。定性比较研究因其“整体主义”（Ragin，1987）而区别于定量比较研究。定量研究更多地侧重于分析，通常会从研究场景中抽象出特定的现象以便进行多个案的比较；相反，定性研究方法着重于在特定的场景中考察相关现象，将个案当作一个整体（变量的复杂结合）来对待，并产生决定论性质的预测（Lieberman，2005）。例如，在戴蒙德以及其他一些学者的定量分析研究中，诸如经济财富（人均国内生产总值）一类的变量被当成各国社会的鲜明特征，而其对政治的影响也可以在跨国研究中加以单独的处理；相反，那些更具定性研究色彩的研究者，如巴林顿·摩尔（Moore，1966）或吕斯切梅耶等人（Rueschemeyer et al.，1992）却将与经济发展有关的因素视为复合多元的组合。在这派观点看来，民主与专制只能理解为“复合多元的因果作用”（Ragin，1987）：在特定时点上各种情势条件的特定组合会导致特定的结果。由此可见，立基于线性经济发展概念之上的民主化理论，难以解释为什么作为20世纪初欧洲工业化发展程度最高的国家之一的德国，在建立议会民主制度方面会遇到比其邻国法国更大的困难，即使法国的工业化发展远远落后于德国。

正如巴林顿·摩尔的著作（Moore，1966）所表明的那样，定性比较分析有助于解决这一困境。摩尔研究了6个大国（英国、美国、法国、印度、日本和中国）走向现代化的发展轨迹，抽取出重大事件与过程的组合（configuration），用于解释20世纪初期这些国家在民主建设方面的成功或失败。他特别关注乡村社会分层的性质以及土地贵族、农民和城市资产阶级在经济现代化进程中的相互关系。他的结论经常被简化成短语："没有资产阶级，就没有民主"，但事实上，摩尔的研究提出了一系列相当复杂的论据。就其最基本的论说形式而论，摩尔的论据是，在城市资产阶级能够和那些倾心于商业的土地利益者结合起来的地方，发展的最后结果更有可能是民主制度，例如英国、美国、法国所出现的情形；相反，在土地拥有者利益与王朝或国家官僚结为联盟的地方，这一联盟往往会阻碍民主的发展，最终走向法西斯主义，例如在德国和日本所出现的情况；最后，在土地利益拥有者与官僚过于弱小以致无法掌控农民的地方，共产主义自然会产生，例如俄罗斯的个案。较之于先前讨论过的有关经济与民主的线性化约论，摩尔的这一研究对经济变迁加之于政治的影响提出了一种更加精巧细密的理解。同时，摩尔对历史的经验细节的关注以及将其研究个案理解为一个整体的考虑，又产生了大量的定性陈述，可以用来进一步修订其理论框架。例如，民主在英国的发展并不能单纯地理解为源于工业资产阶级的出现，具有商业理念、与资产阶级分享共同的意识形态与精神的土地拥有者阶层也是一个重要的成因。这充分表明，定性比较研究能够更好地调和复杂经验与简洁理论之间的矛盾关系。

这一研究产生的重要影响之一是比较政治经济中的"建构主义"或"观念主义"的研究。沿着这条路线的研究，因其对于文化差异的敏感、思想的作用，以及社会性地建构政治经验的方式而独具一格。这些现象通过量的技术是很难研究的［但也不是不可能，如就意识形态对经济政治制定者的影响所做的量化研究（Jeffrey Chwieroth，2007），就说明了这一点］。然而，它们却能通过小N数方法来进行卓有成效的分析。小N数分析能够发挥对政治结果的观念主义解释进行有价值的反事实控制的作用，就像"唯物主义的"解释一样（Blyth，1997：235－6）。在这里，对那些情境显然类似结果却又明显不同的个案所给出的观念取向的解释，比较恰恰能用于对其进行"检验"，而不是用于建立跨越多案例的特别因果模型的规律（Berman，1998）。另外，对建构在非物质主义的本体论之上的理论而言，有充足的空间去使用比较方法，作为一种在案例之间建立明显差异甚至非可比性的方式。因此，被利希巴赫（Lichbach，1997）形容为"文化比较研究者"的学者还没有充分利用比较案例研究的潜力，这是一种把握"价值多样性与复合性"、"历史独特性、具体性和本地性"，并用以理解"个体性、唯一性与差异性"的手段（Lichbach，1997：254）。实际上，尽管在研究取向上，历史制度主义者不能归为"文化论者"的范畴，但他们在比较政治经济学中所做的大量工作，已经强调了不同民族国家面临相同压力下的不同反应，他们的反应之不同来自深深扎根的制度遗产，而这种遗产又为政治行动者的可行选择设定了条件。

"历史制度主义"的政治经济学者的质性比较的作品，对政治科学作为一种寻找经验规律、简约地提出有关政治生活的一般论断之唯一来源的理念，提出了挑战。这种作品遵奉摩尔所建立的传统，使用定性比较分析的方法，以强调个案的具体性与特殊性，而不是建立那种适用于大规模个案的通则（Steimno，Thelen and Longstreth，1992；Thelen，1999；Pierson，2004）。作为对 20 世纪六七十年代“行为主义革命”宏大理论的一种反动，历史制度主义者通常用比较的方法说明，由于制度安排的多样性，大规模的社会、经济和政治力量在不同的国家会导致完全不同的结果（Hall，1986；Steinmo，1993；Pierson，2001；Streeck and Thelen，2005）。这种研究使用比较分析，并通过简短、决定论色彩的一般理论，来强调政治现象的复杂化和偶然性。通过强调过程以及单个事件或数据点，这种方法能捕捉到通过对大量案例的量化分析难以观察到的因果机制。对“过程追踪”的强调，其意义在于，小 N 数研究——包括单一案例研究——比起大 N 数研究来，能提供给我们更多的因果关系（Pierson，2004）。然而，这并不意味着对于“通则性概括”的追求被放弃了：比较历史社会学传统下的许多学者，把“历史比较看成是一种检测更具普遍性观点和关于大规模变革的因果假设之手段”（Katznelson，1997：92）。

正如前文所论述的那样，共性解释与特性解释之间的冲突是作为分支学科的比较政治学的一大特点。然而，定性比较研究看来更易于解决“理论的概括性与解释的准确性之间的紧张关系”（Caporaso，2000：699），查尔斯·拉吉也认为，定性研究经常涉及“复杂而综合的解释”，而这些解释“是难以用合乎主流社会科学定量分析规范的方式加以证明的”（Charles Ragin，1987：13）。定性比较研究往往会按照多种不同因素的组合效果去解释政治现象，但出现这种组合效果的研究个案却为数极少，不足以在统计学意义上对这些解释进行检验。大 N 数研究的内在理路是，如果一种样式可以在随机选择的群体范围经常重复的话，那么这种样式就不可能是一种巧合，因而大 N 数研究的关键优点也就否定了上述这类定性的小 N 数研究，定性研究结论的可靠性也因此受到质疑。

质性政治科学家已经提出了两种策略来解决这一问题。拉吉在布尔代数（Boolean algebra）的基础上发展了一种定性比较的特殊方法（Ragin，1987）。这种布尔方法力求辨识待研政治现象所在的个案中因果条件的组合方式，并以此对政治现象做出解释。不同于定量分析搜寻用以检测某一特定的因果关系的频度，布尔方法首先是辨识被调查之政治现象的每个可获得个案所呈现出的条件，即必要条件，然后对这些个案进行比较，以确定是否存在着单独产生前述政治现象的单一因素，即充要条件。布尔方法与统计方法的一个重要区别在于，它采用严格的逻辑而非频度统计，从而能够在可供研究的个案为数极少的情况下，也能辨识出必要与充分的条件。因此，这是一种极其有效的研究方法，可以用以对那些非频发的、相对罕见的事件，如革命、战争和货币危机等，进行系统的比较研究，同时又不致落入小 N 数研究所特有的描述性套路。布尔方法在政治学领域尚未完全实现其研究潜力，绝大多数学者似乎还未意识到这一方法的存在。最近的一个例外是，亚历山大·希克在其有关经济发达社会福利国家的历史发展的著述中，也采用了布尔方法来解释各国在建立庞大的福利体制方面为什么有先有后（Alexander Hick，1999）。在这一相同的领域，西格鲁-尤贝尔格对拉美福利国家的发展做出的研究（Segura-Ubiergo，2007）也是一个例外。一些有关福利提供的量化指标（比如社会支出的原始数据）的误导性，是开展此类研究的一个重要动力。正如在比较福利国家领域的大多数量化研究著作一样，这一研究将数量高达17个国家作为量化研究的样本。

当然，与其他那些研究方法一样，布尔方法也有其自身的弱点。一个明显的不足是，布尔方法要求所有的数据必须采用二元的表现形式，一如二元变量一样。由此，一些数据如人均国内生产总值之类的连续变量就不适宜这样的处理，而研究者不得不依赖于具有潜在人为色彩的截切点，以设计出二元变量。完全可以操纵对这些“人为的”二元变量的测度，从而创造出理论与数据之间的“和谐”。另一种处理这一问题的新方法是“模糊群组”方法（Ragin，2000）。然而严格的布尔方法坚持的是二者必居其一的逻辑，它要求的是“明确群组”：一个案例不是这种情况就是那种情况。而“模糊群组”允许存在“不同的身份程度”。拉吉使用了一个归属基督教的例子（参见www. u. arizona. edu/～cragin/fsQCA/）。在模糊的质性比较分析中，一位个体可获得1.0分（完全意义上的基督徒）、0.9分（几乎完全意义上的基督徒）、0.0（完全不是基督徒）、或者0～1之间的分值（比如0.5分，一半意义上的基督徒），这由研究者来确定分数。比起“明快的”质性比较分析，样本间的区别少了些粗陋，多了些精细，而且截切点的选择对于结果而言也少了些决定性。这种方法也可辅之以案例研究，不然就事实上沦为回归分析了（Koening-Archibugi，2004）。

在定性比较的传统内所产生的广泛而又有影响的研究，在研究数据无法适用统计分析的情况下定性比较所表现的有用性，都充分证明了定性分析作为替代当前政治科学中居支配地位的定量分析的又一种选择所具有的价值。然而，定性研究者往往会耻于谈论其研究设计的适当性以及其研究结果的有效性和可重复性（King，Keohane and Verba，1994）。但其中一个必须引起更大关注的问题，就是研究个案的选择问题：有意选择那些不能为证伪相关假说提供足够空间的个案即所谓“选择偏好”的问题，乃至未能在方法论的意义上全面论证其个案的选择，这在定性比较中是比较常见的现象，尽管许多定量研究也会犯有同样的错误。例如，比较政治经济学中的历史制度主义研究文献往往着重于对英国、法国、德国、瑞典和美国的比较研究，但却往往忽视了那些具有潜在研究价值的南欧国家个案。显然，研究者总是受到数据的可获得性和语言技能的约束，更不用提研究更偏远的地区所需的财政资源问题。但是，在这些约束的范围内，更严谨的个案选择和更精妙的研究设计仍是可以做到的。

六、结论：着手比较！

本章描述和考察了作为建立社会科学通则性概括一种方式的比较方法。来源于物理学逻辑的密尔比较方法，以及比较政治学经典著述所采取的立场，正如普沃斯基和特伊恩（Przeworski and Teune，1970）所主张的，比较研究者的目标应当是以更合适的名称代替变量之名，应当使用作为检验因果关系理论之一种方式的比较方法。然而，比较研究的现实是，可靠的通则性概括仍然包含有例外情况，而非一种规则。实际上，悲观主义者认为，超越不同社会背景的通则性概括在实际上是不可能的，按照巴纳斯颇具争议性的话来说，“尽管经过一代人的努力，国家在比较政治学中仍然是最常见的专有名词/解释变量”（Barnes，1997：134）。尽管我们渴望在不同的场景中探究可观察的理论联系，但很多比较研究者却经常发现，对于比较方法的严谨使用，往往意味着对于宏大理论的证伪，并且对那种“不同社会的社会现象可以有效地进行比较研究”的主张提出质疑。值得记住的是，规律似的通则性概括意味着，一系列既定的条件应该在任何背景中都产生理论化的结果，以至于所有同等的经济发展，在任何地方都与民主紧密相连，而无论它的文化或宗教传统如何。但大部分比较研究没有达到这个标准，它们常常是从不超过20个发达民主国家的相同样本库中得出了“中程”理论概括。

有克服现有比较方法局限性的进步迹象吗？至少可以指出三点以上的乐观迹象：首先，随着更多数据得到收集，更多复杂技术得到采用，量化研究方法显示出了一些发展迹象。尽管有着这样一个风险，即耀眼的计量经济学会分散我们对极为基本的问题之关注，比如恰当的概念化与测量，还有对计量经济学用于部分人口的局限性的警醒，但量化专业程度的提高会改善结果（其他一切相同!）。其次，使用拉吉的质性比较分析方法的质性比较研究的缓慢而又稳定的增长，以及最近一些制度变迁研究中的概念精细化，表明小N数研究越来越少地叙述有说服力的故事，而是提供越来越多的通则性洞察。特别有趣的是，在学术领域中，通过使用细致的研究设计（包括量的方法和质的方法），学者们对政治现象进行了建构主义、观念主义的解释，从而对比较政治学中占据统治地位的理性主义和唯物主义理念提出了挑战（Blyth，2009）。

第三个取得进步的领域是量的和质的方法的结合使用。为了在解决特定研究问题中能更好地吸取二者的优点，小N数与大N数研究结合使用的策略近期正引起人们的关注：这通常被称为“三角测量”或一种“混合方法”的研究取向。在这种研究中，通过检测一系列可能的因果机制，案例研究能用于产生理论，并以比大N数研究更为详细和复杂的方式，来检验理论学说。案例研究的发现能被用于随后的量化分析，这比起单纯的案例研究来更能产生更具解释力的通则性概括（Tarrow，1995）。伊凡·利伯尔曼提出了一种把小N数和大N数研究方法综合起来的系统性的、序列式的方法，他称之为“嵌套式分析”（Evan Lieberman，2005）。在这里，量的分析是理论检测的起点，紧接着进行小N数分析，小N数分析将追求不同的研究目标，而这一目标取决于大N数分析结果的可靠性：如果结果是弱的，小N数研究会用于产生更好的理论假设，随后再用量的分析方法来对这一假设进行检测；如果结果是强的，小N数方法会用质性分析方法去检测理论。利伯尔曼方法的优点在于，它对使用不同研究工具的次序，进行了详细的系统性的排序，与以前大多数重视“三角测量”价值的观点相比，它更加明确各种分析工具的优势。

或许，成功应用这些研究方法的最大障碍是政治科学家的两极分化趋势：一极因受经济学和其他量化学科巨大影响的鼓舞，而简单地拒绝质性研究；另一极则敌视过度的量化，并因而认为，无论是量的方法还是质的方法都得不到通则性的理论概括。

鉴于其明显的发展潜力，目前对质性比较分析方法和模糊质性比较方法的有限使用都令人吃惊。政治科学目前深受自我强加的限制之苦，因为许多学者继续倾向于向其他学科引进方法。对于各种方法论工具而言，比较政治学如果运用得当，就会为突破这些限制提供一个机会。

进一步阅读的文献

- 要了解最新的研究发展，参见 Ragin（1987，2000，2008）。
- Landman（2008）和 Peters（2010）提供了很好的综述。
- 关于比较方法的两篇经典论文参见 Lijphart（1971）和 Sartori（1991）。

第十五章

实验方法：实验室和田野研究的前景

海伦·玛格茨、格里·斯托克

相比其他学术科目，在政治学中，实验作为一种研究方法的潜力被低估了。美国政治学会的一位前主席曾在 1909 年的年度会议上提出过这种趋势，他说："我们受实验的不可能性的限制。政治学是一门观察性的而非实验性的学科"（引自 Druckman et al.，2006）。60 年后，利普哈特（Arendt Lijphart，1971）在《美国政治学评论》中一篇具有开拓性意义的文章中再次提出这一令人沮丧的观点，他这样写道："实验方法对于科学解释几乎是最理想的方法，但遗憾的是，由于实践和伦理上的阻碍，这种方法在政治学中很少被运用"（Lijphart，1971：684-5）。对利普哈特而言，受统计学推论支持的比较研究方法是政治学家在实际研究中唯一可以发展的方法。

然而，从那时起近些年有了戏剧性的变化：出现了转向实验的趋势（Druckman et al.，2006：627）。在其实验室和田野研究工作中，越来越多的政治学家试图否认对实验方法的指责。本章将介绍他们的工作及其所作的贡献，并对实验方法的问题和困难进行认真分析。我们的结论是，政治学家需要认识到，实验证据在理论检验和提高对政治学如何发挥作用的认识方面扮演着越来越重要的角色。因此，政治学家也应同其他学科的研究者一样，要运用适当的标准和规则来设计并进行实验、贡献思想、做出努力来发展实验方法。

一、什么是实验方法？

由于对产生可以建立因果关系的根据和理论的固有学术关注，政治学家已经进行了实验转向。采用实验方法，最明显的原因是，它的设计特点可以为建立因果推论提供无与伦比的证明。实验方法被运用来为具有因果关系的推论提供证明，需要三个基本要素：介入、团体间的随机分配和测量结果。如果一个实验具备了这几个要素，设计合理并被有效执行，那么我们就可以有力地推断出这个介入变量与所发现的团体间的差异之间的因果关系。如果重复实验，我们就能够更有力地做出因果推论（Torgerson and Torgerson，2008）。我们再稍微深入一步地看一下实验方法的三个要素——介入、控制和随机分配。

在数据产生过程中研究者的介入是实验性研究的一个显著特征。默顿和威廉姆斯（Morton and Williams，2008）把它形容为“无所不能”（playing god）。在观察性研究中，所有数据变化都在研究者的控制之外，但是对于实验方法，研究者则可以积极地创造变化。实验的逻辑是由研究者不仅仅通过观察而且是介入其中并观察介入的影响的这种局势而推动的。正如迈克格罗（McGraw）等人所注意到的：

> 实验……是介入或操纵一个行为所发生的真实环境，控制环境以检验关于变量之间关系的假设是否成立，并且随机分配实验对象……来控制那些会影响经验结果的无关因素。（McGraw et al.，2001：13）

控制对实验很重要，尤其是对于将实验对象分到实验对象接受介入的处理组和不接受介入的控制组。但是，正如默顿和威廉姆斯（Morton and Williams，2008）所注意到的，对于政治学家来说，抛弃那种所有实验都必须遵守理想模型的想法，即通过介入控制变量，建立处理组、控制组和随机分配对象，是很重要的。这种设计在某些场合可能是合适的，但是正如在观察性研究中，根据手头正研究的问题，实验可以并且应该采用不同的形式。控制不需要以建立一个组的形式，从没有经历过介入的小组来收集数据。尤其在实验环境中，控制可以实现对实验中变量的小心处理。在许多方面，拥有一个对比组是实验方法中的必要元素，这样不同的组在受不同控制的场合中可以提供更多选择。例如，艾斯切尔等人（Escher et al.，2006）把实验对象分到三个小组中，而不设立控制组，每个组都寻找一个不同国家政府的信息，这样就能够进行跨国比较。

不仅是在田野实验中，而且在实验室的实验中，把研究对象（人、小组或机构）随机分配到一个组或另一个组，以确保这些组在与研究问题相关的方面是相似的。然后，这些小组在研究焦点之外的其他所有方面被相同对待。通常，在介入前后都要针对关键变量对两个组的每个成员进行观察。“事前”和“事后”的介入测量是最低要求；在实践中，许多带有实验设计的田野研究项目，也会使用一系列量的和质的方法来监控政策行为的实施。对不同组随机分配的优点在于，它可以控制研究者已知的会影响实验结果的那些因素的影响，以及控制研究者并不知道的可能影响实验结果的那些因素的影响。

二、实验方法的兴起

因此，实验方法在建立因果关系上显示出其独一无二的优势，但是尽管承认这样的优势，一些批评家仍然质疑它的实用性。格林和格伯（Green and Gerber，2003：102）评论道：

> 无力去操纵利益关系中的关键的政治变量，这是其被广泛提到的缺点。很难想象一个人如何能够为了评估总统制和议会制的相对优势和弱势而对它们进行随机分配。显然，无法说服世界各国的领导人，以使其同意政治科学家对他们的对外政策、庇护体系或者维护权力的前景随机化。

诸如格林和格伯的政治学家对这个挑战的回应是，证明实验可以扮演一个更重要的角色，而不是如通常所理解的那样，只是为了建立一个更大的答案图景而将关注焦点转移到在不同变量间建立因果联系。正如他们所说的："在大的无法回答的问题和小的易处理的研究问题之间，存在的相同之处比我们所意识到的更多"（Green and Gerber，2003：103）。

在其他发展领域，政治学家也已被实验工作在其他社会科学学科的大量使用吸引，尤其是在经济学和社会心理学中，它们通过涉及多种学科的工作而显露出来。整个 20 世纪，与其他学科相比，政治学中的实验少得可怜，但也并不是没有。一篇由公认的政治学家发表的对实验的评论文章，展示了 1926—2000 年间总共有 105 篇运用实验方法的论文（McDermott，2002：43）。实验文章集中发表于五份期刊：《民意季刊》（*Public Opinion Quarterly*）和《美国政治学评论》（这两份期刊各发表了 21 篇）、《政治心理学》（*Political Psychology*）、《美国政治科学杂志》（*the American Journal of Political Science*）和《政治学杂志》（*Journal of Politics*）。这些文章表明，实验工作首要偏好的是投票行为；这是 105 篇文章中超过 1/4 的文章的主题。在 20 世纪 90 年代，金德和帕尔弗莱（Kinder and Palfrey，1993）成功列举出了 20 个之前公开的、主要使用以实验室为基础的实验方法的研究。

接下来的十年见证了实验调查或研究的报告越来越多地出现在主流政治学出版物上，例如《美国政治学评论》、《美国政治科学杂志》和《政治学杂志》（McGraw et al.，2001；Druckman et al.，2006；Morton and Williams，2008）。默顿和威廉姆斯（Morton and Williams，2008）在这三本主流刊物中发现，在 20 世纪 80 年代的十年里，共有 25 篇已发表的文章采用了实验方法，到 90 年代增加到接近 50 篇，在进入 21 世纪时仍保持正常的增长态势。以实验室为基础的研究，其数量在相当大程度上超过了田野实验（Green and Gerber，2003）。在格伯和格林的开拓性工作后（Gerber and Green，2000，2001a，2001b，2002；Gerber et al.，2003；Green and Gerber，

2004)，可以认为，田野实验的数量已经增加，但是仍显相对不足（Brannan and John，2006）。一旦实验进行下去，它们似乎就会获得比平常更多的关注。德拉克曼等人（Druckman et al.，2006：633）发现，事实上实验性文章相比其他同时代的文章被更频繁地引用：预计实验性文章的引用率比非实验性文章大约要高 47%。

还有其他一些因素可以帮助解释实验在政治学中的出现。第一个原因是，现有的方法或传统的数据来源未能回答重要的研究问题，尤其是具有因果关系的问题。简而言之，一些政治学家之所以转向实验，这是由于调查、档案和/或者田野数据无力回答具有因果关系的问题——换句话说，现有的这些数据资料不能使研究者建立任何因果关系，尤其是对于判断某个变量对政治行为、态度和结果的影响（McGraw et al.，2001；Morton and Williams，2006a；Kinder and Palfrey，1993）。另一个原因是，出现了一些令政治学家感兴趣的新的研究问题。在过去的 20 年中，政治学家对于检验或评价关于观察到的政治行为的假定或声明的兴趣在日渐加强，并且他们也在集中关注制度在理解政治行为时的影响。因此，由于政治学家的研究问题已经改变，而实验又使研究者能够研究这些新的问题，实验研究就在这门学科中出现了（McGraw et al.，2001；Morton and Williams，2006a）。

由电脑辅助的电话采访（CATI）这一发明推动的调查实验方面的技术进步，还有相关电脑软件的出现，使得在政治科学中采用实验的方法更为容易（Sniderman and Grob，1996；Druckman et al.，2006；Morton and Williams，2006a）。例如，米勒等人（Miller et al.，2000）在他们的市民调查中就使用了 CATI 方法，来说明一些替代性的措辞如何对英国政府安排中对更多中央控制和地方自治权的要求都做出了相似的积极回应，调查显示，公众对这类事物的看法是不牢固的，也可能是混乱的。一些技术的使用需要具备实验室条件，并且这些条件应适合实验方法。默顿和威廉姆斯（Morton and Williams，2008）指出，一些社会科学家正在开始使用 fMRI 设备，测量研究对象在做出选择时的大脑活动。

21 世纪初互联网越来越广泛的应用，之所以推动了实验研究，有两点原因。首先，因为它使与较遥远的实验对象之接触变得容易，再加上相关的数字技术，这都为控制和改变所获信息提供了更多可能性，并且能够观察它们对政治行为的影响，从而使得实验研究设计更为可能。在一个创新性的实验中，韦弗（Weaver，2003，2005）使用社会科学的时间共享实验（time-sharing experiments for the social sciences）的网络工具，改变实验组的种族/族群特征和肤色，来研究肤色对人们投票支持某个政治候选人之意愿的影响。为了控制候选人给人视觉上的差异，这项研究使用了一种图像变形技术，通过这项技术，数字化地综合处理几张面孔以制造不同的候选人，使他们的所有相关特征变得相同，但同时又改变目标候选人的种族和肤色，这样就会造成种族和肤色的逼真改变，而同时又控制其他可能影响实验结果的变化之源，比如吸引力和面部表情。另一个更近一些的实验则利用一个由网络定制的界面，提供远程参与者，以研究有关其他参与者数量的信息对人们参与集体行动（比如在请愿书上署名和为事业捐款）之意愿的影响（Margetts et al.，2008）。

而且，许多朝向网络的社会和政治生活的改变，引出了一些可能更容易被实验研究设计回答的关于网络政治行为的问题。事实上，鉴于获得关于人们如何使用网络的数据的困难，由于隐私原因以及搜索引擎对大量数据的垄断，可以追踪实验对象之网络使用情况的、以实验室为基础的实验，成为了获得这种数据的唯一途径。例如，玛格茨和艾斯切尔（Margetts and Escher，2008）进行了一系列实验，以研究公民如何通过互联网来寻找与政府相关的信息以及官方指南的影响。他们的办法是，要求实验对象回答与政府相关的问题，并且变更他们被要求使用“官方”的政府入口或自由使用开放搜索引擎的程度，从而追踪他们的网络行为（Escher et al.，2006；NAO，2007）。

三、从实验室实验中学习

政治科学中的实验可根据不同的维度进行区分。在这里的讨论中，我们对实验室实验和田野实验进行区分。在实验室实验中，研究者将实验对象组织到同一地点，并在那里进行实验，并且除了研究对象的行为，所有要研究的变量都控制在那个地点。而另一方面，田野实验则并不是在一个地点进行，它依赖于对真实情形的介入，因而具有样本规模可能变得更大这一优势。但是，由于两种实验类型的结合现在正通过互联网这个虚拟实验室而进行，实验室实验和田野实验之间的区别也变得模糊起来。在社会学中，萨尔加尼克（Salganik et al.，2006）使用专门网站来在线复制田野实验，这是一项对政治环境有着较强的潜在应用性的实验，实验将市民对文化制品的欢迎程度与人造“音乐市场”——在这个市场中，14 341 名参与者下载了以前并未听过的歌曲——的不同信息环境进行比较，结果发现，市民更可能收听其他人也喜欢的歌曲。上面提到的由韦弗（Weaver，2005）和玛格茨等人（Magetts et al.，2008）进行的这项远程实验，代表了实验室和田野实验之间的中间阶段，在这个阶段中，信息环境在实验过程中受到控制，因而可以获得一个更大的样本容量。

许多有关政治行为的以实验室为基础的实验借用经济学的设计和机制，在经济学中，它们是用来研究博弈和谈判中经济行为的一套成熟公认的方法论。这种类型的最广为人知的政治科学实验，围绕集体行动问题和制度设计而展开，其目的是为了解决在公共产品创造或者公共资源分配中的这类问题。早期的研究探索了哪种机制最适用于解决集体行动问题——例如，对于亏损情况下的欠款归还抵押和成功情况下的强制支付，道斯等人（Dawes et al.，1986）用实验来证明，只有前者会影响集体行为。他把这种不同归因于人们受“贪欲”的诱导而不是对个人损失的“恐惧”。奥斯特罗姆和许多同事进行了大量关于信任和互惠以及制度设计结果的实验（Ostrom and Walker，2003；Ostrom，2005，2007）。实验室实验也被用来表明，许多人愿意为公共产品捐款，并责罚那些不捐献的人，即使有时这些活动代价较高，而且团体成员是匿名的（Fehr and Gachter，2002；Fehr and Fischbacher，2004），而斯梅尔诺夫等人（Smirnov et al.，2007）也用相似的实验说明，这些个人构成了政党组织能力的基础。

关于实验工作的额外价值，人们主要的看法是，它能够考察不易通过其他方法来进行考察的政治进程的某些方面。托马斯·帕尔弗莱（Thomas Palfrey，2005）在他论述政治经济学中的实验室实验的论文中表明，研究者尤其是那些理论家和有理论兴趣的研究者，由于缺乏充分的田野观察数据，而转向实验室实验，以检验理论的基本假定或假设。为了理解政治过程和结果——例如，委员会决策和选举等，他们用这种实验室实验来研究在控制条件下的参与者的行为。比如在委员会的案例中，研究者设计实验室实验，以检查和洞察参与者的政策选择和偏好（以及这种偏好下的转变/改变），是如何不仅影响审议和进程安排，还影响到在政策问题/领域上达成决策的结果的。有关委员会制定决策的实验室实验，可以帮助我们理解委员会如何根据其中心议题（通常由议程设置决定）来进行运作、审议和商讨——最后通牒和/或让步——的动态过程，帮助我们理解联盟或同盟是如何围绕某个问题得以形成的，以及联盟/同盟如何在受到最后通牒和/或激励/让步后改变或不改变其支持对象——以及在哪天最终得到支持的问题，即被一致通过的决策和政策结果（Palfrey，1995；Fiorina and Plott，1978；Eavey and Miller，1984a，1984b）。

奥斯特罗姆（Ostrom，2007）基于实验室实验和田野实验在发展她与同事进行的研究工作中体现出的价值，提出了继续使用这两种实验的理由。在研究中，他们关注的是交流（直接和间接的）、制裁、罚款以及就公共资源使用者的行为和结果而达成的协定之影响。她对这两种研究类型作了一个简单的区分，“为了充分地检验理论，我们需要使用将外部和内部的有效性结合起来的方法。通过田野研究可以获得外部有效性，而通过实验室研究可以获得内部有效性”（Ostrom，2007：26-7）。她继续论证说，实验室实验使研究者能够研究一个特定的社会和政治现象，它能在重复控制的场域内，将特定的利益变量与其他涉及的因素分离出来，从而确定它们是如何影响行为（选择和偏好）和结果的。她的观点是，只使用非实验性的田野研究或场域设定来研究社会和政治现象的研究者，不能够清楚地建立或发现因果性或因果关系，尤其是对于那些涉及多种因素对行为和结果的影响程度与影响大小的问题。不过，为了克服两种方法的局限性，从而能有助于完全理解社会和政治现象，也有人呼吁将实验和非实验（田野）研究方法结合起来。

奥斯特罗姆（Ostrom，2007：26-7）总结道：

> 解决公共资源困境并不是无关紧要的，但如果直接涉及的人可以互相交流并在未来行动上达成共识，那么对他们来讲则是行得通的……当他们不能相互改变对方的预期时，个体就会采取短期行为，并使成本最大化……我们已经表明，能够互相交流并设计他们自己的拨款和制裁体系的团体，将取得实际上的改进——有时可能异常接近最优结果。在这个领域要看到这样的过程很难，但是在自治背景下，考虑到话语和审议的重要性，这些发现还是很重要的。

对于奥斯特罗姆来说，实验室实验有助于突出她的研究领域的核心工作内容，尤其是促使参与者寻找更有效的公共资源解决办法。

发表于《美国政治学评论》上的、得到最广泛引用的实验论文（Druckman et

al.，2006：631)，出自夸特隆和特维尔斯基（Quattrone and Tversky，1988）之手。他们进行该项实验，是为了研究演员是否如许多正规的政治理论所假设的那样按照理性观点的基本公理行事。通过给演员提供以不同结构方式但会导致相同客观结果的选择，他们在实验中发现演员们会根据选择的结构形式做出不同选择，他们的实验表明，演员做出的选择反映了他们对损失而不是对收益的更高敏感度。是信息处理的困难、认识上的挑战以及启发诱导，而不是得到了系统模型设计者偏爱的理性假定，最终影响了演员们的决策。这项实验以及其他实验均表明，行为假定如何被“现实的”演员违反，并导致学者们对政治行为基础产生了更浓厚的兴趣（Druckman et al.，2006：631)。弗莱和梅耶（Frey and Meier，2004）研究了驱动行为的工具性假定——政治科学理论化的另一个共同特点——是如何被建设性的实验违反的，这些实验表明，在什么样的条件下拥护社会的行为才可能出现。

四、从田野实验中学习

大量的评论文章确定了由政治学家进行的实验的范围和种类，这些实验拓展了政治心理学和政策评估的领域（McDermott，2002；Druckman et al.，2006；Morton and Williams，2008)。我们只是刚刚开始能够判断，什么易受或不易受田野实验的影响。大量的公共政治事件为尚未被充分开拓的田野实验提供了机遇。通过表达对随机化价值的信心，通过提出有想象力的研究设计，并且在工作中尽量接近政策制定者和社会行动者，政治学家可以创造出更多建立实验的机会。新项目的加快实施，通过结构分化而创造的多样性，甚至是鼓励试点调查的财政约束，这些都提供了使实验可以迎头赶上的环境。对格林和格伯（Green and Gerber，2003）来说，通过将研究聚焦于易处理的问题，并创建可用的、易处理的知识，田野实验开创了光明的前景。

一系列的田野实验已经考察了动员技术，比如文本通信、逐户详查和其他信息沟通技术（ICTS）对投票结果的影响。这其中包括，它们对年轻人和其他的诸如少数族群的选举人群的影响（Dale and Strauss，2007；Gerber and Green，2000，2001ab；Gerber et al.，2003；Michelson，2006；Phillios，2001；Suarez，2005；Wong，2005)。其他研究考察了一些重要议题（例如选票的测量或者动议）对选民投票率的影响（Barabas et al.，2007)，政治辩论对投票决定和选举结果的影响（Williams，2007)。霍留奇等人（Horiuchi et al.，2007）展示了一项以网络为基础的、信息对投票率的作用的研究。在控制条件下，通过展现作为理论精髓的影响看来是如何对问题的措辞方式高度敏感，使用可变调查问题的实验对已建立的理论提出了质疑（Clarke et al.，1999)。实验似乎表明，它对于发现可以推翻现有理论之证据具有特别爱好。实验方法的一个特别价值是，在一些情况下，它提供了检验实际调查结果和测量工具的能力。这些以及其他的研究表明，实验对政治学核心主题的研究作出了广泛的贡献。

在评估或预测公共政策介入的影响和检验新的政策选择上，田野实验变得更加有用，并且对于那些对实验室环境的人工操作心存担忧的政策制定者来说，也变得易于控制。在美国，运用田野实验方法有着长久的稳固传统，尤其是对于检验社会政策措施而言更是历史悠久（Greenberg et al.，2003）。伯特里斯（Burtless，1995）在书中提到了美国的健康保险实验（the Health Insurance Experiment），这项实验提供令人信服的证据来证明，由保险范围不同引起的、消费者面临的不同医疗保障成本，造成了对医疗保障需求的价格敏感性，以及关于医疗保障的、结果变化的史无前例的信息（Brook et al.，1983；Manning et al.，1987）。金最近的实验，要评估的是墨西哥的一个重要的新的医疗项目，该项目被宣传为“有史以来最大的、随机化的医疗政策实验”。这项实验在完成后，将能够根据普遍医疗服务的效果和享受这一服务人数的提高程度，而对这项耗资巨大的、重要的政策的成败做出判定（King et al.，2007：479）。

五、实验方法的困境

尽管政治学家似乎能够克服由早前的研究者所断言的实验研究中“难以克服的”挑战，但是仍然存在大量道德上和实践上的挑战。在下文中，我们将要进一步探讨实验方法上的这些困难。

1. 伦理挑战

首先，一个共同的但被放错地方、尤其是针对医学实验的批评是，如果我们认为一种介入（例如，把它和医疗或教育服务联系起来）可能会起作用，那么研究者如何能够证明，把好处给予处理组而不是控制组是有道理的呢？例如，由金（King et al.，2007）主持的、评估墨西哥普遍医疗保险项目的、上面提到的那项大型的随机化的和受控制的田野实验，就涉及在处理区接受免费服务和在控制区不接受免费服务的人群，而一项用于研究班级规模之影响的大型教育实验，则为一些实验对象提供更小的班级规模（Krueger，1999）。在一些实验中，道德顾虑问题可以这样来回答：我们并不知道实验组将自然获得一项好处，因而我们需要实验。正如在其他形式的研究中，损害原则的变动可以用来判断实验者在他们工作中的行为，因此，实验可以看作合乎道德的，除非他们在知情的情况下对他人造成伤害。然而，对许多检测公共政策干预之影响的实验来说，很明显处理组会得到好处（上面提到的两个实验，免费医疗服务和更小的班级规模），并且这种评估确实只能评估这种好处的程度或者成本。所以即使实验研究者能够使他们的良心安宁，仍然会面临政治上的和大众对这种实验的反对，以及面临参与者要求交换到处理组的一致尝试，而这又将对随机化的努力造成危害（King，2007：481）。

欺骗（诡计、圈套）——对参与者的误导——是实验设计中另一个重要的道德问题。对欺骗的使用通常有一个清楚的解释，或者是节省时间或者是为了研究用其他方式都不能实现的一些问题。由米尔格兰姆（Milgram，1963）在1963年进行的一项生育心理学实验，可能是后面提到的这种欺骗的最著名的例子（并且做了许多有损它的道德声誉的事）。米尔格兰姆研究了参与者去伤害另一个“只遵守规则”的人的意愿。实验对象被要求通过一个他们认为是电击发生器的东西，朝着墙后面的被他们认为是另一个实验对象的参与者进行一系列电击。实验对象被告知每次他们按下按钮时都会发出电压更高的电击，并且还会发出其他参与者的各种声音：尖叫、抱怨心脏状况的声音以及最后的寂静。结果表明，有65%的参与者会施加全部的450伏特电压，而所有参与者都会施加300伏特的电压，尽管他们都表达出担忧。此后的其他几项实验也得出了相同的结果［并且谢里丹（Sheridan）和金在1972年进行了一项实验，在实验中，实验对象向一只幼犬使用了真正电击，以检验米尔格兰姆的实验对象在他的实验中识破了骗局的假设，实验得出了相似的结果，这项实验对提高社会科学实验的想象力并没有什么帮助］。

今天，大学道德委员会普遍对实验中的欺骗加以限制，而且米尔格兰姆的实验在今天可能不会那么容易通过道德委员会的审查，但是它的基本形式在心理学科中已被多次复制。不过，即使是在可通过大学道德委员会审查的范围内，对于什么是可能通过行为准则的规范仍存在很大的分歧。经济学家在不允许欺骗这一点上是无条件的，即使是实验对象后来被询问详情。反对的理由不是真正的道义或道德理由，更多的是方法论原因。如果一种共用的实验资源被“污染”，那么此后在涉及相同资源的实验中，实验对象就不太可能相信并按照所提供的信息来调整他们的行为。另一方面，遵循上述被米尔格兰姆的实验清晰展示的心理学传统的社会心理学家则认为，欺骗对于他们的许多实验是十分重要的，即使是不在米尔格兰姆的实验的范围内。

其他实验还包括介入。这些介入虽不涉及欺骗，但却引起了道德上的担忧，因为它们涉及这样一些参与者，他们为了获得经济报酬而牺牲一些权利或利益，而到头来这些实验的参与者又可能为此后悔。还有这样一个生育实验，它通过给予参与者出售自己在1994年德国联邦议会选举中的投票权的机会，目的是要调查人们多大程度地珍惜他们的选举权（Guth and Hannermann，1997）。实验发现，即使是按最高价200德国马克出售，大部分参与者也都并不想出售他们的投票权，而有1/4的人愿意以较高价而不是低价卖掉投票权。实验者要以此来证明，人们并不会像理性选择关于关键事物的论调所表明的那样，认为选票是没有价值的。在实验中，参与人如果接受了一个价格，也就等于实际毁坏了他们的真实选票。许多政治学家可能喜欢复制实验，以去努力回答政治科学中如此重要的问题，并且古斯自己也没有去理会对于他的实验设计的道德上的反对，因为他认为，在他的实验设计中，“我们的实验可以由任何一组参与者来重复进行，每个人只需以合理方式解释他的诚实出价的最佳结果”（Guth and Hannermann，1997：40）。但是正如前面所说的，这样一个实验竟能通过当代的道德委员会的审查，这似乎令人难以置信。

2. 实际问题

实验常常“被实验中的实际问题搅扰”（Jowell，2003：17），这就是本章节介绍中提到的利普哈特所抱怨的“实际障碍”。如果介入过程中涉及的人员缺乏培训，就可能会产生问题，并且对于政治学家来说，考虑到这个学科的主流缺少实验，他们将很难从同行那里得到建议。对实验来说，在研究的压力中做出的决定可能证明是有问题的。在一项对协商的研究中，研究者试图将由共识推动的决策与由投票推动的决策进行比较。结果发现，时间压力会推动达成意见共识的小组向投票决策方式转变，从而使得比较难以继续（Setala et al.，2007）。格林伯格（Greenberg et al.，2003）回顾了美国社会领域中实验尝试的漫长历史，并且举出了由于管理上的和其他方面的问题而不得不中止或更改的实验的例子。同样，尽管问题存在，但在大多数情况下，它们还是能够得到解决的。

田野实验和实验室实验会遇到不同的后勤问题。对于实验室实验来说，运行一个实验室需要持续的经营管理，以及维持实验的对象资源，从实验对象资源中，实验对象可以迅速地招募到个人实验中来。实验对象的隐私必须得到保护，这意味着实验者可能对她实验中招募到的对象了解很少。招募实验对象，尤其是非学生，会是一个重要挑战；经济学家通常满足于使用学生，但是政治学家可能会认为，学生群体的特殊特点（例如，在投票和其他政治活动中是不成熟的、没有经验的）对于观察政治行为来说是不能令人满意的。确实，明茨（Mintz et al.，2006）使用实验方法来表明，学生和军事决策者是如何的不同，并且当学生代表的是公民而不是代表社会精英时，他们可以被分配到实验中。理论上，一个实验的有效性依赖于随机分配控制组和处理组在表现上的不同。但是政策制定者经常对来自学生实验对象的结果感到不舒服——并且他们可能是正确的，因为社会地位上同质的实验对象，可能不会显露出与其他组不同的行为（NAO 2007 显示出学生控制组和非学生处理组的明显不同）。最后，激励措施可能会成为一个后勤上的挑战，尤其是对于上面讨论的以互联网为基础的远程实验，这种实验相比实验室实验有着更多的实验对象数量［由马盖茨等人（Margetts et al.，2008）进行的集体行动实验，就要向 700 名遥远的实验对象支付亚马逊网的代金券，从而便于他们将个人的不同捐赠进行报账］。规模更大的实验室实验也可能会随着激励的增加而迅速变得成本高昂，这也同样适用于以网络为基础的远程实验。

对于田野实验来说，由于污染的影响，使用随机化的尝试来评估广泛的制度改革的影响是明显有问题的。反馈机制（人际关系网、媒体报道）很难保持实验的纯洁性，这也许部分地是由干预造成的。例如，可能会出现由项目中参与者的摩擦而引起的特殊问题。对于田野实验来说，一个更重要的问题是，当实施干预时，各种行动者可能不但卷入其中而且对干预的效果也是举足轻重的。金（King et al.，2007：480-6）对大规模的、长期政策试验的政治反对所提出的挑战进行了讨论，并且提出了一种在政治上可以接受的随机化的办法。例如，在地方层次，需要说服地位较低的官员和社区团体信从这个过程并且按要求实施干预。实验可以增加行政人员的个人负担；赫克曼和史密斯（Heckman and Smith，1995：100；King et al.，2007）指出，在用于对美国劳工部的《就业培训伙伴法案》（Job Training Partnership Act）进行评估的培训中心的行政人员中，有超过 90%的人员拒绝参与实验，这可能是由于他们担心消极的结果会对他们的项目或他们个人的表现提出质疑。获得并维持信从并不总是一项轻而易举的任务，而做不到这一点则会导致实验内部有效性的问题。干预的领域越是敏感，关于干预的谈判就可能越具有挑战性。

六、结论

实验方法要求将大的问题分解成易处理的、易管理的可以被研究的问题。在这个意义上，实验方法总体上可以为政治科学提供一条前进之路。至少所有的政治学家应该理解实验工作的逻辑。那些使用观察数据的政治学家，需要理解实验方法的逻辑是如何增加他们自己所偏爱的方法的适用性的。许多使用比较方法或统计分析的政治学家承认这种联系，但是我们走得更远，并且认为，那些使用简单的案例研究的人，可以从实验方法中学习到更多。

在四种类型的研究设计中可能会发现实验工作的逻辑（Gerring，2007）。你可以沿着不加控制的实验这一路线进行纵向的比较。你也可以通过事前和事后的比较，来考察强制投票或者一些其他较大的变革对投票行为的影响。你可以运用实验逻辑来进行空间比较，例如，你可以根据英国决策权力向苏格兰、威尔士和北爱尔兰的下放，通过寻找政治实践中的变化来确认不同的对待处理。你可以将时间的和空间的比较结合起来。或者，你可以按照实验的逻辑来进行反事实的或思想实验，并且根据你的思考得出结果。你可以在阅读普雷斯曼和威尔达夫斯基（Pressman and Wildavsky，1973）关于美国城市萧条区域开发联邦项目的实施这一著名研究的基础上，做出以下假设，即把地方、州及联邦机构联系起来的要求，才是达成协调和有效行动过程中的真正问题，而问题并非由于机构数量太多。随后，你可以到一个单一制国家，看一看你是否能发现多机构的体制，看一看它们实现项目的道路是否更为平坦。发展你的研究或者检验你的观点，通常依赖于用观察到的数据建设一个“实验”，而不是依赖于那些由实验干预提供的数据。

当然，本章的主要目的并不只是要扩大实验方法的使用人群，它还要使更多研究者思考如何进行实验工作。尽管在政治科学中如米尔格兰姆（Milgram，1963）、古斯和哈内曼（Guth and Hanneman，1997）一样具有创新性和戏剧性的实验依然很少，但在政治科学领域，仍然散布着满怀热情的实验家，他们对实验方法既热情又自信。有一个在文献中并不十分清晰、却又为每一个参与设计或运行一项实验的研究者所共知的观点是，尽管实验面临着本章所讨论的后勤的和道德上的挑战，但它仍然令人激动、趣味盎然。我们并不清楚实验的吸引力是否来自这种方法相对的新颖性，是否来自因对干预之价值进行清晰思考而产生的方法的简单明快，是否来自因冒着风险进行一个特别研究设计而特有的刺激感，是否来自就得出因果关系而言得到高回报的潜力，还是来自它的“无所不能”，但当实验家谈论或提起他们的实验时，实验对于他们的吸引力就显而易见了。

要更为充分地运用实验方法，这取决于研究者以及与他们一起工作的学者，能够通过运行一个实验来展示实验的价值与意义。我们现在根本无法明确实验可以做什么或者不可以做什么（Green and Gerber，2003）。提出可以阐明实验方法可以做什么的一般论据，和在实践中展示实验一样，都有助于说服质疑者。但是，另外，在有关实验特别是会给政治科学增加什么价值或益处这一点上，他们需要变得更为清楚。他们也需要避免在孤立的群体和网络关系中工作，但是要在政治科学的中心锻造一个渠道。

实验方法，尤其是对于它的田野形式，需要政治科学和社会之间有更强的互动，而对于其他的形式，则通常适合于对政策问题和政治实践的研究。考虑到政治科学的主题内容和以特殊面孔出现的民主制度的挑战，与社会建立更为密切的关系，这对于政治科学这一学科来说既是期待已久的，也是值得期待的。就影响公共政策而言，要实现其价值可能要比实验者的认可更具有挑战性（Stoker and John，2009；Stoker，2010），但是，正如本书第十六章所论述的一样，这是一个值得称赞的目标。

如果像作者所希望的那样，实验在政治科学中持续增加，那么提倡这种方法的政治学家，就将需要开始提出其他学科早已建立的规范和指导原则。经济学家很清楚他们自己的规则。例如，经济学期刊不会发表涉及欺骗的实验，因此，它是被普遍反对的。社会心理学家则惯于使用欺骗并且非常适应这一准则。现在，任何进行实验的政治学家都必须在这个问题上做出自己的决定，并坚信，他们能够说服以后的实验者承认他们自己行为指南的有效性。在英国医疗研究中，激励实验对象的想法被有意避开，而且确实是不被得到 NHS 基金资助的那些项目所允许的，但是在经济学中，实验对象需要得到激励，并且在这件事上有严格的指导准则。此外，在这个问题上还没有政治学的观点。这些问题有着方法论上的重要性，因为它们会影响实验被注意到了的有效性。它们也会造成后勤上的影响；经济学家不会与运用欺骗手段“污染”实验对象资源的实验者共享一个实验室，然而考虑到设计和运行实验的花费和困难、考虑到使实验对象保持兴趣并接受雇用的需要，考虑到运行一个实验室的固定成本，能够共用一个实验室，这对政治学家而言也是非常可取的。在解决了组织、规则和规范的问题后，实验方法将会在政治科学中逐渐变得制度化。

进一步阅读的文献

- 关于政治科学实践中的实验介绍，请参考 Green and Gerber（2004）。
- Torgerson and Torgerson（2008）为初学者提供了关于实验方法的一个很好的概述，而 Shadish et al.（2002）则是进行实验工作的研究者的权威宝典。
- 在 Kinder and Palfrey（1993）中，除本文提供的例子以外，还给出了政治科学实验的更多例子。
- 2010 年 3 月的《美国政治与社会科学院年鉴》（*The Annals of the American Academy of Political and Social Science*）专刊，值得一读。

第十六章

政治科学的现实意义

盖伊·彼得斯、乔恩·彼埃尔、格里·斯托克

一、导　言

至此，《理论与方法》一书的关注焦点在于依据这门学科内在的、最重要的因素来评价政治科学。政治科学中各种不同研究取向的优点和缺陷是什么？在研究政治时，最好的方法是什么？在本章中，我们将关注的焦点转向一种较为外部的标准。我们试问，对于当今社会所面临的最具挑战性的问题，政治科学在实践方面具有哪些作用。对于现实世界中的重要问题，政治科学能给出答案吗？尤其是能否做出有意义的分析观察，为找出解决这些社会问题的办法作出贡献？作为一门在大学中已活跃近百年的学科，在解决政治问题和政治议题中，政治科学取得了哪些成就？本章的逻辑不是按照研究取向的一致性和周密性这些“内部”标准来检验这门学科，而是设问——政治科学在实践方面有何作用可言。在巨额研究经费支持下，学术著作和研究论文倾泻了如此众多的笔墨之后，关于当今全球社会所面临的一系列重要议题，政治科学能告诉我们哪些有价值的东西？

本章主旨乃试图说明政治科学在这方面所具有的潜力及其存在的障碍。我们将讨论把社会实用性作为政治科学的一个目标所具有的优点和缺失。这一讨论必须与另一个相关的话题一并进行：是否存在一些重要的议题，关于这些议题我们能证明政治科

学提供了相关的知识和洞见吗？为此，我们选择了三个领域着手分析，即政治科学是否已考察了一个被认识到的问题，是否从事细密而透彻的分析，以及是否指出了解决问题的办法。在当今全球化的世界中，这三个领域是相互连接的，并处于政体运作的核心。

首先，我们注意到政治科学已认识到大众民主面临的一个重大挑战，因为人们对于正式政治过程的不满和疏离已达至相当的程度。更为微妙的是，公民积极行动可采取的形式提供了多样却乏力的介入政治过程的方法。我们考察了一组日益增多的文献，它们以有效的方式认真梳理了问题的不同维度，我们注意到，与提供可行的解答相比，政治科学在理解问题的动力机制方面表现得更好些。其次，也是相关的领域——其中政治科学家可能被要求面对来自现实的挑战，是一个对于所有政治变迁而言都是关键的领域，即政治制度的设计与改革。制度分析表明政治制度对政治和社会行为具有很强的影响力，同时它也指出了与制度设计相连的一些问题。那么，政治科学能提供一种方法，以便人们更好地设计政治制度吗？最后，在当今全球化的世界中，另一个生死攸关的问题是：在全球治理中国际制度的角色是什么？研究国际关系的学者们已投入了许多时间和精力来理解集体安全的必要条件。然而，对于致力于全球治理及促进集体安全，与此同时提高干预国内冲突授权合法性的联合国和其他国际机构而言，在策略设计方面，国际关系理论能提供什么？

二、学术研究的实用性：反对与反驳

有些人主张这样一种观点，即政治科学家的工作开始并结束于政治的描述和分析。下面的说法也许是真实的：许多政治科学作品便以这样的方式来写作，以至于那些从事实际政治活动的人很难从中获得良益。不少政治科学家将本学科与政治世界的关系看作适当分离的。他们是政治世界的中立观察者，而不是政治实践者。许多政治科学家承认，维持这一区分并非总是简易的，然这正是他们所渴望的。作为专家，他们乐意自己的思想被媒体、政策制定者以及社区团体采纳，然而他们并不准备亲身投入。这是否重要？某些人也许觉得这不存在什么问题。如果其作品是有用的或被人们采用，政治科学（家）为什么应当在意呢？

我们认为，一门研究政治的学科对于那些从事政治或许有可能从政的人无话可说，这多少是一种失败。我们的这一立场也为其他人所分享。一些学者倡导一门不同类型的政治科学，主张放弃在政治研究中建立如规律那样的普遍性命题的企图，相反提供“实用理由或实践智慧，这是一种在特定场景中做出明智决策的能力”（Caterino and Schram，2006；Flyvbjerg，2001，2006；Schram and Caterino，2006）。没有必要引用政治科学中所谓的“改革运动”（Perestroika movement）的整个宣言来赞同这一观点：使政治科学有用是一个有价值的目标。像罗伯特·帕特南（Robert Putnam）这样的主流政治科学家在他所引领的关于美国（以及可能其他国家）公民的公民能力正在衰落的争论中确实已如此倡导。仙人掌研讨会（Saguaro Seminar）的建立旨在寻找切实有用的办法以对这种衰落作出回应（Putnam，2000；Putnam and Feldstein，2003）。

我们关于建立一门具有社会实用性的政治科学之主张有三个依次递进的层面。首先是承认并不存在中立的或价值无涉的政治科学这样的东西。经验和规范理论的适当联系这一议题总是需要不断地思考，因为“观察不可避免地具有理论负载……无论是阐明对现实的既有描述所遇到的问题，还是重新阐释所知道的东西，以便将新问题纳入研究议程，政治科学家都要与时俱进地发挥作用”（Shapiro，2004：39），因此在政治科学的日常研究中，对发现、争论、经验分析与规范判断联结（intersection）之含义必须保持敏感。

我们并非建议政治科学家成为道德说教者，或围绕什么是良好政体这一问题经常性地从事规范争论。我们也不认为政治科学家享有（或应该被期待享有）对各种政治议题的一个规范框架。在实践中，与其他人一样，政治科学家对政治议题有着不同的看法和价值立场。事情本来就应该是这样，因为作为个人，政治科学家的政治立场是他们自己的事情。不过，在同等程度上，我们也不认为这门学科应将自身局限于研究是什么，而不考察应当是什么。某种程度地卷入规范议题是不可避免的。一些为经验导向的政治科学家所使用的概念，诸如民主或正义，是有争论或争议的。如果你要研究人类社会的某个方面——如同政治科学家（研究政治）那样，就无法回避来自现实的挑战。

其次，我们进而认为，政治科学的研究议程实质上应由源自“现实”世界的政治关注来设定。简言之，在较为实际的层次，政治分析的世界与现实世界的政治实践之间应当存在相互关联。沙皮罗（Shapiro，2004）将这一立场看作一种承诺，即政治科学家在界定研究议程时所采取的问题引导的研究取向：“除非问题对于外部人是明白易懂的，否则他们所说的东西不可能说服那些需要被说服的任何人。”作为职业的一个组成部分，政治科学不应该试图追求一个为其自身的理论或方法所驱动的研究议程，似乎它处在一个分离的世界中，与其同胞公民的关注相隔绝。相反，那些为我们的同胞公民所感知，或至少能被理解的政治世界的问题应当成为研究议程的绝大部分。我们应当设问在职业之外的其他人想要知道答案的问题。

最后，我们主张学术研究不但应当处置“现实”世界政治的问题，而且应当对某些最为紧迫的问题提供解答，由此将讨论推向深入。我们对于政治科学能否确认解决方案这一点颇感兴趣。我们也注意到一个人的解决答案在另一个人那里可能是问题。我们承认，知晓使用什么样的标准来判断政治科学所提供之物的“适当性”并非易事。然而，我们感兴趣的是，对于人们关注的议题政治科学是否有相关事情可言，以及这些见识在学科当中是否获得了广泛的支持。我们猜测，在思考我们为政治科学提出的问题之潜在解答时，我们将经常处于选择和平衡的世界之中。然而，政治科学能澄清那些平衡是什么以及它们是如何被维持的吗？我们并不认为所有的政治科学家都彼此意见一致，所以我们并不追求共识。不过，一门关注现实的政治科学至少能够为某些最为紧迫的问题提供一系列的解答，这些问题是这个世界社区所面临的，而政治科学是其中的一个组成部分。

所以，政治科学的现实性这一说法是可以成立的。不过，一些反对意见亦可辨析出来，对它们提出的通常有理的关注作出回应，这是公允的。第一，有些同事主张政治科学的首要责任是促进研究方法的可靠性，以便对其提供答案的质量较有把握，而不只是对当下的时政议题赶时髦。如果政治科学家跟随当下的政治议程，那么他们将能提供的全部东西就是媒体记者和评论员早已说过的版本，而无法提供任何具有额外价值的东西。我们的回答是同意这一说法，跟随媒体的消息报道模式是不适当的，但是这并不否认政治科学对现代社会的关注议题不断发表意见。对问题的关注并不意味着贬低发展研究这些问题的最佳方法的努力。确实，如果有这些挑战的话，处置来自“现实世界”政治的这些棘手而复杂的挑战，更像是刺激而不是阻碍研究方法的发明创新。没有什么东西像好的理论那样实用，对理论的最佳检验莫过于在实际工作中取得成效。

第二个相关的反对意见是，在许多领域证据也许并不明显到足以辨别出清晰而可操作的解决办法。应以怀疑的态度来看待那些声称能够建立因果关系，继而又以此来指导提供答案的主张。皮文（F. F. Piven，2004）认为，在考察一个问题时，试图辨析出线性的因果动力机制这一做法会导致试图在不真实的基础上制定政策，因为现实总是比任何简单模型能捕捉到的更为复杂。

我们的回答仍然是一如本书所反复展示的，因果关系确实是很难建立的，人类社会中的事件总是受到偶然因素的影响。然而，这不应该阻止政治科学家做出或然性的陈述，这样的一种介入（intervention）有可能获得某些结果或其他结果。此外，它也不阻止我们发展出给偶然性留出空间并理解偶然性作用的解释。答案并不需要具有“铁律”那样的性质。“这个问题以及你的所有问题都将被解决”，这不是我们应该向同胞公民所传达的信息，他们好像也不会相信。然而，我们有可能介入公共讨论，对于问题提出试验性的解决办法，以及至少帮助确定公共讨论的框架，从中也许能找到解决办法的范围及局限。

我们相信，方法论多元主义将有助于政治科学对社会的介入。政治科学对社会所面临问题的研究取向，将被我们过分信赖使用定量方法或简单因果模型而不知所措。这些方法当然能告诉我们关于变量之间的某些关系，不过对于决策是如何做出和执行的过程，或公共行动的社会后果，这些方法通常鲜能告诉我们什么。因此，我们赞成一种方法论的多元主义取向，以及更强调治理的实用议题（Della Potter and Keating，2008）。

对政治科学实用性的第三个反对理由是，当政治科学家追求实用性时，他们的研究时常以权势人物的掌控而告终，提供所谓的专家判断来支持党派政策（Norton，2004；Piven，2008）。我们再次乐意承认，这些是政治科学进入现实世界时遇到的危险，但是我们并不认为，关注现实的政治科学不可避免地只能支持当下的权力掌握者。我们无法看到，一门赞成某种民主改革以使——一个政治体制更广泛的社会利益能接纳的政治科学（Stoker，2006），或一门赞成在全球化的基础上扩展公民权利的政治科学（Held，2004），除了致力于将权力分配给穷人，还能做其他什么事情。由诸多美国学者（Macedo et al.，2005）从事的一项审慎而详尽的关于美国政治制度缺陷的经验调查—— 一项由美国政治学会支持的研究，已经提出了一组改革举措，这些举措颇为激进而不至于被看作对既有现状的一种维护。社会科学家在与权力打交道时，存在着困难和挑战；政治科学家对于这些议题尤其应当敏感。研究有可能被政治利益误用，媒体有可能过分简化复杂的研究，研究者的政治倾向或许不适当地对研究发现进行染色。不过，所有这些缺失都能在政治科学的共同体中被辨认和挑战。我们见证了社会科学家们围绕罗伯特·帕特南关于社会资本的著作所展开的热烈争论，这本书中的证据、理论和推导的政策信息成为人们持续讨论的主题（Putnam，2000；Baron et al.，2000；Edwards et al.，2001；Halpern，2004；Putnam，2004）。

我们并不否认政治科学家在追求实用性时需要保持警惕，然而我们认为，学界同仁所提出的告诫没有一个具有如此大的毁伤力，以至于我们不得不放弃这一项目。确实，我们进而主张，政治科学的最佳情形应当是具有一种解决问题的态度：辨认一个来自现实世界的问题、通过系统的研究来说明它的不同维度、追问能够做些什么来改善情形以服务于人类。对于我们而言，问题是提供更多的服务。在现实中，我们能看到这样一门政治科学的迹象吗？我们将扼要讨论政治科学中的三个议题及其争论，其中一种将学术研究转化为实践以解决社会问题的强大潜能依稀可辨。第一个事例是关于政治衰败；第二个例子讨论制度设计；最后，第三个事例是关于全球治理的前景。在每一节中，我们会评估在什么程度上政治科学已经实现了这一潜能。

三、政治科学和民主衰败

一如海伊（Hay，2007：153）所指出的，当今对政治的理解与肮脏、腐败、口是心非、贪婪、自利、自傲、阻挠、无能、不妥协是同义词。在最好的情况下，政治是一种必要的恶，在最糟糕的情况下，这是一种需要制约的完全有害的力量。在许多发达民主国家中，大众的政治文化是高度反政治和政治家的（Stoker，2006）。关于工业发达的民主国家中政治何以走到今天这般地步，已有一系列的主导性解释。

海伊（Hay，2007）的基本解释是，我们厌恶政治乃因为在数十年来的大多数时间里，政治家们一直在告诉我们，应该降低对他们的期望。我们的政治主人们生吞活剥了新自由主义对政治的经济学分析——以国家的局限性和失败为依据，（结果是）搬起石头砸自己的脚。他们的问题，如今亦已成为我们的问题，是逐渐将政治解释为一场游戏，其中所有的玩家都是工具性的和自利的。政治的经济分析以这样的方式变得明白无误，政治被陈列出来并兜售给我们。政治家彼此竞争不是为了我们的灵魂，而是为我们的胃囊：所争论的不是价值，而是谁能够给我们最好的买卖。政治被化约为竞争的营销战。作为投票者，我们不是被要求在不同的政治价值或项目之间作出政治选择，而是决定诸多政治家中的哪一个在许诺竞争中更有效地胜过其他人，为我们提供更好的生活。

大卫·比瑟姆（David Beetham，2005）提出了一个渊博的观点，他认为政治与大企业捆绑得太紧了，这种紧密关系使得一般公众日益与政治过程相疏离，因为他们再也无法控制政治过程。这一观点的深度版本认为，强势的经济和实业集团已经走向全球，而政治制度和相关的过程依然是国内的或地方性的。曼纽尔·卡司泰尔斯

(Manuel Castells，2005）认为，全球化造成了一种不适当的政治制度之危机，这一危机又反馈回来，并被政治合法性危机和日益增长的公民与其代表之间的距离进一步加深。按照罗塞尔（Meg Russell）在其富有创见的小册子中的观点，在我们的文化中我们无法与大众民主妥协。她认为，“我们的政治文化适应现代生活的方式在经年累月中合力于侵蚀对政治统治的信任”（Russell，2005：4）。我们政治中的敌对风格，与政治家必须永恒竞争的观念结合在一起培育了不信任。消费主义的文化促使政治家为公众提供许诺，并在有效提供好处方面彼此竞斗。单一议题的压力集团对政治体制施加各种要求，而并不考虑在相互竞争的要求之间需要平衡。公民常被给予这样的信息：它暗示政治正在失败，而现代媒体的愤世嫉俗及简单化的方式在促成所有这些问题上也发挥了关键的作用（Russel，2005：5）。

斯托克的《为什么政治是重要的》一书，增添了一些新的解释因素（Stoker，2006）。首先是我们社会中重视个人选择和消费主义，这为政治的集体决策特征创造了一个挑战性的环境。其他因素也摧毁了人们对政治的信任：政治为职业活动家所支配，这意味着大多数公民在政治过程中是被操纵的旁观者，而不是关键性的公民；主流媒体的角色只是促成对议题的表面理解，并广泛支持一种犬儒主义的文化。第一个因素意味着在一个个人化的世界中，人们无法评价政治之内在的集体特征。第二个因素意味着政治越来越职业化，使我们中的大多数人成为旁观者，而不是任何意义上的积极行动者。第三个因素鼓励了一种关于政治的毫无希望的宿命论的文化。

那么，问题的解答是什么？海伊（Hay，2007）的著作根本就没有似乎是答案的东西，尽管它暗示这是一个重要的议题。我们待会儿还会回到这一话题。眼下让我们浏览一下所提供的各种解答。一些人认为，我们需要改变政治家从政的方式，不过所有这些建议在某种程度上都因试图将政治摆脱政治（to take the politics out of politics）而受损。理查德·莱德尔（Richard Ryder，2006）认为，应当要求政治家依据道德目标并通过道德争论来促进公共政策。鲁巴纳（Alex Rubner，2006）提出一种不同的策略，建议将决策者从政治中解脱出来，亦即回归到一种较为独立的议员、较少的公共质询和游说的模式中，这样一来立法者就能够深思熟虑地回应各种建议，而没有必要采取善意的谎言这类策略。在这一分析中，当下政治制度的问题是“为了做好事，政治家经常被迫不诚实。因为愚蠢选民的阻挠，他们违心说善意的谎言，无法促进能够看到的全国利益”（Rubner，2006：3）。

罗塞尔（Russell，2005：55-8）提供了一个更有可能向前看的观点。她提出一个新的政治宪章，其中政治家对于他们的失误、必须做出的艰难决定、决策者所面临的各种限制较为诚实，对于他们的对手较为宽容，而不做过分的或不必要的攻击，不利用公民不信任这样的方式来从事负责任的政治斗争。她补充道，媒体的报道和公民对政治的态度也需要改变。不过，她的乐观主义——这样一种新的政治文化能够确立，需要一种承认来调和一下，即政治家在从事政治活动时，他们的动机是混杂的，从对一项事业的政治激情到自利。毕竟为了获胜，他们竞选、示威、讨价还价、组织起来，以及干些诸如糊信封、打电话之类的平凡事情。在政治中不存在中立者，要求行动者放弃具有获胜潜力的策略也许是太过分了。

许多人认为，也许存在着使人们重新从事政治的方式。这便是斯托克在《为什么政治是重要的》一书中为非专业人士呼吁一种新政治的核心主题。2005 年夏天英国的“使贫困成为历史”（MPH）抗议活动能代表这种新政治。它以一种有力的方式将政治运动与正式的代表政治联结起来，并且实现这一点的方式涉及百万民众——在有关高度重要的道德议题的政治过程中，这些民众是相对生疏的新手。这些就是能够从这场政治运动中获得的经验，如果我们对于一种重新充满活力的政治以及恢复政治过程中的信任饶有兴趣的话（McNeill，2006）。首先是传播希望而不是罪感。MHP 活动使人们相信他们可以做些事情来改变现状，以改善世界上许多人的贫困状态。第二，它以自下而上的缜密方式加以构建，然后尝试将具有远见的领导与其基础联系起来，这一基础是围绕着当地的校门、汽车站和工作场所，而不是精英的政治机构建构起来的。最后，它传达的信息是一种重新充实和更新，因为对事业的皈依受到各方面人士的欢迎，而不是嘲笑所做的只是一个 U 型转折，或因为他们是后来者。

并非所有的政治都能用与 MPH 活动相同的方式来处置，不过它是一个显著的新政治的例子：成功地将正式的治理制度与非正式的公民社会的力量结合起来。在全球各地还有其他的事例。史密斯（Smith，2009）说明了全球范围内各种公共参与形式的创新是如何出现的，以及它们如何取得程度不同的成功。

然而，即使我们发现了吸引更多的公民参与决策的各种方法，大多数的公民仍将是政治实践的旁观者而非参与者。而且一个大的未知数是，这些旁观者是如何理解政治的，他们是否能对政治发展出一种复杂而精细的理解。即使我们使公民相信，政治并非政治家在一个毫无效果的游戏循环中狭隘地追求其自身的利益，我们依然需要他们理解这一点：政治是一个棘手的和困难的过程。

政治与集体决策有关，政治科学需要为我们的公民同胞提供关于政治可能如何运作的非乌托邦版本，将政治作为一种难以应对的人类过程来大加欣赏。我们需要这样一种政治文化，它能够与矛盾的力量一起生存并对其进行管理。公民应当直接从事政治，并参与主流的代议制政治过程。当然，即使这种现象发生了，对于民主政治的结果可能是什么或应该是什么，他们仍将会有不同的意见。所以从某种角度看，我们的公民必须支持集体意愿的多维度表达——我们将其称为政治，即使在结果并非他们喜欢的时候也是这样。民主背景下的政治要求一种复杂的道德世界。它赋予你挑战权威、批评所有的演员及其表演、劝导他人支持你的观点的自由；与此同时，它也要求你承担一种集体责任来支持这样一种制度，它也许可能产生一些结果是你强烈反对的，或道德上令人怀疑的，甚或令人厌恶的。

一如沃尔泽（Michael Walzer，2004：103）所指出的，政治决策的冲突是内在的、永恒的。“就这一词语的字面意思而言，几乎没有一项政治决策是定论。我并非说，有时我们不能坚持这样的观点：这在道义上是正确的，也许必须做 X；而是想说，即使那些同意有必要做 X 的人，在如何做或做的速度或以谁的代价等问题上，也似乎各有见解。在政治生活中一劳永逸的解决办法几乎不存在，因为在那些争辩的议题上我们尚无方法来达至定论。”作为一个结果，政治常常要求颇为棘手的、通过“烟雾和镜子”而呈现的妥协，这种妥协在相互冲突的利益和价值之间架起了桥梁。

审慎的商议和不同观点的公开交流是政治的组成部分，但它们无法捕捉到政治实践的所有方面。政治是一场持续的利益和观念的战斗，影响力、问责和质询是其诉求的目标。它反映了我们作为人类所具有的内在的多元性和差异。政治的高尚之处在于其促进我们管理彼此的相互依赖的能力，不过其实践通常是费力的、令人生厌的、无条理的、混乱的、冲突的、有时也是肮脏的，正是这些特征使许多公民对政治倒胃口（Eliasoph，1998）。

所有这些改革者提出的附加策略也许是有帮助的，不过如同海伊所指出的，我们正在黑暗当中小心探行。对于问题我们并没有足够的了解，更谈不上解决问题的答案是什么。一如海伊（Hay，2007：162）所说，就沉默的大多数而言，对于下述这些问题，我们“关于他们的认知过程，我们知道得很少……经由这一过程，他们逐渐将动机归因于所见到的行为，或他们如何慢慢发展出并修正（投射于他人的）人性假设。如果政治最终依赖于我们彼此信任的能力……那么，对于政治分析家来说，没有什么比上述这些问题更为重要了”。所以，尽管我们不能声称，政治科学家能为发达民主国家的问题提供坚实的解决方法，但是他们能够对这些问题的不同维度提供敏锐的分析，并且在追求政治科学现实性的过程中，凸显了这一学科议程中的一个空白点：绝大多数的公民是如何理解政治的，以及他们所理解的政治是什么？迄今为止，政治科学真正无法回答这些问题。

四、关于政治制度我们知道些什么？

在整个学科历史中，政治科学一直与制度联系在一起，许多的现有制度是我们关注的核心。历史上，许多制度研究是法律的，关注制度的正式方面。近年来，我们开始将制度作为变量来解释体制的行为或组成政体的个人的行为。然而，在制度研究数个世纪之后，对于可能的制度设计者，政治科学能够提供一些实用的和有用的信息么？

对上述问题的回答当然是“既是又否”。我们确实非常清晰地理解在政治制度中制度选择和行为者行为之间的一些（相对而言为数较少的）关系。然而，遗憾的是，我们最确切拥有的关于制度和行为的这方面知识，对于较多的制度设计者来说恰恰是最不重要的。在解决政府和公民所面临的重大问题方面，我们所表现出来的能力，远远低于在小修小补方面所提供的一些有益的建议，尤其是会影响到政治家的政治命运那样的打补丁（的能力）。

有关制度设计者操纵能力的一个最为明显的例子是，运用选举规则来形成各种不同的选举结果。选举制度研究的开创者之一迪韦尔热（Maurice Duverger）提出了一条规则，只有多数投票制度能够维持两党制。这一条件是必要的，但并不充分。所以，例如在20世纪90年代，新西兰决定将多数制改为比例代表制，结果一个最为稳固的两党制很快就转变为多党制。意大利选举制度所发生的变化没有那么显著，不过也确实具有某些相同的结果。然而，如同英国的例子所表明的，你可以有一个多数投票制，但依然可以看到对两党制的挑战。

即使在多数投票制与两党制的相对简单的联系之外，在如何影响政党数量及其（某种程度上）行为方面，我们也有着相对确实的信息。存在一些选举制度的方法，通过对它们的操纵能大致产生某人想要的政党数量甚或政党类型。这一信息对于那些想提高中选机会的政治领导人来说是非常实用的，一如法国戴高乐主义者的事例那样，设计一个对其社会主义对手不利的选举制度，与此同时提高自己的获胜机会。

关于如何操纵政党制度，以及更为一般的如何形塑政治参与的不同方面，我们知道诸多信息，但是我们对制度设计的许多其他方面却知之甚少。在设计有效的治理制度方面我们的能力似乎要远远低于选择政府的制度设计（方面）。例如，尽管在过去的数十年中民主制度广为传播，但是对于这些制度及其程序如何以一种有效方式加以制度化，我们却几乎懵然无知。作为民主化研究中的杰出学者，戴蒙德和莫尔里诺（Diamond and L. Morlino，2005）对于在创制一种没有大规模腐败和盗贼统治的民主方面所表现出的明显无能的现象作了很好的评论。

利普哈特（Lijphart，1999）和施密特（Schmidt，2002）认为，尽管证据似乎相当薄弱，但“共识型”政府具有其优越性。而且他们也没有注意到，考虑到相互独立的行政和立法两个分支在政府行动之前必须达成一致，真正的总统制在许多方面必须是具有共识的。确实，除了20世纪90年代和21世纪早期这样一个相对有限的时期，作为总统制典范的美国是高度共识型的（Peter，2005），所以，政治系统的制度设计本质上也许并不如占据职位的个体行为那样重要。

在民主政府的研究范围之内，我们的理论不能就联合政府——民主国家中的主导范型——是如何形成的这一问题提供许多指导。联盟研究中的主导理论认为，联盟应当或是一个最小获胜的团体（Riker，1962），或至少由意识形态立场接近的政党组成（Laver，1998）。这些观点不乏强有力的理论支持，但是欧洲民主国家中联盟“超规模”以及意识形态不同的政党联盟这样的现象日渐增多，使它们遭遇到了困难。这些联盟的组成有着很好的理由，但遗憾的是，致力于解释民主制度这一维度的理论却相当的吝啬，并不具有很大的使用价值。

联邦制和单一制政府是另一个重要的制度问题，也一直是政治科学研究的一个主题。晚近这一基础的两分法被进一步理论化，并扩展到“多层次治理”的众多事例（Bache and Flinders，2004；Skelcher，2005）。由此导致的问题是，关于如何管理广阔的治理领土，以及如何管理与多层次政府（它们或多或少具有独立性，都试图诉求其政治权力和主权）有关的复杂性，我们究竟真的知道多少。

在地方政府的可选类型方面，这方面的文献确实提供了很好的描述，但对于这种制度的可能设计者来说，所提供的指导实在有限。也许最有用的建议来自下面两种选择的思考：是采取单一目标的地方权威，抑或设置提供全方位服务的地方政府（Hooghe and Marks，2005）。尽管这一建议具有较大的预测能力，但它也许没有考虑到政治复杂性，这种复杂性限制了这种或那种选择的可欲性。

在政府的制度方面，政治科学家已经从事了许多有趣的研究。这一工作也许具有学术上的重要性，但是对于我们所期盼的真实世界的制度设计却没有同样的现实性。

建立揭示不同变量之间关系的解释模型与建立制度不是一回事，而我们却经常不理解这种差别。也许更糟的是，我们总是不太介意我们所做出的这些分析是否特别有用。尽管政治科学本身未必是一门应用社会科学，但实践世界是一个检验研究实用性的实验室，这种实用性在研究中常常是缺乏的。

五、政治科学和全球治理

创制某种形式的全球治理是一种新的挑战。几乎在每一次重大国际冲突签订和平协议之后，总会举行旨在创建一个新的世界秩序模式的会议，一如两次世界大战之后的情形。“终结所有战争的战争”这样的观念向来很容易兜售给那些遭受军事冲突后果的政治领导人和民众，根据历史记载，军事冲突所毁灭的平民生命和经济基础设施远远大于军事人员和军事投资。

有人说，在20世纪90年代和21世纪，政治议程见证了一系列新的有争议的话题迅速夺人眼球。自20世纪70年代以来，环境保护一直被列入政治议程，但是在全球变暖的警示中，这一问题有了关键性的政治突破。这确实是一个全球性的议题——民族国家采取的政策举措，无论怎样深入而有效的执行，都不能实质性地解决这个问题。由于以前签订的国际协议表明，一如1992年里约热内卢的地球峰会以及1997年京都议定书会议，广泛的全球协议是确实能够达至的，所以全球变暖的议题强化了政治努力以发展出一个全球体制，它能够制定并实施降低全球二氧化碳排放的各种政策。

对国际恐怖主义的政治关注沿循了相似的路径。20世纪70年代见证了第一波的恐怖主义行为：1972年的慕尼黑、意大利的红色旅、德国的巴德尔—迈因霍夫团伙、北爱尔兰和英国的共和军。恐怖主义的袭击触发了政府的回应，促进了全球范围内的安检，随后这一议题似乎失去了早先的醒目，直到2001年发生的“9·11”事件。因此在世纪之交，环境保护与国际恐怖主义的议题有了重大突破，随即呼吁发展全球策略和制度以应对新的挑战。

对全球治理的研究乃为南北之间日益发展的贫富和生活机会的不平等所驱动。尽管有大量的国际援助，但这些不平等一直在扩展。现在人们普遍相信，除非建立某种全球秩序，用制度的力量来处置这一议题，否则这一范式将持续存在下去。毋用说，达至这一效果的具体建议——如对国际金融交易征收托宾税（Tobin tax），会遇到来自诸多行动者和既得利益的强烈反对。

初看起来，基于全球治理的政治科学研究和理论能为全球治理的体制和制度设计提供许多东西。然细观之下，那些最经常被认为适合于全球治理这一议题的若干方面，（人们）却质疑政治科学理论的实用性。机构的多样性便是这样的一个问题。国际关系的自由主义和（新）现实主义理论否认民族国家是关键的行为者，因为长久以来国际舞台一直是由国家和公司行为者所支配的。当今，机构几乎可以用任何一种方式来界定，从跨国组织如欧盟、世贸组织、联合国，到（尤其是）国际协约如《京都议定书》、像北美自由贸易区（NAFTA）及（南美）南方共同市场这样的地区性经济治理工具，再到恐怖主义的基层组织。令人好奇的是，当由民族国家构成的世界体系武装冲突程度迅速下降的同时，民族国家内部的冲突反而开始上升了。今天，大多数的武装冲突是国内的，而不是国际的。当然，这一范式可以被视为现在维持和平的努力比以前更为有效的证明。另一种阐释是，在民族国家建设过程中被掩盖起来的族群和经济分裂（如在南斯拉夫、若干非洲国家以及最近的格鲁吉亚那样）现在则开始浮出水面。所以，军事冲突以及国际恐怖主义领域中的机构表面上变得如此具有差异性，以致任何一种理论都无法适应。或一如全球变暖议题的事例所显示的，机构无处可觅——或无处不在，全取决于你如何界定问题。所以，全球治理中当代机构的异质性提出了一个非常现实和重要的问题，而政治科学家在处置这一问题时自身却遇到了问题。

除了上述在机构界定或机构背景化时遇到的问题，如何在缺乏正式权威的条件下界定解决集体问题的制度安排，当下的政治科学也遇到了麻烦。在这样的权威存在的场合下，解决集体问题的机构显然是政府。一如罗德斯（Rhodes，1997）所说，我们何以能说设计没有政府的治理？

这一问题部分地与围绕着机构的复杂性有关，但是也存在着其他的议题：缺乏法律权威，以及由此带来的对过失行为实施制裁的复杂性。全球治理中正在界定的问题是缺乏正式权威的，因而人们探索一种能够对主权行为者施加命令的体制。从理性选择理论衍生出来的模型将此界定为或是一个集体行动的问题，或是一个公共池塘资源的问题。集体行动问题使人想到搭便车是理性的行为，因为它使行动者获得好处而无须支付集体行动的成本（Olsen，1965）。在理论上及实际生活中，解决这一问题的办法是对搭便车行为进行惩罚。在全球治理中，这样的制裁实在难以设计，而实施起来更难。如果缺乏权威控制的全球治理，制裁何以实施？孤立策略在全球治理中不是一个有效的工具（在某些治理形式中也许是一种有效的制裁），因为这种治理的基本理念在于它是全球的。通过传播这一观念——所有行动者共同游泳或一起沉溺，行动者更有可能致力于（构建）全球治理体制。

如果在全球治理中制裁是成问题的，那么这些激励能够取得对于体制的同样承诺吗？参与全球治理并在其中作出贡献也许会提供激励，这些激励也许可能（也许不可能）足以使行动者坚守承诺。然而，搭便车的策略提出了一个问题。一个国家可以选择不在《京都议定书》上签字，并且不抑制国内二氧化碳减排的管制。与此同时，它从其他国家的限制举措中获益。一个全球性的治理安排如何避免这样的策略？这一策略是一种选择的作为（或不作为），顺便说一下，21 世纪初期这正是布什当局在全球变暖问题上所追求的策略。

在解决这个问题方面，公共池塘资源理论也许能提供一些帮助。奥斯特罗姆（Ostrom，1990）在这一领域的工作给人的启发是，一个体制在拥有主权的理性行动者之间能够形成并维持下去，只要他们在理性行动者中代表了一种均衡；这就是说，只要这个体制是帕累托最优的，并且没有一个行动者能够在其他人不受损失的情况下获得好处。一个帕累托最优的体制是这样一种情势，其中行动者发现服从这个体制而不是置身于集体安排之外，是较为理性且有利于实现目标的，因为它考虑到了集体资源的可持续消费。所以，行动者服从体制乃因为这样做符合其利益。其他的策略（如自己单干以及消费的最大化）不是一个选择，因为资源是公共的。基于同样的理由，互惠（这个体制可以运用的唯一制裁）就变得有效起来，因为行动者委身于地点(the actor is committed to place)；在奥斯特罗姆的模型中，渔民并没有太多的选择，而只能在那个特定的湖中打鱼；（同理），在全球治理中，现有体系不是一个选项。

如此这般，公共池塘资源理论是指导全球治理设计的一个合适的、有效的政治科学模型吗？回答既是又不是。说它是，因为就如何设计体制来管制公共资源的消费而无须依赖正式的、法律的权威，这一模型告诉了我们某些信息。说它不是，因为维持这样一个体制的均衡在解决集体问题时将是有效或充分的，关于这方面这一模型几乎没有提出实质性的建议。确实，《京都议定书》因没有设定减排目标（它将极大地延缓地球变暖的进程）而一直饱受诟病。将所有（或最大多数）主要行动者都弄上船的代价也许是一个掺水的、言说不充分的政策。

当代政治科学难以处置的全球治理问题的另一方面，来源于政治科学的共同体内部。通读《全球治理》杂志第一期，你不能消除这样的印象：这是一个学术领域，它关注发明理论和模型的程度，一如对全球治理中真实案例的研究。国际关系中的建构主义转折也给全球治理打上了明显的印记，它提出的问题是，在多大程度上这一研究领域能对现实世界的、旨在创制全球治理的努力作出贡献。公平而言，应当注意到，全球治理研究对于设计能实际运作的模型的关注一直居于边缘地位。我们必须提醒自己，政治科学的效用维度界定了政治科学的评价标准，这是本章论述的主题，而到目前为止这一标准还从未实施过。

六、结　论

本章从考察诸多不同的问题开始，这些问题内在于将政治科学知识转化为政治行动以处置突出的社会问题这一过程之中。这是整个学术事业的逻辑之一，而从未受到真正的关注。另一个问题与政治家和专家的关系以及学术界在政策过程中能够发挥的作用有关。第三个问题是学术研究的证据之性质，这种证据几乎总是适应于多样化的阐释。

三个简要的研究案例勾勒了一幅有关政治科学实用性的相当沉郁的画面。它们也许不具有充分的代表性，需要做进一步的工作来观察这门学科的哪一个研究次领域也许能够宣称更具实用性。政治科学分析所提供的方案通常不具有政治上的可能性或可行性，而那些被政治家采纳的解决方案也因构思差劲，不足以解决手边的问题，经常在政治科学集体火力的攻击下毙命。尽管如此，上面的陈述假定，政治科学家能够辨认那些能激活政治争论的核心问题。

我们何以能够强化学术界和政治之间的接合面？我们能够改变学术界现状而使它更具实用性吗？我们能够改变政治而使其对于科学建议更为开放吗？不言而喻，这些是真正具有挑战性的项目。学术界总是促进——这些年来更是日益如此——国内的和国际的争论，相比之下，在研究问题及其解答的实用性方面并非如此。在一些学科中，实用性确实得到了体现，如公共行政学和政策分析是这一范式的样本。然总体而言，在可见的将来，聘用和晋升将基于教学和研究素质这样的传统标准。有趣的是，如果对于促进有用的研究真正感兴趣，政治家倒是愿意改变这些标准，不过到目前为止，在这方面尚未见到前进的步伐。

现在转向问题的另一方面，我们设问，是否能够改变政治过程以考虑来自政治科学的更多输入？罗塞尔关于新政治宪章的观念当然是迈向这一目标的一步。不过，政治家会同意这样的宪章，更重要的是，他们会按照其建议来行动吗？我们也许需要承认，一如韦斯（C. Weiss）在 30 年前所指出的（Weiss，1979），政治科学中的研究效用可能采取多种形式。一个解决问题的纯粹模型所需要的条件，其出现概率是罕见的：一个明晰且共享的问题定义、及时且合适的研究答案、政治行动者愿意倾听、缺乏强有力的反对力量。就像韦斯注意到的，“因为机会是微小的，所有这些条件在任一议题上将分解开来。研究使用的问题解决模型可能描述了相对少数的案例”（Weiss，1979：428）。然而，研究可致力于其他的方式：通过学术界和政治行动者之间更多的互动交流、通过韦斯所称的启蒙过程，开发学术研究在凸显和探索议题与关注方面的能力，尤其是诸多（研讨解决政治问题的前设与框架的）著作的概念和理论方面的能力。公民和政治家不会总是愿意倾听，但是如若我们作为政治科学家以可接近及实用的方式作出我们的贡献，那么某些政治行动者在某些时候将会出现并致力于此。

参考书目

Abbott，A.（2001）*Chaos of Disciplines*（Chicago，IL：University of Chicago Press）.

Abdelal，R.（2007）*Capital Rules：The Construction of Global Finance*（Cambridge，MA：Harvard University Press）.

Acemoglu，D. and Robinson，J.（2005）*Economic Origins of Dictatorship and Democracy*（Cambridge：Cambridge University Press）.

Ackerly，B.，Stern，M. and True，J.（eds）（2006）*Feminist Methodologies for International Relations*（Cambridge：Cambridge University Press）.

Adam，B.（1990）*Time and Social Theory*（Cambridge：Polity Press）.

Adam，B.（1995）*Timewatch*（Cambridge：Polity Press）.

Adam，B.（1998）*Timescapes of Modernity*（London：Routledge）.

Adler，E.（2002）'Constructivism and International Relations'，in W. Carlsnaes，T. Risse and B. Simmons（eds），*Handbook of International Relations*（London：Sage），pp. 95－118.

Adorno，T. W.（1976）*The Positivist Dispute in German Sociology*（London：Heinemann）.

Adorno，T. W.，Frenkel-Brunswik，E.，Levinson，D. J and Sanford，R. N（1950）*The Authoritarian Personality*（New York：Harper & Row）.

Akram，S. and Marsh，D.（2009）'Re-Conceptualising Agency in the Dialectical Relationship between Structure and Agency：Forms of Capital，Habltus and the Unconscious'，unpublished paper available from david. marsh@anu. edu. au.

Alesina，A. (1988) 'Credibility and Policy Convergence in a Two-Party System with Rational Voters'，*American Economic Review*，78 (4)：796–808.

Alesina，A. and Glaeser，E. (2004) *Fighting Poverty in the US and Europe：A World of Difference* (Oxford：Oxford University Press).

Alesina，A. and Spolaore，E. (2003) *The Size of Nations* (Cambridge，MA. MIT Press).

Allison，G. T (1971) *Essence of Decision：Explaining the Cuban Missile Crisis* (Boston，MA：Little，Brown).

Almond，G. A. (1990) *A Discipline Divided：Schools and Sects in Political Science* (Newbury Park，CA：Sage).

Almond，G. A. (1996) 'Political Science：the History of the Discipline'，in R. Goodin and H. Klingemann (eds)，*A New Handbook of Political Science* (Oxford：Oxford University Press).

Almond，G. A. and Verba，S. (1963) *The Civic Culture：Political Attitudes and Democracy in Five Nations* (Princeton，NJ：Princeton University Press).

Althaus，S. L. (2003) *Collective Preferences in Democratic Politics：Opinion Surveys and the Will of the People* (New York：Cambridge University Press).

Amoore，L. (2005) (ed) *The Global Resistance Reader* (London：Routledge).

Anderson，B. (2008) *Imagined Communitie*，new edn (London：Verso).

Anderson，C. and Mendes，S. (2006) 'Learning to Lose：Election Outcomes，Democratic Experience and Political Protest Potential'，*British Journal of Political Science*，36 (1)：91–111.

Annersley，C.，Gains，F. and Rummery，K. (eds) (2007) *Women and New Labour：Engendering Politics and Policy*? (Bristol：Policy Press).

Antonsich，M. (2008) 'European Attachment and Meanings of Europe：A Qualitative Study in the EU-15'，*Political Geography*，27 (6)：691–710.

Archer，M. (1995) *Realist Social Theory：The Morphogenetic Approach* (Cambridge：Cambridge University Press).

Archer，M. (2000) *Being Human：The Problems of Agency* (Cambridge：Cambridge University Press).

Arellano，M. (2003) *Panel Data Econometrics* (Oxford：Oxford University Press).

Arrighi，G. (2007) *Adam Smith in Beijing：Lineages of the Twenty-First Century* (London：Verso).

Ashe，F.，Finlayson，A.，Lloyd，M. and Mackenzie，I. (1999) *Contemporary Social and Political Theory* (Buckingham：Open University Press).

Aspinwall，M. (2006) 'Studying the British'，*Politics*，26 (1)：3–10.

Asscher，W. and Hirschfelder-Asscher，B. (2004) *Revitalizing Political Psychology：The Legacy of Harold D. Lasswell* (Mahwah，NJ：Erlbaum).

Avineri，S. and de Shalit，A.（eds）（1992）*Communitarianism and Individualism*（Oxford：Oxford University Press）.

Axelrod，R.（1976）*Structure of Decision：The Cognitive Maps of Political Elites*（Princeton，NJ：Princeton University Press）.

Ayer，A. J.（1971）*Language，Truth and Logic*，2nd edn（Harmondsworth：Penguin）.

Bache，I. and Flinders，M.（2004）*Multi-level Governance*（Oxford：Oxford University Press）.

Baldwin，D.（ed.）（1993）*Neorealism and Neoliberalism：The Contemporary Debate*（Princeton，NJ：Princeton University Press）.

Banfield，E. C.（1958）*The Moral Basis of a Backward Society*（Glencoe，IL：The Free Press）.

Barabas，J.，Barrilleaux，C. and Scheller，D.（2007）'Issue Turnout：Field Experiments with Ballot Initiatives in Florida'，paper presented at the annual meeting of the American Political Science Association，Chicago，IL，16 August.

Barnes，S.（1997）'Electoral Behaviour and Comparative Politics'，in M. I. Lichbach and A. Zuckerman（eds），*Comparative Politics. Rationality，Culture，and Structure*（Cambridge：Cambridge University Press）.

Barnes，S. and Kaase，M.（1979）*Political Action*（London：Sage）.

Baron，D. and Diermeier，D.（2001）'Elections，Governments，and Parliaments in Proportional Representation Systems'，*Quarterly Journal of Economics*，116（3）：933–67

Baron，S.，Field，J. and Schuller，T.（2000）*Social Capital：Critical Perspectives*（Oxford：Oxford University Press）.

Barrett，M.（1988）*Women's Oppression Today*（London：Verso）.

Barry，B.（1970）*Sociologists，Economists and Democracy*（London：Collier-Macmillan）.

Bates，R. H.，Greif，A.，Levi，M.，Rosenthal，J.-L. and Weingast，B. R.（1998）*Analytic Narratives*（Princeton，NJ：Princeton University Press）.

Bates，S.（2006）'Making Time for Change：On Temporal Conceptualizations within（Critical Realist）Approaches to the Relationship between Structure and Agency'，*Sociology*，40（1）：143–61.

Bates，S. and Jenkins，L.（2007）'Teaching and Learning Ontology and Epistemology in Political Science'，*Politics*，27（1）：55–63.

Bates，S. and Smith，N.（2008）'Understanding Change in Political Science：On the Need to Bring Space into Theoretical Positions and Empirical Analyses'，*Political Studies Review*，6：191–204.

Baubock，R.（2008）'Normative theory and empirical research'，in Della Porta，

D. and Keating, M. (eds), *Approaches and Methodologies in the Social Sciences* (Cambridge: Cambridge University Press) 40–60.

Baumgartner, F. and Jones, B. (2005) *The Politics of Attention: How Government Prioritizes Problems* (Chicago, IL: University of Chicago Press).

Beckwith, K. (2001) 'Gender Frames and Collective Action: Configurations of Masculinity in the Pittston Coal Strike', *Politics and Society*, 29 (2): 297–330.

——(2005) 'A Common Language of Gender?', *Politics and Gender*, 1 (1): 128–37.

Beetham, D. (2005) *Democracy: A Beginner's Guide* (Oxford: Oneworld).

Bell, S. (2002) 'The Limits of Rational Choice: New Institutionalism in the Test Bed of Central Banking Politics in Australia', *Political Studies*, 50 (3): 477–96.

Bendor, J. and Meirowitz, A. (2004) 'Spatial Models of Delegation', *American Political Science Review*, 98 (2): 293–310.

Benjamin, W. (1933) *The Work of Art in the Age of Mechanical Reproduction* (available at http://www.marxists.org/reference/subject/philosophy/works/ge/benjamin.htm: accessed 24th August 2009)

Bennett, A., Barth, A. and Rutherford, K. (2003) 'Do We Preach What We Practice? A Survey of Methods in Political Science Journals and Curricula', PS: *Political Science & Politics*, 36 (3): 373–8.

Bennett, A. and Elman, C. (2006) 'Qualitative Research: Recent Developments in Case Study Methods', *Annual Review of Political Science*, 9: 455–76.

Bentham, J. (1987) in J. Waldron (ed.), *Nonsense on Stilts: Bentbarn, Burke and Marx on the Rights of Man* (London: Routledge).

Bentham, J. (1996) *The Collected Works of Jeremy Bentbam: An Introduction to the Principles of Morals and Legislation* (edited by F. Rosen, H. L. A. Hart and J. H. Burns) (Oxford: Clarendon Press).

Bentley, A. F. (1908/1995) *The Process of Government* (New Brunswick, NJ: Transaction Publishers).

Berman, S. (1998) *The Social Democratic Moment: Ideas and Politics in the Making of Interwar Europe* (Cambridge, MA: Harvard University Press).

Bevir, M. and Rhodes, R. (2002) 'Interpretive Theory', in D. Marsh and G. Stoker (eds) *Theory and Methods in Political Science*, 2nd edn (Basingstoke: Palgrave Macmillan) 131–52.

Bevir, M. and Rhodes, R. (2003) *Interpreting British Governance* (London: Routledge).

Bevir, M. and Rhodes, R. (2006) *Governance Narratives* (London: Routledge).

Biernacki, R. (1995) *The Fabrication of Labor: Germany and Britain, 1640—1914* (Berkeley, CA: University of California Press).

Billig，M.（2003）'Political Rhetoric'，in D. O. Sears，L. Huddy and R. Jervis（eds），*Handbook of Political Psychology*（Oxford：Oxford University Press），pp. 222–50.

Blalock，H. M.（1964）*Causal Inferences in Non-Experimental Research*（Chapel Hill，NC：University of North Carolina Press）.

——(1969) *Theory Construction：From Verbal to Mathematical Formulations*（Englewood Cliffs，NJ：Prentice-Hall）.

——(1970) *An Introduction to Social Research*（Englewood Cliffs，NJ：Prentice-Hall）.

——(ed.)（1972）*Causal Models in the Social Sciences*（London：Macmillan）.

Blondel，J.（1987）*Political Leadership：A General Analysis*（London：Sage）.

Blyth，M.（1997）'Any More Bright Ideas? The Ideational Turn of Comparative Political Economy'，*Comparative Politics*，29（2）：229–50.

——(2002a) *Great Transformations：Economic Ideas and Political Change in the Twentieth Century*（Cambridge：Cambridge University Press）.

——(2002b) 'Institutions and Ideas'，in D. Marsh and G. Stoker（eds），*Theory and Methods in Political Science*（Basingstoke：Palgrave Macmillan，2005），pp. 292–310.

——(2009) 'An Approach to Comparative Analysis or a Subfield within a Subfield? Political Economy'，in M. I. Lichbach and A. S. Zuckerman（eds），*Comparative Politics：Rationality，Culture，and Structure*，2nd edn（Cambridge：Cambridge University Press），pp. 193–219.

Boix，C. and Stokes，S. C.（2003）'Endogenous Democratization'，*World Politics* 55（4）：517–49.

Bourdieu，P.（1977）*Outline of a Theory of Practice*（Cambridge：Cambridge University Press）.

Bourque，S. and Grossholtz，J.（1974）'Politics an Unnatural Practice：Political Science Looks at Female Participation'，*Politics and Society*，4（4）：225–66.

Box-Steffensmeier，J.，H. Brady and D. Collier（eds.）（2008）*The Oxford Handbook of Political Methodology*（Oxford：Oxford University Press）.

Bradley，M. T. and Gupta，R.（1997）'Estimating the Effect of the File Drawer Problem in Meta-Analysis'，*Perceptual and Motor Skills*，85（2）：719–22.

Brady，H. and Collier，D.（2004）*Rethinking Social Inquiry：Diverse Tools and Shared Standards*（Lanham，MD：Rowman & Littlefield）.

Brandstrom，A.，'t Hart，P and Bynander，F.（2004）'Governing by Looking Back：Historical Analogies and Crisis Management'，*Public Administration*，82（1）：191–210.

Brannan，T. and John，P.（2006）'How Different are Telephoning and Canvassing?

A Get Out The Vote Field Experiment in the UK 2005 General Election', Institute for Political and Economic Governance (IPEG), University of Manchester. www. ipeg. org. uk/ papers/ manchestergotv110906. pdf (accessed 16/6/2009).

Braumoeller, B. (2008) 'Systemic Politics and the Origins of Great Power Conflict', *American Political Science Review*, 102 (1): 77–93.

Bray, Z. (2008) 'Ethnographic Approaches', in D. Della Porta and M. Keating (eds), *Approaches and Methodologies in the Social Sciences: a Pluralist Perspective* (Cambridge: Cambridge University Press), pp. 296–315.

Brennan, G. and Buchanan, J. (1985) *The Reason of Rules: Constitutional Political Economy* (Cambridge: Cambridge University Press).

Brennan, T. and Pateman, C. (1979) 'Mere Auxiliaries to the Commonwealth: Women and the Origins of Liberalism', *Political Studies*, 27 (2): 183–200.

Brenner, R. (1977) 'The Origins of Capitalist Development: A Critique of Neo-Smithian Marxism', *New Left Review*, 104 (1): 25–1992.

Brook, R. H., Ware, J. E. Jr and Rogers, W. H. (1983) 'Does Free Care Improve Adults' Health?', *New England Journal of Medicine*, 309 (23): 1426–34.

Brown, C. and Ainley, K. (2005) *Understanding International Relations*, 3rd edn (Basingstoke: Palgrave Macmillan).

Brunsson, N. and Olsen, J. (1993) *The Reforming Organisation* (London: Routledge).

Bryan, Dick (2008) 'Marxists on the Capitalist Crisis 6. Dick Bryan: The Inventiveness of Capital' Interview in *Workers' Liberty* (available at www. workersliberty. org/ story/2008/07/13/marxists-capitalist-crisis-6-dick-bryan-inventiveness-capital: accessed 24 August 2009)

Bryson, V. (1999) *Feminist Debates* (London: Macmillan).

Budge, I. and Fairlie, D. (1983) *Explaining and Predicting Elections: Issue Effects and Party Strategies in Twenty Three Democracies* (London: Allen& Unwin).

Budge, I., Klingemann, H-D., Volkens, A. Bara, J. and Tanenbaum, E. (2001) *Mapping Policy Preferences: Estimates for Parties, Electors, and Governments 1945—1998* (Oxford: Oxford University Press).

Budge, I. and Laver, M. (1992) *Party Policy and Government Coalitions* (London: Macmillan).

Burnham, p., Gilland Lutz, K., Grant, W. and Layton-Henry, Z. (2008) *Research Methods in Politics*, 2nd edn (Basingstoke: Palgrave Macmillan).

Burtless, G. (1995) 'The Case for Randomized Field Trials in Economic and Policy Research', *The Journal of Economic Perspectives*, 9 (2): 63–84.

Butler, J. (1992) 'Contingent Foundations: Feminism and the Question of "Postmodernism"', in J. Butler and J. W Scott (eds), *Feminists Theorize the Political*

(London: Routledge), pp. 3–21.

Calhoun, C. (2000) 'Social Theory and the Public Sphere', in B. S. Turner (ed.), *The Blackwell Companion to Social Theory* (Oxford: Blackwell), pp. 505–44.

Callinicos, A. (1989) *Against Postmodernism: A Marxist Critique* (Cambridge: Polity Press).

Camerer, C. and Thaler, R. (1995) 'Anomalies, Ultimatums, Dictators and Manners', *Journal of Economic Perspectives*, 9 (2): 209–19.

Campbell, J. (2004) *Institutional Change and Globalization* (Princeton, NJ: Princeton University Press).

Canetti, E. (1984) *Crowds and Power* (London: Farrar, Strauss & Giroux).

Caplan, B. (2007) *The Myth of the Rational Voter: Why Democracies Choose Bad Policies* (Princeton, NJ: Princeton University Press).

Caporaso, J. (2000) 'Comparative Politics. Diversity and Coherence', *Comparative Political Studies*, 33 (6–7): 699–702.

Cardoso, F. H (2001) *Charting a New Course: the politics of globalization and social transformation*, edited and introduced by Mauricio A. Font (Boulder, CO: Rowan & Littlefield).

Carnap, R. (1936) 'Testability and Meaning', *Philosophy of Science*, 3 (4): 419–71 and 4 (1): 1–40.

——(1950) 'Empiricism, Semantics and Ontology', *Revue Internationale de Philosophe*, 4: 20–40.

Carroll, S. and Zerilli, L. (1993) 'Feminist Challenges to Political Science', in A. W. Finifter (ed.), *Political Science: The State of the Discipline II* (Washington, DC: American Political Science Association), pp. 55–76.

Carver, T. (1998) 'A Political Theory of Gender: Perspectives on the "Universal Subject"', in V. Randall and G. Waylen (eds) *Gender, Politics and the State* (London: Routledge), pp. 18–28.

Castells, M. (2005) 'Global Governance and Global Politics', PS: *Political Science and Politics*, 38 (1): 9–16.

Caterino, B. and Schram, S. (2006) 'Introduction'' in S. Schram and B. Caterino (eds), *Making Political Science Matter* (New York: New York University Press), pp. 1–13.

Catt, H. (1996) *Voting Behaviour: A Radical Critique* (London: Cassell).

Cerny, P. (2009) 'Rethinking World Politics: A Theory of Transnational Neopluralism' (unpublished manuscript).

Chalmers, A. F. (1986) *What is this Thing called Science?* (Buckingham: Open University Press).

——(1990) *Science and its Fabrication* (Buckingham: Open University Press).

Chappell, L. (2006) 'Comparing Political Institutions: Revealing the Gendered "Logic of Appropriateness"', *Politics and Gender*, 2 (2), 223–35.

Checkel, J. (2005) 'International Institutions and Socialization in Europe: Introduction and Framework', *International Organization*, 59 (4): 801–26.

Chhotray, V. and Stoker, G. (2009) *Governance Theory and Practice* (Basingstoke: Palgrave Macmillan).

Chweiroth, J. (2007) 'Neoliberal Economists and Capital Account Liberalization in Emerging Markets', *International Organization*, 61 (2): 443–63.

Clarke, H. D., Kornberg, A., Mclntyre, C., Bauer-Kaase, P. and Kaase, M. (1999) 'The Effect of Economic Priorities on the Measurement of Value Change', *American Political Science Review*, 93 (3): 637–47.

Clarke, H. D., Ho, K. and Stewart, M. C. (2000) 'Major's Lesser (Not Minor) Effects: Prime Ministerial Approval and Governing Party Support in Britain Since 1979', *Electoral Studies*, 19 (2): 255–73.

Clarke, H., Sanders, D., Whiteley, P. and Stewart, M. (2009) *Performance Politics and the British Voter* (Cambridge: Cambridge University Press).

Clarke, L. and Lange, L. (1979) *The Sexism of Social and Political Theory: Women and Reproduction from Plato to Nietzsche* (Toronto: Toronto University Press).

Clegg, S. (1990) *Modern Organizations* (London: Sage).

Clough, E. (2008), 'Still Converging? A Downsian System Without Polls', *Journal of Theoretical Politics*, 20 (4): 461–76.

Comte, A. (1974) *Discourse on the Positive Spirit* (London: Heinemann).

Connell, R. (1987) *Gender and Power: Society, the Person and Sexual Politics* (London: Polity).

——(1990) 'The State, Gender and Sexual Politics', *Theory and Society*, 19 (5): 507–44.

——(1995) *Masculinities* (London: Polity).

Connolly, W. (1991) *Identity/Difference: Democratic Negotiations of the Political Paradox* (Ithaca, NY: Cornell University Press).

Converse, P (1984) 'The Nature of Belief Systems in Mass Publics' in D. Apter (ed), *Ideology and Discontent* (New York: Free Press).

Coole, D. (1990) 'Feminism and Politics' in A. Leftwich (ed.), *New Developments in Political Science: An International Review of Achievements and Prospects* (London: Edgar Elgar).

Cooper, D. (1994) 'Productive, Relational and Everywhere? Conceptualising Power and Resistance within Foucauldian Feminism', *Sociology*, 28 (2): 435–54.

Cottam, M. B., Dietz-Uhler, E. Mastors, E. and Preston, T. (2004) *Introduction to Political Psychology* (Mahwah, NJ: Erlbaum).

Cox, G. W. (1997) *Making Votes Count: Coordination in the World's Electoral Systems* (Cambridge: Cambridge University Press).

Cox, G. W (1999), 'The Empirical Content of Rational Choice Theory: A Reply to Green and Shapiro', *Journal of Theoretical Politics*, 11 (2): 147-69.

Cox, R. W. (1981) 'Social Forces, States and World Orders', *Millennium: Journal of International Studies*, 10 (2): 126-55.

Cox, R. W (1987) *Production, Power and World Orders: Social Forces in the Making of History* (New York: Columbia University Press).

——(1999) 'Civil Society at the Turn of the Millennium: Prospects for an Alternative World Order', *Review of International Studies*, 25, 3-28.

Crouch, C. (2005) *Capitalist Diversity and Change: Recombinant Governance and Institutional Entrepreneurs* (Oxford: Oxford University Press).

Csada, R., James, P. and Espie, R. (1996) The "File Drawer Problem" of Non-Significant Results: Does it apply to Biological Research?, *OIKOS*, 76 (3): 591-3.

Dahl, R (1961) *Who Governs?* (New Haven, CT: Yale University Press).

Dale, A. and Strauss, A. (2007) 'Text Messaging as a Youth Mobilization Tool: An Experiment with a Post-Treatment Survey', paper presented at the annual meeting of the American Political Science Association, Chicago, IL, 6 August.

Dalton, R. (2002) *Citizen Politics: Public Opinion and Political Parties in Advanced Industrial Democracies* (New York: Chatham House).

Daniels, N. (ed.), (1978) *Reading Rawls: Critical Studies on Rawls's 'A Theory of Justice'* (Oxford: Blackwell).

Darden, K. and Grzymala-Busse, A. (2006) 'The Great Divide: Precommunist Schooling and Postcommunist Trajectories', *World Politics*, 59 (1): 83-115.

Darmofal, D. (2006) 'Spatial Econometrics and Political Science.' Presented at the Annual Meeting of the Southern Political Science Association, Atlanta, GA.

Davis, M. (2006) *City of Quartz: Excavating the Future in Los Angeles* (London: Verso).

Davis, M. (2007) *The Planet of Slums* (London: Verso).

Dawes, R. M., Orbell, J. M., Simmons, R. T. and Van De Kragt, A. J. C. (1986) 'Organizing Groups for Collective Action', *American Political Science Review*, 80 (4): 1171-85.

Dawnay, E. and Shah, H. (2005) *Behavioural Economics: Implications for Policy-Makers* (London: New Economics Foundation).

de Goede, M. (2005) *Virtue, Fortune, and Faith: A Genealogy of Finance* (Minneapolis, MN: University of Minnesota Press).

Della Porta, D. and Keating, M. (eds) (2008) *Approaches and Methodologies in the Social Sciences: A Pluralist Perspective* (Cambridge: Cambridge University Press).

Dema, S. (2008) 'Gender and Organizations: The (Re-) Production of Gender Inequalities within Development NGOs', *Women's Studies International Forum*, 31 (6): 441-8.

Derrida, J. (1976) *Of Grammatology* (Baltimore, MD: Johns Hopkins University Press).

Desai, M. (2002) *Marx's Revenge* (London: Verso).

Dewan, T. and Dowding, K. (2005) 'The Corrective Effect of Ministerial Resignations on Government Popularity', *American Journal of Political Science*, 49 (1): 46-56.

Dews, P. (ed.), (1999) *Habermas: A Critical Reader* (Oxford: Blackwell).

Diamond, L. (1992) 'Economic Development and Democracy Revisited', in G. Marks and L. Diamond (eds), *Reexamining Democracy: Essays in Honour of Seymour Martin Lipset* (London: Sage).

——(ed.), (1993) *Political Culture and Democracy in Developing Countries* (Boulder, CO: Lynne Rienner).

Diamond, I. and Hartsock, N. (1981/1998) 'Beyond Interests in Politics: A Comment on Virginia Sapiro's "When are Interests Interesting? The Problem of Political Representation of Women"', in A. Phillips (ed.), *Feminism and Politics* (Oxford: Oxford University Press), pp. 193-202.

Diamond, L. and Morlino, L. (2005) *Assessing the Quality of Democracy* (Baltimore, MD: Johns Hopkins University Press).

Diez, T. (1999) 'Speaking Europe: The Politics of Integration Discourse', *Journal of European Public Policy*, 6 (4): 598-613.

Di Stefano, C. (1990) 'Dilemmas of difference', in L. Nicholson (ed.), *Feminism/Postmodernism* (New York: Routledge).

Dobbin, F. (1994) *Forging Industrial Policy* (New York: Cambridge University Press).

Dogan, M. (1994) 'Use and Misuse of Statistics in Comparative Research', in M. Dogan and A. Kazancigil (eds), *Comparing Nations* (Oxford: Blackwell).

Donovan, C. and Larkin, P. (2006) 'The Problem of Political Science and Practical Politics', *Politics*, 26 (1): 11-17

Douglas, M. (1987) *How Institutions Think* (London: Routledge & Kegan Paul).

Dowding, K. (1994), 'The Compatibility of Behaviouralism, Rational Choice and New Institutionalism', *Journal of Theoretical Politics*, 6 (1): 105-17.

Downs, A. (1957) *An Economic Theory of Democracy* (New York: Harper & Row).

Drezner, D. (2007) *All Politics is Global: Explaining International Regulatory Regimes* (Princeton, NJ: Princeton University Press).

Druckman, J. N., Green, D. P., Kuklinski J. H. and Lupia, A. (2006) 'The Growth and Development of Experimental Research in Political Science', *American Political Science Review*, 100 (4): 627–36.

Dryzek, J. (2002) 'A Pox on Perestroika, a Hex on Hegemony: Towards a Critical Political Science', paper presented at the annual meeting of the American Political Science Association, Boston, MA, 28 August.

Duffield, M. (2006) 'International Security Institutions: Rules, Tools, Schools, or Fools?', in R. A. W. Rhodes, S. Binder and B. Rockman (eds), *The Oxford Handbook of Political Institutions* (Oxford: Oxford University Press), pp. 633–53.

——(1991) *Democracy, Bureaucracy and Public Choice: Economic Explanations in Political Science* (Hemel Hempstead: Harvester-Wheatsheaf).

Dunleavy, P. (2003) *Authoring a PhD: How to Plan, Draft, Write and Finish a Doctoral Thesis or Dissertation* (Basingstoke: Palgrave Macmillan).

Dunleavy, P. and Jones, G. (1993) 'Leaders, Politics and Institutional Change: The Decline of Prime Ministerial Accountability to the House of Commons, 1968–1990', *British Journal of Political Science*, 23 (3): 267–98.

Dunne, T. and Schmidt, B. (2007) 'Realism', in J. Baylis, S. Smith and P. Owens (eds) *The Globalization of World Politics*, 4th edn (Oxford: Oxford University Press), pp. 90–107

Dunning, T. (2008) 'Improving Causal Inference: Strengths and Limitations of Natural Experiments', *Political Research Quarterly*, 61 (2): 282–93.

Durkheim, E. (1984 [1893]) *The Division of Labor in Society*, trans. W. Halls (New York: Free Press).

Duverger, M. (1964) *Political Parties*, 3rd edn (London: Methuen).

Dworkin, R. (1981a) 'What is Equality? Part 1: Equality of Welfare', *Philosophy and Public Affairs*, 10 (3): 185–246.

——(1981b) 'What is Equality? Part 2: Equality of Resources', *Philosophy and Public Affairs*, 10 (4): 283–345.

Dyson, S. P. (2006) 'Personality and Foreign Policy: Tony Blair's Iraq Decisions', *Foreign Policy Analysis*, 2 (3): 289–306.

——(2007) 'Alliances, Domestic Politics and Leader Psychology: Why Did Britain Stay Out of Vietnam and Go Into Iraq?', *Political Psychology*, 28 (6): 647–66.

——(2009) 'Cognitive Style and Foreign Policy: Margaret Thatcher's Black and White Thinking', *International Political Science Review*, 30 (1): 33–48.

Eavey, C. and Miller, G. (1984a) 'Bureaucratic Agenda Control: Imposition or Bargaining', *American Political Science Review*, 78 (3): 719–33.

——(1984b) 'Fairness in Majority Rule Games with a Core', *American Journal of Political Science*, 28 (3): 570–86.

Edwards, B., Foley, M. and Diani, M. (eds) (2001) *Beyond Tocqueville: Civil Society and the Social Capital Debate in Comparative Perspective* (Hanover, MA: Tufts).

Eisenstein, Z. (1979) *Capitalist Patriarchy and the Case for Socialist Feminism* (New York: Monthly Review Press).

Elder Vass, D. (2007) 'For Emergence: Refining Archer's Account of Social Structure', *Journal for the Theory of Social Bebaviour*, 37 (1): 25-444.

Eliasoph, N. (1998) *Avoiding Politics* (Cambridge: Cambridge University Press).

Elster, J. (ed.) (1986) *Karl Mark: A Reader* (Cambridge: Cambridge University Press).

Elster, J. (1989) *Nuts and Bolts for the Social Sciences* (Cambridge: Cambridge University Press).

Elster, J. (2007) *Explaining Social Behavior More Nuts and Bolts for the Social Sciences* (Cambridge: Cambridge University Press).

Epstein, C. (2008) *The Power of Words in International Relations: Birth of an Anti-Whaling Discourse* (Cambridge, MA: MIT Press).

Escher, T., Margetts, H., Petricek, V. and Cox, I. (2006) 'Governing from the Centre? Comparing the Nodality of Digital Governments', paper presented at the annual meeting of the American Political Science Association, Philadelphia, PA, 31 August.

Esping-Andersen, G. (1990) *The Three Worlds of Welfare Capitalism* (Cambridge: Polity Press).

Etheredge, L. S. (1978) *A World of Men: The Private Sources of American Foreign Policy* (Cambridge, MA: MIT Press).

Evans, M (2006) 'Elitism' in Hay, C., Lister, M. and Marsh, D. (2006) *The State. Theories and Issues* (Basingstoke: Palgrave Macmillan).

Evans, P. B. (1995) *Embedded Autonomy: States and Industrial Transformation* (Princeton, NJ: Princeton University Press).

Evans, S. (1979) *Personal Politics: The Roots of Women's Liberation in the Civil Rights Movement and tbe New Left* (New York: Random House).

Ezrow, L. (2008) 'Parties' Policy Programmes and the Dog that Didn't Bark: No Evidence that Proportional Systems Promote Extreme Party Positioning', *British Journal of Political Science*, 38 (3): 479-97.

Ezzy, D. (2002) *Qualitative Analysis: Practice and Innovation* (Sydney: Allen & Unwin).

Farrelly, C. (2004) *An Introduction to Contemporary Political Theory* (London: Sage).

Fehr, E. and Fischbacher, U. (2004) 'Third-Party Punishment and Social Norms',

Evolution and Human Bebaviour, 25 (2): 63-87.

Fehr, E. and Gächter, S. (2002) 'Altruistic Punishment in Humans', *Nature*, 415 (6868): 137-40.

Finer, H. (1932) *The Theory and Practice of Modern Government* (London: Methuen).

Finer, S. (1970) *Comparative Government* (London: Allen Lane, The Penguin Press).

Finnemore, M. (1996a) 'Norms, Culture, and World Politics: Insights from Sociology's Institutionalism', *International Organization*, 50 (2), 325-347.

——(1996b) *National Interests in International Society* (Ithaca, NY: Cornell University Press).

Finnemore, M. and Sikkink, K. (1998) 'International Norm Dynamics and Political Change', *International Organization*, 52 (4): 887-917.

Fiorina, M. and Plott, C. R. (1978) 'Committee Decisions Under Majority Rule: An Experimental Study', *American Political Science Review*, 72 (2): 575-98.

Fisman, R. and Miguel, E. (2006) 'Cultures of Corruption: Evidence from Diplomatic Parking Tickets', NBER Working Paper No. 12-312.

Flyvbjerg, B. (2001) *Making Social Science Matter* (Cambridge: Cambridge University Press).

——(2006) 'A Perestroikan Straw Man Answers Back', in S. Schram and B. Caterino (eds) *Making Political Science Matter: Debating Knowledge, Researcb and Method* (New York: New York University Press), pp. 56-85.

Fodor, E. M., and Smith, T. (1982) 'The Power Motive as an Influence on Group Decision Making', *Journal of Personality and Social Psychology*, 42 (2): 178-185.

Foucault, M. (1975) *Discipline and Punish: the Birth of the Prison* (New York: Random House).

——(1991) *The Foucault Reader*, ed. P. Rabinow (London: Penguin).

——(2001a) *Power*, ed. J. Faubion (London: Allen Lane).

——(2001b) *Madness and Civilisation* (London: Routledge).

Fox, C. and Miller, H. (1995) *Postmodern Public Administration* (Thousand Oaks, CA: Sage).

Frank, A. G. (1967) *Capitalism and Underdevelopment in Latin America: Historical Studies of Chile and Brazil* (New York: Monthly Review Press).

Frank, X. (2008) *The Economic Rationalist: Why Economics Explains Almost Everything* (London: Virgin).

Franklin, M. (2004) *Voter Turnout and the Dynamics of Electoral Competition in Established Democracies Since 1945* (New York: Cambridge University Press).

Franzosi, R. (1994) 'Outside and Inside the Regression "Black Box" from Exploratory to Interior Data Analysis', *Quality and Quantity*, 28 (1): 21-53.

Frazer, E. (ed.) (1993) *The Politics of Community: A Feminist Critique* (New York: Harvester Wheatsheaf).

Fraser, N. (1989) *Unruly Practices: Power, Discourse and Gender in Contemporary Social Theory* (Cambridge: Polity).

Frey, B. S. and Meier, S. (2004) 'Social Comparisons and Pro-social Behaviour: Testing "Conditional Cooperation" in a Field Experiment', *American Economic Review*, 94 (5): 1717-22.

Friedman, J. (ed.) (1996) *The Rational Choice Controversy: Economic Models of Politics Reconsidered* (New Haven, CT: Yale University Press).

Friedman, M. (1951) *Essays on Positive Economics* (Chicago, IL: University of Chicago Press).

Friedrich, R. (1982) 'In Defense of Multiplicative Terms in Multiple Regression Equations', *American Journal of Political Science*, 26 (4): 797-833.

Gamble, A. (1990) 'Theories of British Politics', *Political Studies*, 38 (3): 404-20.

Garrett, G. (1998) *Partisan Politics in the Global Economy* (New York: Cambridge University Press).

Geertz, C. (1973) *The Interpretation of Cultures* (New York: Basic Books).

George, A. L. and George, J. L. (1964) *Woodrow Wilson and Colonel House: A Personality Study* (New York: Dover).

George, A. and Bennett, A. (2005) *Case Studies and Theory Development in the Social Sciences* (Cambridge, MA: MIT Press).

Gerber, A. S. and Green, D. P (2000) 'The Effects of Canvassing, Telephone Calls, and Direct Mail on Voter Turnout: A Field Experiment', *American Political Science Review*, 94 (3): 653-63.

——(2001a) 'Do Phone Calls Increase Voter Turnout? An Experiment', *Public Opinion Quarterly*, 65 (1): 75-85.

——(200lb) 'Getting Out the Youth Vote: Results from Randomized Field Experiments', Unpublished manuscript, Yale University, 29 December.

——(2003) 'Partisan Mail and Voter Turnout: Results from Randomized Field Experiments', *Electoral Studies*, 22 (4): 563-579.

Gerber, A. S., Green, D. P. and Kaplan, E. H. (2002) 'The Illusion of Learning from Observational Research', *Yale Institution for Social and Policy Studies*, Working Paper no. 02-01.

Gerber, A. S., Green, D. P and Shachar, R. (2003) 'Voting May be Habit-Forming: Evidence from a Randomized Field Experimen', *American Journal of Political Science*, 47 (3): 540-50.

Gerber，A. and Malhotra，N.（2006），'Can Political Science Literatures be Believed? A Study of Publication Bias in the APSR and the AJPS'，unpublished paper.

Gerring，J.（2007）*Case Study Research：Principles and Practices*（Cambridge：Cambridge University Press）.

Gibler，D.（2008）'The Costs of Reneging：Reputation and Alliance Formation'，*Journal of Conflict Resolution*，52（3）：426–54.

Giddens，A.（1984）*The Constitution of Society*（Cambridge：Polity Press）.

Giddens，A.（1999）'Elements of the Theory of Structuration'，in A. Elliott（ed.），*The Blackwell Reader in Contemporary Social Theory*（Oxford：Blackwell），pp. 119–30.

Gill，J.（1999）'The Insignificance of Null Hypothesis Significance Testing'，*Political Research Quarterly*，52（3）：647–674.

——（2007）*Bayesian Methods：A Social and Behavioral Sciences Approach*，2nd edn（London：Chapman & Hall）.

Gill，S.（ed.），（1993）*Gramsci，Historical Materialism and International Relations*（Cambridge：Cambridge University Press）.

Gill，S（2003）*Power and Resistance in the New World Order*（Basingstoke：Palgrave Macmillan）.

Gilligan，C.（1982）*In a Different Voice*（Cambridge，MA：Harvard University Press）.

Glad，B.（1980）*Jimmy Carter：In Search of the Great White House*（New York：Norton）.

Goldmann，M.（2006）'Belated Reception：Joyce's Works in Hungary'，*Comparative Critical Studies*，3（3）：227–48.

Goodin，R.（ed.），（1996）*The Theory of Institutional Design*（Cambridge，Cambridge University Press）.

Goodin，R. and Klingemann，H.-D.（eds）（1996）*A New Handbook of Political Science*（Oxford：Oxford University Press）.

Goodin，R. and Pettit，P.（2006）*Contemporary Political Philosophy：An Anthology*（Oxford：Blackwell）.

Gormley-Heenan，C.（2006）*Political Leadership and the Northern Ireland Peace Process：Role，Capacity and Effect*（Basingstoke：Palgrave Macmillan）.

Gorz，Andre（1983）*Farewell to the Working Class：An Essay on Post-Industrial Socialism*（London：Pluto Press）.

Grafstein，R.（1988）'The Problem of Institutional Constraint'，*Journal of Politics*，50（3）：577–99.

Gramsci，A.（1971）*Selections from the Prison Notebooks*，trans. Q. Hoare and G. Nowell-Smith（London：Lawrence & Wishart）.

Granovetter, M. (1985) 'Economic Action and Social Structure: The Problem of Embeddedness', *American Journal of Sociology*, 91 (3): 481–510.

Grant, W and Marsh, D. (1977) *The Confederation of British Industry* (Sevenoaks: Hodder & Stoughton).

Grbich, C. (2007) *Qualitative Data Analysis* (London: Sage).

Green, D. P. and Gerber, A. S. (2003) 'The Underprovision of Experiments in Political Science', *Annals of the American Academy of Political and Social Science*, 589: 94–112.

——(2004) *Get Out The Vote! How to Increase Voter Turnout* (Washington, DC: Brookings Institution Press).

Green, D. P and Shapiro, I. (1994) *Pathologies of Rational Choice Theory: A Critique of Applications in Political Science* (New Haven, CT: Yale University Press).

Greenberg, D. , Linkz, D. and Mandell, M. (2003) *Social Experimentation and Public Policy Making* (Washington, DC: The Urban Institute Press).

Greene, W. (2007) *Econometric Analysis*, 6th edn (Upper Saddle River, NJ: Prentice Hall).

Greenstein, F. (1987) *Personality and Politics: Problems of Evidence, Inference and Conceptualization* (Princeton, NJ: Princeton University Press).

Greenstein, F. (2009) *The Presidential Difference: Leadership Style from FDR to Barack Obama* (Princeton, NJ: Princeton University Press)

Grier, K. (2008) 'US Presidential Elections and Real GDP Growth, 1961–2004', *Public Choice*, 135 (3–4): 337–52.

Guba, E. and Lincoln, Y. (1994), 'Competing Paradigms in Qualitative Research', in N. Denzin and Y. Lincoln, *Handbook of Qualitative Research* (Thousand Oaks, CA: Sage), pp. 105–17.

Gujarati, D. N. (2003) *Basic Econometrics* (New York: McGraw-Hill Education).

Guth, W. and Weck-Hannemann, H. (1997) 'Do People Care about Democracy? An Experiment Exploring the Value of Voting Rights', *Public Choice*, 91 (1): 27–47.

Gutmann, A. (1985) 'Communitarian Critics of Liberalism', *Philosophy and Public Affairs*, 14 (3): 308–22.

——(ed.) (1994) *Multiculturalism* (Princeton, NJ: Princeton University Press).

Habermas, J. (1976) *Legitimation Crisis* (London: Heinemann).

——(1979) *Communication and the Evolution of Society* (London: Heinemann).

——(1991) *The Theory of Communicative Action* (Cambridge: Polity).

——(1996) *The Habermas Reade*, ed. W. Outhwaite (Cambridge: Polity).

Halford, S. (1992) 'Feminist Change in a Patriarchal Organisation: The Experience of Women's Initiatives in Local Government and the Implications for Feminist Perspectives on the State', in M. Savage and A.

Witz (eds), *Gender and Bureaucracy* (Oxford: Blackwell), pp. 155-85.

Halfpenny, P. (1982) *Positivism and Sociology: Explaining Social Life* (London: Allen & Unwin).

Hall, P. A. (1986) *Governing the Economy: the Politics of State Intervention in Britain and France* (Oxford: Oxford University Press).

——(ed.) (1989) *The Political Power of Economic Ideas: Keynesianism Across Nations* (Princeton, NJ: Princeton University Press).

——(1992) 'The Movement from Keynesianism to Monetarism: Institutional Analysis and British Economic Policy in the 1970s', in S. Steinmo, K. Thelen and F. Longstreth (eds), *Structuring Politics: Historical Institutionalism in Comparative Analysis* (Cambridge: Cambridge University Press), pp. 90-113.

——(1993) 'Policy Paradigms, Social Learning, and the State', *Comparative Politics*, 25 (3): 175-96 and 225-50.

Hall, P. A. and Soskice, D. (eds) (2001) *Varieties of Capitalism: The Institutional Foundations of Competitiveness* (Oxford: Oxford University Press).

Hall, P. A. and Taylor, R. (1996) 'Political Science and the Three New Institutionalisms', *Political Studies*, 44 (4): 936-57.

——(1998) 'The Potential of Historical Institutionalism: A Response to Hay and Wincott', *Political Studies*, 46 (5): 958-62.

Halliday, F. (1994) *Rethinking International Relations* (London: Macmillan).

Halpern, D. (2004) *Social Capital* (Oxford: Polity Press).

Hampsher-Monk, I. (1992) *A History of Modern Political Thought: Major Political Thinkers from Hobbes to Marx* (Oxford: Blackwell).

Hancké, B. (2009) *Intelligent Research Design* (Oxford: Oxford University Press).

Hanson, R. (1958) *Patterns of Discovery* (Cambridge: Cambridge University Press).

Harford, T. (2006) *The Undercover Economist* (Oxford: Oxford University Press).

Harlow, L. and Mulaik, S. (1997) *What if There Were No Significance Tests?* (London: Lawrence Erlbaum Associates).

Hartsock, N. (1983) 'The Feminist Standpoint: Developing the Ground for a Specifically Feminist Historical Materialism', in S. Harding and M. B. Hintikka (eds), *Discovering Reality* (Boulder, CO: Westview Press), pp. 283-10.

Hartsock, N. (ed.), (1998) *The Feminist Standpoint Revisited and Other Essays* (Boulder, CO: Westview Press).

Harvey, D. (2006) Spaces of *Global Capitalism: Towards a Theory of Uneven Geographical Development* (London: Verso).

Hawkesworth, M. (1994) 'Policy Studies within a Feminist Frame', *Policy*

Sciences, 27 (2—3): 97—118.

Hay, C. (1995) 'Structure and Agency', in G. Stoker and D. Marsh (eds), *Theory and Methods in Political Science* (London: Macmillan), pp. 189—207.

Hay, C. (1996) *Re-Stating Social and Political Change* (Buckingham: Open University Press).

Hay, C. (1999b) 'Crisis and the Structural Transformation of the State: Interrogating the Process of Change', *British Journal of Politics and International Relations*, 1 (3): 317—44.

(2002) *Political Analysis* (Basingstoke: Palgrave Macmillan).

Hay, C. (2004) 'The Normalising Role of Rationalist Assumptions in the Institutional Embedding of Neoliberalism', *Economy and Society*, 33 (3).

Hay, C. (2005) 'Globalisation's Impact on States', in J. Ravenhill (ed.), *Global Political Economy (Oxford: Oxford University Press).*

——(2006a) 'Constructivist Institutionalism', in R. A. W. Rhodes, S. Binder and B. Rockman (eds), *The Oxford Handbook of Political Institutions* (Oxford: Oxford University Press), pp. 56—74.

Hay, C. (2006b) 'Constructive Institutionalism … Or, Why Ideas into Interests Don't Go', in D. Beland and R. Cox (eds), *Ideas and Politics in Social Science Research.*

——(2007a) 'Does Ontology Trump Epistemology? Notes on the Directional Dependence of Ontology and Epistemology in Political Analysis', *Politics*, 27 (2): 115—9.

——(2007b) *Why We Hate Politics* (Cambridge: Polity).

Hay, C. and Marsh, D. (eds) (2000) *Demystifying Globalisation* (Basingstoke: Palgrave Macmillan).

Hay, C. and Rosamond, B. (2002) 'Globalisation, European Integration and the Discursive Construction of Economic Imperatives', *Journal of European Public Policy*, 9 (2): 147—67.

Hay, C. and Smith, N. (2005) 'Horses for Courses? The Political discourse of Globalisation and European Integration in the UK and Ireland', *West European Politics*, 28 (1): 124—58.

Hay, C. and Wincott, D. (1998) 'Structure, Agency and Historical Institutionalism', *Political Studies*, 46 (5): 951—7.

Hay, C., Lister, M. and Marsh, D. (2006) *The State: Theories and Issues* (Basingstoke: Palgrave Macmillan).

Hayward, J., Barry, B. and Brown, A. (eds) (1999) *The British Study of Politics in the Twentieth Century* (Oxford: Oxford University Press).

Heath, A. F. (ed.) (1991) *Understanding Political Change* (Oxford: Pergamon Press).

Heath, A. F., Jowell, R. and Curtice, J. (1985) *How Britain Votes* (Oxford: Pergamon Press).

Heath, A. F., Jowell, R., Curtice, J. and Taylor, B. (eds) (1994) *Labour's Last Chance? The 1992 General Election and Beyond* (Aldershot: Dartmouth).

Heckman, J. J. (1979) 'Sample Selection Bias as a Specification Error', *Econometrica*, 47 (1): 153–61.

Heckman, J. J. and Smith, J. A. (1995) 'Assessing the Case for Social Experiments', *Journal of Economic Perspectives*, 9 (2): 85–110.

Heclo, H. (1978) 'Issue Networks and the Executive Establishment' in A. King (ed.), *The New American Political System* (Washington, DC: American Enterprise Institute), pp. 87–124.

Held, D. (1980) *An Introduction to Critical Theory* (London: Hutchinson).

——(2004) *Global Covenant* (Cambridge: Polity).

Held, D., McGrew, A., Goldblatt, D. and Perraton, J. (1999) *Global Transformations: Politics, Economics and Culture* (Cambridge: Polity).

Hempel, C. (1965) *Aspects of Scientific Explanation and Other Essays in the Philosophy of Science* (New York: Free Press).

——(1966) *Philosophy of Natural Science* (Englewood Cliffs, NJ: Prentice-Hall).

Heppel, A. (2007) 'Weak and Ineffective? Reassessing the Party-Political Leadership of John Major', *Political Quarterly*, 78 (3): 382–91.

Hermann, M. G. (ed.) (1986) *Political Psychology* (San Francisco, CA: Jossey-Bass).

Hermann, M. G. (2002) 'Political Psychology as a Perspective in the Study of Politics', in K. R. Monroe (ed.), *Political Psychology* (Mahwah, NJ: Erlbaum), pp. 43–60.

Hicks, A. (1999) *Social Democracy and Welfare Capitalism* (Ithaca, NY: Cornell University Press).

Hill Collins, P. (1991) *Black Feminist Thought* (London: Routledge).

Hindmoor, A. (2004) *New Labour at the Centre: Constructing Political Space* (Oxford: Oxford University Press).

——(2005) 'Public Choice', in Marsh, D., Hay, C. and Lister, M. (eds), *The State: Theories and Issues* (Basingstoke: Palgrave Macmillan), pp. 79–897.

——(2006) *Rational Choice* (Basingstoke: Palgrave Macmillan).

Hirst, P. and Thompson, G. (1999) *Globalisation in Question* (Cambridge: Polity).

Hobhouse, L. T. (1922) *The Elements of Social Justice* (London: Allen & Unwin).

Hobson, J. A. (1891) *Problems of Poverty* (London: Methuen & Co.).

Hojer, M. and Åse, C. (1999) *The Paradoxes of Politics: An Introduction to Femi-*

nist Political Theory (Lund: Academia Adacta).

Hollis, M. and Smith, S. (1991) *Explaining and Understanding in International Relations* (Oxford: Clarendon Press).

Honohan, I. and Jennings, J. (2005) (eds), *Republicanism in Theory and Practice* (London: Routledge).

Hooghe, L. and Marks, G. (2003) 'Unravelling the Central State: But How? Types of Multi-level Governance', *American Political Science Review*, 87 (1): 233-43.

Hopf, T. (1998) 'The Promise of Constructivism in International Relations', *International Security*, 23 (1): 171-200.

Horiuchi, Y., Imai, K. and Taniguchi, N. (2007) 'Designing and Analyzing Randomized Experiments: Application to a Japanese Election Survey Experiment', *American Journal of Political Science*, 51 (3): 669-87.

Horkheimer, M. and Adorno, T. W. (1979) *Dialectic of Enlightenment* (London: Verso).

Houghton, D. (2008) *Political Psychology: Situations, Individuals and Cases* (London: Routledge).

House, R. J. (1990) 'Power and Personality in Complex Organizations', in B. M. Staw and L. L. Cummings (eds), *Personality and Organizational Influence* (Greenwich, CT: JAI Press).

How, A. (2003) *Critical Theory* (Basingstoke: Palgrave Macmillan).

Howarth, D. (1995) 'Discourse Theory' in D. Marsh and G. Stoker (eds), *Theory and Methods in Political Science* (London: Macmillan) pp. 115-33.

Howell, D. R., Baker, D., Glyn, A. and Schmitt, J. (2007) 'Are Protective Labor Market Institutions at the Root of Unemployment? A Critical Review of the Evidence', *Capitalism and Society*, 2 (1). www. bepress. comlcas/vol2/issl/art1 (accessed 17/6/2009).

Huff, D. (1991) *How to Lie With Statistics* (London: Penguin).

Hume, D. (1975 [1748]) *An Enquiry Concerning Human Understanding*, 3rd edn (Oxford: Clarendon).

Hunter, F. (1953) *Community Power Structure: A Study of Decision Makers* (Chapel Hill, NC: University of North Carolina Press).

Huntington, S. P (1968) *Political Order in Changing Societies* (New Haven, CT: Yale University Press).

Iglitzin, L. (1974) 'The Making of the Apolitical Woman: Femininity and Sex Stereotyping in Girls', in J. Jaquette (ed.), *Women in Politics* (New York: Wiley), pp. 250-3.

ILO (2009) *Global Employment Trends* (Geneva: ILO).

Immergut, E. (1992) 'The Rules of the Game: The Logic of Health Policy-Making in France, Switzerland and Sweden' in S. Steinmo, K. Thelen and F. Longstreth (eds),

Structuring Politics: *Historical Institutionalism in Comparative Analysis* (Cambridge: Cambridge University Press), pp. 57–89.

Indridason, I. and Kam, C. (2008) 'Cabinet Reshuffles and Ministerial Drift', *British Journal of Political Science*, 38 (4): 621–56.

Iyengar, S. and McGuire, W. J. (eds.) (1993) *Explorations in Political Psychology* (Durham, NC: Duke University Press).

Iversen, T. and Soskice, D. (2006) 'Electoral Institutions and the Politics of Coalitions: Why some Democracies Distribute More than Others', *American Political Science Review*, 100 (2): 165–81.

Jabko, N. (1999) 'In the Name of the Market: How the European Commission Paved the Way for Monetary Union', *Journal of European Public Policy* 6 (3): 475–95.

Jachtenfuchs, M. (1995) 'Theoretical Perspectives on European Governance', *European Law Journal*, 1 (2): 115–33.

Jackson, J. E. (1996) 'Political Methodology: An Overview', in R. Goodin and H. D. Klingermann (eds), *A New Handbook of Political Science* (Oxford: Oxford University Press), pp. 717–48.

Jacobs, K. (2006) 'Discourse Analysis' in M. Walter (ed.), *Social Research Methods*: *An Australian Perspective* (Melbourne: Oxford University Press), pp. 135–58.

Jacobsen, J. K. (2003) 'Dueling Constructivisms: A Postmortem on the Ideas Debate in IR/IPE', *Review of International Studies*, 29 (1): 39–60.

Jameson, F. (1992) *Signatures of the Visible* (Oxford: Routledge).

Janis, I. L. (1972) *Victims of Groupthink* (Boston, MA: Houghton Mifflin).

Janos, A (1986) *Politics and Paradigms* (Stanford, CA: Stanford University Press).

Jay, M. (1973) *The Dialectical Imagination* (London: Heinemann).

Jerks, R. (1976) *Perception and Misperception in International Politics* (Princeton, NJ: Princeton University Press).

Jervis, R., Lebow, R. N. and Stein, J. G. (1985) *Psychology and Deterrence* (Baltimore, MD: Johns Hopkins University Press).

Jessop, B. (1990) *State Theory*: *Putting the Capitalist State in its Place* (Cambridge: Polity Press).

Jessop, B. (2000) 'Institutional (Re) turns and the Strategic-Relational Approach', paper presented at the Institutional Theory in Political Science conference, Ross Priory, Loch Lomond, 18–19 October.

Jessop, B. (2002) *The Future of the Capitalist State* (Cambridge: Polity)

Jessop, B. (2004) 'Critical Semiotic Analysis and Cultural Political Economy', *Critical Discourse Studies*, 1 (2): 159–74.

Jessop, B. (2008) *State Power: A Strategic-Relational Approach* (Cambridge: Polity).

Jessop, B. and Sum, N.-L. (2001) 'Pre-Disciplinary and Post-Disciplinary Perspectives in Political Economy', *New Political Economy* 6 (1), 89-101.

Jessop, B. and Sum, N.-L. (2006) *Beyond the Regulation Approach: Putting Capitalist Economies in their Place* (Cheltenham: Edward Elgar).

John, P. (1998) *Analysing Public Policy* (London: Pinter).

Johnson, N. (1975) 'The Place of Institutions in the Study of Politics', *Political Studies*, 23 (2—3): 271-83.

Jones, K. and Jonasdottir, A. (eds) (1988) *The Political Interests of Gender* (London: Sage).

Jost, J. T. and Sidanius, J. (2004) *Political Psychology* (New York: Psychology Press).

Jowell, R. (2003) *Trying it Out: The Role of 'Pilots' in Policy-Making* (London: Cabinet Office).

Judge, D., Stoker, G. and Wolman, H. (eds) (1995) *Theories of Urban Politics* (London: Sage).

Kam, C. and Franzese, R. (2007) *Modeling and Interpreting Interactive Hypotheses in Regression Analysis* (Ann Arbor, MI: University of Michigan).

Kampfner, D. (2005) *Blair's Wars* (New York: Free Press).

Kathlene, L. (1995) 'Position Power versus Gender Power: Who Holds the Floor?', in G. Duerst-Lahti and R. M. Kelly (eds), *Gender Power, Leadership and Governance* (Ann Arbor, MI: University of Michigan Press), pp. 167-94.

Katzenstein, P. (ed.) (1996) *The Culture of National Security* (New York: Columbia University Press).

Katznelson, I. (1981) *City Trenches: Urban Politics and the Patterning of Class in the United States* (London: University of Chicago Press).

Katznelson, I. (1993) *Marxism and the City* (Oxford: Clarendon).

——(1997) 'Structure and Configuration in Comparative Politics', in M. I. Lichbach and A. S. Zuckerman (eds), *Comparative Politics: Rationality, Culture, and Structure* (Cambridge: Cambridge University Press), pp. 81-112.

Kelman, H. C. and Hamilton, V. L. (1989) *Crimes of Obedience* (New Haven, CT: Yale University Press).

Kenney, S. (1996) 'New Research on Gendered Political Institutions', *Political Research Quarterly*, 49 (2): 445-66.

Kenworthy, L. (2007) 'Toward Improved Use of Regression in Macro-Comparative Analysis', *Comparative Social Research*, 24: 343-50.

Keohane, R. O. (1984) *After Hegemony: Cooperation and Discord in the Interna-*

tional Political Economy (Princeton, NJ: Princeton University Press).

Keynes, J. M. (1964) *The General Theory of Employment, Interest and Money* (New York: Harcourt Brace & World).

Khong, Y. F. (1992) *Analogies at War* (Princeton, NJ: Princeton University Press).

Kinder, D. R. and Palfrey, T. R. (eds) (1993) *Experimental Foundations of Political Science* (Ann Arbor, MI: University of Michigan Press).

King, A. (ed.) (1985) *The British Prime Minister* (London: Macmillan).

——(2002) 'The Outsider as Political Leader: The Case of Margaret Thatcher', *British Journal of Political Science*, 32 (3): 435–54.

King, D. (1995) *Actively Seeking Work: The Politics of Welfare and Unemployment and Welfare Policy in the United States* (Chicago, IL: University of Chicago Press).

King, G. (1986) 'How Not to Lie with Statistics: Avoiding Common Mistakes in Quantitative Political Science', *American Journal of Political Science*, 30 (3): 666–87.

——(1989) *Unifying Political Methodology* (Cambridge: Cambridge University Press).

——(1995) 'Replication, Replication', *Political Science and Politics*, 28 (3): 444–52.

King, G., Gakidou, E., Ravishankar, N., Moore, R., Lakin, J., Vargas, M., Téllez-Rojo, M., Hernáandez Avila, J. E., Hernáandez, A. and Hernandez, L. (2005) 'A "Politically Robust" Experimental Design for Public Policy Evaluation, with Application to the Mexican Universal Health Insurance Program', *Journal of Policy Analysis and Management*, 26 (3): 479–506.

King, G., Keohane, R. O. and Verba, S. (1994) *Designing Social Enquiry: Scientific Inference in Qualitative Research* (Princeton, NJ: Princeton University Press).

King, G., Tomz, M. and Lee, J. (2000) 'Making the Most of Statistical Analysis: Improving Interpretation and Presentation', *American Journal of Political Science*, 44 (2): 347–61.

King, L. (2007) 'Central European Capitalism in Comparative Perspective', in B. Hancké, M. Rhodes and M. Thatcher (eds), *Beyond Varieties of Capitalism: Conflict, Contradiction and Complementarities in the European Economy* (Oxford: Oxford University Press).

Kirk, J. and Miller, M. (1986) *Reliability and Validity in Qualitative Research* (London: Sage).

Kiser, L. and Ostrom, E. (1982) 'Three Worlds of Actions: A Metatheoretical Synthesis of Institutional Approaches' in E. Ostrom (ed.), *Strategies of Political*

Enquiry (Beverly Hills, CA: Sage).

Klare, M. (2008) 'Past Its Peak', *London Review of Books*, 14 August.

Klein, N. (2001) *No Logo* (London: Flamingo).

——(2008) *The Shock Doctrine* (New York: Metropolitan Books).

Klingemann, H-D., Volkens, A., Bara, J., Budge, I. and MacDonald, M. (2006) *Mapping Policy Preferences II: Estimates for Parties, Electors, and Governments in Eastern Europe, the European Union and the OECD, 1990—2003* (Oxford: Oxford University Press).

Knight, J. (1992) *Institutions and Social Conflict* (Cambridge: Cambridge University Press).

Knutson, J. N. (ed.), (1973) *Handbook of Political Psychology* (San Francisco, CA: Jossey-Bass).

Koenig-Archibugi, M. (2004) 'Explaining Government Preferences for Institutional Change in EU Foreign and Security Policy', *International Organization* 54 (1): 137-14.

Korpi, W. (1983) *The Democratic Class Struggle* (London: Routledge & Kegan Paul).

Krasner, S. (1984) 'Approaches to the State: Alternative Conceptions and Historical Dynamics', *Comparative Politics*, 16 (2): 223-46.

Kressel, N. J. (ed.), (1993) *Political Psychology: Classic and Contemporary Readings* (New York: Paragon House).

Krippendorff, K. (1980) *Content Analysis* (London: Sage).

Krook, M. L. and Squires, J. (2006) 'Gender Quotas in British Politics: Multiple Approaches and Methods in Feminist Research', *British Politics*, 1 (1): 44-66.

Krosnick, J. (2002) 'Is Political Psychology Sufficiently Psychological? Distinguishing Political Psychology from Psychological Political Science,' in J. H. Kuklinski (ed.), *Thinking About Political Psychology* (New York: Cambridge University Press).

Krueger, A. B. (1999) 'Experimental Estimates of Education Production Functions', *Quarterly Journal of Economics*, 114 (2): 497-532.

Krugman, P. (2007) *The Conscience of a Liberal: Reclaiming America from the Right* (New York: Allen Lane).

Kuhn, T. (1962) *The Structure of Scientific Revolutions* (Chicago, IL: University of Chicago Press).

Kuhn, T. (1970) *The Structure of Scientific Revolutions* (Chicago, IL: University of Chicago Press).

Kukathas, C. and Pettit, P. (eds) (1990) *Rawls: A Theory of Justice and Its Critics* (Cambridge: Polity).

Kuklinski, J. H. (ed.) (2002) *Thinking About Political Psychology* (Cambridge:

Cambridge University Press).

Kymlicka, W. (1990) *Contemporary Political Philosophy: An Introduction* (Oxford: Oxford University Press).

Lacan, J. (1977) *Écrits: A Selection*, trans. A. Sheridan (New York: W. W. Norton).

Lacey A. (1976) *A Dictionary of Philosophy* (London: Routledge & Keegan Paul).

Lakatos, I. (1970) 'Falsification and the Methodology of Scientific Research Programmes', in I. Lakatos and A. Musgrave (eds), *Criticism and the Growth of Knowledge* (Cambridge: Cambridge University Press).

——(1978) *The Methodology of Scientific Research Programmes* (Cambridge: Cambridge University Press).

Lakatos, I. and Musgrave, A. (eds) (1970) *Criticism and the Growth of Knowledge* (Cambridge: Cambridge University Press).

Lakoff, G. and Johnson, M. (1980) *Metaphors We Live By* (Chicago, IL: University of Chicago Press).

Landman, T (2008) *Issues and Methods in Comparative Politics*, 3rd edn (Abingdon: Routledge).

Lane, R. E. (1959) *Political Life* (Glencoe, IL: Free Press).

Lane, R. E. (1962) *Political Ideology* (New York: The Free Press).

——(1969) *The Private Life of the Political Mind* (Chicago, IL: Markham).

Lanzara, G. (1998) 'Self-Destructive Processes in Institution Building and Some Modest Countervailing Mechanisms', *European Journal of Political Research*, 33 (1): 1-39.

Laver, M. (1998) 'Models of Government Formation', *Annual Review of Political Science*, 1: 1-25.

Laver, M. and Shepsle, K. A. (1996) *Making and Breaking Governments: Cabinets and Legislatures in Parliamentary Democracies* (Cambridge: Cambridge University Press).

LeBon, G. (2002 [1896]) *The Crowd: A Study in the Popular Mind* (New York: Dover).

Lefebvre, H. (1991) *The Production of Space* (Oxford: Blackwell).

Left, N. (1964) 'Economic Development Through Bureaucratic Corruption', *American Behavioural Scientist*, 8 (3): 8-114.

Leftwich, A. (1984) 'On the Politics of Politics' in A. Leftwich (ed.), *What is Politics?* (Oxford: Blackwell).

Levi-Strauss, C. (1966) *The Savage Mind* (Chicago, IL: University of Chicago Press).

Levitt, S. and Dubner, S. (2005) *Freakonomics: A Rogue Economist Explores the*

Hidden Side of Everything (New York: William Morrow).

Lewis, J (1997) 'Gender and Welfare Regimes: Further Thoughts', *Social Politics*, 4 (2): 160-77.

——(2005) 'The Janus Face of Brussels: Socialization and Everyday Decision-Making in the European Union', *International Organization*, 59 (4): 937-71.

Lichbach, M. L. (1997) 'Social Theory and Comparative Politics', in M. I. Lichbach and A. S. Zuckerman (eds), *Comparative Politics: Rationality, Culture, and Structure* (Cambridge: Cambridge University Press), pp. 239-76.

Lieberman, E. (2005) 'Nested Analysis as a Mixed-Method Strategy for Comparative Research', *American Political Science Review*, 99 (3): 435-52.

Lieberman, R. (2002) 'Ideas, Institutions, and Political Order: Explaining Political Change', *American Political Science Review*, 96 (4): 697-712.

Lijphart, A. (1971) 'Comparative Politics and the Comparative Method', *American Political Science Review*, 65 (3): 682-93.

——(ed.), (1994) *Electoral Systems and Party Systems. A Study of 27 Democracies, 1945—1990* (Oxford: Oxford University Press).

——(1999) *Patterns of Democracy: Government Forms and Performance in Thirty-Six Countries* (New Haven, CT: Yale University Press).

Lindblom, C. (1977) *Politics and Markets* (New York: Basic Books).

Linz, J. J. and Stepan, A. (1996) *Problems of Democratic Transition and Consolidation* (Baltimore, MD: Johns Hopkins University Press).

Linz, J. J. and Valenzuela, A. (1994) *The Perils of Presidentialism* (Boulder, CO: Westview).

Lipset, S. M. (1959) *Political Man* (New York: Doubleday).

Locke, J. (1993) *Political Writings*, ed. D. Wooton (London: Penguin).

Locke, R. M. and Thelen, K. (1995) 'Apples and Oranges Revisited: Contextualized Comparison and the Study of Comparative Labor Politics', *Politics and Society*, 23 (3): 337-368.

Lovenduski, J. (1998) 'Gendering Research in Political Science', *Annual Review of Political Science*, 1: 333-56.

Lowell, A. L. (1910) 'The Physiology of Politics', *American Political Science Review*, 4 (1): 1-15.

Lowndes, V. (1996) 'Varieties of New Institutionalism: A Critical Appraisal', *Public Administration*, 74 (2): 181-97.

——(2000) 'Women and Social Capital: A Comment on Hall's "Social Capital in Britain"', *British Journal of Political Science*, 30 (3): 533-37.

——(2005) 'Something Old, Something New, Something Borrowed… How Institutions Change (and Stay the Same) in Local Governance', *Policy Studies*, 26 (3):

291－309.

——(2009) 'New Institutionalism and Urban Politics' in J. Davies and D. Imbroscio (eds.), *Theories of Urban Politic*, 2nd edn (London: Sage), pp. 91－105.

Lyotard, J-F. (1984) *The Post-Modern Condition: A Report on Knowledge* (Manchester: Manchester University Press).

Macedo, S. (2005) *Democracy at Risk: How Political Choices Undermine Citizen Participation* (Washington, DC: Brookings Institution Press).

Mackay, F. (1998) 'In a Different Voice? Scottish Women Politicians and the Vocabulary of Care', *Contemporary Politics*, 4 (3): 259－70.

(2001) *Love and Politics: Women Politicians and the Ethics of Care* (London: Continuum).

Mahler, V. (2004) 'Economic Globalization, Domestic Politics and Income Inequality in the Developed Countries: A Cross-National Study', *Comparative Political Studies*, 37 (9): 1025－53.

Mahoney, J. and Goertz, G. (2006) 'A Tale of Two Cultures: Contrasting Quantitative and Qualitative Research', *Political Analysis*, 14 (3): 227－49.

Mahoney, J. and Rueschemeyer, D. (eds) (2003) *Comparative Historical Analysis in the Social Sciences* (Cambridge: Cambridge University Press).

Manning, W. G., Newhouse, J. P., Duan, N., Keeler, E. B. and Leibowitz, A. (1987) 'Health Insurance and the Demand for Medical Care: Evidence from a Randomized Experiment', *American Economic Review*, 77 (3): 251－77.

March, J. G. and Olsen, J. P (1984) 'The New Institutionalism: Organizational Factors in Political Life', *American Political Science Review*, 78 (3): 734－49.

——(1989) *Rediscovering Institutions* (New York: Free Press).

——(2006) 'Elaborating the "New Institutionalism"', in R. A. W. Rhodes, S. Binder and B. Rockman (eds), *The Oxford Handbook of Political Institutions* (Oxford: Oxford University Press), pp. 3－21.

Marcus, G. W., Neuman, W. R. and MacKuen, M. (2000) *Affective Intelligence and Political Judgment* (Chicago, IL: University of Chicago Press).

Marcuse, H. (2002) *One-Dimensional Man* (Abingdon: Routledge)

Margetts, H. and Escher, T. (2008) 'The Nodality of Government in the Digital Age: An Experimental Investigation into How Citizens Find Government-Related Information', paper presented at the 58th UK Political Studies Association Conference, Swansea, 1－3 April.

Margetts, H., John, P. and Escher, T. (2008) 'Can the Internet Overcome the Logic of Collective Action? An Experiment of the Impact of Social Pressure on Political Participation', paper presented to the Symposiumon Experimental Methods Conference, Manchester, 1 July.

Marglin, S. (2008) *The Dismal Science: How Thinking Like an Economist Undermines Community* (Cambridge, MA: Harvard University Press).

Marks, G. and Lipset, S. M. (2000) *It Didn't Happen Here: Why Socialism Failed in the United States* (New York: Norton).

Marsh, D. and Furlong, P. (2007) 'On Ontological and Epistemological Gatekeeping: A Response to Bates and Jenkins', *Politics*, 27 (3): 204-7.

Marsh, D. and Hall, M. (2007), 'The British Political Tradition: Explaining the Fate of New Labour's Constitutional Reform Agenda', *British Politics* 2 (2).

Marsh, D. and Read, M. (2002) 'Combining Quantitative and Qualitative Methods', in D. Marsh and G. Stoker (eds), *Theory and Methods in Political Science*, 2nd edn (Basingstoke: Palgrave Macmillan), pp. 231-48.

Marsh, D. and Rhodes, R. A. W. (eds) (1992) *Policy Networks in British Government* (Oxford: Oxford University Press).

Marsh, D. and Savigny, H. (2004) 'Political Science as a Broad Church: The Search for a Pluralist Discipline', *Politics*, 24 (3): 155-68.

Marsh, D. and Tant, T. (1989) 'There is No Alternative: Mrs Thatcher and the British Political Tradition', *Essex Papers in Politics and Government*, Number 69.

Marsh, D. Smith, N. and Holti, N. (2006) 'Globalisation and the State' in C. Hay, M. Lister and D. Marsh (eds), *The State* (Basingstoke: Palgrave Macmillan).

Maruyama, G. (1998) *Basics of Structural Equation Modelling* (London: Sage).

Marwell, G. and Ames, R. (1981) 'Economists Free Ride: Does Anyone Else ?', *Journal of Public Economics*, 15 (3): 295-310.

Marx, K. (1852/1979) 'The Eighteenth Brumaire of Louis Bonaparte', in K. Marx and F. Engels, *Collected Works*, Vol. 10 (London: Lawrence & Wishart)

Marx, K. (1871/1986) 'The Civil War in France', in K. Marx and F. Engels, *Collected Works*, Vol. 22 (London: Lawrence & Wishart).

Marx, K. (1867/1976) *Capital: A Critique of Political Economy* (Harmondsworth: Penguin).

Marx, K. and Engels, F. (1848/1967) *The Communist Manifesto* (London: Pelican).

Mauss, M. (1954 [1923]) *The Gif*, trans. I. Cunnison (London: Cohen & West).

May, E. R. (1973) *'Lessons' of the Past: The Use and Misuse of History in American Foreign Policy* (New York: Oxford University Press).

May, T. (2001) *Social Research: Issues, Methods and Process*, 3rd edn (Buckingham: Open University Press).

Maynor, J. (2003) *Republicanism and the Modern World* (Oxford: Polity).

McAllister, I. (2007) 'The Personalization of Politics,' in R. J. Dalton and H.-D.

Klingemann (eds), *The Oxford Handbook of Political Behavior* (Oxford: Oxford University Press), pp. 571-88.

McAnulla, S. (2002), 'Structure and Agency' in D. Marsh and G. Stoker, *Theory and Methods in Political Science*, 2nd edn (Basingstoke: Palgrave Macmillan), 65-89.

McAnulla, S. (2006), 'Challenging the New Interpretist Approach: Towards a Critical Realist Alternative', *British Politics*, 1, 2.

McCarthy, T. (1984) *The Critical Theory of Jürgen Habermas* (Cambridge: Polity).

McDermott, R. (2002) 'Experimental Methods in Political Science', *Annual Review of Political Science*, 5: 31-61.

——(2004) *The Political Psychology of International Relations* (Ann Arbor, MI: University of Michigan Press).

McGraw, K., Morton, R. B. and Williams, K. (2001) 'Introduction: The Advent of an Experimental Political Science', in: *Experimental Methods in Political Science* (Preliminary Draft Version-28 June).

McLean, I. and McMillan, A. (2003) *The Oxford Concise Dictionary of Politics* (Oxford: Oxford University Press).

McNeill, K. (2006) 'Can We Restore Trust?', *Fabian Review*, 118 (4, Winter): 16-17

Meehan, J. (ed.), (1995) *Feminists Read Habermas: Gendering the Subject of Discourse* (London: Routledge).

Merrill, S. and Grofman, B. (1999) *A Unified Theory of Voting* (Cambridge: Cambridge University Press).

Meyer, J. and Rowan, B. (1991) 'Institutionalized Organizations: Formal Structure as Myth and Ceremony' in W. Powell and P. DiMaggio (eds), *The New Institutionalism in Organizational Analysis* (Chicago, IL: University of Chicago Press).

Meyer, J., Boli, J., Thomas, G., and Ramirez, F. (1997) 'World Society and the Nation-State', *American Journal of Sociology*, 103 (1): 144-81.

Michels, R. (1911/1962) *Political Parties* (New York: Free Press).

Michelson, M. R. (2006) 'Mobilizing the Latino Youth Vote: Some Experimental Results', *Social Science Quarterly*, 87 (5): 1188-206.

Milgram, S. (1963) 'Behavioral Study of Obedience', *Journal of Abnormal and Social Psychology*, 67 (4): 371-8.

Mill, J. S. (1875) *A System of Logic Ratiocinative and Inductive*, vol. 2. (London: Longman).

Mill, J. S. (1998) *On Liberty and Other Essays*, ed. J. Gray (Oxford: Oxford University Press).

Miller, W. L. (1995) 'Quantitative Methods', in D. Marsh and G. Stoker (eds), *Theory and Methods in Political Science* (London: Macmillan), pp. 154-72.

Miller, W. L., Dickson, M. and Stoker, G. (2000) *Models of Local Governance: Public Opinion and Political Theory* (Basingstoke: Palgrave Macmillan).

Mills, C. W. (1956) *The Power Elite* (New York: Oxford University Press).

Mintz, A., Redd, S. and Vedlitz, A. (2006) 'Can we Generalize from Student Experiments to the Real World in Political Science, Military Affairs and International Relations?', *Journal of Conflict Resolution*, 50 (5): 757–76.

Moe, T. M. (1997) 'The Positive Theory of Public Bureaucracy', in D. C. Mueller (ed.), *Perspectives on Public Choice: A Handbook* (Cambridge: Cambridge University Press), pp. 455–80.

Molotch, H. (1976) 'The City as Growth Machine', *American Journal of Sociology*, 82 (2): 309–55.

Monroe, K. R. (ed.), (2002) *Political Psychology* (Mahwah, NJ: Erlbaum).

Mooney, C. (1996) 'Bootstrap Statistical Inference: Examples and Evaluations for Political Science', *American Journal of Political Science*, 40 (2): 570–602.

Mooney, C. with Duval, R. (1993) *Bootstrapping: A Non-Parametric to Statistical Inference* (Newbury Park, CA: Sage).

Mooney, C. and Krause, G. (1997) 'Review Article: Of Silicon and Political Science-Computationally Intensive Techniques of Statistical Estimation and Inference', *British Journal of Political Science*, 27 (1): 83–110.

Moore, B. (1966) *Social Origins of Dictatorship and Democracy* (Boston, MA: Beacon Press).

Moore, D. (2001) *Statistics: Concepts and Controversies* (New York: Freeman).

Morgenthau, H. (1946) *Power Politics vs. Scientific Man* (Chicago, IL: Chicago University Press).

Mortetti, F. (2000) 'Conjectures on World Literature', *New Left Review* 1, January-February, 54–68.

Morton, R. B. and Williams, K. C. (2006a) 'The Advent of Experimental Political Science', in: *From Nature to the Lab: Experimental Political Science and the Study of Causality*' (Draft Version-03/21/2006).

Morton, R. B. and Williams, K. C. (2008) 'Experimentation in Political Science', in J. Box-Steffensmeier, D. Collier and H. Brady (eds), *The Oxford Handbook of Political Methodology* (Oxford: Oxford University Press), pp. 339–56.

Mosca, G. (1896/1939) *The Ruling Class* (New York: McGraw-Hill).

Moser, H. (1998) *Politische Psychologie: Politik im Spiegel der Sozialwissenschaften* (Weinhelm: Beltz).

Mouffe, C. (1993) *The Return of the Political* (London: Verso).

Mueller, D. C. (1993) 'The Future of Public Choice', *Public Choice*, 77 (1): 145–50.

——(2003) *Public Choice III* (Cambridge: Cambridge University Press).

Mulhail, S. and Swift, A. (1996) *Liberals and Communitarians* (Oxford: Blackwell).

Mutz, D. C. (1998) *Impersonal Influence: How Perceptions of Mass Collectives Affect Political Attitudes* (Cambridge: Cambridge University Press).

Nagel, J. (1998) 'Masculinity and Nationalism: Gender and Sexuality in the Making of Nations', *Ethnic and Racial Studies*, 21 (2): 242–69.

NAO (2007) *Government on the Internet: Progress in Delivering Information and Services On-Line*, Report by the Comptroller and Auditor General, HC 529 Session 2006-7, 13 July (National Audit Office/The Stationery Office).

Nash, K. (1994) 'The Feminist Production of Knowledge: Is Deconstruction a Practice for Women?', *Feminist Review*, 47: 65–77.

Neustadt, R. E. and May, E. R. (1986) *Thinking in Time: The Uses of History in Policy Making* (New York: Free Press).

Nevins, J. (2007) 'Dying for a Cup of Coffee? US-Mexico Border Region in a Neoliberal Age', *Geopolitics*, 12 (2): 228–47.

Nicholson, L. (1995) 'Interpreting Gender' in L. Nicholson and S. Seidman (eds), "Social Postmodernism: Beyond Identity Politics" (Cambridge: Cambridge University Press).

North, D. C. (1990) *Institutions, Institutional Change and Economic Performance* (Cambridge: Cambridge University Press).

Norton, A. (2004) 'Political Science as a Vocation', in Shapiro, I., Smith, R. M. and Masoud, T. E. (eds), *Problems and Methods in the Study of Politics* (Cambridge: Cambridge University Press), pp. 67–82.

Norval, A. J. (2000) 'Review Article: The Things We Do With Words: Contemporary Approaches to the Analysis of Ideology', *British Journal of Political Science*, 30 (2): 313–46.

Nownes, A. J. and Lipinski, D. (2005) 'The Population Ecology of Interest Group Death: Gay and Lesbian Rights Interest Groups in the United States', *British Journal of Political Science*, 35 (2): 303–319.

Nozick, R. (1974) *Anarchy, State and Utopia* (Oxford: Blackwell).

O'Connor, J. (1998) *Natural Causes: Essays in Ecological Marxism* (New York: The Guilford Press).

OECD (2004) OECD *Employment Outlook* (Paris: OECD).

Offe, C. (1996) 'Political Economy: Sociological Perspectives', in R. Goodin and H-D. Klingemann (eds), *A New Handbook of Political Science* (Oxford: Oxford University Press), pp. 675–90.

Ohmae, K. (1990) *The Borderless World* (London: Collins).

——(1996) *The End of the Nation State: The Rise of Regional Economies* (London: HarperCollins).

Okin, S. M. (1989) *Justice, Gender and the Family* (New York: Basic Books).

——(1991) 'Gender, the Public and the Private', in D. Held (ed.), *Political Theory Today* (Cambridge: Polity Press), pp. 67–90.

Onuf, N. (1989) *World of Our Making: Rules and Rule in Social Theory and International Relations* (Columbia, SC: University of South Carolina Press).

Orwell, G (1946) *Politics and the English Language* Available at http://orwell.ru/library/essays/politics/english/e_polit (accessed 22 August 2009)

Ostrom, E. (1990) *Governing the Commons: The Evolution of Institutions for Collective Action* (Cambridge: Cambridge University Press).

——(1999) 'Institutional Rational Choice: An Assessment of the Institutional Analysis and Development Framework' in P. Sabatier (ed.), *Theories of the Policy Process* (Boulder, CO: Westview). Second edition available and published in 2007.

——(2005) *Understanding Institutional Diversity* (Princeton, NJ: Princeton University Press).

——(2007) 'Why do we need Laboratory Experiments in Political Science?' Paper presented at the annual meeting of the American Political Science Association, Chicago, IL, 30 August—2 September.

Ostrom, E., Gardner, R. and Walker, J. (1994) *Rules, Games, and Common-Pool Resources* (Ann Arbor, MI: University of Michigan Press).

Ostrom, E. and Walker, J. (eds) (2003) *Trust and Reciprocity: Interdisciplinary Lessons from Experimental Research* (New York: Russell Sage Foundation).

Ostrom, E., Walker, J. and Gardner, G. (1992) 'Covenants With and Without a Sword: Self-Governance is Possible', *American Political Science Review*, 86 (2): 404–17.

Outhwaite, W. (1994) *Habermas: A Critical Introduction* (Cambridge: Polity).

Page, B. and Shapiro, I. (1992) *The Rational Public. Fifty Years of Trends in Americans' Policy Preferences* (Chicago, IL: University of Chicago Press).

Painter, J. (1995) 'Regulation Theory, Post-Fordism and Urban Politics', in D. Judge, G. Stoker and H. Wolman (eds), *Theories of Urban Politics* (London: Sage), pp. 276–96.

Palfrey, T. R. (2005) 'Laboratory Experiments in Political Economy', CEPS Working Paper, 111 (July).

Panitch, L (2009) 'Thoroughly Modern Marx', *Foreign Policy*, May/June.

Panitch, L. and Gindin, S. (2008) 'The Current Crisis: A Socialist Perspective', *The Bullet: Socialist Project E-Bulletin*, 142, 30 September. http://www.socialistproject.ca/bullet/bullet142.html (accessed 1816 [2009]).

Pareto, V (1976) *Sociological Writings* (London: Blackwell).

Parry, G., Moyser, G. and Day, N. (1992) *Political Participation and Democracy in Britain* (Cambridge: Cambridge University Press).

Parsons, C. (2002) 'Showing Ideas as Causes: The Origins of the European Union', *International Organization*, 56 (1): 47-84.

——(2007) *How to Map Arguments in Political Science* (New York: Oxford University Press).

Pateman, C. (1983) 'Feminist Critiques of the Public/Private dichotomy', in S. I. Benn and G. Gaus (eds) *Public and Private in Social Life* (London: Croom Helm).

——(1988) *The Sexual Contract* (Cambridge: Polity).

Paul, D. E. (2007) 'Siren Song of Geopolitics: A Gramscian Account of The Iraq War', *Millennium: Journal of International Studies*, 36 (1): 51-76.

Pelizzo, R. (2003) 'Party Positions or Party Direction? An Analysis of Party Manifesto Data', *West European Politics*, 26 (2): 67-89.

Pennings, P., Keman, H. and Kleinnijenhuis, J. (2006) *Doing Research in Political Science. An Introduction to Comparative Methods and Statistics*, 2nd edn (London: Sage)

Persaud, R. B. (2001) *Counter—Hegemony and Foreign Policy: The Dialectics of Marginalized and Global Forces in Jamaica* (Albany, NY: State University of New York Press).

Persson, T., Tabellini, G. and Trebbi, G. (2003) 'Electoral Rules and Corruption', *Journal of the European Economic Association*, 1 (4): 958-89.

Peters, B. G. (1996) 'Political Institutions, Old and New' in, R. Goodin and H. -D. Klingemann (eds), *A New Handbook of Political Science* (Oxford: Oxford University Press), pp. 205-21.

——(1999) *Institutional Theory in Political Science: The 'New Institutionalism'* (London: Pinter).

——(2005) *Institutional Theory in Political Science: The 'New Institutionalism'*, 2nd edn (London: Continuum).

——(2010) *Comparative Politics: Theory and Methods*, 2nd edn (Basingstoke and New York: Palgrave Macmillan).

Pettit, P. (1997) *Republicanism: A Theory of Freedom and Government* (Oxford: Clarendon).

Phillips, A. (1991) *Engendering Democracy* (London: Polity).

——(1995) *The Politics of Presence* (Oxford: Clarendon).

——(ed.) (1998) *Feminism and Politics* (Oxford: Oxford University Press).

Phillips, J. A. (2001) 'Using E-mail to Mobilize Voters: A Field Experiment', Unpublished Manuscript, *Yale University*, 27 March. www. yale. edu/ccr/phillips. doc.

Pierce, R. (2008) *Research Methods in Politics: A Practical Guide* (London:

Sage).

Pierre, J. (1999) 'Models of Urban Governance: The Institutional Dimension of Urban Politics', *Urban Affairs Review*, 34 (3): 372–96.

Pierson, P. (1994) *Dismantling the Welfare State?* (New York: Cambridge University Press).

——(1996) 'The Path to European Integration: A Historical Institutionalist Analysis', *Comparative Political Studies*, 29 (2): 123–62.

——(2001) *The New Politics of the Welfare State* (Oxford: Oxford University Press).

——(2004) *Politics in Time: History, Institutions and Social Analysis* (Princeton, NJ: Princeton University Press).

——(2007) 'The Costs of Marginalisation: Qualitative Methods in the Study of American Politics', *Comparative Political Studies*, 40 (2): 145–69.

Piven, F. F. (2004) 'The Politics of Policy Science' in Shapiro, I., Smith, R. M. and Masoud, T. E. (eds), *Problems and Methods in the Study of Politics* (Cambridge: Cambridge University Press), pp. 83–105.

Plant, R. (1991) *Modern Political Thought* (Oxford: Basil Blackwell).

Plümper, T. and Neumayer, E. (2006) 'The Unequal Burden of War: The Effect of Armed Conflict on the Gender Gap in Life Expectancy', *International Organization*, 60 (3): 723–54.

Polanyi, K. (1944) *The Great Transformation* (Boston, MA: Beacon).

Polsby, N. (1975) 'Legislatures', in F. Greenstein and F. Polsby (eds), *A Handbook of Political Science* (Reading, MA: Addison-Wesley).

Popkin, S. (1979) *The Rational Peasant: The Political Economy of Rural Society in Vietnam* (Berkeley, CA: University of California Press).

Popkin, S. (1995) 'Information Shortcuts and the Reasoning Voter', in Grofman, B. (ed.), *Information, Participation and Choice* (Ann Arbor, MI: University of Michigan Press).

Popper, K. (1959) *The Logic of Scientific Discovery* (London: Hutchinson).

Post, J. (ed.) (2003) *The Psychological Assessment of Political Leaders* (Ann Arbor, MI: University of Michigan Press).

Powell, W. and DiMaggio, P. (eds) (1991) *The New Institutionalism in Organizational Analysis* (Chicago, IL: University of Chicago Press).

Pressman, J. and Wildavsky, A. (1973) *Implementation* (Berkeley, CA: University of California Press).

Preston, T. (2001) *The President and His Inner Circle* (Princeton, NJ: Princeton University Press).

Pringle, R. and Watson, S. (1992) ' "Women's Interests" and the Post-Structuralist

State'，in M. Barrett and A. Phillips (eds)，*Destabilizing Theory* (Cambridge：Polity)，pp. 53−73.

Przeworski，A. (1986) *Capitalism and Social Democracy* (New York：Cambridge University Press).

Przeworski，A. and Teune，H. (1970) *The Logic of Comparative Social Inquiry* (New York：Wiley).

Przeworski，A. and Limongi (1997) 'Modernization：Theory and Facts'，*World Politics*，49 (2) January，155−83

Putnam，R. D. (1993) *Making Democracy Work*：*Civic Traditions in Modern Italy* (Princeton，NJ：Princeton University Press).

——(2000) *Bowling Alone*：*The Collapse and Renewal of American Community* (New York：Simon & Schuster).

——(ed.) (2004) *Democracies in Flux* (Oxford：Oxford University Press).

Putnam，R. D. and Feldstien，L. (2003) *Better Together*：*Restoring the American Community* (New York：Simon & Schuster).

Quattrone，G. A. and Tversky，A. (1988) 'Contrasting Rational and Psychological Analyses of Political Choice'，*American Political Science Review*，82 (3)：719−36.

Quine，W. (1961) *From a Logical Point of View* (New York：Harper & Row).

R Development Core Team (2008) R：*A Language and Environment for Statistical Computing* (Vienna：R Foundation for Statistical Computing). http：//www. R-project. org (accessed 18/6/2009).

Ragin，C. C. (1987) *The Comparative Method*：*Moving Beyond Qualitative and Quantitative Strategies* (Berkeley，CA：University of California Press).

——(2000) *Fuzzy-Set SocialScience* (Chicago，IL：Chicago University Press).

Ragin，C. C. (2008) *Redesigning Social Inquiry*：*Fuzzy Sets and Beyond* (Chicago，IL：University of Chicago Press).

Ragin，C. C.，Berg-Schlosser，D. and de Meur，G. (1996) 'Political Methodology：Qualitative Methods'，in R. Goodin and H-D. Klingeman (eds)，*A New Handbook of Political Science* (Oxford：Oxford University Press)，pp. 749−68.

Randall，V. (1987) *Women and Politics* (London：Macmillan).

——(1991) 'Feminism and Political Analysis'，*Political Studies*，39 (3)：513−32.

Randall，V. and Waylen，G. (eds) (1998) *Gender*，*Politics and the State* (London：Routledge).

Rawls，J. (1973) *A Theory of Justice* (Oxford：Oxford University Press).

——(1996) *Political Liberalism* (New York：Columbia University Press).

Raz，J. (1986) *The Morality of Freedom* (Oxford：Clarendon Press).

Razin，R. (2003) 'Signaling and Election Motivations in a Voting Model with Common Values and Responsive Candidates'，*Econometrica*，71 (4)：1083−119.

Reed, M. (1993), 'Organisations and Modernity', in J. Hassard and M. Parker (eds), *Postrnodernism and Organizations* (London: Sage), pp. 163–82.

Reicher, S. D. and Hopkins, N. (2001) *Self and Nation: Categorization, Contestation and Mobilization* (London: Sage).

Reinhart, C. and Rogoff, K. (2008) 'Is the 2007 US Subprime Crisis So Different? An International Historical Comparison', *American Economic Review*, 98 (2) 339–44

Reinharz, S. (1992) *Feminist Methods in Social Research* (New York: Oxford University Press).

Renshon, S. A. (1996) *High Hopes: The Clinton Presidency and the Politics of Ambition* (New York: New York University Press).

Renshon, S. A. and Duckitt, J. (eds) (2000) *Political Psychology: Cultural and Cross-Cultural Foundations* (Basingstoke: Palgrave Macmillan).

Rhodes, R. A. W. (1988) *Beyond Westminster and Whitehall* (London: Unwin-Hyman).

——(1995) 'The Institutional Approach', in D. Marsh and G. Stoker (eds), *Theory and Methods in Political Science* (London: Macmillan), pp. 42–57.

——(1997) *Understanding Governance* (Buckingham: Open University Press).

——(2002) 'Putting People Back into Networks', *Australian Journal of Political Science*, 37 (3): 399–416.

Riker, W. (1962) *The Theory of Political Coalitions* (New Haven, CT: Yale University Press).

——(1986) *The Art of Political Manipulation* (New Haven, CT: Yale University Press).

——(1990) 'Political Science and Rational Choice', in J. Alt and K. Shepsle (eds), *Perspectives on Positive Political Economy* (Cambridge: Cambridge University Press), pp. 163–83.

Ripley, B. (1995) 'Psychology, Foreign Policy, and International Relations Theory', *Political Psychology*, 14 (3): 403–16.

Rittberger, V. (1993) *Regime Theory and International Relations* (Oxford: Clarendon Press).

Robson, W. A. (1960) *Nationalised Industry and Public Ownership* (London: Allen & Unwin).

Rorty, R. (1980) *Philosophy and the Mirror of Nature* (Oxford: Blackwell).

——(1989) *Contingency, Irony and Solidarity* (Cambridge: Cambridge University Press).

Rosamond, B. (1999) 'Discourses of Globalization and the Social Construction of European Identities', *Journal of European Public Policy*, 6 (4): 652–68.

Rose-Ackerman, S. (1999) *Corruption and Government. Causes, Consequences and*

Reform (Cambridge：Cambridge University Press).

Rosenau，J. (1969) *International Politics and Foreign Policy*：*A Reader in Research and Theory* (New York：Free Press).

Rothstein，B. (1996) 'Political Institutions：An Overview' in R. Goodin and H.-D. Klingemann (eds)，*A New Handbook of Political Science* (Oxford：Oxford University Press)，pp. 133–66.

——(1998) *Just Institutions Matter*：*the Moral and Political Logic of the Universal Welfare State* (Cambridge：Cambridge University Press).

Rotton，J.，Foos，P.，Vanmeek，L. and Levitt，M. (1995) 'Publication Practices and the File Drawer Problem-A Survey of Published Authors'，*Journal of Social Behaviour and Personality*，10 (1)：1–13.

Rowe，A. J. and Mason，R. O. (1987) *Managing With Style*：*A Guide to Understanding*，*Assessing*，*and Improving Decision Making* (San Francisco，CA：Jossey-Bass).

Rubenzer，S. J.，Faschinbauer，T. R. and Ones，D. S. (2000) 'Assessing the US Presidents using the Revised NEO Personality Inventory'，*Assessment*，7 (3)：403–20.

Rubin，G. (1975) 'The Traffic in Women：Notes on the "Political Economy" of Sex'，in R. Reiter (ed.)，*Toward an Anthropology of Women* (New York：Monthly Review Press).

Rubner，A. (2006) *The Mendacious Colours of Democracy* (Exeter：Imprint Academic).

Rudner，R. (1966) *Philosophy of Social Science* (Englewood Cliffs，NJ：Prentice-Hall).

Rueschemeyer，D.，Huber，E. and Stephens，J. D. (1992) *Capitalist Development and Democracy* (Chicago，IL：Chicago University Press).

Ruggie，J. (1998) 'What Makes the World Hang Together? Neo-Utilitarianism and the Social Constructivist Challenge'，*International Organization*，52 (4)：855–85.

Russell，M. (2005) *Must Politics Disappoint*? (London：Fabian Society).

Ryder，R. (2006) *Putting Morality Back into Politics* (Exeter：Societas).

Salganik，M.，Dodds，P and Watts，D. (2006) 'Experimental Study of Inequality and Unpredictability in an Artificial Cultural Market'，*Science*，311 (5762)：854–6.

Sandel，M. (1982) *Liberalism and the Limits of Justice* (Cambridge：Cambridge University Press).

——(1984) *Liberalism and Its Critics* (Oxford：Blackwell).

Sanders，D. (1990) *Losing an Empire*，*Finding a Role*：*British Foreign Policy Since 1945* (London：Macmillan).

Sanders，D.，Ward，H. and Marsh，D. (1987) 'Government Popularity and the Falklands War：A Reassessment'，*British Journal of Political Science*，17 (3)：281–

313.

Sandler, T. (2004) *Global Collective Action* (Cambridge: Cambridge University Press).

Sapiro, V. (1979) 'Sex and Games: On Oppression and Rationality', *British Journal of Political Science*, 9 (4): 385-408.

——(1998) 'Feminist Studies and Political Science-and Vice Versa', in A. Phillips (ed.), *Feminism and Politics* (Oxford: Oxford University Press), pp. 67-91.

Sarlvik, B. and Crewe, I. (1983) *Decade of Dealignment* (Cambridge: Cambridge University Press).

Sartori, G. (1970) 'Concept Misformation in Comparative Politics', *American Political Science Review*, 64 (4): 1033-53.

Sartori, G (1991) 'Comparing and Miscomparing', *Journal of Theoretical Politics*, 3: 243-57

——(1994) 'Compare Why and How', in M. Dogan and A. Kazancigil (eds), *Comparing Nations: Concepts, Strategies, Substance* (Oxford: Blackwell), pp. 14-34.

Savage, M. and Witz, A. (eds) (1992) *Gender and Bureaucracy* (Oxford: Blackwell).

Sayer, A. (2000) *Realism and Social Science* (London: Sage).

Scarbrough, E. and Tanenbaum, E. (eds), *Research Strategies in the Social Sciences* (Oxford: Oxford University Press).

Schlick, M. (1974) *General Theory of Knowledge* (New York: Springer Verlag).

Schnapp, J. T. and Tiwes, M. (eds) (2007) *Crowds* (Stanford, CA: Stanford University Press).

Schmidt, M. G. (2002) 'Political Performance Types of Democracy: Findings from Comparative Studies', *European Journal of Political Research*, 41 (1): 147-63.

Schmidt, V. (2002) *The Futures of European Capitalism* (Oxford: Oxford University Press).

——(2006) 'Institutionalism', in C. Hay, M. Lister and D. Marsh (eds), *The State: Theories and Issues* (Basingstoke: Palgrave Macmillan), pp. 98-117.

Schmitter, P. C. (2008) 'The Design of Social and Political Research', in D. Della Porta and M. Keating (eds), *Approaches and Methodologies in the Social Sciences: A Pluralist Perspective* (Cambridge: Cambridge University Press), pp. 263-96.

Schram, S. F. (2006) 'Return to Politics: Perestroika, Phronesis and Post-Paradigmatic Political Science', in S. F. Schram and B. Caterino (eds), *Making Political Science Matter: Debating Knowledge, Research and Method* (New York: New York University Press), pp. 17-32.

Schram, S. F. and Caterino, B. (eds) (2006) *Making Political Science Matter: Debating Knowledge, Research and Metbod* (New York: New York University Press).

Schumacker, R. and Lomax, R. (1996) *A Beginner's Guide to Structural Equation Modeling* (Mahwah, NJ: IEA).

Schumpeter, J. (1942) *Capitalism, Socialism and Democracy* (London: George Allen & Unwin).

Schwartz-Shea., P. and Yanow, D. (2002) Reading ' "Methods" "Texts": How Research Methods Texts Construct Political Science', *Political Research Quarterly*, 55 (2): 457-86.

Scott, J. (1990) *A Matter of Record. Documentary Sources in Social Research* (Oxford: Wiley)

Scott, W (2001) *Institutions and Organisations*, 2nd edn (Thousand Oaks, CA: Sage).

Searle, J. (1995) *Construction of Social Reality* (New York: Free Press).

——(2001) *Rationality in Action* (Cambridge, MA: MIT Press).

Sears, D. O. (1994) 'Ideological Bias in Political Psychology: The View from Scientific Hell', *Political Psychology*, 15 (3): 547-56.

Sears, D. O., Huddy, L. and Jervis, R. (eds) (2003) *The Oxford Handbook of Political Psychology* (Oxford: Oxford University Press).

Segal, L. (1990) *Slow Motion: Changing Masculinities, Changing Men* (Chapel Hill, NC: Rutgers University Press).

Segura-Ubiergo, A. (2007) *The Political Economy of the Welfare State in Latin America* (Cambridge: Cambridge University Press).

Sekhon, J. S. (2008) 'The Neyman-Rubin Model of Causal Inference and Estimation via Matching Methods', in J. Box-Steffensmeier, H. Brady and D. Collier (eds), *The Oxford Handbook of Political Methodology* (Oxford: Oxford University Press), pp. 271-99.

Setälä, M., Grönlund, K. and Herne, K. (2007) 'Comparing Voting and Common Statement Treatments: A Citizen Deliberation Experiment', paper presented at the annual meeting of the American Political Science Association, Chicago, IL, 26 August.

Shadish, W., Cook, T and Campbell, D. (2002) *Experimental and Quasi-Experimental Designs for Generalized Causal Inference* (Boston, MA: Houghton Mifflin).

Shapiro, I. (2004) 'Problems, Methods, and Theories, or: What's Wrong with Political Science and What to Do about it', in I. Shapiro, R. M. Smith and T. E. Masoud (eds), *Problems and Methods in the Study of Politics* (Cambridge: Cambridge University Press), pp. 19-42.

——(2005) *The Flight from Reality in the Human Sciences* (Princeton, NJ: Princeton University Press).

Shepsle, K. (1989) 'Studying Institutions: Some Lessons from the Rational Choice Approach', *Journal of Theoretical Politics*, 1 (2): 131-47.

Sheridan, C. L. and King, R. G. (1972) 'Obedience to Authority with an Authentic Victim'. Proceedings of the eightieth annual convention of the American Psychological Association (Washington, DC: American Psychological Association), pp. 165-6.

Shleifer, A. and Vishny, R. (1993) 'Corruption', *Quarterly Journal of Economics*, 108 (3): 599-617.

Sikkink, K. (1991) *Ideas and Institutions: Developmentalism in Argentina and Brazil* (Ithaca, NY: Cornell University Press).

Sim, S. (2000) Post-Marxism: An intellectual history (London: Routledge).

Simon, H. A. (1985) 'Human Nature in Politics: The Dialogue of Psychology with Political Science', *American Political Science Review*, 79 (2): 293-304.

——(1992) with M. Egidi, R. Marris and R. Viale 'Colloquium with H. A. Simon', *Economics, Bounded Rationality and the Cognitive Revolution* (Aldershot: Edward Elgar).

Simonton, D. K. (1988) *Why Presidents Succeed: A Political Psychology of Leadership*, (New Haven, CT: Yale University Press).

Singer, E. and Hudson, V. (eds) (1992) *Political Psychology and Foreign Policy* (Boulder, CO: Westview).

Skelcher, C. (2005) 'Jurisdictional Integrity, Polycentrism and the Design of Democratic Governance', *Governance*, 18 (1): 89-110.

Skinner, C., Holt, D. and Smith, T. (eds) (1989) *Analysis of Complex Surveys* (New York: John Wiley).

Smirnov, O., Dawes, C. T., Fowler, J. H., Johnson, T. and McElreath, R. (2007) 'The Behavioral Logic of Collective Action: Partisans Cooperate and Punish More than Non-Partisans', 25 September. papers. ssrn. com/sol3/papers. cfm? abstract_id=1017065 (accessed 1816/2009).

Smith, G. (2009) *Democratic Innovations* (Cambridge: Cambridge University Press).

Smith, N. (2004) 'Deconstructing "Globalisation" in Ireland', *Policy and Politics*, 23 (4)

Smith, N. and Hay, C. (2006), 'Mapping the Political Discourse of Globalisation and European Integration in the UK and Ireland Empirically', mimeo, University of Birmingham.

Smith, M. J. (1995) 'Pluralism', in D. Marsh and G. Stoker (eds), *Theory and Methods in Political Science* (London: Macmillan).

——(2006) 'Pluralism', in C. Hay. M. Lister and D. Marsh (eds), *The State: Theories and Issues* (Basingstoke: Palgrave Macmillan).

Smith, R., Vromen, A. and Cook, I. (2006) *Keywords* (Cambridge: Cambridge University Press).

Smith, S. (1996), 'Positivism and Beyond', in S. Smith., K. Booth and M. Zalewski (eds), *Positivism and Beyond* (Cambridge: Cambridge University Press), pp. 11-46.

Snidal, D. (2002) 'Rational Choice and International Relations', in W. Carlsnaes, T. Risse and B. Simmons (eds), *Handbook of International Relations* (London: Sage), pp. 73-94.

Sniderman, P. M. and Grob, D. B. (1996) 'Innovations in Experimental Design in Attitude Surveys', *Annual Review of Sociology*, 22: 377-99.

Snow, D. A. and Benford, R. D. (1992) 'Master Frames and Cycles of Protest', in A. D. Morris and C. McClurg Mueller (eds), *Frontiers in Social Movement Theory* (New Haven, CT: Yale University Press), pp. 133-55.

Spencer, N. (2000), 'On the Significance of Distinguishing Ontology and Epistemology', paper presented at the Hegel Summer School. www.ethicalpolitics.org/seminars/neville.htm (accessed 1816 [2009]).

Squires, J. (1999) *Gender in Political Theory* (Cambridge: Polity).

Squires, J. and Weldes, J. (2007) 'Beyond Being Marginal: Gender and International Relations in Britain', *British Journal of Politics and International Relations*, 9 (2): 185-203.

Stata Corp (2007) *Stata Statistical Software: Release 6.0* (College Station, TX: Stata Corporation).

Stata Corp (2009) *Stata Statistical Software: Release 11* (College Station, TX: Stata Corporation).

Steinberg, B. S. (2008) *Women and Power: The Personalities and Leadership Style of Indira Gandhi, Golda Meir and Margaret Thatcher* (Montreal: McGill-Queen's).

Steinbruner, J. D. (1974) *The Cybernetic Theory of Decision* (Princeton, NJ: Princeton University Press).

Steinmo, S. (1993) *Taxation and Democracy: Swedish, British and American Approaches to Financing the Welfare State* (New Haven, CT: Yale University Press).

——(2008) 'Historical Institutionalism' in D. Della Porta and M. Keating (eds), *Approaches and Methodologies in the Social Sciences: A Pluralist Perspective* (Cambridge: Cambridge University Press), pp. 118-38.

Steinmo, S., Thelen, K. and Longstreth, F. (ed.) (1992) *Structuring Politics: Historical Institutionalism in Comparative Analysis* (Cambridge: Cambridge University Press).

Stenner, K. L. (2005) *The Authoritarian Dynamic* (New York: Cambridge University Press).

Stern, E. and Verbeek, B. (eds) (1998) 'Whither the Study of Governmental Politics in Foreign Policymaking: A Symposium', *Mershon International Studies Review*, 42

(2): 205-55.

Sternberg, R (2007) *Wisdom, Intelligence and Creativity Synthesized* (New York: Cambridge University Press)

Stiglitz, J. (1999) 'Whither Reform? Ten Years of the Transition', Keynote Address, World Bank Annual Conference on Development Economics.

Stoetzler, M. and Yuval-Davis, N. (2002) 'Standpoint Theory, Situated Knowledge and the Situated Imagination', *Feminist Theory*, 3 (3): 315-33.

Stoker, G. (1995) 'Regime Theory and Urban Politics', in D. Judge, G. Stoker and H. Wolman (eds), *Theories of Urban Politics* (London: Sage), pp. 54-70.

——(2006) *Why Politics Matters: Making Democracy Work* (Basingstoke: Palgrave Macmillan).

——(2010, forthcoming) 'Translating Experiments into Policy', *Annals of the American Academy of Political and Social Science*, March 2010.

Stoker, G. and John, P. (2009) 'Design Experiments: Engaging Policy Makers in the Search for Evidence about What Works', *Political Studies*, 57 (2): 356-73.

Stone, C. (1989) *Regime Politics: Governing Atlanta* (Lawrence: University Press of Kansas).

——(1993) 'Urban Regimes and the Capacity to Govern: A Political Economy Approach', *Journal of Urban Affairs*, 15 (1): 1-28

Stone, W. F. and Schaffner, P. E. (1988) *The Psychology of Politics* (New York: Springer-Verlag).

Streeck, W. and Thelen, K. (eds) (2005) *Beyond Continuity: Institutional Change in Advanced Political Economies* (Oxford: Oxford University Press).

Suarez, S. L. (2005) 'Mobile Democracy: Text Messages, Voter Turnout, and the 2004 Spanish General Election', paper presented at the annual meeting of the American Political Science Association.

Swank, D. (2002) *Global Capital, Political Institutions, and Policy Change in Developed Welfare States* (New York: Cambridge University Press).

Swedberg, R. and Granovetter, M. (eds) (2001) *The Sociology of Economic Life*, 2nd edn (Boulder, CO: Westview).

Swidler, A. (1986) 'Culture in Action: Symbols and Strategies', *American Sociological Review*, 51 (2): 273-86.

Tajfel, H. (1981) *Human Groups and Social Categories* (Cambridge: Cambridge University Press).

Tanenbaum, E. and Scarbrough, E. (1998) Research Strategies in the New Environment, in E. Scarbrough and E. Tanenbaum (eds), *Research Strategies in the Social Sciences* (Oxford: Oxford University Press), pp. 11-27.

Tarrow, S. (1995) 'Review: Bridging the Quantitative-Qualitative Divide in Political

Science', *American Political Science Review* 89 (2): 471-4.

——(2008) 'Polarization and Convergence in Academic Controversies', *Theory and Society*, 37 (6): 513-36.

Taylor, C. (1985) *Philosophy and the Human Sciences* (Cambridge: Cambridge University Press).

——(1989) *Sources of the Self: The Making of the Modern Identity* (Cambridge: Cambridge University Press).

Teschke, B. (2003) *The Myth of 1648: Class, Geopolitics and the Making of Modern International Relations* London: Verso.

Tetlock, P. E. (1994a) 'Political Psychology or Politicized Psychology: Is the Road to Scientific Hell Paved with Good Moral Intentions?', *Political Psychology*, 15 (3): 509-29.

——(1994b) 'How Politicized is Political Psychology and Is There Anything We Should Do About It?', *Political Psychology*, 15 (3): 567-77.

Tetlock, P. E. and Belkin, A. (eds) (1996) *Counterfactual Thought Experiments in World Politics* (Princeton, NJ: Princeton University Press).

Thaler, R. H. and Sunstein, C. R. (2008) *Nudge: Improving Decisions About Human Health, Wealth and Happiness* (New Haven, CT: Yale University Press).

't Hart, P. (1994) *Groupthink in Government: A Study of Small Groups and Policy Failure* (Baltimore, MD: Johns Hopkins University Press).

't Hart, P. (1998) 'Preventing groupthink revisited: evaluating and reforming groups in government', *Organizational Behavior and Human Decision Processes*, 73 (2-3): 306-326.

't Hart, P., Stern, E. Sundelius, B. (eds) (1997) *Beyond Groupthink: Political Group Dynamics and Foreign Policymaking* (Ann Arbor, MI: University of Michigan Press).

Thelen, K. (1999) 'Historical Institutionalism in Comparative Politics', *Annual Review of Political Science*, 2: 369-404.

——(2003) 'How Institutions Evolve', in J. Mahoney and D. Rueschemeyer (eds), *Comparative Historical Analysis in the Social Sciences* (Cambridge: Cambridge University Press), pp. 208-40.

Thies, C. (2002) 'A Pragmatic Guide to Qualitative Historical Analysis in the Study of International Relations', *International Studies Perspectives*, 3 (4): 351-72.

Thomas, D. (1979) *Naturalism and Social Science: A Post-Empiricist Philosophy of Social Science* (Cambridge: Cambridge University Press).

Thomas, W. I. and Znaniecki, F. (1927) *The Polish Peasant in Europe and America* (New York: Knopf).

Thompson, E. P (1980) *The Making of the English Working Class* (London: Vintage).

Thompson, J. and Held, D. (eds) (1982) *Habermas: Critical Debates* (London: Macmillan).

Tilly, C. (2006) 'Why and How History Matters', in R. Goodin and C. Tilly (eds), *The Oxford Handbook of Contextual Political Analysis* (Oxford: Oxford University Press), pp. 417-37.

Tonkiss, F. (1998) 'Continuity/Change', in C. Jenks (ed.), *Core Sociological Dichotomies* (London: Sage), pp. 34-48.

Torgerson, D. and C. Torgerson (2008) *Designing Randomised Trails* (Basingstoke: Palgrave Macmillan).

Tronto, J. (1993) *Moral Boundaries: The Political Argument for an Ethic of Care* (New York: Routledge).

Tsebelis, G. (2002) *Veto Players; How Political Institutions Work* (Princeton, NJ: Russell Sage Foundation).

Tucker, R. C. (ed.) (1978) *The Marx-Engels Reader* (New York: Norton).

Tufte, E. (1974) *Data Analysis for Politics and Policy* (Englewood Clifts, NJ: Prentice Hall).

Tullock, G. (2005) *Public Goods, Redistribution and Rent Seeking* (Aldershot: Edward Elgar).

Turner, J. C., Hogg, M. A., Oakes, P. J., Reicher, S. and Wetherell, M. (1987) *Rediscovering the Social Group: A Self-Categorization Theory* (Oxford: Blackwell).

Turner, J. C. and Reynolds, K. J. (2001) 'The Social Identity Perspective in Intergroup Relations: Theories, Themes and Controversies', in R. Brown and S. L. Gaertner (eds), *Blackwell Handbook of Social Psychology: Intergroup Processes* (Oxford: Blackwell), pp. 133-52.

Turner, M. E. (ed.) (2001) *Groups at Work: Theory and Research* (Mahwah, NJ: Erlbaum).

Turner, M. E., and Pratkanis, A. R. (eds) (1998) *Journal of Organizational Decision Making and Human Decision Processes*, Special Issue on 25 Years of Groupthink, 73 (2-3).

Tversky, A. and Kahneman, D. (1982) 'Judgement Under Uncertainty: Heuristics and Biases', in D. Kahneman, P. Slovic and A. Tversky (eds), *Judgement Under Uncertainty: Heuristics and Biases* (Cambridge: Cambridge University Press), pp. 3-21.

Tversky, A. and Kahneman, D. (1988) 'Rational Choice and the Framing of Decisions', in R. M. Hogarth and M. W. Reder (eds), *Rational Choice: The Contrast Between Economics and Psychology* (Chicago, IL: Chicago University Press), pp. 67-94.

van der Pijl, K. (2007) 'Capitalism and the State System: A Class Act', *Cam-*

bridge Review of International Affairs, 20 (4): 619-37.

van Ginneken, J. (1992) *Crowds, Psychology, and Politics, 1887 - 1899* (Cambridge: Cambridge University Press).

van Ginneken, J. and Kouijzer, R. (eds) (1986) *Politieke Psychologie: Inleiding en Overzicht* (Alphen aan den Rijn: Samsom).

Van Willigen, J. (2002) *Applied Anthropology: An Introduction*, 3rd edn (Westport, CT: Greenwood Publishing Group).

Verba, S., Schlozman, K. and Brady, H. (1995) *Voice and Equality: Civic Volunteerism in American Politics* (Cambridge, MA: Harvard University Press).

Verbeek, B. (2003) *British Decision-Making During the Suez Crisis: Small Groups and a Persistent Leader* (Aldershot: Ashgate).

Verdier, D. (2008) 'Multilateralism, Bilateralism and Exclusion in the Nuclear Proliferation Regime', *International Organization*, 62 (3): 439-76.

Vromen, A. and Gauja, A. (2009) 'Protesters, Parliamentarians, Policymakers: The Experiences of Australian Green MPs', *Journal of Legislative Studies*, 15 (1): 87-110.

Wade, R. (1996) 'Globalisation and its Limits: Reports of the Death of the National Economy are Greatly Exaggerated' in S. Berger and R. P. Dore, *National Diversity and Global Capitalism* (London: Cornell University Press), pp. 60-88.

Wade, R. (2008) 'Financial Regime Change?' *New Left Review* 53, September-October, 5-21.

Waetjen, T. (2004) *Workers and Warriors: Masculinity and the Struggle for Nation in South Africa* (Urbana and Chicago, IL: University of Illinois Press).

Walby, S. (1990) *Theorising Patriarchy* (Oxford: Blackwell).

Wallerstein, I. (2003a) *Decline of American Power: The US in a Chaotic World* (New York: New Press).

——(2003b) 'US Weakness and the Struggle for Hegemony', *Monthly Review*, 55 (3). monthlyreview. org/0703wallerstein. htm (accessed 19/6/2009).

——(2004) *World-Systems Analysis: An Introduction* (Durham, NC: Duke University Press).

Walter, J. (1980) *Tbe Leader: A Political Biography of Gough Whitlam* (St. Lucia: Queensland University Press).

Walzer, M. (1983) *Spheres of Justice: A Defence of Pluralism and Equality* (Oxford: Robertson).

——(2004) *Politics and Passion* (New Haven, CT: Yale University Press).

Wantchekon, L. (2003) 'Clientelism and Voting Behavior: Evidence from a Field Experiment in Benin', *World Politics*, 55 (3): 399-422.

Ward, H. (2002), 'Rational Choice Theory', in D. Marsh and G. Stoker (eds),

Theory and Methods in Political Science, 2nd edn (Basingstoke: Palgrave Macmillan), pp. 271–91.

Ward, H. and John, P. (1999) 'Targeting Benefits for Electoral Gain: Constituency Marginality and Central Grants to Local Government', *Political Studies*, 47 (1): 32–52.

Waylen, G. (1994) 'Women and Democratisation: Conceptualising Gender Relations in Transition Politics', *World Politics*, 46 (3): 327–54.

Weaver, V. (2003) 'The Colour of the Campaign: A Quasi-Experimental Study of the Influence of Skin Color on Candidate Evaluation', paper presented at the annual meeting of the American Political Science Association, Philadelphia, PA, 27 August.

——(2005) 'Race, Skin Color, and Candidate Preference', paper presented at the annual meeting of the American Political Science Association, Chicago, IL, 7 April.

Weaver, R. and Rockman, B. (1993) *Do Institutions Matter?* (Washington, DC: Brookings Institution).

Weber, M. (1978 [1922]) 'Social Psychology of the World's Religions', in H. H. Gerth and C. Wright Mills (eds), *From Max Weber: Essays in Sociology* (New York: Cambridge University Press).

Weber, M. (1992 [1930]) *The Protestant Ethic and the Spirit of Capitalism* (New York: Routledge).

Weingast, B. R. (1996) 'Political Institutions: Rational Choice Perspectives', in R. Goodin and H.-D. Klingemann (eds), *A New Handbook of Political Science* (Oxford: Oxford University Press), pp. 167–90.

Weisberg, H. (ed.), (1986) *Political Science: The Science of Politics* (New York: Agathon Press).

Weiss, C. (1979) 'The Many Meanings of Research Utilization', *Public Administration Review*, 39 (5): 426–31.

Welton, K. (1997) 'Nancy Hartsock's Standpoint Theory: From Content to "Concrete Multiplicities"', in S. J. Kenney and H. Kinsella (eds), *Politics and Feminist Standpoint Theories* (New York: Haworth Press), pp. 7–24.

Wendt, A. (1992) 'Anarchy is what States Make of it: The Social Construction of Power Politics', *International Organization* 46 (2): 391–425.

——(1998) 'On Constitution and Causation in International Relations', *Review of International Studies*, 24 (5): 101–18.

——(1999) *Social Theory of International Politics* (New York: Cambridge University Press).

Western, B. and Beckett, K. (1999) 'How Unregulated is the U. S. Labor Market? The Penal System as a Labor Market Institution', *American Journal of Sociology*, 104 (4): 1030–60.

White, S. (1988) *The Recent Work of Jürgen Habermas* (Cambridge: Cambridge University Press).

Williams, J. W. (2007) 'The Power of Local Political Debates to Influence Prospective Voters: An Experiment at the Congressional Level', paper presented at the annual meeting of the American Political Science Association, Chicago, IL.

Williams, R. (1983) *Keywords* (London: Fontana).

Wilsher, P., MacIntyre, D. and Jones, M. (1985) *Strike: Thatcher, Scargill and the Miners* (London: Deutsch).

Wilson, R. (1992) *Compliance Ideologies: Rethinking Political Culture* (New York: Cambridge University Press).

Winch, P. (1958) *The Idea of a Social Science and its Relation to Philosophy* (London: Routledge & Kegan Paul).

——(2003) 'Personality and Political Behavior', in D. O. Sears, L. Huddy and R. Jervis (eds), *Oxford Handbook of Political Psychology* (Oxford: Oxford University Press), pp. 110–45.

Winter, D. G. (1973) *The Power Motive* (New York: Free Press).

——(1987) 'Leader Appeal, Leader Performance, and the Motive Profiles of Leaders and Followers', *Journal of Personality and Social Psychology*, 52 (2): 196–202.

Wittman, D. (1983) 'Candidate Motivation: A Synthesis of Alternative Theories', *American Political Science Review*, 77 (1): 42–57.

——(1991) 'An Economist's Perspective on Why Cognitive Psychology Does Not Explain Democratic Politics', in K. R. Monroe (ed.), *The Economic Approach to Politics: A Critical Reassessment of the Theory of Rational Action* (New York: HarperCollins), pp. 405–32.

Wittman, D. (1995) *The Myth of Democratic Failure: Why Political Institutions are Efficient* (Chicago, IL: University of Chicago Press).

Wolf, E. (1999) *Peasant Wars of the Twentieth Century* (Norman, OK: University of Oklahoma Press).

Wong, J. (2005) 'Mobilizing Asian American Voters: A Field Experiment', *Annals of the American Academy of Political and Social Science*, 601: 102–14.

Wonnacott, T. and Wonnacott, R. (1990) *Introductory Statistics* (New York: Wiley).

Wood, D. (2000) 'Weak Theories and Parameter Instability: Using Flexible Least Squares to take Time Varying Relationships Seriously', *American Journal of Political Science*, 44 (3): 603–18.

Wood, E. M. (1991) *The Pristine Culture of Capitalism* (London: Verso).

——(2003) *Empire of Capital* (London: Verso).

Yanow, D., Schwartz-Shea, P. and Freitas, M. (2009) 'Case Study Research in

Political Science', in A. Mills, G. Durepos and E. Wiebe (eds), *Encyclopedia of Case Study Research* (London: Sage Publications).

Young, I. (1990) *Justice and the Politics of Difference* (Princeton, NJ: Princeton University Press).

Zimbardo, P. (2007) *The Lucifer Effect: Understanding How Good People Turn Evil* (New York: Random House).

Zizek, S. (2008) *In Defence of Lost Causes* (London: Verso).

译者说明

本书的翻译计划始于2010年，那时本书的英文第三版刚面世不久。中国人民大学出版社政治与公共管理出版分社社长郭晓明博士建议我们翻译新版。基于长期合作而建立的信任以及考虑到第三版的修改幅度，我们欣然应诺。不过，签订合同之后的实际操作，经历了诸多延宕。与本书英文第二版的译述颇为类似，三位译者的工作节奏各不相同，翻译进程亦时续时辍。导致这种局面的一个主要原因是，计划赶不上变化。议程之外的临时安排，常常占据了许多的时间。也许，生活本来就是这样的。尽管如此，经由三人的努力合作，不同的章节终于串联了起来。

本书的翻译分工如下：

景跃进：导论、第一部分和第二部分的两个导读、第八章（规范理论）、第九章（皮肤而非毛衣：政治科学中的本体论与认识论）、第十章（元理论问题）、第十六章（政治科学的现实意义）；

欧阳景根：第一章（行为研究）、第二章（理性选择）、第三章（制度分析）、第四章（建构主义与阐释理论）、第五章（政治心理学）、第六章（女权主义）、第七章（马克思主义）；

张小劲：第十一章（研究设计的挑战）、第十二章（方法之争：重新发现质性研究方法）、第十三章（量的研究方法）、第十四章（比较方法）、第十五章（实验方法：实验室和田野研究的前景）。

在统合译稿时，译者对全文作了必要的技术处理，包括统一译名以及最低限度的技术规范。同时，利用此次新译机会，对 2006 年中译本（英文第二版）中的一些失误或不适之处做了必要的修改和处置。不过，由于本书内容涉及政治科学的众多方面，而且一些新增章节和不少修改内容涉及学科前沿，虽然译者尽力为之，仍难免有瑕。粗疏和失误之处，诚望同道批评指正。

英文版的作者索引和主题索引两部分内容与中文版关系不大，加以省略，需要使用的读者可直接查找原文。

在本书的翻译过程中，得到了许多朋友和同学的帮助。在此，要特别感谢中国人民大学政治学系博士研究生李春峰和清华大学政治学系博士研究生杜专家两位同学，他们提供了方法论部分的若干初译稿，而欧阳景根博士除了完成自己的分配任务之外，也在这一部分投入了大量的时间和精力。

最后，译者要衷心感谢中国人民大学出版社郭晓明和余盛两位朋友以及李慧平编辑，他（她）们的支持和耐心，不但促成我们承担本书第三版的翻译工作，也使译稿得以顺利出版。

译者谨识

2012 年 7 月

图书在版编目（CIP）数据

政治科学的理论与方法：第3版/（英）马什，（英）斯托克编；景跃进，张小劲，欧阳景根译．—北京：中国人民大学出版社，2012.12
国外经典政治学教材
ISBN 978-7-300-16956-9

Ⅰ.①政… Ⅱ.①马…②斯…③景…④张…⑤欧… Ⅲ.①政治学-教材 Ⅳ.①D0

中国版本图书馆CIP数据核字（2012）第318934号

国外经典政治学教材
政治科学的理论与方法（第三版）
［英］大卫·马什（David Marsh）
格里·斯托克（Gerry Stoker） 编
景跃进 张小劲 欧阳景根 译
Zhengzhikexue de Lilun yu Fangfa

出版发行	中国人民大学出版社		
社　址	北京中关村大街31号	邮政编码	100080
电　话	010－62511242（总编室）		010－62511770（质管部）
	010－82501766（邮购部）		010－62514148（门市部）
	010－62515195（发行公司）		010－62515275（盗版举报）
网　址	http://www.crup.com.cn		
经　销	新华书店		
印　刷	涿州市星河印刷有限公司		
规　格	185 mm×260 mm　16开本	版　次	2013年2月第1版
印　张	21.25 插页1	印　次	2020年2月第2次印刷
字　数	459 000	定　价	45.00元